NEUE JURISTISCHE MONOGRAFIEN – BAND 51

Soziale Kosten des Drogenmissbrauchs

Für 2002 dargestellt am Beispiel Österreichs

von

Univ.-Prof. DDr. Walter Hauptmann

Ass.-Prof. Mag. Dr. Eleonora Hübner

nwV neuer wissenschaftlicher Verlag

RECHT

Wien · Graz 2008

Bibliografische Information Der Deutschen Nationalbibliothek

Die Deutsche Nationalbibliothek verzeichnet diese Publikation in der Deutschen Nationalbibliografie; detaillierte bibliografische Daten sind im Internet über http://dnb.d-nb.de abrufbar.

Gedruckt mit Unterstützung des Bundesministeriums für Wissenschaft und Forschung, Wien.

ISBN 978-3-7083-0542-4
Neuer Wissenschaftlicher Verlag GmbH Nfg KG
Argentinierstraße 42/6, A-1040 Wien
Tel.: ++43 1 535 61 03-24, Fax: ++43 1 535 61 03-25
E-Mail: office@nwv.at

Geidorfgürtel 20, A-8010 Graz
E-Mail: office@nwv.at

www.nwv.at

Druck: Alwa & Deil, Wien
E-Mail: office@alwa-deil.at

Vorwort

Das österreichische Bundesministerium für Inneres hat auf Seite 10 seines Jahresberichts 2004 über die Suchtmittelkriminalität eingeräumt, dass es in der Landeshauptstadt Klagenfurt Unterrichtsanstalten gebe, in denen bis zu 80 % der SchülerInnen Cannabis missbrauchen. Der 2007 erschienene „Drogenreport Österreich" berichtet, dass (sogar) in Wiener Eliteschulen 80 – 90 % „Kiffer" zu verzeichnen seien. Österreichs Medien (und Politiker) haben sich – soweit von hier aus zu überblicken – mit diesem Besorgnis erregenden Befund nicht auseinandergesetzt.

Dabei spricht nichts dafür, dass die Drogensituation in anderen Landesteilen Österreichs grundlegend besser sein sollte. Nichts spricht auch dafür, dass alle diese Jugendlichen (und oft sogar schon Kinder) nach einer „Probierphase" von selber wieder aufhören – oder dass sie „nur" bei Cannabis bleiben.

Der sich in solchen Missbrauchsraten manifestierende Kontrollverlust der Gesellschaft über das Gesamtfeld des Drogenmissbrauchs hat jedoch nicht nur gravierende gesundheits- und sozialpolitische Folgen. Er bringt auch enorme ökonomische Nachteile mit sich, die via Gesamtwirtschaft natürlich auch jede(n) Einzelne(n) massiv belasten. Unter diesen Umständen mag es überraschen, dass über das Gesamtausmaß aller dieser Schäden noch immer außerordentlich wenig bekannt ist.

Die bisherigen – meist von Ökonomen stammenden – Kostenstudien beschränkten sich in aller Regel auf rudimentäre (aber leicht quantifizierbare) Aspekte des Gesamtschadens: Sie haben dabei z.B. das gesamte Dunkelfeld der Drogenkriminalität, die Beschaffungskriminalität, die Kosten für die Drogen selber sowie alle staatlichen Fürsorgeleistungen (z.B. Sozialhilfe) für Süchtige vernachlässigt. Und selbstverständlich basieren (auch) alle diese Studien u.a. auf einer Vielzahl von Annahmen und Schätzungen.

Nicht nur die Kriminologie, sondern besonders auch die im Zusammenhang mit der Drogendelinquenz stehende Sozial- und Kriminalpolitik sind aber auf möglichst verlässliche Daten zur gesamten Schadenssituation angewiesen: Schließlich sollte ihren Akteuren bekannt sein, ob man im Drogenbereich gleichsam „mit Kanonen auf Spatzen schießt" – oder etwa gar umgekehrt: „mit Spatzen auf Kanonen"?!

Wir haben uns die Aufgabe gestellt, die bisher bekannten Kostenstudien durch eine möglichst vollständige eigene Untersuchung zu ergänzen. Unsere Arbeit beschränkt sich auf Österreich für das Jahr 2002. Trotz dieser Eingrenzung mussten wir dabei tief in ein bislang völlig unbekanntes – und unbeachtetes – „Land" eindringen. Und selbstverständlich waren auch wir im Laufe unserer ganzen „Expedition" – wie unsere Vorgänger aus dem Bereich der reinen Ökonomie – auf eine Vielzahl von Annahmen und Schätzungen angewiesen. Dieser Umstand bringt es mit sich, dass auch unsere Resultate durchaus vorläufig und korrekturbedürftig bleiben müssen.

Letztere Relativierung erscheint uns umso notwendiger, wenn man einen Blick auf die konkreten Arbeitsbedingungen wirft, unter denen diese Untersuchung entstanden ist: Statt eines entsprechend großen (multidisziplinär zusammengesetzten) Teams musste sie von beiden (vorwiegend kriminologisch orientierten) Autoren im Alleingang verfasst werden. Überdies geschah dies neben allen anderen Pflichten aus dem zeitraubenden universitären Alltag, d.h. zu einem beträchtlichen Teil in Wochenend- und Nachtarbeit. Dieser Umstand erklärt auch, dass unsere 2003 begonnene Studie, die sich auf die – damals noch neuesten – Daten aus 2002 stützt, erst 2007 endgültig abgeschlossen werden konnte.

Unser universitäres Budget für wissenschaftliche Literatur aus dem Gesamtbereich der Kriminal- und Rechtspsychologie war auch im relevanten Zeitraum außerordentlich beschränkt. Wir waren daher zu einem sehr beträchtlichen Teil darauf angewiesen, geeignete Spezialliteratur aus dem Internet und per Fernleihe beizuschaffen. – Alle diese Erschwernisse können und sollen Mängel und Schwächen unserer Kostenstudie nicht entschuldigen, vielleicht aber doch erklären.

Bei den Internet-Literaturrecherchen und auch bei den sehr umfangreichen Übersetzungsarbeiten hat uns Frau Ministerialrätin Mag. Dr. Gundula HENNEMANN von Wien aus in überaus engagierter und effizienter Weise unterstützt. Ohne ihre Mitwirkung hätten wir unser Vorhaben entscheidend einschränken müssen. Frau Dr. HENNEMANN sei daher nicht nur an erster Stelle, sondern auch besonders herzlich für ihre mehrjährige fruchtbare Kooperation gedankt!

Wir sind zum Ergebnis gekommen, dass die mit der gesamten Drogendelinquenz verbundenen sozialen Kosten 2002 in Österreich mehr als 14,70 Milliarden € umfasst haben. Große Teile dieses Betrages hätten andernfalls in den legalen Wirtschaftskreislauf fließen können. Andere wiederum, wie z.B. (ersparbare) Therapiekosten, wären insbesondere dem notorisch überlasteten Gesundheitsbudget zugute gekommen.

Die vorliegende Studie beschränkt sich zwar auf Österreich; die Relevanz ihrer Ergebnisse gilt aber – mutatis mutandis – grundsätzlich auch für andere Staaten:

Sollten die jeweiligen länderspezifischen Verhältnisse im Drogenbereich denen Österreichs in etwa gleichkommen, genügt es zu einer ersten groben Abschätzung der Höhe der gesamten sozialen Schäden aus dem Drogenmissbrauch, die Bevölkerungsanzahl mit dem Betrag von 1.800 € zu vervielfachen. – Soweit die länderspezifische Drogensituation hingegen vom „Vergleichsland“ Österreich in der einen oder anderen Richtung nennenswert abweichen sollte, kann dies durch entsprechende Zu- oder Abschläge zum (bzw. vom) hiesigen Pro-Kopf-Schadensbetrag von ca. 1.800 € pro Jahr berücksichtigt werden.

Diese „Faustformel“ vermag begreiflicherweise keine exakten und letztgültigen Resultate zu liefern. Sie reicht aber aus, um auch Angehörigen anderer Staaten eine erste Vorstellung davon zu vermitteln, in welcher Größenordnung diese Schäden bei ihnen liegen dürften.

Unsere Schadensbilanz illustriert in aller Deutlichkeit, dass die im Gefolge der Jugendrevolte des Jahres 1968 favorisierte Drogenpolitik („Helfen statt Strafen“) im weitesten Umfang gescheitert ist:

Diese Feststellung gilt nicht für den Gedanken der Diversion im Drogenbereich an sich, wohl aber für deren konkrete legistische Ausgestaltung und praktische Handhabung in Österreich. Die Drogenprävention mutierte mittlerweile großteils zur „Suchtprophylaxe“. Ihre Effekte erscheinen insgesamt eher zweifelhaft. Zudem hat sich erwiesen, dass von einer wirksamen repressiven Drogenbekämpfung – speziell bei „Einsteigern“ – bei uns längst nicht mehr die Rede sein kann. – Und was hierzulande als Alternative zur Repression (= „Helfen statt Strafen“) an sog. „gesundheitsbezogenen Maßnahmen“ angeboten wird, mag zwar alles mögliche andere intendieren, Drogenabstinenz allerdings bestenfalls noch „unter ferner liefen“.

Eine derartige Fundamentalkritik an der österreichischen Drogenpolitik muss von vielen ihrer ExponentInnen als Angriff empfunden werden. Ihr zu erwartender Gegenangriff dürfte einem (auch medial ausgetragenen) Kampf „Goliath gegen David" gleichkommen. Dennoch sind wir überzeugt davon, dass sich die überaus triste Bilanz dieser Drogenpolitik nicht auf Dauer „schönreden" und verschleiern lässt. – Letztlich wird man deren Scheitern eingestehen und nach neuen Lösungen suchen müssen.

Wie schon oben angesprochen, war es auch uns nicht möglich, die „absolute Wahrheit" zu finden. Wir dürfen aber den Anspruch erheben, ihr doch um vieles näher gekommen zu sein als die AutorInnen der bisher erschienenen Kostenstudien. Sollten sich unsere Resultate auch nur annähernd bestätigen, wären die sozialen Kosten des Drogenmissbrauchs mit gut 6,7 Prozent des österreichischen Bruttoinlandsprodukts (BIP) anzusetzen. Professor Pierre KOPP von der Pariser Sorbonne zählt zu den international renommiertesten Wissenschaftern, die sich mit einschlägigen Kostenstudien beschäftigen. Er hat 2002 die Drogenschäden gerade einmal mit 0,16 % des französischen BIP ermittelt. Ähnlich niedrige Schadensquoten – gemessen am BIP – wurden auch von anderen EU-Staaten berichtet.

Die vorliegende Arbeit soll primär als Anregung verstanden werden, deren Resultate durch detailliertere Folgestudien in der einen oder anderen Richtung zu korrigieren und zu ergänzen. An künftigen facheinschlägigen Forschungen sollten selbstverständlich auch Nationalökonomen beteiligt werden, was bei unserer Untersuchung aus einer Vielzahl von Gründen bedauerlicherweise nicht verwirklicht werden konnte. Ein sehr wesentliches Motiv für das Desinteresse namhafter österreichischer NationalökonomInnen an einer Forschungskooperation mit uns dürfte darin gelegen sein, dass man die von uns ermittelten Schadensdaten ohne nähere Prüfung schlicht als unrealistisch eingeschätzt hat.

Unsere Studie wäre nicht möglich gewesen ohne Unterstützung durch eine ganze Reihe von Außenstehenden. Vielen von ihnen haben wir dafür an entsprechender Stelle im Anmerkungsapparat unserer Untersuchung gedankt. Gleichwohl ist es uns ein Bedürfnis, zwei Gruppen gesondert hervorzuheben:

Zum einen bedanken wir uns bei allen von uns befragten DrogenspezialistInnen im Kriminalbeamtenkorps der Bundespolizeibehörden aller österreichischen Landeshauptstädte wie auch bei allen ihren KollegInnen der Kriminalabteilungen der (damals noch existierenden) österreichischen Bundesgendarmerie für ihre engagierte Mitarbeit bei unserer Befragung.

Nicht minder zu Dank verbunden sind wir auch einer ganzen Reihe von stets geduldigen und hilfsbereiten MitarbeiterInnen der Statistik Austria für eine große Anzahl von wertvollen Auskünften und Hinweisen aus ihrem Bereich!

Salzburg, zum Jahreswechsel 2007/08

Walter Hauptmann
Eleonora Hübner

Inhaltsverzeichnis

I) Zusammenfassung der Untersuchungsergebnisse*)

1) Resümee

a) Soziale Kosten insgesamt

Als wesentlichstes Resultat der folgenden Untersuchung ist festzuhalten, dass 2002 in Österreich durch den Missbrauch illegaler Drogen soziale Kosten[1] entstanden sind, die über 14,707 Milliarden €[2] liegen. Dieser Betrag übersteigt demnach das Resultat einer ersten Grobschätzung des Erstverfassers, die seinerzeit für das Jahr 2003 vorgenommen wurde, um gut 77 %.[3]

Diese gigantische Summe für 2002 entspricht 6,736 % unseres damaligen (nominellen) Bruttoinlandsprodukts in der Höhe von 218,333 Milliarden €.[4] Sie übertrifft beispielsweise den Betrag von

---

*) In dieser Studie verwendete personenbezogene Ausdrücke erfassen Frauen und Männer gleichermaßen.

1 Wir verstehen hier – in Anlehnung an JEANRENAUD und SCHWAB CHRISTE – unter „sozialen Kosten" des Drogenmissbrauchs jenen Wert, „der die Auswirkungen des Konsums dieser(s) Produkte(s) auf die Wohlfahrt des Einzelnen oder der Gemeinschaft bezeichnet". – Synonym dazu bezeichnen wir diesen Wert im Folgenden auch als „gesamtwirtschaftlichen Schaden". Im selben Sinne definieren auch KOPP / PALLE als **„soziale Kosten"** die Gesamtkosten, die der Gemeinschaft (durch den Drogenmissbrauch) zugefügt werden. Sie setzen sich zusammen aus den **privaten Ausgaben** (z.B. für die Anschaffung von Suchtmitteln), den **öffentlichen Ausgaben** (z.B. Kosten für Prävention und Repression) und den **externen Kosten** (indirekte Schäden z.B. durch Produktivitätsverluste, Krankenstände, Beschaffungskriminalität). Vgl. JEANRENAUD Claude / SCHWAB CHRISTE Nathalie, Bewertung der sozialen Kosten des Suchtmittelkonsums, in: UCHTENHAGEN Ambros / ZIEGLGÄNSBERGER Walter (Hrsg.), Suchtmedizin. Konzepte, Strategien und therapeutisches Management, 1. Auflage, München-Jena 2000, S. 162; KOPP Pierre / PALLE Christophe, Vers l'analyse du coût des drogues illegales. Un essai de mesure du coût de la politique publique de la drogue et quelques réflexions sur la mesure des autres coûts, Paris 1998, p. 7.

2 ≈ 202,4 Milliarden ATS.

3 Vgl. HAUPTMANN Walter, Jugend und Sucht. Unzureichender Schutz auch konventionswidrig?, in: MORSAK Louis C. (Hrsg.), Festgabe für Kurt Ebert zum 60. Geburtstag, Innsbruck 2002, S. 55 ff.

4 Unter Bruttoinlandsprodukt (BIP) wird hier das im Inland produzierte Volksvermögen verstanden. – Vgl. TRETTER Felix, Volkswirtschaftslehre – Makroökonomik und Mikroökonomik, in: TRETTER Felix / ERBAS Beate / SONNTAG Gert (Hrsg.), Ökonomie der Sucht und Suchttherapie, Lengerich-Berlin-Bremen-Miami-Riga-Viernheim-Wien-Zagreb 2004, S. 84.

3,262 Milliarden €, der 2002 für die Einfuhr von Erdöl und Erdölerzeugnissen aufgewendet werden musste, um das Viereinhalbfache. Und zugleich übersteigen diese 14,707 Milliarden € die Aufwendungen, die 2002 in ganz Österreich für Lebensmittel angefallen sind (13,52 Milliarden €)[5], um gut 9 %. Auf alle 3.282.000 österreichischen Haushalte[6] verteilt, ergibt dies eine Belastung von etwa 4.480 €[7] pro Jahr und Haushalt. Und auf jeden einzelnen der ca. 8.053.000 Einwohner Österreichs im Jahr 2002[8] – vom Kleinkind bis zum Uropa – entfallen noch immer 1.826 €.[9]

Der ganze Schadensbetrag von 14.707,697 Millionen € setzt sich wie folgt zusammen:

aa) Drogenkosten

Wie an späterer Stelle näher ausgeführt[10], konnten wir die Gesamtkosten für alle benötigten Drogen mit ca. 4.056,584 Millionen €[11] pro Jahr ermitteln.[12] Dies bedeutet, dass für 2002 in Österreich pro Tag ca. 11,11 Millionen €[13] allein für die Substanzkosten aufgewendet wurden.

Wir werten Ausgaben für illegale Drogen als Fehlallokation knapper ökonomischer Ressourcen, zumal die dafür aufzuwen-

---

5 Für die Übermittlung einschlägigen Zahlenmaterials aus der Volkswirtschaftlichen Gesamtrechnung für 2002 und aus der Außenhandelsstatistik sei auch an dieser Stelle allen befassten Damen und Herren des Auskunftsdienstes der Statistik Austria und der Abteilung Statistik der Wirtschaftskammer Österreich bestens gedankt!

6 Statistische Übersichten. Kapitel 14: Bevölkerung Tabelle 14.6 Haushalte und Wohnungen, hrsg. von der Statistik Austria (Mikrozensus, Wohnbaustatistik); ausgedruckt aus dem Internet: http://www.statistik.at/statistische_uebersichten/deutsch/pdf/k14t_6.pdf.

7 ≈ 61.650 ATS.

8 Vgl. HAAS Sabine / BUSCH Martin / HORVATH Ilonka / WEIGL Marion, unter Mitarbeit von TÜRSCHERL Elisabeth, Bericht zur Drogensituation 2003, hrsg. vom Österreichischen Bundesinstitut für Gesundheitswesen, Wien 2003, S. 121.

9 ≈ 25.130 ATS.

10 Vgl. unten S. 117 ff, 155.

11 ≈ 56 Milliarden ATS.

12 **Zu allen von uns vorgenommenen Schätzungen und Rundungen ist generell Folgendes festzustellen: Zur Verminderung der Auswirkungen von Schätzungenauigkeiten wurden Berechnungen möglichst genau vorgenommen. Dadurch ergaben sich prima vista ungewöhnlich „exakt" erscheinende Zwischenwerte, wie z.B. eine Anzahl von 434.250 Kleinkonsumenten (u.v.a.m.). – Rundungen wurden vielmehr erst beim jeweils relevanten Endresultat vorgenommen.**

13 ≈ 153 Millionen ATS.

denden finanziellen Mittel ansonsten (jedenfalls primär) der Inlandsnachfrage zugute kommen könnten. Analoges gilt auch für jede Form legaler Auslandsnachfrage: Ein Teil dieser Summe könnte natürlich auch im Ausland kaufkraftwirksam werden. Dies würde aber immerhin z.T. dadurch kompensiert werden, dass unserer Volkswirtschaft in einem solchen Fall z.B. Zölle (Einfuhrumsatzsteuern) zufließen oder dass es (z.B. im Fremdenverkehr) zu einer gewissen Gegenseitigkeit kommt: Österreicher mögen ihren Urlaub zwar im Ausland verbringen (und ihr Geld dort verbrauchen), umgekehrt wären in diesem Zusammenhang aber auch unsere – jedenfalls vergleichbar hohen – Einnahmen durch Auslandstouristen in Anschlag zu bringen.

bb) Beschaffungsschäden

Ebenso haben wir festgestellt, dass Drogenabhängige, um ihren Suchtmittelbedarf abdecken zu können, u.a. „einfache" und Einbruchsdiebstähle (Gebäude, Autos) zu begehen pflegen. Alle daraus der Gesamtwirtschaft entstehenden Schäden (Marktwert der Beute, Sachschäden an Einbruchsobjekten u.a.m.) ergeben eine Summe von 2.612,508 Millionen €.[14] In diesem Zusammenhang ist auch noch zu bemerken, dass der entstehende Gesamtschaden pro Einbruch (z.B. bei Wohnungen, Büros etc.) nahezu achteinhalb Mal höher ist als der vom Einbrecher erzielbare Gelderlös für den Drogenkauf.

cc) Drogenbezogene Nachfragereduktion

Für alle vom Österreichischen Bundesinstitut für Gesundheitswesen (ÖBIG) darunter verstandenen Maßnahmen (Prävention, Schadensminimierung, Beratung, ambulante und stationäre Krankenbehandlung, Reintegration etc.) wurden 2002 insgesamt (mindestens) 154,89 Millionen €[15] ausgegeben (Bund, Länder, Gemeinden, Sozialversicherungsträger u.a.).

dd) Kinder von Süchtigen

Wie an späterer Stelle näher ausgeführt, sind die Mehrkosten für etwa 2.850 Kinder (Heimunterbringung, besonderer stationärer Behandlungsbedarf) im Jahr 2002 mit etwa 44,35 Millionen €[16] anzusetzen.

---

14 ≈ 35,95 Milliarden ATS.

15 ≈ 2,13 Milliarden ATS.

16 ≈ 610 Millionen ATS.

ee) Indirekte Schäden

Wir haben unten festgestellt, dass sich die Anzahl aller bekannt gewordenen gerichtlich strafbaren Handlungen zwischen 1970 und 2002 mehr als verdoppelt hat. Ein beträchtlicher Teil des Zuwachses dürfte auf Drogentaten in Verbindung mit allen typischen Beschaffungs- oder Begleitdelikten entfallen. Der Direktor von EUROPOL hat schon 1999 festgestellt, dass in Westeuropa bereits jede zweite Straftat direkt oder indirekt mit Drogenmissbrauch zusammenhängt.[17] Demgegenüber ist das für die Drogenbekämpfung in Frage kommende Personal bei der Exekutive um knapp 10 %, bei der Justiz um knapp 14,5 % angestiegen.

Das Ausmaß der Drogen- und Begleitkriminalität bindet mittlerweile bis zu einem Drittel der Arbeitskraft sämtlicher Kriminalbeamter sowie in weiterer Abfolge der Staatsanwälte und Strafrichter. Alle anderen Delikte müssen von ca. zwei Drittel dieser Strafverfolgungsorgane bewältigt werden. Hätte es seit 1970 keinen – wesentlichen – Anstieg dieser Delinquenz gegeben, stünde demnach – gemessen an den bisherigen Zahlen – etwa 50 % mehr Fachpersonal zur Verfügung, um sich allen anderen Delikten widmen zu können.

Ein derart „erstarkter" Apparat wäre sicher in der Lage, uns im Bereich der gesamten Wirtschaftskriminalität mindestens eine Milliarde € und bei allen anderen (organisierten) Verbrechen eine weitere Milliarde € an diversen volkswirtschaftlichen Schäden zu ersparen. Der indirekte ökonomische Gesamtnachteil aus dem Vorhandensein der Drogen- – einschließlich der damit verbundenen Beschaffungs- und sonstigen Begleitkriminalität – kann demnach mit (wenigstens) zwei Milliarden €[18] angesetzt werden.

ff) Mortalität

Nach unserer Ermittlung beträgt der volkswirtschaftliche Schaden durch 179 Drogentodesfälle ca. 156,115 Millionen €.[19]

gg) Morbidität

Der ökonomische Nachteil aus Erwerbsausfall und -minderung ist mit etwa 2.010,44 Millionen €[20] anzusetzen.

---

17 Öffentliche Sicherheit, 9/99, S. 15.
18 ≈ 27,5 Milliarden ATS.
19 ≈ 2,15 Milliarden ATS.
20 ≈ 27,66 Milliarden ATS.

hh) Drogen im Verkehr

Die daraus resultierenden volkswirtschaftlichen Nachteile konnten mit ca. 188 Millionen €[21] quantifiziert werden.

ii) Drogen am Arbeitsplatz

In diesem Zusammenhang haben wir für 2002 durch Arbeitsunfälle unter Drogeneinfluss sowie für qualitative und quantitative Minderleistungen am Arbeitsplatz etc. einen Schaden von etwa 1.353,948 Millionen €[22] angenommen.

jj) Sonstige Unfälle unter Drogen

Für alle anderen Unfälle (Heim, Freizeit, Sport), die durch Drogeneinfluss verursacht oder mit verursacht wurden, schätzen wir für 2002 einen gesamtwirtschaftlichen Nachteil von 166,95 Millionen €.[23]

Diese Schadensermittlung musste sich verständlicherweise auf „monetär erfassbare" Nachteile beschränken. Gleichwohl sei hier wenigstens angemerkt, dass der Gesamtkomplex des Drogenmissbrauchs natürlich auch noch mit einer schwer zu erfassenden Fülle an immateriellen Schäden einhergeht.

Man denke etwa an alles menschliche Leid, das aus dem Missbrauch erwächst (Krankheit und Siechtum, sozialer Absturz, Haft, Verlust an Zukunftshoffnung, Zerstörung von Familien, vorzeitiger Tod u. a. m.). Ebenso muss befürchtet werden, dass jede „offene" Drogenszene (oder sonst offenkundig unverfolgte Suchtmitteldelinquenz) eine (weitere) Aushöhlung des Sicherheitsgefühls der Bürger und ihres Vertrauens in den Rechtsstaat fördert. Ähnliches gilt auch für die Unzahl an Beschaffungsdelikten, von denen die Polizei gar nichts erfährt. Nicht zuletzt sei auch an die bedauernswerten Kinder von süchtigen Eltern erinnert: Unter welch tristen Umständen müssen sie aufwachsen? Und: Wie wird ihre Zukunft aussehen?!

b) Finanzierung der Drogenkosten

Wie oben angeführt, mussten 2002 zu diesem Zweck 4.056,584 Millionen € aufgetrieben werden. Selbst wenn sich das Gros der we-

21 ≈ 2,59 Milliarden ATS.
22 ≈ 18,63 Milliarden ATS.
23 ≈ 2,30 Milliarden ATS.

niger verdienenden Erwerbstätigen unter den ca. 328.187 überhaupt noch erwerbstätigen Szeneangehörigen mit etwa 500 € als Monatsunterhalt begnügt und sein ganzes Resteinkommen von ca. 338 €[24] nur für die Anschaffung von Drogen verwendet, ergäbe dies in summa erst ca. 1.329,563 Millionen €[25] pro Jahr. Der den Süchtigen tatsächlich verbleibende Geldnutzen aus der von uns angenommenen Beschaffungskriminalität ist mit 1.408,113 Millionen €[26] anzusetzen. Etwa 120 Millionen €[27] sind hingegen als Prostitutionserlös anzusehen. Geht man weiter davon aus, dass die ca. 285.000 als nicht mehr erwerbsfähig zu behandelnden Drogenabhängigen[28] ungefähr die Hälfte der Sozialhilfe zur Anschaffung von „Stoff" zweckentfremden, ergäbe dies weitere 853,875 Millionen €.[29] Alle diese Einzelposten zusammen decken erst ca. 91,5 % der Substanzkosten ab. Die verbleibende Finanzierungslücke von etwa 345 Millionen €[30] muss anderweitig bedeckt werden (karitative Leistungen, Schulden, vermutlich auch eine noch höhere Beschaffungsdelinquenz als von uns angenommen).

c) Zur Größenordnung des Gesamtschadens

Zur nationalökonomischen (und politischen) Bedeutsamkeit der gesamten Drogenschäden soll hier ein einziger Vergleich angestellt werden:

> Das Österreichische Institut für Wirtschaftsforschung (WIFO) hat Ende 2002 die volkswirtschaftlichen Gesamtschäden (einschließlich Behinderung der Produktion) im Gefolge des vorangegangenen sog. „Jahrhunderthochwassers" mit ca. 2.480 Millionen € geschätzt.[31] Mittlerweile – d.h. im September 2003 – wurde diese Summe vom WIFO eher als Ober-

24 ≈ 4.650 ATS.
25 ≈ 18,30 Milliarden ATS.
26 ≈ 19,38 Milliarden ATS.
27 ≈ 1,65 Milliarden ATS.
28 Siehe hinten Abbildung 13 auf S. 196.
29 ≈ 11,75 Milliarden ATS.
30 ≈ 4,75 Milliarden ATS.
31 PUWEIN Wilfried / SCHEIBLECKER Marcus / SINABELL Franz / SMERAL Egon, Volkswirtschaftliche Stellungnahme zu den Schäden des Hochwassers vom August 2002, Stellungnahme des Österreichischen Instituts für Wirtschaftsforschung (WIFO) im Auftrag des Bundeskanzleramtes vom Oktober 2002, unveröffentlicht; HABERSACK Helmut / MOSER Andrea (Hrsg.), Plattform Hochwasser. Ereignisdokumentation. Hochwasser August 2002, ZENAR – Zentrum für Naturgefahren und Risikomanagement, Universität für Bodenkultur in Zusammenarbeit mit dem Bundesministerium für Land- und Forstwirtschaft, Umwelt und Wasserwirtschaft, Wien 2003, S. 146.

grenze bezeichnet. Der endgültige Schadensbetrag könnte u.U. eher bei 2.000 Millionen als bei 2.500 Millionen € liegen.[32] Einen nicht unbeträchtlichen Teil dieser Gesamtschäden haben die betroffenen Hochwasseropfer selber getragen. Ein weiterer Anteil von etwa 400 Millionen € wurde über Versicherungsleistungen abgedeckt.[33] Auch die vom Hochwasser betroffenen Bundesländer sind den Katastrophen-Opfern finanziell nach Kräften beigestanden. Nicht zuletzt ist in diesem Zusammenhang auch die – erfreulich hohe – Spendenbereitschaft der Bevölkerung zu erwähnen.

Selbstverständlich hat auch der Bund direkt oder indirekt (z.B. durch Einnahmenverzichte bei bestimmten Steuern) sehr große finanzielle Leistungen erbringen müssen, um die Folgen dieser Naturkatastrophe beseitigen zu helfen. Eine genaue Quantifizierung des Anteils am Gesamtschaden, der auf diese Weise auf den Bund entfallen ist, war uns nicht möglich.

Dies bedeutet, dass der letztlich vom Bund getragene Schadensanteil sehr deutlich unter 2.000 Millionen € gelegen sein dürfte. – Gleichwohl wurde dieser „Aderlass“ für die Staatsfinanzen von der seinerzeitigen Bundesregierung bekanntlich als Hauptgrund für eine Verschiebung der (damals aktuellen) Steuerreform angegeben. Diese politische Entscheidung soll hier weder kommentiert noch gar kritisiert werden. Wir wollen mit deren Erwähnung lediglich die Größenordung verdeutlichen:

Demnach überstiegen 2002 die gesamtwirtschaftlichen Nachteile aus dem Drogenmissbrauch alle Hochwasserschäden dieses Jahres – je nach deren Berechnung – etwa um das Sechs- bis mehr als Siebenfache. – Und allein ein (größerer) Anteil von diesen knapp 2.500 (oder gut 2.000) Millionen € hat den finanziellen Spielraum der Bundesregierung so weit eingeengt, dass unter diesen Begleitumständen ihrer Einschätzung nach eine Steuersenkung damals nicht mehr verantwortbar war.

32 Für ergänzende Auskünfte zum Inhalt dieser WIFO-Stellungnahme sei auch an dieser Stelle der stellvertretenden Leiterin des WIFO, Frau Dr. Angela KÖPPL, bestens gedankt!

33 Vgl. Salzburger Nachrichten, 7. 8. 2003, S. 1.

2) Schlussfolgerungen für die Drogenpolitik

a) Hellfeld der Drogendelinquenz

aa) Entwicklung in Österreich

Unser Gesetzgeber hat seit 1971 die strafrechtliche Repression im Drogenbereich konsequent und systematisch durch das Prinzip „Helfen statt Strafen" zurückgedrängt. Dass dieses Prinzip – jedenfalls in der bei uns praktizierten Version – alles eher als erfolgreich war, illustriert die folgende Abbildung.

Abbildung 1: Ermittelte Tatverdächtige – Verurteilte – Drogendelikte insgesamt

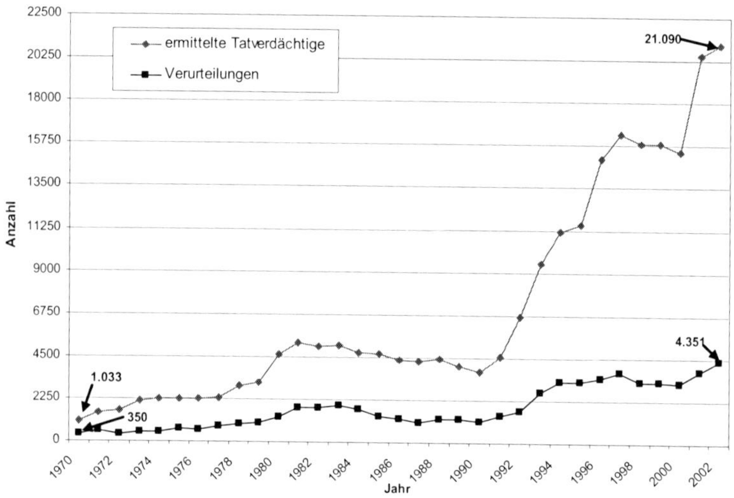

Während die Anzahl der Verurteilungen (wegen Drogen-Vergehen und -Verbrechen insgesamt) von 1970 bis 2002 (die entscheidende Suchtgiftgesetz-Novelle 1971[34] ist erst am 1. Oktober 1971 in Kraft getreten) von 350 eher moderat auf 4.531 im Jahre 2002 angestiegen ist, hat sich die Zahl der ermittelten Tatverdächtigen von 1.033 auf 21.090 vermehrt. Vorübergehende Unterbrechungen dieses Trends nach oben waren im Wesentlichen entweder auf legistische Erschwerungen der Strafverfolgung (Erhöhung der „Grenzmengen", Einschränkung der Anzeigepflicht, Erweiterung der Möglichkeiten zur Entschlagung der Zeugenaussage

34 BGBl 1971/ 271.

bei bereits verurteilten Mittätern etc.)[35] oder (insbesondere seit 1990) auf eine beträchtliche Ausweitung der Diversion zurückzuführen.

> Demgegenüber schließen andere Autoren[36] aus der „Entwicklung der Anzeigen nach Art der Drogen ... , dass es in den letzten 10 – 15 Jahren nicht zu maßgeblichen Veränderungen im Drogenangebot und im Drogengebrauch gekommen ist." Diese Vermutung werde auch „durch die Ergebnisse epidemiologischer Studien im selben Zeitraum gestützt". – Schon ein kurzer Blick auf die oben abgebildete Verlaufskurve der ermittelten Tatverdächtigen wegen eines Drogendelikts vom Zeitraum 1987/1992 bis 2002 belegt das Gegenteil. Wer den Anstieg der Anzeigen (primär) als Produkt polizeilichen Übereifers interpretieren will, sei auf die (nächstfolgende) graphische Darstellung der wahrscheinlichen Entwicklung des Dunkelfeldes verwiesen.

Abgesehen davon, dass sich die obige Abbildung auf das Hellfeld der (bereits polizeilich registrierten) Drogendelinquenz beschränkt, ist noch ein weiteres Manko zu bedenken: Es handelt sich dabei um eine reine Täterstatistik. Sie vermag also nicht anzugeben, wie viele einschlägige Delikte ein ermittelter Tatverdächtiger begangen hat.

Der – insgesamt – ungebrochene Trend nach oben zeigt auf, dass die seit 1971 üblichen Alternativmaßnahmen („Helfen statt Strafen") nicht einmal annähernd in der Lage waren, auch nur die Folgen der Verdünnung der Strafverfolgung zu kompensieren. Der „unaufhaltsam steigende Bedarf an Institutionen und Betreuern, Streetworkern und Psychologen, Entziehungs-, Pflege-, Reparatur-, Überwachungs-, Polizei- und Rechtsmaßnahmen sowie an Versorgungsmitteln für Opfer, Familienmitglieder bzw. Hinterbliebene der Süchtigen"[37] hat zwar beträchtliche Mittel erfordert, der versprochene Erfolg blieb jedoch aus.

35 Einzelheiten vgl. bei HAUPTMANN Walter, unter Mitarbeit von HÜBNER Eleonora / BRAUHART Peter, Drogenpolitik ohne Strafrecht?, Juristische Schriftenreihe, Band 170, Wien 2000, S. 21 ff.

36 EISENBACH-STANGL Irmgard, Drogen und Un-Sicherheit, in: STANGL Wolfgang / HANAK Gerhard (Hrsg.), Innere Sicherheiten, in: Jahrbuch für Rechts- und Kriminalsoziologie 2002, hrsg. von LEIRER Herbert / PILGRAM Arno / STANGL Wolfgang / STEINERT Heinz, 1. Auflage 2003, Baden-Baden 2003, S. 213.

37 KOCH Michael G., Drogenbekämpfung – Internationale Erfahrungen, in: BURKHARDT-KOLLER Hildegard (Hrsg.), Drogen: warum nicht?. Eine Publikation der Organisation BALD „Luzerner Bürgeraktion Leben ohne Drogen"

Dieser Befund gilt zunächst für den weiten Bereich der Prävention:

Die Europäische Beobachtungsstelle für Drogen und Drogensucht in Lissabon (EBDD) konstatierte in ihrem Jahresbericht 2004, dass (auch) der (Drogen-) Prävention „nach wie vor eine angemessene wissenschaftlich fundierte Grundlage" fehle.[38] Zu all dem kommt aber noch, dass in den meisten Mitgliedstaaten der EU (sogar) Informationen darüber fehlten, inwieweit Präventionsstrategien überhaupt umgesetzt würden. Daher könne das Ausmaß strukturierter und etablierter Präventionsmaßnahmen in der EU (nicht einmal) dargestellt werden.[39] Ebenfalls 2004 hat ein deutscher Experte die bisherigen Präventionskampagnen als „über Jahrzehnte praktizierte Irrungen und Wirrungen" apostrophiert, „die ein wahnsinniges Geld gekostet haben". Und selbst für die Experten der Deutschen Hauptstelle für Suchtfragen bleibt die aktuelle Prävention „ein Flickenteppich aus Feigenblättern".[40]

Stephan QUENSEL, weitum bekannt als Anhänger einer liberalen Drogenpolitik, kommt in seinem Buch über „Das Elend der Suchtprävention"[41] zur ernüchternden Schlussfolgerung:

> „Die gegenwärtigen Präventionsprogramme sind weitgehend gescheitert; ihre Ziele sind unklar, ihre Evaluation versagt".[42] Er kritisiert weiters, dass der unbestreitbare Anstieg jugendlichen Drogenkonsums üblicherweise nicht als Misserfolg der Prävention gewertet, „sondern als Anlass zu intensivierteren Bemühungen auf dem einmal eingeschlagenen Holzweg angeführt" werde.[43]

---

mit aktuellen Beiträgen zu brisanten Fragen der Drogenproblematik, 3. Auflage, Lauerz 1997, S. 135.

38 Vgl. Pressemitteilung der EU-Drogenbeobachtungsstelle in Lissabon, Nr. 8/2004 vom 25. 11. 2004, hrsg. von der Europäischen Beobachtungsstelle für Drogen und Drogensucht, S. 5 f.

39 Vgl. BURKHART Gregor, Maßnahmen. Entwicklung von Indikatoren zur Drogenprävention in der EU, in: Drugnet Europe, Zweimonatlich erscheinender Newsletter der Europäischen Beobachtungsstelle für Drogen und Drogensucht, Nr. 33, Jänner – Februar 2002, S. 3.

40 Vgl. den Bericht „Ein Joint für die große Pause. Eine neue Drogenwelle bedroht die deutschen Schulen: Immer mehr Jugendliche und sogar Kinder rauchen Cannabis – bis zum Totalabsturz. Seit hochgezüchtetes Power-Kraut geraucht wird, steigt die Zahl von Schwerstabhängigen mit lebenslangen Psychoschäden", in: Der Spiegel, 27/2004, S. 79.

41 QUENSEL Stephan, Das Elend der Suchtprävention. Analyse – Kritik – Alternative, 1. Auflage, Wiesbaden 2004.

42 QUENSEL, aaO (Anm. 41), S. 21.

43 QUENSEL, aaO (Anm. 41), S. 35.

So werde zwar behauptet, es gehe darum, sehr viel menschliches Leid bei Drogenabhängigen und ihren Familien zu verhindern. Diese Verhinderung werde gleichzeitig erhebliche finanzielle Mittel einsparen, die den Aufwand für die Prävention rechtfertigten. Eine Aussage – so QUENSEL wörtlich – „die zwar einträglich Moral mit Geld verbindet, die aber angesichts der Diskrepanz zwischen ‚präventivem' Aufwand und erreichtem Erfolg auf reichlich tönernen Füßen steht, ganz abgesehen davon, dass wir bis heute kaum auf zureichende ökonomische Effizienz-Evaluationen zurückgreifen können, und dass auch in Zukunft ‚in areas where many measurement problems concerning central dimensions are unsolved and where it is hard to prove that any effects can be attributed to a programme under scrutiny, it is too early to engage in serious cost-benefit or cost-effectiveness analysis'."[44]

QUENSEL's Kritik gipfelte 2006 in der Feststellung, dass „das große Geschäft der Suchtprävention" ... „insgesamt mehr Unheil (stiftet) als kaum jemals längerfristig messbare Präventionserfolge."[45]

Unter solchen Umständen kann es nicht überraschen, dass sich (auch) Österreichs Präventionsarbeit auf keinerlei angemessene wissenschaftliche Grundlage zu stützen vermag. – Die Zielrichtung des mittlerweile flächendeckenden Netzes österreichischer Präventionseinrichtungen lässt sich an Hand einiger Selbstzeugnisse maßgebender Exponenten kurz wie folgt skizzieren:

> „Im Gegensatz zur Primärprävention steckt im Bereich der Sekundärprävention sowohl die theoretische als auch die praktische Auseinandersetzung noch überwiegend in den Kinderschuhen. Dies äußert sich in der geringen Anzahl von sekundärpräventiven Projekten und im fast vollständigen Fehlen von Literatur und wissenschaftlichen Studien. Wichtige Gründe für diesen Mangel sind meines Erachtens, dass einerseits klassische Drogeneinrichtungen die Arbeit mit gefährdeten Jugendlichen und ExperimentiererInnen meist nicht zu ihrem Aufgabenbereich zählen und andererseits die PräventionsexpertInnen den mühsam erkämpften, aber mittlerweile doch relativ gesicherten Boden der Primärprävention nicht gerne verlassen".[46]

---

44 QUENSEL, aaO (Anm. 41), S. 48 mwN.

45 QUENSEL Stephan, Moderne Gladiatoren. Ein Cannabis-Disput, in: Monatsschrift für Kriminologie und Strafrechtsreform, Heft 4/2006, S. 303 f.

46 FOISSNER Max, Suchtvorbeugung und Jugendarbeit – Chancen und Grenzen einer Kooperation, in: FELLÖCKER Kurt / FRANKE Silvia (Hrsg.), Sucht-

Demnach befassen sich die österreichischen Präventionseinrichtungen nahezu ausschließlich mit „Primärprävention“. Diese ist jedoch „gerichtet an Personengruppen, die keine besonderen Risikogruppen darstellen und/oder bei denen das Problem noch nicht aufgetreten ist“.[47]

Hingegen beschäftigt man sich nur ausnahmsweise mit „Sekundärprävention“, die „an Risikogruppen und/oder Personen gerichtet ist, bei denen das Problem existiert, aber noch nicht voll ausgeprägt ist“.[48] Folgerichtig scheinen in den analogen Statistiken über Sekundärprävention Budgetdaten für den Drogenbereich gleich gar nicht auf.[49]

Der Umgang mit prognostisch ungleich günstiger zu beurteilenden Problemfällen, wie z.B. Substanzmissbrauchern am Beginn ihrer „Drogenlaufbahn“, wird also a priori nicht als Aufgabe der SuchtprophylaktikerInnen verstanden. Für die Sekundärprävention ergäben sich (u.a.) „die größten Probleme ... aus der mangelnden Anzahl geeigneter BewerberInnen“.[50] Der „Paradigmenwechsel in der Suchtvorbeugung“[51] seit etwa 1980 führte vielmehr zu einem anderen Selbstverständnis der österreichischen SuchtprophylaktikerInnen:

> Das "Ziel der völligen Abstinenz ist zugunsten eines zielgruppengemäßen und an Risikooptimierung ausgerichteten Ansatzes zurückgetreten“. Angestrebt wird „die Vermittlung umfassender psychosozialer Kompetenzen sowie eines kritischen Umgangs mit jeglichen psychoaktiven Substanzen ...“.[52] Die „Kompetenzförderungs-Strategie österreichischen Zuschnittes“ stellt nicht auf das Postulat absoluter Drogenfreiheit ab:

---

vorbeugung in Österreich, Wien-New York 2000, S. 157 f.

47 UHL Alfred / SPRINGER Alfred, Leitbild der österreichischen Fachstellen für Suchtvorbeugung, in: FELLÖCKER / FRANKE, aaO (Anm. 46), S. 74.

48 UHL / SPRINGER 2000, aaO (Anm. 47), S. 74.

49 STEIER Alice / KRANVOGEL-ZELLERMAYER Edith / POCHOBRADSKY Elisabeth / ROSIAN Ingrid, Öffentliche Ausgaben für Prävention und Gesundheitsförderung in Österreich. Bericht, hrsg. vom Bundesministerium für soziale Sicherheit und Generationen, Wien 2000, S. 21 f.; HABL Claudia / SCHNABEL Eva / VOGLER Sabine / ROSIAN-SCHIKUTA Ingrid / TAKACS Adam, Öffentliche Ausgaben für Prävention und Gesundheitsförderung in Österreich 2001, hrsg. vom Bundesministerium für Gesundheit und Frauen, Wien 2004, S. 13, 19 f.

50 FELLÖCKER Kurt, Lebensweltorientierte Sekundärprävention im ländlichen Raum, in: FELLÖCKER / FRANKE, aaO (Anm. 46), S. 212 f.

51 Vgl. FELLÖCKER Kurt / FRANKE Silvia, Suchtprävention – eine Einführung, in: FELLÖCKER / FRANKE, aaO (Anm. 46), S. 5 f.

52 FELLÖCKER / FRANKE, aaO (Anm. 51), S. 6.

„Zielt sie doch eher auf Genussfähigkeit und Mäßigkeit im Umgang mit psychoaktiven Substanzen aller Art ab ... .[53] Suchtprävention zielt im Gegensatz zur „Drogenaufklärung" ... „per Definition in erster Linie auf die Verhinderung der Entstehung von Sucht ab und damit auf ‚kontrollierten, nicht selbstgefährdenden Konsum' statt auf gänzliche Abstinenz."[54]

Genuss sei „ein wesentlicher Bestandteil menschlicher Existenz" ... „,der positiv definiert werden sollte und nicht bloß als Risikofaktor für die Entstehung von schädlichem Gebrauch und Sucht gesehen werden dürfe."[55] – Analoges habe für „Konsum, Genuss, Lust, Neugier und Spiel" als „wesentliche Dimensionen menschlicher Existenz" zu gelten.[56]

„Sucht- und Drogenprävention ... sollte auf keinen Fall als Vorwand dafür dienen, Kindern und Jugendlichen ein karges und lustfeindliches Leben nahe zu legen oder aufzuzwingen."[57]

„Unter den TeilnehmerInnen herrschte Einigkeit darüber, dass es das generelle Ziel von Suchtpräventionsbemühungen sei, individuelle, gesellschaftliche, soziale und strukturelle Probleme in Zusammenhang mit Sucht und schädlichem Gebrauch zu minimieren". – Das Ziel völliger Abstinenz könnte nur ausnahmsweise und unter besonderen Bedingungen verfolgt werden.[58]

Schon aus diesen wenigen Zitaten ergibt sich mit hinreichender Deutlichkeit, dass die hier übliche professionelle Präventionsarbeit

53 SPRINGER Alfred, Drogenpolitik und Suchtprävention in Österreich, in: FELLÖCKER / FRANKE, aaO (Anm. 46), S. 36; *derselbe*, Ansätze der Primärprävention in Europa – Die aktuelle Situation und kritische Anmerkungen für die zukünftige Orientierung, in: Wiener Zeitschrift für Suchtforschung, 2000, Nr. 1, S. 20.

54 HAAS Sabine, Suchtprävention im europäischen Vergleich, in: FELLÖCKER / FRANKE, aaO (Anm. 46), S. 50; vgl. dazu auch SPRINGER, Wiener Zeitschrift für Suchtforschung, aaO (Anm. 53), S. 20, 25.

55 UHL /SPRINGER 2000, aaO (Anm. 47), S. 75; UHL Alfred / SPRINGER Alfred, Professionelle Suchtprävention in Österreich: Leitbildentwicklung der Österreichischen Fachstellen für Suchtprävention, hrsg. vom Bundesministerium für soziale Sicherheit und Generationen, Wien 2002, S. 37.

56 UHL / SPRINGER 2002, aaO (Anm. 55), S. 35; vgl. dazu auch SPRINGER, Wiener Zeitschrift für Suchtforschung, aaO (Anm. 53), S. 20, 25.

57 UHL / SPRINGER 2002, aaO (Anm. 55), S. 37.

58 UHL / SPRINGER 2000, aaO (Anm. 47), S. 76.

jedenfalls im Kern „non-prohibitiv ausgerichtet“ ist:[59] Drogenaufklärung oder gar Drogenabstinenz wird erst gar nicht angestrebt und gilt bestenfalls als exzeptionelles „Nebenprodukt“.

Zur Effizienz dieses österreichischen Ansatzes für die Suchtprophylaxe wurde (u.a.) Folgendes berichtet:

> „Es ist verständlich, dass die Branche der SuchtprophylaktikerInnen in der Anfangsphase, also als es darum ging ihre Profession neu zu etablieren, vor allem daran interessiert war, große Erwartungen in ihre Möglichkeiten zu nähren und auch darauf bedacht war, die Grundlagen ihres beruflichen Handelns – ganz besonders nach außen hin – nicht unnötig zu problematisieren. ...
>
> Erst nachdem die Suchtprävention als eigene Branche relativ etabliert und gefestigt war, und als man sich intern immer mehr mit kritischen Inhalten und den grundsätzlichen Möglichkeiten der Suchtprävention auseinander zu setzen begann, wurde immer mehr beteiligten Personen bewusst, dass die Schere zwischen den Erfolgserwartungen und dem, was tatsächlich machbar war, immer weiter auseinander zu klaffen begann“.[60]

Soweit von einer Evaluation dieses Bereiches die Rede ist, wird korrekterweise vorausgeschickt, dass dieser Bewertungsprozess „meist nur wenig mit einem ‚schlüssigen Wirksamkeitsnachweis‘ gemein“ hat. Abgesehen davon könne man ohnehin nur einen „historischen Wirkungsnachweis“ führen. An anderer Stelle erfährt man dazu, dass es bei dieser Art von „wissenschaftlichem Erfolgsnachweis“[61] darum gehe, „die Plausibilität des Ansatzes anhand von eigenen Erfahrung(en) und/oder anhand der vorhandenen wissenschaftlichen Literatur zu prüfen.“[62] – Falls zu diesem Ansatz keine wissenschaftliche Literatur existieren sollte, durch die seine Wirksamkeit nachgewiesen wird, muss man sich demnach gleich ganz auf seine eigenen „Erfahrungen“ (möglicherweise eher: Vermutungen) stützen.

---

59 Vgl. SPRINGER in FELLÖCKER/ FRANKE, aaO (Anm. 53), S. 37.

60 UHL / SPRINGER 2000, aaO (Anm. 47), S. 69 mwN; vgl. dazu auch UHL / SPRINGER 2002, aaO (Anm. 55), S. 9 mwN.

61 UHL / SPRINGER 2000, aaO (Anm. 47), S. 80; vgl. dazu auch UHL / SPRINGER 2002, aaO (Anm. 55), S. 28, 31.

62 UHL Alfred, Probleme bei der Evaluation von Präventionsmaßnahmen im Suchtbereich, in: Wiener Zeitschrift für Suchtforschung 1997, Nr. 3/4, S. 99.

Nicht wesentlich überzeugender erscheint etwa auch eine andere, an derselben Stelle unter dem Titel „Partieller empirischer Wirksamkeitsnachweis" beschriebene Evaluationsmethode. Diese Methode könnte beispielsweise für einen Erfolgsnachweis des vielzitierten Präventionsprojektes „Spielzeugfreier Kindergarten" (und ähnlicher) in Frage kommen: „Baut ein Programm z.B. darauf auf, dass die Erhöhung sozialer Kompetenz gegen Drogenprobleme immunisiert, und lässt sich im konkreten Fall nicht nachweisen, dass das Programm langfristig zu einer Reduktion von Drogenproblemen führen wird, so kann man zumindest untersuchen, ob das Programm die soziale Kompetenz erhöht."[63]

Die abschließend skizzierten Präventionsprojekte wurden den jeweiligen „Berichten zur Drogensituation" des Österreichischen Bundesinstituts für Gesundheitswesen (ÖBIG) der letzten Jahre entnommen. Die Tatsache, dass sie dort – beispielhaft – vorgestellt wurden, legt jedenfalls die Vermutung nahe, dass sie gleichsam als „Musterprojekte" gelten sollen:

> Im Drogenbericht 1998 wurde als „wichtiger Tätigkeitsschwerpunkt" im Rahmen von „Maßnahmen im Bereich Nachfragereduktion"[64] die „Trauerarbeit mit Angehörigen" (von Drogentoten?) vorgestellt. Im Drogenbericht 2001 werden als neue Zielgruppe (an mehreren Stellen) „pflegebedürftige" Drogenabhängige[65] erwähnt. Im Rahmen der „aufsuchenden Betreuung" findet sich mittlerweile unter den „schadenminimierenden Angeboten" als neues Thema auch die „Sterbebegleitung".[66]
>
> Es ist zwar grundsätzlich begrüßenswert, wenn im Rahmen der Nachfragereduktion auch „geschlechtsspezifische Angebote" vorgesehen sind. Was die – in diesem Zusammenhang ausdrücklich hervorgehobenen – „Schwangerschaftstests und homöopathischen Medikamente gegen Menstruationsbeschwerden" bewirken sollen, wurde allerdings nicht erklärt. Ebenso offen bleibt etwa, welche „Angebote" im Rahmen eines

63 UHL, aaO (Anm. 62), S. 101.

64 HAAS Sabine / GUZEI Klarissa / TÜRSCHERL Elisabeth, Bericht zur Drogensituation 1998, hrsg. vom Österreichischen Bundesinstitut für Gesundheitswesen, Wien 1998, S. 56 ff., 76.

65 HAAS Sabine / BUSCH Martin / GUZEI Klarissa / TÜRSCHERL Elisabeth / WEIGL Marion, Bericht zur Drogensituation 2001, hrsg. vom Österreichischen Bundesinstitut für Gesundheitswesen, Wien 2001, S. III (= Kurzfassung), 35, 40.

66 HAAS / BUSCH / GUZEI / TÜRSCHERL / WEIGL 2001, aaO (Anm. 65), S. 44.

EU-Projektes für weibliche Beschaffungsprostituierte in Vorarlberg geschaffen wurden. Die Bedarfserhebung soll das Erfordernis von – irgendwelchen – „zielgruppenorientierten und lebensweltspezifischen (?!) Angeboten“ ergeben haben. Zusätzlich erwies sich „die Notwendigkeit, im Rahmen des Programms auch auf die Freier (!) gerichtete Aktivitäten zu entwickeln“.[67]

Ein weiteres Projekt wurde vom ÖBIG in seinem „Bericht zur Drogensituation 2005“[68] wie folgt vorgestellt:

„Für viele Jugendliche ist zwar der Konsum illegaler Drogen alltäglich, sie würden aber von sich aus eine Beratungsstelle nicht aufsuchen. Aus diesem Grund gestaltet die Vorarlberger Einrichtung Supromobil – unter Einbindung der Verantwortlichen der Exekutive, des Gerichts und Apotheken – Kommunikationsräume auf Veranstaltungen (über 20 im Jahr 2004), wo sich die jungen Gäste miteinander und mit den Beraterinnen und Beratern austauschen können. Die Jugendlichen erfahren so, dass es für sie spezielle Hilfsangebote gibt, falls durch den Konsum Probleme entstehen. ...

In den Kommunikationsräumen besteht keine Verpflichtung, das unverbindliche, kostenlose und anonyme Beratungsangebot in Anspruch zu nehmen. Für die Beraterinnen und Berater ist es wichtig, präsent zu sein. Unter dem Motto ‚safer use‘ werden Raum zur Erholung, Gratis-Wasser, Früchte, Informationen, Kondome, Ohrenstöpsel und Traubenzucker angeboten.“

Daraus lässt sich Folgendes erschließen: Der „alltägliche“ Drogenmissbrauch durch Jugendliche wird hier offensichtlich als gottgegeben hingenommen und bedarf daher keiner Gegenmaßnahmen. Ob es sich bei der dargestellten Art von „Unterstützung“ noch um Hilfe oder schon um „Beihilfe“ handelt, mag dahin gestellt bleiben. – Sicher ist hingegen, dass solche „Konsumbegleitung“ nicht nur enorme Kosten verursachen muss; ebenso sicher ist aber, dass sie geeignet ist, auch noch die letzten Reste von Unrechtsbewusstsein bei den betreuten Drogenmissbrauchern zu paralysieren.

---

67 HAAS Sabine / BUSCH Martin / TÜRSCHERL Elisabeth, unter Mitarbeit von GUZEI Klarissa, Bericht zur Drogensituation 2000, hrsg. vom Österreichischen Bundesinstitut für Gesundheitswesen, Wien 2000, S. 45.

68 HAAS Sabine / BUSCH Martin / HORVATH Ilonka / TÜRSCHERL Elisabeth / WEIGL Marion / ABRAHAM Tina, Bericht zur Drogensituation 2005, hrsg. vom Österreichischen Bundesinstitut für Gesundheitswesen, Wien 2005, S. 80.

Demgegenüber wurde nicht einmal angegeben, wie viele Jugendliche nur die Konsumhilfe in Anspruch genommen und wie viele sich immerhin auf ein Gespräch mit den BeraterInnen eingelassen haben. – Nach einem „Erfolg" derartiger Gespräche braucht man daher schon gar nicht erst zu fragen.

In einem 2004 erschienenen „Handbuch der Suchtprävention" werden nicht weniger als 108 solcher (und ähnlicher) Präventionsprojekte aus Deutschland, Österreich und der Schweiz vorgestellt. Soweit sie als evaluiert ausgewiesen werden, überwiegt dabei die „interne Selbstevaluation"[69] mit 49 % gegenüber externer Evaluation mit 34 %. Die Effekte dieser Vorbeugungsprogramme auf den Drogenkonsum oder „Einstellungsveränderungen" in einem mittel- bis langfristigen Zeitraum wurden „nur bei wenigen Interventionen" erfasst. Forschungsdaten belegten, dass „immer noch eine große Anzahl von Projekten, Programmen und Methoden entweder überhaupt nicht überprüft sind oder wenn evaluiert, trotz erwiesener Wirkungslosigkeit an deren Weiterführung unverändert festgehalten wird:"[70]

> So wurden solche Präventionsprogramme beispielsweise in verschiedenen westlichen Ländern einschließlich England und in den Niederlanden „in großem Maßstab" eingeführt und jedenfalls von den Eltern so betreuter SchülerInnen sehr positiv eingeschätzt, obwohl diese Programme nachweisbar „keinerlei Wirkung auf den Drogenkonsum" besessen haben.[71]

Die Suchtprävention Österreichs (und wohl auch seiner erwähnten Nachbarn) erschöpft sich demnach weitestgehend in einem sehr kostspieligen Aktionismus, der in aller Regel weder die Sinnhaftigkeit seiner Projekte noch ihren Erfolg[72] ausreichend zu belegen vermag:

> „Versteht man den Begriff ‚Evaluation', im umgangssprachlichen Sinn als wissenschaftlichen Wirksamkeitsbeweis im

69 Diese Erfolgsüberprüfung wird also von den Durchführenden der betreffenden Präventionsprojekte gleich selber vorgenommen.

70 KALKE Jens / RASCHKE Peter / KERN Walter / LAGEMANN Christoph / FRAHM Hinnerk, Einleitung, in: KALKE Jens / RASCHKE Peter / KERN Walter / LAGEMANN Christoph / FRAHM Hinnerk (Hrsg.), Handbuch der Suchtprävention. Programme, Projekte und Maßnahmen aus Deutschland, Österreich und der Schweiz, Freiburg im Breisgau 2004, S. 17 f.

71 QUENSEL, aaO (Anm. 41), S. 43 mwN.

72 Vgl. dazu auch UHL, aaO (Anm. 62), S. 108; UCHTENHAGEN Ambros / WICKI Werner, Evaluation im Bereich der Primärprävention, in: UCHTENHAGEN / ZIEGLGÄNSBERGER, aaO (Anm. 1), S. 255.

> Sinne eines ‚globalen empirischen Wirksamkeitsnachweises', so setzt man einen Standard, der in der überwiegenden Mehrzahl der Fälle weit übers Ziel hinausschießt, und den viele Programme aus ökonomischen und forschungslogischen Gründen unmöglich erfüllen können. Auf dieser Forderung zu bestehen führt zu Angst und Frustration bei den PraktikerInnen und resultiert häufig in einer Art von ‚Scheinevaluation'. EvaluatorInnen erfüllen die Evaluationsverpflichtung formal, ohne dem Auftraggeber aber das zu bieten, was dieser erwartet."[73]

So kann es nicht verwundern, dass unter den grundlegenden Eigenschaften, die „sorgfältige Evaluation von Programmen" aufweisen sollten, (ausgerechnet unter dem Kriterium „Korrektheit") expressis verbis auch das „Wohlergehen der in die Evaluation einbezogenen und auch der durch die Ergebnisse betroffenen Personen" (!) gebührend zu berücksichtigen sein soll. Vermutlich deshalb wird expressis verbis überdies verlangt, dass Evaluationen auch „diplomatisch" auszuführen seien.[74]

Verlässlich belegbar ist in diesem Zusammenhang nur, dass die eingesetzten Mittel für die Primärprävention im Drogenbereich von 1996 (= 47,4 Millionen ATS ≈ 3,44 Millionen €) bis 2001 (= 8.412.597 € ≈ 115,76 Millionen ATS) um fast das Zweieinhalbfache angestiegen sind.[75]

> Laut „Jahresbericht 2004 des Bundesministeriums für Inneres über die Suchtmittelkriminalität" missbrauchen an manchen Klagenfurter Schulen bis zu 80 % der Schüler Cannabis.[76] Unter diesen findet sich erfahrungsgemäß eine große Anzahl von „Kiffern", die auch andere Drogen missbrauchen. Es spricht nichts dafür, dass die Situation außerhalb Klagenfurts und Kärntens grundlegend besser sein sollte: So geht etwa die Wiener Suchtspezialistin FISCHER davon aus, dass (jedenfalls dort) bereits 70 % der OberklassenschülerInnen Cannabis rauchen.[77] Der 2007 erschienene „Drogenreport

---

73 UHL / SPRINGER 2002, aaO (Anm. 55), S. 31.

74 UHL / SPRINGER 2002, aaO (Anm. 55), S. 30.

75 STEIER / KRANVOGEL-ZELLERMAYER / POCHOBRADSKY / ROSIAN, aaO (Anm. 49), S. 19; HABL / SCHNABEL / VOGLER / ROSIAN-SCHIKUTA / TAKACS, aaO (Anm. 49), S. 19.

76 Bundesministerium für Inneres / Bundeskriminalamt, Büro 3.5. (Hrsg.), Suchtmittelkriminalität. Jahresbericht 2004, Wien 2005, S. 10.

77 FISCHER Gabriele, Gefahrenzone Frau, in: Profil, Nr. 2, 9. 1. 2006, S. 113.

Österreich“ berichtet, dass (sogar) an Wiener Eliteschulen 80 bis 90 % „Kiffer“ zu verzeichnen seien.[78]

Wie immer man diese Besorgnis erregende Entwicklung auch erklären mag: Als Beweis für einen (nennenswerten) positiven Effekt des flächendeckenden Netzes von Drogenpräventionseinrichtungen wird man diesen Trend wohl nicht interpretieren können.

Ungeachtet dieser tristen Bilanz bleiben sich die österreichischen Fachstellen für Suchtprävention darin einig, dass die von ihnen nach außen „geäußerte Offenheit“ gegenüber allen „fachlich vertretbaren Möglichkeiten zur Nachfragereduktion, Angebotsreduktion und Schadensbegrenzung“ ... „keinesfalls als Zustimmung zu oder Unterstützung von repressiven Ansätzen in der Drogenpolitik gewertet werden“ sollte.[79]

Anfang 2007 ist bekannt geworden, dass die Fachhochschule St. Pölten eine „österreichweit einzigartige Ausbildung zum Suchtberater“ startet. Vorgesehen sind drei aufbauende Lehrgänge, die je nach Grad des Lehrgangs mit dem Titel „Zertifizierte Fachkraft“, „Akademische Fachkraft“ oder „Master“ abschließen sollen.[80] – Nach dem oben Gesagten darf man auf deren Effizienz gespannt sein.

Eine (mittlerweile abgeschlossene) Diplomarbeit zur Praxis der Evaluation im Drogenbereich in Österreich von Frau Mag. Lucia ANGLEITNER, die vom Erstverfasser betreut wird, lässt folgende Tendenzen erkennen:

Im Mittelpunkt einschlägiger Präventionsprojekte stehe eine „strukturierte und standardisierte Projektentwicklung“, nicht aber – nach wie vor – irgendein Wirksamkeitsnachweis. Vielmehr verlagere sich die Suchtprävention unter dem neuen Titel einer „gesundheitsfördernden Suchtprävention“ zunehmend stärker in das Feld der allgemeinen Gesundheitsförderung. Dieses prinzipiell „leicht zu erobernde und schwer zu kontrollierende Tätigkeitsfeld“ (QUENSEL) habe durch die Einbettung in eine gesundheitsfördernde Gesamtpolitik weiter an ökonomischer Bedeutung gewonnen. Es genüge nunmehr also schon, dass irgendeine Maßnahme als ge-

78 ZÄUNER Günther, Drogenreport Österreich. H, Koks, Ecstasy, Gras – Falsche Träume, Wien 2007, S. 268.

79 UHL / SPRINGER 2002, aaO (Anm. 55), S. 41 f.

80 Vgl. die Mitteilung „FH St. Pölten. Ausbildung zum Suchtberater“, in: noe.ORF.at, 18. 2. 2007; ausgedruckt aus dem Internet http://noe.orf.at/stories/172694/.

sundheitsfördernd anzusehen sei, um sie zugleich als suchtpräventiv etikettieren zu können.

Dass Erfolgsmessung durch diese Neupositionierung der Suchtprophylaxe schlechthin illusorisch wird, liege auf der Hand und dürfte wohl auch ein Hauptzweck der neuen Zielbestimmung sein. Dafür spreche – so ANGLEITNER weiter – nicht zuletzt auch die Kreation eines neuen „Reizwortes": Evaluationsforderungen (in Richtung eines Wirksamkeitsnachweises) würden nunmehr sogar schon mit dem Terminus „Evalopathie" zurückgewiesen, der eine „ans Krankhafte grenzende Evaluiersucht" bezeichnen soll. Ebenso werde Evaluation auch als „neue Form der Bürokratie" kritisiert, die u.a. „Pseudoevaluationen" begünstige.[81]

Nicht minder enttäuscht wurden die anfangs hochgesteckten Erwartungen in die „Diversion":

Unter diesem Terminus versteht man alle Maßnahmen, die gesetzlich vorgesehen sind, um Straftäter in geeigneten Fällen an einer strafgerichtlichen Ahndung ihres Delikts gleichsam „vorbeizuleiten":[82]

> So hat schon die Bezirksverwaltungsbehörde primär eine Begutachtung zu veranlassen, wenn „auf Grund bestimmter Tatsachen" anzunehmen ist, dass eine Person Suchtgift missbraucht. Gegebenenfalls hat sie darauf hinzuwirken, dass sich diese Person einer geeigneten und zumutbaren

---

81 Frau Mag. ANGLEITNER bezieht sich diesbezüglich insbesondere auf: UHL, A., Möglichkeiten und Grenzen der Evaluation und Dokumentation in der Suchthilfe, Vortrag auf dem 1. steirischen Suchtkongress „Sucht – Rausch und Risiko" in Bruck an der Mur am 26.9.2006, Powerpointpräsentation, Download unter: http://www.bluemonday.at/news/docs/8836_03_Uhl_Evaluation.pdf, vgl. dazu auch: UHL, A., Wie viel Freiheit braucht Suchtprävention – Wie viel Zwang verträgt sie?, Vortrag auf der Fachtagung „Frühintervention bei erstauffälligen Drogenkonsumenten", 23-25. Juni 2003 in Potsdam, o. S., aus dem Internet: http://www.api.or.at/lbi/download.htm, GRUBER, Ch. / UHL, A. / KOBRNA, U. / BACHMAYER, S., Evaluation der Wiener Berufsbörse – Eine Beratungs- und Betreuungseinrichtung im Spannungsfeld zwischen Arbeitsvermittlung und Suchtkrankenhilfe, Forschungsbericht des Ludwig-Boltzmann-Instituts für Suchtforschung, Wien 2003, S. 69. Download unter: www.api.or.at; http://www.api.or.at/lbi/pdf/wbb_studie_endversion.pdf; zuletzt auch UHL Alfred, Wie viel Evaluation braucht die Psychotherapie?, in: Psychotherapie hilft!, Zeitschrift des Salzburger Landesverbandes für Psychotherapie, Sommer 2007, S. 10.

82 Vgl. statt vieler KIENAPFEL Diethelm / HÖPFEL Frank, Grundriß des österreichischen Strafrechts. Allgemeiner Teil, 9., überarbeitete und erweiterte Auflage, Wien 2001, S. 281 ff. mit zahlreichen weiteren Nachweisen.

„gesundheitsbezogenen Maßnahme" unterzieht.[83] Darunter fallen die:

1. ärztliche Überwachung des Gesundheitszustands,
2. ärztliche Behandlung einschließlich der Entzugs- und Substitutionsbehandlung,
3. klinisch-psychologische Beratung und Betreuung,
4. Psychotherapie,
5. psychosoziale Beratung und Betreuung.[84]

Eine Strafanzeige an die Staatsanwaltschaft hat hingegen (zunächst) zu unterbleiben, solange sich der Betroffene der gesundheitsbezogenen Maßnahme unterzieht.

Ebenso haben in analogen Fällen auch die Schulbehörden bei (strafmündigen) SchülerInnen zunächst schulinterne Maßnahmen (Untersuchung durch Schularzt, erforderlichenfalls auch Schulpsychologen) zu veranlassen und erst im Fall der Erfolglosigkeit aller internen Reaktionen anstelle einer Strafanzeige die Bezirksverwaltungsbehörde als Gesundheitsbehörde zu verständigen. Dasselbe gilt, wenn sich ein (begründeter) Verdacht des Suchtgiftmissbrauchs durch Wehrpflichtige anlässlich der Stellungsuntersuchung oder bei SoldatInnen anlässlich einer militärärztlichen Untersuchung ergibt.[85]

In allen diesen Fällen hat die Bezirksverwaltungsbehörde bei Verdachtsfällen iSv § 27 Abs 1 SMG nur dann Strafanzeige zu erstatten, wenn sich die betroffene Person den jeweils indizierten „gesundheitsbezogenen Maßnahmen" iSv § 11 Abs 2 SMG nicht unterzieht.[86]

Gem § 35 SMG „hat" die Staatsanwaltschaft unter bestimmten Voraussetzungen von der Verfolgung („kleinerer") Drogendelikte (in weniger bedeutsamen Fällen der Beschaf-

83 § 12 Suchtmittelgesetz (SMG); Bundesgesetz, mit dem Regelungen über Suchtgifte, psychotrope Stoffe und Vorläuferstoffe getroffen sowie das AIDS-Gesetz 1993, das Arzneimittelgesetz, das Arzneiwareneinfuhrgesetz, das Chemikaliengesetz, das Hebammengesetz, das Rezeptpflichtgesetz, das Sicherheitspolizeigesetz, das Strafgesetzbuch und die Strafprozessordnung 1975 geändert werden (Suchtmittelgesetz – SMG), BGBl I 1997/112 idgF.

84 § 11 Abs 2 SMG.

85 § 13 SMG.

86 § 14 SMG.

fungskriminalität: „kann“ = bedingtes Müssen[87]) unter Bestimmung einer Probezeit von einem bis zu zwei Jahren vorläufig zurückzutreten. Ergibt in solchen Fällen eine Stellungnahme der Gesundheitsbehörde die Notwendigkeit irgendeiner der (oben umschriebenen) „gesundheitsbezogenen Maßnahmen“, erfolgt diese Zurücklegung nur dann, wenn sich der Betroffene bereit erklärt, sich einer solchen Maßnahme zu unterziehen.

Hat der Staatsanwalt bereits einen Antrag auf Bestrafung gestellt, so besteht für das Gericht immer noch die Möglichkeit, das Strafverfahren unter Bestimmung einer Probezeit von einem bis zu zwei Jahren vorläufig einzustellen.[88] Dies kann von der Bereitschaft des Beschuldigten abhängig gemacht werden, bestimmten (Therapie-)Weisungen (§ 51 StGB) nachzukommen.

Die Diversion leidet im Drogenbereich seit jeher daran, dass sie vielfach gleichsam „zum Nulltarif“ gewährt wird. Die Amtsärzte der Gesundheitsämter waren – und sind – von der immer weiter anwachsenden Flut der zu betreuenden Probanden allein schon personell überfordert. Daher wird ein Betreuungsbedarf vielfach gar nicht erkannt.

Auch die insgesamt praktizierten Untersuchungsmethoden lassen zu wünschen übrig:

Haarproben, die Aufschluss über längere Zeiträume geben könnten, sind (noch) nicht üblich. Urinuntersuchungen sind extrem leicht „austricksbar“. Mittlerweile sind (u.v.a.m.) sogar schon batteriebetriebene Genital-Prothesen am Markt, mit denen falscher (Kunst-) Urin selbst unter Aufsicht „erfolgreich“ abgegeben werden kann.[89] Urintests können überdies bestenfalls Aufschluss über

---

87 Vgl. FOREGGER Egmont / LITZKA Gerhard / MATZKA Michael (Hrsg.), Suchtmittelgesetz. Kurzkommentar samt einschlägigen Bestimmungen in EG-Recht, internationalen Verträgen, Verordnungen und Erlässen, Wien 1998, S. 100 f.; vgl. dazu auch ROSBAUD Christian, Weitere strafrechtliche Bestimmungen, in: HINTERHOFER Hubert / ROSBAUD Christian (Hrsg.), Kommentar zum Suchtmittelgesetz, Wien-New York 2006, Rz 8 zu § 35.

88 § 37 SMG.

89 Zur sog. „Adulteration“ (= vorsätzliche Probenverfälschung) vgl. statt vieler SCHMID Rainer, Drogentests: Möglichkeiten und Grenzen, in: BEUBLER Eckhard / HALTMAYER Hans / SPRINGER Alfred (Hrsg.), Opiatabhängigkeit. Interdisziplinäre Aspekte für die Praxis, 2. Auflage, Wien-New York 2007, S. 292 f.; PAUL Bettina, Drogentests in Deutschland oder die Institutionalisierung von Misstrauen, in: Kriminologisches Journal 1/2007, S. 62 f. mwN.

Drogenmissbrauch innerhalb der letzten ein bis zwei Tage vor Abgabe der Probe geben. Oft werden selbst diese (seltenen) Untersuchungen ersetzt durch (punktuelle) Abschlussgutachten externer Sachverständiger, die vielfach sogar noch bei dieser Gelegenheit auf die Abnahme von Urinproben verzichten (und sich mit subjektiven Angaben der Untersuchten begnügen).[90]

Noch weiter geht etwa die Landessanitätsdirektion Salzburg in ihren „Richtlinien für eine landesweit einheitliche Vollziehung des Suchtmittelgesetzes durch die Bezirksverwaltungsbehörden als Gesundheitsbehörden im Zusammenhang mit gesundheitsbezogenen Maßnahmen“ für Salzburg.[91] Sie lehnen Harnuntersuchungen im Rahmen einer ärztlichen Überwachung des Gesundheitszustands im Sinne von § 11 Abs 2 Z 1 SMG schlechthin ab:

> Diese Überwachung beziehe sich (lediglich) auf die „(diagnostische) Erfassung des Allgemeinzustandes, von Infektionskrankheiten, von akuten/chronischen Gesundheitsproblemen und psychiatrischen Erkrankungen, von Dauerfolgen von Erkrankungen sowie deren kontinuierliche Kontrolle.“ Harnuntersuchungen seien hingegen „als isolierte Maßnahme keine Methode der ärztlichen Überwachung des Gesundheitszustands, sondern nur ein – insgesamt recht zurückhaltend einzusetzendes – diagnostisches Instrument im Rahmen einer breiten diagnostischen Erfassung von gesundheitlichen Beeinträchtigungen“: „Harnuntersuchungen zur Feststellung von Drogenfreiheit *per se* ohne Bezug zu gesundheitlichen Beeinträchtigungen sind im Bereich der ärztlichen Überwachung als eigenständige gesundheitsbezogene Maßnahme zu unterlassen.“[92]
>
> Für die Durchführung (auch) dieser gesundheitsbezogenen Maßnahme seien nach Möglichkeit Einrichtungen gem § 15 SMG heranzuziehen.[93]

---

90 Vgl. zum Ganzen HAUPTMANN, aaO (Anm. 3), S. 41 f. mwN; *derselbe*, aaO (Anm. 35), S. 33 f. mwN.; zur Aussagekraft von Urin-, Blut- und Haaranalysen vgl. neuerdings auch BERR Wolfgang / KRAUSE Martin / SACHS Hans, Drogen im Straßenverkehrsrecht, Heidelberg 2007, S. 330 f., 332 ff., 336 ff.

91 Richtlinien für eine landesweit einheitliche Vollziehung des Suchtmittelgesetzes durch die Bezirksverwaltungsbehörden als Gesundheitsbehörden im Zusammenhang mit gesundheitsbezogenen Maßnahmen, Zl. 9/11-61.360.

92 Richtlinien, aaO (Anm. 91), S. 4.

93 Richtlinien, aaO (Anm. 91), S. 5.

Die tatsächliche Dauer und Frequenz werde sich (unabhängig von den Vorgaben der Gesundheitsbehörde) aus dem Verlauf der gesundheitsbezogenen Maßnahme ergeben und sei vom Betreuer/Behandler zu beurteilen. Diese Dauer und Frequenz der jeweiligen gesundheitsbezogenen Maßnahme sei weiters (auch) grundsätzlich unabhängig von der Dauer der von der Staatsanwaltschaft angeordneten Probezeit von zwei Jahren.[94]

Dabei muss freilich offen bleiben, wie die Gesundheitsämter z.B. im Falle eines vorläufigen Rücktritts von der Strafverfolgung nach § 35 SMG den Erfolg einer solchen Diversionsmaßnahme einigermaßen verlässlich beurteilen sollen.[95] – Wenn nach derlei Vorgaben aber die Drogenabstinenz innerhalb der Probezeit im Rahmen einer solchen ärztlichen Überwachung offensichtlich keine Rolle mehr spielt (spielen darf?), so mutiert eine derartige „gesundheitsbezogene Maßnahme" zur bloßen Suchtbegleitung.

Die von uns kritisierte Auslegung des SMG durch die Landessanitätsdirektion Salzburg wird vom (damaligen) Bundesministerium für Gesundheit und Frauen offensichtlich nicht geteilt. Dieser Oberbehörde zufolge haben die Sanitätsbehörden im Falle einer „ärztlichen Überwachung des Gesundheitszustands" sehr wohl auf einen „Nachweis der Drogenfreiheit" abzustellen. Und dieser Nachweis könne (auch) durch Harntests erfolgen.[96] Die einschlägige Begutachtungspraxis der österreichischen Gesundheitsämter ist offensichtlich sehr uneinheitlich. Das ÖBIG plädiert in seinem „Be-

---

94 Richtlinien, aaO (Anm. 91), S. 5.

95 Vgl. dazu auch AKYÜREK Metin, Gesundheitsbezogene Maßnahmen bei Suchtgiftmißbrauch, in: HINTERHOFER / ROSBAUD, aaO (Anm. 87), Rz 37 und 38 zu § 11.

96 BROSCH Renate, Zum Thema Sucht. Betroffene und deren Angehörige, hrsg. vom Bundesministerium für Gesundheit und Frauen, aktualisierter Nachdruck, Wien 2004, S. 81. Dass in der Probezeit „Drogenfreiheit" erzielt werden soll, belegen erwartungsgemäß nicht nur die Gesetzesmaterialien: Regierungsvorlage zum Bundesgesetz vom XXX, mit dem das Suchtgiftgesetz 1951 geändert wird (Suchtgiftgesetznovelle 1971), RV 423 BlgNR XII. GP; Bericht des Ausschusses für Gesundheit und Umweltschutz über den Antrag der Abgeordneten Doktor Wiesinger und Genossen betreffend ein Bundesgesetz, mit dem das Suchtgiftgesetz 1951 geändert wird (Suchtgiftgesetznovelle 1980) (40/A), über den Antrag der Abgeordneten Grabher-Meyer und Genossen betreffend ein Bundesgesetz, mit dem das Suchtgiftgesetz 1951 geändert wird (Suchtgiftgesetz-Novelle 1979) (24/A) und über die Regierungsvorlage (311 der Beilagen): Bundesgesetz, mit dem das Suchtgiftgesetz geändert wird (Suchtgiftgesetznovelle 1980), AB 420 BlgNR XV. GP. Dem folgt auch noch die neueste Kommentarliteratur (vgl. BIRKLBAUER Alois / HAUER Andreas / KEPLINGER Rudolf, Suchtmittelgesetz, Engerwitzdorf 2006, Anm. 1 zu § 11; AKYÜREK, aaO (Anm. 95), Rz 37 ff. zu § 11.

richt zur Drogensituation 2006" daher zu Recht für die Schaffung bundesweit verbindlicher Standards und Qualitätssicherungsmaßnahmen.[97]

2002 wurde österreichweit unter insgesamt 5.540 einschlägigen Meldungsfällen der Bezirksverwaltungsbehörden lediglich bei 2.091 Personen (ca. 37,7 %) irgendeine „gesundheitsbezogene Maßnahme" angeordnet. Bei 3.449 Fällen (ca. 62,3 %) ist dies nicht geschehen. Unter den angeordneten Maßnahmen wiederum kommen „ärztliche Überwachung des Gesundheitszustands" „und psychosoziale Beratung und Betreuung" am häufigsten vor:[98]

Die letztgenannte Maßnahme wurde 2002 in knapp 19 % (1.041 von insgesamt 5.540 Begutachtungsfällen) angeordnet.[99] Dabei handelt es sich um die „mildeste gesundheitsbezogene Maßnahme" zur Rehabilitation und Reintegration. Unter „psychosozialer Beratung und Betreuung" wird z.B. Folgendes verstanden: „Sozialarbeit, Schuldnerberatung, Rechtsberatung, Gesundheitserziehung, Wohnungsvermittlung, Arbeitsvermittlung, Erlebnis- und Freizeitpädagogik, Soziotherapie, Ergotherapie" etc.[100]

In ca. 14 % (778 von insgesamt 5.540 Fällen) wurde eine „ärztliche Überwachung des Gesundheitszustands" angeordnet. Von den sonstigen gesundheitsbezogenen Maßnahmen entfielen 2002 ca. 9,5 % (531 von insgesamt 5.540 Fällen) auf „ärztliche Behandlung einschließlich der Entzugs- und Substitutionsbehandlung", ca. 1,4 % (79 von insgesamt 5.540 Fällen) auf „klinisch-psychologische Beratung und Betreuung" und ca. 1 % (59 von 5.540 Fällen) auf „Psychotherapie".[101]

Was gilt nun als Erfolg bezüglich gesundheitsbezogener Maßnahmen? Im Fall einer ärztlichen Überwachung des Gesundheitszustands hat die Bezirksverwaltungs- als Gesundheitsbehörde festzustellen, ob sich der Angezeigte dieser Maßnahme unterzieht.

---

97 HAAS Sabine / BUSCH Martin / HORVATH Ilonka / TÜRSCHERL Elisabeth / WEIGL Marion / WIRL Charlotte, unter Mitarbeit von AUSTALLER Judith, Bericht zur Drogensituation 2006, hrsg. von Gesundheit Österreich GmbH, Geschäftsbereich ÖBIG, Wien 2006, S. 7.

98 HAAS Sabine / BUSCH Martin / HORVATH Ilonka / TÜRSCHERL Elisabeth / WEIGL Marion, Bericht zur Drogensituation 2004, hrsg. vom Österreichischen Bundesinstitut für Gesundheitswesen, Wien 2004, S. 76.

99 HAAS / BUSCH / HORVATH / TÜRSCHERL / WEIGL 2004, aaO (Anm. 98), S. 76.

100 AKYÜREK, aaO (Anm. 95), Rz 45 zu § 11.

101 HAAS / BUSCH / HORVATH / TÜRSCHERL / WEIGL 2004, aaO (Anm. 98), S. 76.

Sollte er sich dieser „beharrlich entziehen", hat sie dies der Staatsanwaltschaft anzuzeigen, die erforderlichenfalls die Einleitung oder Fortsetzung des Strafverfahrens zu veranlassen hat.[102]

Bei anderen gesundheitsbezogenen Maßnahmen nach § 11 Abs 2 SMG „kann" die Staatsanwaltschaft den Beschuldigten auffordern, Bestätigungen über deren „Beginn und Verlauf" vorzulegen.[103] – Mangels anderweitiger gesetzlicher Kriterien wird es auch in diesen Fällen (analog zu § 39 SMG) wohl genügen müssen, wenn das – vom Betreuer bestimmte! – Interventionsziel „aus Sicht des Behandelnden" (!) erreicht ist.[104]

Dass solche Angebote sozialpolitisch notwendig und wichtig sein mögen, sei unbestritten. Es fragt sich aber allerdings, ob es schon ausreichen soll, derartige „gesundheitsbezogene" (?) Maßnahmen „erfolgreich" zu absolvieren, um dadurch den endgültigen Rücktritt von der Strafverfolgung zu erwirken.

Von allen Fällen, in denen eine gesundheitsbezogene Maßnahme angeordnet wurde, haben sich nach Berichten der Staatsanwaltschaften in den letzten Jahren nur etwa zwischen 250 und 600 Probanden diesen Maßnahmen pro Jahr „beharrlich entzogen", sodass es zu einer nachträglichen Einleitung des Strafverfahrens gekommen ist. Umgekehrt konnten in diesem Zeitraum rund 4.600 bis 6.800 Anzeigen pro Jahr endgültig zurückgelegt werden.[105]

Dies bedeutet (z.B.) für das Jahr 2002, dass unter den 2.091 weiter betreuten bzw. überwachten Fällen höchstens 210 zu verzeichnen waren, bei denen die Anzeige nicht endgültig zurückgelegt wurde. Bezogen auf die Gesamtzahl aller 5.540 „Meldungsfälle" ergäbe dies eine „Erfolgsquote" von 96,21 %. Derartige „Papierresultate" liegen offensichtlich fernab jeder Realität. Sie bestärken lediglich den Eindruck, dass die österreichische Diversionspolitik weit eher die Deliktsstatistik zu beschönigen als die tatsächliche Drogenkriminalität zu beeinflussen sucht.

Der Leiter der Staatsanwaltschaft RIED/Innkreis, den wir (auch) zu dieser Thematik um eine Stellungnahme gebeten haben, skiz-

102 § 36 Abs 1, § 38 Abs 1 Z 2 SMG.

103 § 36 Abs 2 SMG.

104 FOREGGER / LITZKA / MATZKA, aaO (Anm. 87), S. 118; ROSBAUD, aaO (Anm. 87), Rz 8 ff. zu § 40 mwN.

105 HAAS / BUSCH / HORVATH / TÜRSCHERL / WEIGL 2004, aaO (Anm. 98), S. 78.

ziert seine „aus jahrzehntelanger Praxis gewonnenen" Erfahrungen wie folgt:

> „Gerade die Zurücklegung der Anzeige gem. § 35 SMG im Zusammenhang mit Jugendlichen halte ich persönlich für sinnvoll, allerdings wären hier begleitende Maßnahmen, wie regelmäßige und effiziente Kontrollen während der Probezeit, zweckmäßig. Leider zeigt sich hier aber gerade bei den zuständigen Bezirkshauptmannschaften bzw. Magistraten nur eine äußerst geringe Bereitschaft einer Kooperation, was wahrscheinlich mit den fehlenden Ressourcen in Zusammenhang steht.
>
> Gerade bei größeren Behörden fällt auf, dass es praktisch fast nie zum Vorschlag gesundheitsbezogener Maßnahmen kommt. Es ist aber äußerst unglaubwürdig, dass beispielsweise sämtliche Suchtmittelkonsumenten aus dem Wiener Raum derart gefestigt sind, dass sie keinerlei Kontrolle bedürfen, während etwa im Innviertel[106] bei ca. 30% der Delinquenten eine derartige Maßnahme vorgeschlagen wird. Dass die derzeit bestehenden Möglichkeiten einer Kontrolle nur äußerst beschränkt wirksam sind, sei nur der Vollständigkeit halber erwähnt."[107]

Gemäß § 35 Abs 4 SMG kann die Staatsanwaltschaft (sogar) von der Einholung einer Stellungnahme der Bezirksverwaltungsbehörde zur Notwendigkeit gesundheitsbezogener Maßnahmen absehen. Dies setzt jedoch voraus, dass dem Beschuldigten lediglich ein „kleineres" Drogendelikt zur Last liegt und überdies kein Grund zur Annahme besteht, dass er einer gesundheitsbezogenen Maßnahme bedarf. Eine Stellungnahme ist jedoch einzuholen, wenn gegen den Beschuldigten innerhalb der letzten fünf Jahre vor diesem Strafverfahren bereits ein Ermittlungsverfahren wegen einer Straftat nach den §§ 27 bis 31a SMG geführt wurde.

Das Absehen der Staatsanwaltschaft von der Einholung einer Stellungnahme entbindet die Bezirksverwaltungsbehörde allerdings nicht von der – aus § 12 SMG erfließenden – Verpflichtung, eine Begutachtung von Amts wegen durchzuführen oder anzuordnen, wenn sie (z.B.) über entscheidungsrelevante Informationen

106 Dabei handelt es sich um einen eher ländlichen Sprengel dieses Leitenden Staatsanwalts.

107 Herrn Leitenden Staatsanwalt Hofrat Dr. Walter JERK sei auch an dieser Stelle bestens für seine ebenso sorgfältige wie sachkundige Stellungnahme zum Entwurf unserer Studie gedankt!

zum Suchtgiftmissbrauch einer solchen Person verfügt, die der Anklagebehörde nicht bekannt waren.

Vereinzelt wurde eine gegenteilige Rechtsmeinung vertreten.[108] Ihr zufolge sollte die Entscheidung der Staatsanwaltschaft, keine Stellungnahme einzuholen, auch für die Bezirksverwaltungsbehörde verbindlich sein. Die Gesundheitsämter hätten demnach in solchen Fällen von einem weiteren Vorgehen nach § 12 SMG zwingend Abstand zu nehmen.

> Der Salzburger Landtag hat am 2. 2. 2005 die Landesregierung in einer Entschließung[109] ersucht, „einen österreichweiten Vergleich der einzelnen Bundesländer im Hinblick auf den Vollzug des Suchtmittelgesetzes durch die Bezirksverwaltungsbehörden bzw. in Hinblick auf die diesbezüglichen Richtlinien durchzuführen und beim zuständigen Ministerium Auskunft über die Interpretation des § 12 iVm §§ 11 und 35 SMG einzuholen."
>
> In der weiteren Folge hat der ressortzuständige Landesrat in einer schriftlichen Anfragebeantwortung vom 18. 5. 2005 eingeräumt, dass ein Absehen von der Einholung einer Stellungnahme durch den Staatsanwalt keinerlei Bindungswirkung für die Gesundheitsbehörde entfalte. Diese bleibe auch in solchen Fällen vielmehr berechtigt und verpflichtet, eine Begutachtung anzuordnen, wenn sie dies (z.B. infolge eines anderen Informationsstandes) i.S.v. § 12 SMG als erforderlich beurteilt.[110]

Aus einem von der Salzburger Landesregierung vorgelegten Bericht[111] ergibt sich ergänzend Folgendes:

---

108 Zur Kontroverse zwischen der Landesdrogenkoordination und dem Gesundheitsamt der Stadt Salzburg vgl. dazu die Berichte in Kronen Zeitung, 23. 1. 2005, S. 16 und in Salzburger Nachrichten. Aus Stadt und Land, 24. 1. 2005, S. 6.

109 Nr. 369 der Beilagen zum stenographischen Protokoll des Salzburger Landtages (2. Session der XIII. Gesetzgebungsperiode).

110 Nr. 700 der Beilagen zum stenographischen Protokoll des Salzburger Landtages (2. Session der XIII. Gesetzgebungsperiode). Beantwortung der Anfrage der Abg. Dr. Schnell, Blattl und Essl an Herrn Landesrat Dr. Erwin Buchinger (Nr. 453 der Beilagen) betreffend den Vollzug des Suchtmittelgesetzes, S. 2 ff.

111 Dem Salzburger Landtag vorgelegt mit Schreiben der Salzburger Landesregierung zur Zahl 20001-946/165-2005 vom 20. 6. 2005. – Herrn Johann HOLZTRATTNER, Präsident des Salzburger Landtags, sei auch an dieser Stelle für die Übermittlung der relevanten Materialien bestens gedankt!

Auch in den Fällen, in denen die Anklagebehörde von der Einholung einer Stellungnahme absieht, gehen die Bezirksverwaltungsbehörden (Gesundheitsämter) äußerst unterschiedlich vor: Während sie z.B. in Kärnten ihre Verpflichtung nach § 12 SMG grundsätzlich unabhängig von der Aktivität oder Inaktivität der Staatsanwaltschaft wahrnehmen, erfahren die Wiener Bezirksverwaltungsbehörden nicht einmal im Fall einer Aufforderung zur Stellungnahme vom Ergebnis der einschlägigen Begutachtung: Diese Gutachten werden vielmehr vom behördlicherseits beigezogenen Institut für Suchtdiagnostik direkt an die Staatsanwaltschaft weitergeleitet. In den anderen Landesteilen ist die einschlägige Praxis oft sogar innerhalb eines Bundeslandes völlig uneinheitlich, wie z.B. in Niederösterreich.

Es hängt demnach primär vom Wohnort der Probanden ab, ob sie von der jeweils zuständigen Gesundheitsbehörde grundsätzlich nicht oder aber je nach Indikation im Sinne von § 12 SMG doch weiter beobachtet werden.[112]

Sanktionspolitik

Eine umfassende Darstellung der österreichischen Strafenpolitik bei Verstößen gegen das Suchtmittelgesetz bedürfte eines beträchtlichen Erhebungsaufwands, der im Rahmen dieser Untersuchung nicht geleistet werden kann. Wir müssen uns an dieser Stelle damit begnügen, aus rein illustrativen Gründen die Entwicklung der einschlägigen Delinquenz unter Jugendlichen sowie die Sanktionspraxis im OLG-Sprengel LINZ im Jahrzehnt von 1990 bis 1999 zu skizzieren:[113]

112 Vgl. dazu auch HAAS / BUSCH / HORVATH / TÜRSCHERL / WEIGL / WIRL / AUSTALLER 2006, aaO (Anm. 97), S. 6 f.

113 Frau Kordula BRACHMANN und Herrn Mag. Alexander HANIKA vom Österreichischen Statistischen Zentralamt (nunmehr Statistik Austria), sei auch an dieser Stelle für die Übermittlung der (nicht veröffentlichten) Verurteilten- und Haftzahlen aus der Gerichtlichen Kriminalstatistik für den OLG-Sprengel Linz (1990 – 1999) bestens gedankt!

Abbildung 2: Sanktionspraxis 1990 bis 1999 bei Vergehen

Jugendliche OLG-Sprengel Linz
(*Vergehen* nach SGG bzw. SMG)

	Ermittelte Jugendliche			Verurteilte Jugendliche insgesamt	Verurteilte nach § 12 JGG	Verurteilte nach § 13 JGG	Geldstrafe bedingt	Geldstrafe teilbedingt	Geldstrafe unbedingt	Haft Jugendliche bedingt	Haft Jugendliche unbedingt
	Sbg	OÖ	Insg.								
1990	10	22	32	3	0	2	1	0	0	0	0
1991	26	31	57	7	0	4	1	1	1	0	0
1992	37	80	117	7	1	1	2	0	2	1	0
1993	57	96	153	6	1	4	0	0	1	0	0
1994	53	162	215	10	0	4	0	0	4	2	0
1995	85	194	279	16	0	6	2	2	3	3	0
1996	402	495	897	32	2	12	4	1	3	10	0
1997	310	600	910	88	9	24	17	2	9	26	0
1998	220	592	812	60	2	7	13	2	9	25	0
1999	264	464	728	44	1	6	10	3	8	12	3
Vervielfachung **1990-99**	**~ 26**	**~22**	**~ 23**	**~ 15 Σ = 273**	**Σ = 16**	**Σ = 70**	**Σ = 50**	**Σ = 11**	**Σ =40**	**Σ = 79**	**Σ = 3**

Abbildung 3: Sanktionspraxis 1990 bis 1999 bei Verbrechen

Jugendliche OLG-Sprengel Linz
(*Verbrechen* nach SGG bzw. SMG)

	Ermittelte Jugendliche			Verurteilte Jugendliche insgesamt	Geldstrafe bedingt	Geldstrafe teilbedingt	Geldstrafe unbedingt	Haft Jugendliche bedingt	Haft Jugendliche unbedingt
	Sbg.	**OÖ**	**Insg.**						
1990	0	0	0	0	0	0	0	0	0
1991	0	2	2	1	0	0	0	1	0
1992	3	3	6	1	0	0	0	0	1
1993	1	2	3	0	0	0	0	0	0
1994	2	6	8	3	0	0	0	2	0
1995	3	4	7	2	0	0	0	2	0
1996	19	26	45	10	0	0	0	8	1
1997	19	38	57	16	0	1	0	14	0
1998	33	45	**78**	12	0	1	0	10	0
1999	20	43	**63**	10	0	0	0	5	0
Summe	**Σ = 100**	**Σ = 169**	**Σ = 269**	**Σ = 55**	**Σ = 0**	**Σ =2**	**Σ = 0**	**Σ = 42**	**Σ = 2**

Vor Interpretation der vorliegenden – nach Vergehen und Verbrechen getrennten – Übersichten scheint es sinnvoll, sie beide – ungeachtet ihrer völlig unterschiedlichen formalrechtlichen Valenz – „in einen Topf zu werfen“: Nicht nur die angezeigten Verbrechensfälle, sondern auch die registrierten Vergehen umfassen in aller Regel keineswegs erstkonsumierende „Probierer“, sondern weit eher z.B. „Ameisenhändler“, denen man „nur“ ein Vergehen nachweisen konnte.[114] Es kann also durchaus von irgendwelchen Zufälligkeiten abhängen, ob ein delinquenter Jugendlicher in der einen oder anderen Statistik „landet“:

Ein an der Drogenszene aktiv beteiligter und sie beobachtender Jugendlicher wird daher kaum zwischen Anzeigen wegen Verbrechens oder Vergehens differenzieren (können). Er dürfte seine „Gefahrenwahrnehmung“ gegenüber der Strafverfolgung – und sein eigenes Verhalten – weit eher daran orientieren, wie oft Szeneangehörige überhaupt angezeigt werden und wenn ja, ob überhaupt und wie hoch sie bestraft werden.

Eine Zusammenfassung beider Übersichten bietet folgendes Bild: In den Bundesländern Oberösterreich und Salzburg sind in den 10 Jahren von 1990 bis 1999 insgesamt 4.469 Jugendliche als Tatverdächtige eines Drogendelikts (Verbrechen oder Vergehen) der Staatsanwaltschaft angezeigt worden. Von diesen Fällen wurden 4.227 durch Diversion (i.w.S.) erledigt, das sind 94,6 %. Unter allen 328 Verurteilungen waren insgesamt 86 Fälle nach § 12 JGG (bloßer Schuldspruch) oder § 13 JGG (Schuldspruch unter Strafvorbehalt) zu verzeichnen.

Es bleiben also insgesamt 242 gerichtliche Schuldsprüche (= 5,4 % der Angezeigten) übrig, von denen – mit allen Vorbehalten – noch angenommen werden kann, dass sie von Jugendlichen ernst genommen werden. Der allergrößte Anteil dieser Verurteilungen entfällt auf bedingte, teilbedingte oder unbedingte Geldstrafen sowie auf bedingte Haft. Teilbedingte Haft kommt insgesamt 11-mal vor, unbedingte Haft hingegen gar nur 5-mal.[115]

---

114 Vgl. LACHMANN Josef, Empirische Daten zur Verfolgung von Suchtgifttätern seit 1975, in: Öffentliche Sicherheit, 11/1986, S. 7; dazu auch PREISZLER Wolfgang, Ausländische Tätergruppen in der offenen Suchtgiftszene. Eine Bestandsaufnahme in Wien und Österreich ab 1945. Wissenschaftliche Arbeit für die Dienstprüfung, Sicherheitsakademie Traiskirchen 2002, unveröffentlicht, S. 303, 319.

115 Vgl. zum Ganzen: HAUPTMANN, aaO (Anm. 3), S. 35 ff.

Wie an späterer Stelle näher behandelt,[116] wird der Polizei nur etwa jeder 45. Drogentäter bekannt. Die tatsächliche Population der jugendlichen Drogentäter in beiden Bundesländern innerhalb dieses Jahrzehnts könnte demnach gut 200.000 Personen umfasst haben, darunter freilich auch viele, die nur selten konsumiert haben.

Wenn wir weiter annehmen, dass unter ihnen die Zahl der ernster zu nehmenden Mehrfachtäter, die im betreffenden Zeitraum pro Monat jeweils nur ein Einzeldelikt begangen haben (im Schnitt also zwölf pro Jahr), nur 60.000 umfasste, so ergäben sich daraus schon 7,2 Millionen Einzeldelikte (Vergehen oder Verbrechen). – Dass Mehrfachtaten bei einer Verurteilung strafrechtsdogmatisch zu einer Einheit zusammenzufassen sind, hat für unsere Betrachtung keine Bedeutung. Theoretisch könnte ein solcher Täter ja nach jedem Einzeldelikt angezeigt und verurteilt werden. Geht man davon aus, dass die übrigen 140.000 Jugendlichen dieser Subpopulation pro Jahr auch nur ein einziges Drogendelikt begehen, ergäbe dies weitere 1,4 Millionen Einzeltaten.

Beide Tätergruppen zusammen hätten in diesem Jahrzehnt demnach 8,6 Millionen Einzeldelikte begangen. Die Wahrscheinlichkeit, dass ein Jugendlicher als Tatverdächtigter der Staatsanwaltschaft angezeigt wird, beträgt demnach – bezogen auf jede einzelne Tatbegehung – gut 1: 1.900. Ausgehend von allen 328 Verurteilungen ist die Verurteilungswahrscheinlichkeit bloß mit etwa 1 : 26.000 anzusetzen.

Hingegen entfallen auf jeden Fall einer unbedingten Haft sogar ganze 1,72 Millionen Einzeltaten, die jedenfalls nicht mit unbedingter Haft geahndet werden.[117]

Dies bedeutet, dass die allermeisten jugendlichen Drogentäter (also nicht die bloßen „Probierer", sondern zumindest „Ameisenhändler") jedenfalls sehr lange aktiv im Milieu agieren werden,

116 Vgl. unten S. 60, 66, 124.

117 Die insgesamt 11 Fälle von teilbedingter Haft wurden bei dieser Relation bewusst unberücksichtigt gelassen: Zum einen ist nicht bekannt, wie groß oder wie klein der Teil der verhängten Strafe war, der tatsächlich verbüßt werden musste. Zum anderen können sich in dieser Gruppe allenfalls auch Fälle finden, bei denen der verbüßte Strafanteil in etwa der Länge der U-Haft entspricht. Ebenso kann nicht davon ausgegangen werden, dass ein nennenswerter Teil der bedingten Haftstrafen nach einem Rückfall widerrufen wird. Nach unserer Umfrage ist dies – jedenfalls im OLG-Sprengel LINZ – unüblich. Vielmehr wird in solchen Fällen regelmäßig die Probezeit verlängert. – Vgl. HAUPTMANN, aaO (Anm. 35), S. 88.

ohne sich daran erinnern zu können, dass ein szeneangehöriger Jugendlicher (überhaupt) gerichtlich verurteilt wurde oder gar „sitzen gehen" musste.

Ob dieser Umstand ihren Eltern oder Lehrern bekannt sein wird, mag man bezweifeln. Die jugendlichen Szeneangehörigen selber wissen hingegen über das – so gut wie nicht mehr vorhandene – Risiko einer (ernsteren) Sanktion ganz sicher sehr genau Bescheid!

Angesichts der berichteten Relationen muss angenommen werden, dass die derzeit bestehende „Sicherheit" jugendlicher Drogentäter vor einer Strafanzeige, noch ungleich mehr aber vor einer Verurteilung oder gar vor einer Strafhaft, alles eher als „abschreckend" auf sie (und andere) wirken muss.

Auch die Konzepte der Drogentherapie i.e.S. haben sich als weithin ineffizient erwiesen:

Unter „Drogentherapie i.e.S." verstehen wir hier jene „gesundheitsbezogenen Maßnahmen" i.S.v. § 11 Abs 2 SMG, denen sich nach dem SMG rechtskräftig verurteilte Drogenabhängige unterziehen können, um dadurch den Aufschub des Vollzuges von Geld- oder auch von Haftstrafen für einen Zeitraum von höchstens zwei Jahren zu erwirken.[118] Wird diese Maßnahme „mit Erfolg" absolviert, hat das Gericht die Strafe unter Bestimmung einer Probezeit (1 bis 3 Jahre) bedingt nachzusehen.[119]

Die Therapie von Suchtkranken (einerlei ob Rechtsbrecher oder nicht) hat sich – entgegen anfänglichen Hoffnungen und Erwartungen – als außerordentlich langwierig und erfolgsarm herausgestellt:

So hat etwa QUENSEL[120] nach einer Sichtung der internationalen Ergebnisse (stationäre) Behandlungsprogramme „auf dem Drogenfeld" schon 1982 als „gescheitert" beurteilt. 2000 hat KLIN-

---

118 § 39 SMG.

119 § 40 SMG.

120 Vgl. EISENBACH-STANGL Irmgard / MÄKELÄ Klaus / SCHMIDT-SEMISCH Henning, Gesellschaftliche Reaktionen auf Drogenkonsum und Drogenprobleme, in: UCHTENHAGEN / ZIEGLGÄNSBERGER, aaO (Anm. 1), S. 158 mwN; – zur Drogen-Abstinenztherapie in Österreich: Vgl. HAUPTMANN Walter, Strafrechtliche Sozialkontrolle: (K)ein auslaufendes Modell?, in: Österreichische Richterzeitung, 9/1998, S. 186 f.; *derselbe*, aaO (Anm. 35), S. 42 ff.; *derselbe*, aaO (Anm. 3), S. 42 ff.

GEMANN[121] festgestellt, dass im Suchtbereich (sogar) die Quote der „Spontanremission“ (Selbstheilung) „in etwa durchaus an die Erfolgsquoten professioneller Behandlung herankommt“. Nach anderen Autoren liegen die Erfolge der Abstinenztherapie „nicht einmal über der Selbstremissionsrate“.[122] 2004 berichteten erfahrene Suchtexperten, dass Drogentherapeuten in Deutschland auf die Überprüfung ihrer therapeutischen Programme nach Effizienzkriterien „mit wachsenden Affekten, sei es mit Ärger, Depression, Resignation oder gar mit Flucht aus diesem Berufsfeld“ reagierten.[123]

Wenig überraschend hat daher auch die EBDD in ihrem Jahresbericht 2005[124] einräumen müssen, dass die europäischen Evaluierungsstudien über Behandlung als Alternative zu Gefängnisstrafen „dünn gesät und zum Teil wenig aufschlussreich“ seien.

Seit einiger Zeit gestehen vereinzelt sogar namhafte österreichische SuchtexpertInnen zu, dass der ursprünglich favorisierte Weg auch bei uns sein Ziel weithin verfehlt hat:

> So ließ etwa die Leiterin der Drogenambulanz der Universitätsklinik für Psychiatrie am Wiener AKH in einem Interview deutliche Skepsis anklingen: „Was heute passiert, ist völlig absurd. Die Justiz finanziert stationäre abstinenzorientierte Therapieeinrichtungen, obwohl bekannt ist, dass sie nicht zur langfristigen Verbesserung beitragen.“
>
> Aber auch die Vorbeugung ist bei dieser Gelegenheit nicht ungeschoren davongekommen: „Prävention ist ein Lieblingswort der Politiker. Man weiß heute sehr genau, dass flächendeckende Prävention in diesem Bereich nicht zielführend ist.“ (Anstelle flächendeckender Prävention wird vielmehr empfohlen, „Kinder von suchtkranken Eltern zu identifi-

---

121 KLINGEMANN Harald, Spontanverläufe unbehandelter Suchtkrankheit, in: UCHTENHAGEN / ZIEGLGÄNSBERGER, aaO (Anm. 1), S. 407 mwN; vgl. dazu auch UCHTENHAGEN Ambros, Auswertung und Resultate therapeutischer Interventionen, in: UCHTENHAGEN / ZIEGLGÄNSBERGER, aaO (Anm. 1), S. 432.

122 SCHWAIGHOFER Klaus, Die Zukunft der österreichischen Drogenpolitik. Zwischen internationalen Verpflichtungen und Forderungen nach Liberalisierung und Verschärfung, in: Journal für Rechtspolitik (JRP) 1999, S. 157 mwN.

123 TRETTER Felix / ERBAS Beate / SONNTAG Gert, Einführung – Hintergrund und Überblick, in: TRETTER Felix / ERBAS Beate / SONNTAG Gert, aaO (Anm. 4), S. 11.

124 Europäische Beobachtungsstelle für Drogen und Drogensucht, Stand der Drogenproblematik in Europa. Jahresbericht 2005, Luxemburg 2005, S. 87.

zieren und hier mit speziellen Präventionen anzusetzen".[125] – Was sollte dann freilich mit allen gefährdeten Kindern und Jugendlichen geschehen, deren Eltern nicht suchtkrank sind?)

Das ÖBIG verwies in seinem „Bericht zur Drogensituation 2004" darauf, dass mangels einheitlicher Datenerfassung zum Behandlungsbereich „weiterhin nur wenige, eingeschränkt interpretierbare Daten verfügbar" seien. Im Rahmen einer Dissertation aus 2004 sei es nicht möglich gewesen festzustellen, welche Behandlungsform (= stationäre Abstinenztherapie versus ambulante Substitutionsbehandlung) effizienter sei. Auch Informationen zu den längerfristigen Therapieerfolgen seien nicht verfügbar.[126] Daran hat sich auch 2005 nichts geändert.[127]

Österreichs Drogenpolitik bekennt sich zum Prinzip „Helfen statt Strafen" oder „Therapie statt Strafe": Der vielzitierte „Mann von der Straße" assoziiert mit dem Terminus „Therapie" im Drogenbereich jedoch in aller Regel irgendeine Form von ärztlicher und/oder psychotherapeutischer Behandlung, die eine Befreiung von der Sucht anstrebt. – Wie schon eingangs angesprochen, besteht die „Therapie" auch bei verurteilten Drogentätern in irgendeiner der oben erwähnten „gesundheitsbezogenen Maßnahmen", die § 11 Abs 2 SMG vorsieht.

In diesem Zusammenhang erscheint bedeutsam, dass alle diese Maßnahmen offensichtlich nur am Rande und eher ausnahmsweise Abstinenz von weiterem Drogenmissbrauch beabsichtigen: So muss etwa eine (bloße) ärztliche Entzugsbehandlung keineswegs zu (dauernder) Drogenabstinenz führen.[128] Auch Psychotherapie kann zwar Abstinenz (wenigstens) intendieren, sie kann aber auch durchaus anderen Behandlungszielen (z.B. „Stärkung" oder „Stabilisierung" der Persönlichkeit u.v.a.m.) dienen – und bleibt dennoch Psychotherapie.

Als wichtigste Alternative[129] zu einer abstinenzorientierten Drogentherapie hat sich bei uns seit 1987 die Substitution mit Methadon (oder ähnlichen Substanzen) eingebürgert. Dieses künstliche

125 Interview mit Frau Prof. Dr. Gabriele Fischer, in: Familienwelt. Die Familien-Zeitschrift aus Österreich für Österreich, Nr. 1/03, S. 46.

126 HAAS / BUSCH / HORVATH / TÜRSCHERL / WEIGL 2004, aaO (Anm. 98), S. 21, 30, 80.

127 HAAS / BUSCH / HORVATH / TÜRSCHERL / WEIGL / ABRAHAM 2005, aaO (Anm. 68), S. 23.

128 Vgl. dazu HAUPTMANN, aaO (Anm. 3), S. 47 ff.

129 Vgl. zum Folgenden auch HAUPTMANN, aaO (Anm. 3), S. 45 ff.

Opiat hat eine große Suchtpotenz, kann aber (durch Besetzen der entsprechenden Rezeptoren im Gehirn) Entzugserscheinungen bei Opiatabhängigkeit (d.h. nicht auch bei anderen Süchten, wie etwa nach Kokain, Amphetaminen u.a.m.) sehr stark reduzieren, ohne selbst (nennenswert) „high" zu machen. Nicht zuletzt deshalb ist bei uns (aber auch in anderen Ländern) „Beikonsum" (anderer Rauschmittel) bei etwas mehr als 90 % aller Substitutionspatienten festzustellen. Auch an der Delinquenzrate der Substitutionspatienten, insbesondere auch im Hinblick auf den Handel mit „harten" und „weichen" Drogen scheint sich wenig zu verändern.[130]

Die Kosten für diese Behandlung werden entweder indirekt (§ 16 SMG) oder direkt (§ 41 SMG) von der öffentlichen Hand – oder als Krankenbehandlung von den Sozialversicherungsträgern – übernommen. Die zahlenmäßige Entwicklung der Substitutionsbehandlungen in Österreich stellt sich wie folgt dar:

Abbildung 4

Abbildung 4.2: Entwicklung der Zahl der jährlichen Meldungen von aktuell in Substitutionsbehandlung befindlichen Personen in Österreich nach Erst- und fortgesetzten Behandlungen, 1996–2005

Anmerkung: **Fortgesetzte Behandlungen** sind Behandlungen, die vor dem jeweiligen Jahr begonnen wurden, oder wiederholte Behandlungen von Personen, welche früher schon einmal in Substitutionsbehandlung waren. **Erstbehandlung** bedeutet, dass die entsprechenden Personen bisher noch nie in Substitutionsbehandlung waren.

Quelle: Bericht zur Drogensituation 2006, Herausgeber: Gesundheit Österreich GmbH. Geschäftsbereich ÖBIG, Wien 2006, S. 26.

130 KILLIAS Martin, Buchbesprechung über König Jens Martin, Der Beitrag der Methadonsubstitution zur kommunalen Kriminalprävention. Eine Delinquenzmessung bei Methadonpatienten in Bonn, Forum Verlag Godesberg, Mönchengladbach 2002, in: Monatsschrift für Kriminologie und Strafrechtsreform, 5/2004, S. 410.

Konzepte zu einem allmählichen Absetzen des Substitutionsmittels werden noch kaum diskutiert.[131]

Langzeituntersuchungen (USA, Schweden) haben ergeben, dass nach 5 bis 10 Jahren nur etwa 5 % der Substituierten weder Methadon noch (andere) „harte" Drogen eingenommen haben. Ganze 95 % konsumierten nach dieser Zeitspanne noch immer zumindest eines von beiden oder sogar Methadon und (andere) harte Drogen zusammen.[132] Aus Deutschland wurde 2006 berichtet, dass dort pro Jahr höchstens zwei von hundert Fixern „den Absprung schaffen". „Spezialisten wie Nervenärzte oder Psychotherapeuten zeigen ... kaum Interesse an Dauerkunden, die sich letztlich nur ‚versorgen, aber kaum therapieren lassen'."[133]

Solche Befunde lassen darauf schließen, dass (auch) die Substitutionstherapie die Wahrscheinlichkeit einer späteren Abstinenz keineswegs erhöht: Nach 5 bis 10 Jahren sind bekanntlich sogar schon durch bloße „Spontanremission" zumindest gleich hohe (wenn nicht sogar etwas höhere?) Abstinenzraten zu erwarten.

Es dürfte daher kein Zufall sein, dass die Zahl der Substitutionspatienten in Österreich innerhalb des letzten Dezenniums prozentual im Schnitt in etwa gleich stark angestiegen ist (= ca. 11,77 %) wie das Dunkelfeld (= ca. 11,25 %).[134] Dabei ist allerdings einschränkend zu bemerken, dass offensichtlich kein verlässlicher Überblick über die Gesamtzahl der österreichischen Substitutionspatienten besteht. So wurde die Anzahl dieser Patienten für 2004 mit knapp 7.000 angegeben, wogegen Kritiker einwandten, dass z.B. im Mai 2005 allein in Wien 5.480 Substituierte registriert waren.[135] Anfang 2006 schwanken die Angaben zwischen 8.000 und 9.000.[136]

---

131 HAUPTMANN, aaO (Anm. 35), S. 45.

132 HAUPTMANN, aaO (Anm. 35), S. 45 f. mwN.

133 Vgl. den Bericht „Sucht. Kick auf Krankenschein. Kriminelle Ärzte und schlampige Kontrollen bringen die Behandlung Drogensüchtiger mit Methadon in Verruf. Dabei sollen die Mediziner künftig womöglich sogar Heroin verschreiben dürfen", in: Der Spiegel, 41/2006, S. 62.

134 Vgl. oben S. 61, 69 f.

135 Vgl. die Meldung „Drogenersatz neu geregelt" vom 17. 12. 2005, in: Wiener Zeitung. Archiv, ausgedruckt aus dem Internet: http://www.wienerzeitung.at; Meldung „News: Kritik an Änderungsabsichten in der Drogentherapie. Gesundheitsministerium will Verbot spezieller Medikamente für Heroinsüchtige. Experten befürchten einen explosiven Anstieg der Heroin-Nachfrage und Begleitkriminalität" vom 25. 1. 2006, ausgedruckt aus dem Internet: www.dialog-on.at/news_276_1.html; „Niedrigschwellige Betreuung im Ganslwirt. Interview mit Dr. Hans Haltmayer" vom 6. 9. 2005, in: Plattform Drogentherapien. Informationen zur Opiatabhängigkeit, ausgedruckt aus dem Internet:

In den letzten Jahren war eine Zunahme der Schwarzmarktproblematik durch „abgezweigte“ Substitutionsmittel zu beobachten. Dabei spielen die retardierten Morphine u.a. deshalb eine besondere Rolle, weil diese nicht flüssig (wie Methadon), sondern nur in Form von Tabletten oder Kapseln verabreicht werden. – Nach Szeneberichten ist es allerdings durchaus üblich, z.B. Tabletten aufzulösen und durch intravenöse Injektion dieser Flüssigkeit eine ähnliche Wirkung zu erzielen wie beim „Fixen“ von Heroin.[137] Da die aufgelösten Kapseln oder Tabletten den unlöslichen Hilfsstoff Talkum enthalten, können solche Injektionen zu schweren – und schwersten – Organschäden führen.[138] – Dass pulverförmige retardierte Morphine auf sehr einfache Weise chemisch in Heroin umgewandelt werden können, sei nur nebenbei erwähnt.[139]

Da beim „Fixen“ des Substitutionspräparates meist noch etwas übrig bleibt, zumal mit weniger Substanz mehr Wirkung erreicht wird, kann dieser (feste) Stoff weiterverkauft bzw. gegen andere Substanzen eingetauscht werden:

> Der Wiener Drogenbeauftragte äußerte in einem Interview die Vermutung, dass dort ungefähr 10 bis 20 % der Substitutionspatienten die ihnen verabreichten retardierten Morphine „missbrauchen und damit handeln“.[140] Demgegenüber kritisiert eine Psychiaterin der Drogenambulanz der Universitätsklinik Innsbruck, dass (vor allem) praktische Ärzte zu leichtfertig und zu hohe Dosen an solchen Substitutionsmitteln verordneten: 80 % der Süchtigen spritzten trotz aller Risiken das Morphin und verkauften den Rest am Schwarzmarkt.[141]
>
> Mittlerweile hat sich herausgestellt, dass z.B. von den insgesamt 19 oberösterreichischen Drogentoten in den Jahren

http://www.drogensubstitution.at; Meldung „Substitutionstherapie soll sicherer werden. Geltende Rechtsvorschriften werden nicht immer konsequent umgesetzt. Eine zentrale Behandlungsform der Opiatabhängigkeit ist die Substitutionstherapie. Die teils missbräuchliche Verwendung ärztlich verordneter Substanzen soll nun eingedämmt werden“, in: Ärzte Woche, Nr. 11/2005, ausgedruckt aus dem Internet: http://www.aerztewoche.at/ViewArticleDetails.do?articleID=3127.

136 Vgl. Der Standard, 4./5. 2. 2006, S. 11; Salzburger Nachrichten, 11. 4. 2006, S. 7; Kurier, 20. 2. 2006, S. 9.

137 Vgl. TENER Carolin / RING Tina, Auf dem Strich. Mädchenprostitution in Wien. Eine Dokumentation, Wien 2006, S. 27.

138 ZÄUNER, aaO (Anm. 78), S. 351 ff., 386.

139 Vgl. ZÄUNER, aaO (Anm. 78), S. 387 f.

140 Vgl. News, 49/06, S. 67.

141 Vgl. Meldung „Drogenersatztherapie. Tabletten auf dem Schwarzmarkt“, in: tirol.ORF.at vom 15. 5. 2007; ausgedruckt aus dem Internet http://tirol.orf.at/stories/86504.

2005 und 2006 15 nachweislich an Substitol zugrunde gegangen sind. 14 von diesen 15 Drogentoten haben sich in keinem Substitutionsprogramm befunden. Dies bedeutet, dass etwa 74 % aller 19 Drogentoten diese Substanz auf dem Schwarzmarkt erworben haben müssen.[142]

Das (damalige) Bundesministerium für Gesundheit und Frauen hat in der Zwischenzeit auf dem Verordnungsweg entsprechende Neuregelungen vorgenommen[143], die am 1. März 2007 in Kraft getreten sind. Mit diesen intendiert man neben einer verstärkten Berücksichtigung der Qualifikation der behandelnden SubstitutionsärztInnen auch eine verschärfte Überwachung gegen missbräuchliche Verwendung der verordneten Substanzen. Die Abgabe von retardierten Morphinen soll – soweit möglich – eingeschränkt werden. Auch die Abgabe- und Mitnahmeregelungen wurden strenger gefasst.[144]

Den soeben skizzierten Behandlungschancen bei Süchtigen hat man mittlerweile längst auch die Methoden für eine Beurteilung des Erfolges von „gesundheitsbezogenen Maßnahmen" im Rahmen einer Drogentherapie angepasst: Dieser „Erfolg" wird als Rechtsbegriff[145] verstanden und erschöpft sich im Wesentlichen darin, dass das Behandlungsziel „aus Sicht des Behandelnden" (!) erreicht ist: „Der Behandlungserfolg setzt keineswegs in jedem Fall voraus, dass der Verurteilte von jeglicher Suchtmittelabhängigkeit befreit worden ist, oder dass es zu seiner Erhaltung keiner ergänzenden ärztlichen Vorkehrungen mehr bedarf und ein hoher Grad an Wahrscheinlichkeit dafür besteht, der Verurteilte werde in Hinkunft niemals mehr illegale Suchtmittel konsumieren." Eine „Wohlverhaltensprognose" ist dabei nicht anzustellen und auch gene-

142 Vgl. Artikel „Substitol ist ‚Todesdroge' Nummer 1. 80 Prozent sterben am Drogenersatz", in: OÖ Nachrichten, 4. 9. 2007, S. 23.

143 Verordnung der Bundesministerin für Gesundheit und Frauen über die Weiterbildung zum/zur mit Fragen des Suchtgiftmissbrauchs hinreichend vertrauten Arzt/Ärztin für den Bereich der oralen Substitutionsbehandlung von opioidabhängigen Suchtkranken (Weiterbildungsverordnung orale Substitution), BGBl II 2006/449; Verordnung der Bundesministerin für Gesundheit und Frauen, mit der die Suchtgiftverordnung geändert wird, BGBl II 2006/451.

144 Zur Diskussion im Vorfeld der Neuregelungen vgl. Meldung in Ärzte Woche, Nr. 11/2005, aaO (Anm. 135); Parlamentskorrespondenz /02/01.02.2006/Nr. 62, Neue Suchtmittelverordnung soll der Qualitätssicherung dienen, Aussprache über aktuelle Fragen im Gesundheitsausschuss; ausgedruckt aus dem Internet: http://www.parlinkom.gv.at/portal/page?_pageid=908,10088868_dad=portal8-schema-PORTAL; vgl. dazu auch ZÄUNER, aaO (Anm. 78), S. 380 ff.

145 Näheres vgl. FOREGGER / LITZKA / MATZKA, aaO (Anm. 87), S. 118.

ralpräventive Überlegungen haben „jedenfalls außer Betracht zu bleiben".[146]

Dies bedeutet jedenfalls im Ergebnis, dass die Erfolgskriterien nicht nur äußerst unbestimmt, sondern zugleich auch äußerst niedrig angesetzt sind. Diesem Umstand ist auch in anderem Zusammenhang erhebliche Relevanz beizumessen:

> Die in § 11 SMG vorgesehenen „gesundheitsbezogenen Maßnahmen" (mit Ausnahme insbes. der gesundheitsbehördlichen Überwachung und meist auch der Substitutionstherapie) werden größtenteils von „anerkannten Einrichtungen" nach § 15 SMG angeboten. Deren Finanzierung erfolgt „fast ausschließlich durch die öffentlichen Hand".[147] Analoges hat auch für die vielfältigen Präventions- (und anderweitigen Betreuungs-) Projekte diverser Drogenvereine zu gelten. Ihre vielfältigen Angebote wurden im Herbst 2005 bei der ersten österreichischen „Suchthilfemesse" vorgestellt.[148]

Insider geben in aller Offenheit selber zu, die Drogenkranken seien heute „schon ein wirklicher Markt", sodass sich „die Organisationen ziemlich darum raufen und streiten".[149] Es dürfte in der Tat wenig (subventionierte) Sozial- (oder sonstige) Vereine geben, die sich gleich selber „wegrationalisieren", solange dies noch irgendwie vermieden werden kann:

> Das Kontrollamt der Stadt Wien[150] hat dazu 2004 folgende Kritik angebracht: „Eine konkrete Schwäche ist auch die vom Kontrollamt festgestellte – seit jeher geübte – Praxis der Patienten-Akquisition durch die Leistungserbringer, weil jeder Leistungserbringer naturgemäß ‚seine' Einrichtungen auslasten will und dadurch in manchen Fällen eine einrichtungszentrierte ‚Bedarfsinduktion' entsteht."

Diese – an sich schon bedenklichen – Tendenzen werden unseres Erachtens noch weiter verschärft durch den Umstand, dass

---

146 FOREGGER / LITZKA / MATZKA, aaO (Anm. 87), S. 119.

147 HAAS / GUZEI / TÜRSCHERL 1998, aaO (Anm. 64), S. 12.

148 HAAS / BUSCH / HORVATH / TÜRSCHERL / WEIGL / WIRL / AUSTALLER 2006, aaO (Anm. 97), S. 30.

149 KOHRS Doris Maria, Wohnen & Hilfe, in: Der Kriminalbeamte, 9/2001, S. 34 f.

150 Bericht des Kontrollamts der Stadt Wien „Fonds ‚Soziales Wien', Feststellungen anlässlich der Prüfung der Jahresabschlüsse 2001, 2002 und 2003", S. 13; ausgedruckt aus dem Internet: http://www.kontrollamt.wien.at/berichte/2004/lang/3-10-KA-II-Fsw-3-4.pdf.

man den Therapeuten dieser Einrichtungen gleichsam eine „Definitionsmacht“ darüber einräumt, was nun als „Erfolg“ ihrer Behandlungsbemühungen anzusehen ist.

Allein schon der Konkurrenzdruck unter diesen „anerkannten Einrichtungen“ dürfte nicht nur dafür sorgen, dass um die eigene Auslastung „gekämpft“ wird. Jede dieser Einrichtungen würde darüber hinaus – zumindest mittelfristig – ihre Weiterexistenz gefährden, wenn sie im Vergleich zu den anderen nicht (wenigstens dem Durchschnitt entsprechende) „Therapieerfolge“ ausweist.

> Stephan QUENSEL hat zur Qualität eines selbstevaluierten Projekts 2007 Folgendes bemerkt: „Insgesamt zeigt sich einmal mehr, dass solche ‚Eigen-Evaluationen‘ einer vom Erfolg lebenden Institution möglicherweise sowohl in der Auswahl der ursprünglichen Fragen, in der Design-Gestaltung und bei den höchst (!) einseitig ausgewählten Ergebnissen wie vor allem aber bei der Interpretation und hier insbesondere bei der – zumeist allein wahrgenommenen – Zusammenfassung stets eher die Erfolge, denn das Versagen betonen, ganz zu schweigen von der Analyse möglicher Negativ-Folgen solcher Programme.“[151]

In Deutschland hat man die sog. „Akzeptierende Drogenarbeit“ wie folgt charakterisiert: Sie betreibe primär die Erhaltung der „Arbeitsbeschaffungsmaßnahme ‚Drogenproblem‘“, denn Drogenhilfe – auch die akzeptierende – sei immer auf Problemnachschub angewiesen. ... Unter den (weiter bestehenden) Bedingungen einer Verbotspolitik diene akzeptierende Drogenarbeit deshalb „in erster Linie der Elendsverwaltung und Sozialkosmetik.“[152] – Und nichts anderes hat auch für weiteste Teile der in Österreich üblichen Drogentherapie durch diverse „gesundheitsbezogene Maßnahmen“ nach § 11 Abs 2 SMG zu gelten.

Die tatsächliche therapeutische Effizienz eines solchen „Selbstbedienungs-Systems“ dürfte sich in sehr engen Grenzen halten. – Und das Ganze wird gewiss noch um einiges bedenklicher, wenn einzelne Bundesländer (z.B. Niederösterreich) die

151 QUENSEL Stephan, Staatsforschung: Wie „Be Smart – Don’t Start“ sich selber evaluiert. Auch falsches Wissen ist Macht, in: Kriminologisches Journal, 1/2007, S. 78 mwN.

152 Vgl. SCHMIDT-SEMISCH Henning, Rezension zu SCHNEIDER Wolfgang / GERLACH Ralf (Hrsg.): DrogenLeben. Bilanz und Zukunftsvisionen akzeptanzorientierter Drogenhilfe und Drogenpolitik, Berlin 2004, in: Kriminologisches Journal, 37. Jg. 2005, H. 1, S. 77.

Suchtkoordination aus der Landesverwaltung ausgegliedert und einem privaten Träger (dem Verein „Fachstelle für Suchtvorbeugung, Koordination und Beratung") übertragen haben, der sich neben der Suchtkoordination und der Umsetzung des niederösterreichischen Suchtplans auch mit Suchtvorbeugung und Therapie befasst.[153] – Vorbeugung, Drogenkoordination und die Betreuung von Abhängigen liegen also beim selben – privatwirtschaftlich organisierten – Verein!

Unter den skizzierten konkreten Begleitumständen hat es so gut wie keinen Sinn, die Anzahl (oder den Prozentsatz) derjenigen zu ermitteln, bei denen solche „gesundheitsbezogenen Maßnahmen" zum „Behandlungserfolg" geführt haben: Was bedeutet es (rein therapeutisch und prognostisch) schon, wenn etwa eine klinisch-psychologische Beratung und Betreuung oder gar eine psychosoziale Beratung und Betreuung „aus Sicht des Behandelnden" das „spezielle Ziel" dieser Behandlung erreicht hat?! – Genügt es beispielsweise im Rahmen einer „psychosozialen Beratung und Betreuung" für den „Erfolg" dieser gesundheitsbezogenen Maßnahme etwa auch schon, dass der zu Behandelnde regelmäßig zum Spritzentausch und zum Duschen erschienen ist oder als Obdachloser das ihm vermittelte Quartier und/oder eine Verköstigungsgelegenheit angenommen hat? Oder was soll ein Therapieerfolg, der z.B. darin besteht, die Behandlung „regulär" (was immer dies bedeuten mag) beendet zu haben oder bereits mehr als 300 Tage und weiter in dieser verblieben zu sein?[154]

In diesem Zusammenhang sei daran erinnert, dass man unter „psychosozialer Beratung und Betreuung" z.B. Folgendes versteht: „Sozialarbeit, Schuldnerberatung, Rechtsberatung, Gesundheitserziehung, Wohnungsvermittlung, Arbeitsvermittlung, Erlebnis- und Freizeitpädagogik, Soziotherapie, Ergotherapie" etc.[155]

Zu den letztgenannten Angeboten zur sozialen (Re-)Integration (auch) von Personen mit bestehendem Drogenkonsum im Rahmen der Behandlungskette berichtet das ÖBIG über eine steirische Initiative Folgendes:

> „Auch im Bereich **Freizeit** hat die Drogenberatung des Landes Steiermark (2006) Neues anzubieten. Im Juni 2005 wur-

153 HAAS / BUSCH / HORVATH / TÜRSCHERL / WEIGL / WIRL / AUSTALLER 2006, aaO (Anm. 97), S. 9.
154 Vgl. HAAS / BUSCH / HORVATH / TÜRSCHERL / WEIGL / ABRAHAM 2005, aaO (Anm. 68), S. 69.
155 AKYÜREK, aaO (Anm. 95), Rz 45 zu § 11.

de Klettern als Angebot der Drogenberatung eingeführt und wird mittlerweile als monatliches Gruppenangebot betrieben. Insgesamt konnten in diesem Rahmen 14 Klientinnen und Klienten ihre ersten Klettererfahrungen machen. Frauen, die bereits im Einzelkontakt mit der Drogenberatung standen, konnten 2005 zur Ausweitung des Körperbewusstseins einen Tanz- und Bewegungsworkshop besuchen, der in vier Einheiten abgehalten wurde. Zusätzlich fanden im Jahr 2005 erstmals drei Trommelworkshops unter professioneller Leitung statt, an denen 13 Personen teilnahmen."[156]

Was solche Angebote kosten, was mit ihnen im Rahmen einer „sozialen (Re-)Integration" angestrebt werden sollte und wie weit dieses Ziel auch tatsächlich erreicht werden konnte, war diesem Bericht nicht zu entnehmen.

Ein sehr beträchtlicher Teil solcher „gesundheitsbezogenen Maßnahmen" erweckt den Eindruck einer bloßen „Weiterverwaltung" von Süchtigen. Ihr wichtigster Effekt (neben der harm reduction) scheint darin zu bestehen, bei Drogentätern – pseudotherapeutisch kaschiert – um jeden Preis (und daher auch „zum Nulltarif"?) den Aufschub des Vollzugs (u.U. sogar) mehrjähriger Freiheitsstrafen und die Umwandlung der verhängten Sanktionen in bedingte Strafen zu erwirken. Die solcherart „erfolgreich" Behandelten bleiben in aller Regel süchtig. Und sie haben statistisch eine sehr große Chance, innerhalb des gigantischen Dunkelfeldes unerkannt und ungestört „weitermachen" zu können. – Zu einer Eindämmung der sich stetig ausbreitenden Drogenabhängigkeit tragen diese Maßnahmen wenig bis gar nichts bei.

2005 wurde Drogensüchtigen in einer Therapiestation die Möglichkeit eröffnet, ihre Behandlungsziele (und damit die Therapiedauer) selbst zu definieren: So können sich die Suchtpatienten innerhalb gewisser Grenzen im Einvernehmen mit dem Behandlungsteam z.B. für eine Therapiedauer entweder von 24 oder von 8 Wochen entscheiden. Als Erfolg dieser Innovation wurde hervorgehoben, dass es – im Gegensatz zu früher – kaum Therapieabbrüche gebe.[157]

---

156 HAAS / BUSCH / HORVATH / TÜRSCHERL / WEIGL / WIRL / AUSTALLER 2006, aaO (Anm. 97), S. 52, 55; Hervorhebung im Original.

157 Vgl. die Meldung „Drogensucht. Individuelle Therapiedauer für Patienten" vom 28. 7. 2005; ausgedruckt aus dem Internet: http://vorarlberg.orf.at/stories/48117/. Vgl. dazu auch Informationen über die Therapiestation Lukasfeld; ausgedruckt aus dem Internet: http://www.mariaebene.at,

Unter solchen Bedingungen wird man nicht einmal beurteilen können, ob die Gesamtheit der solcherart „erfolgreich" Behandelten eine (signifikant?!) bessere Legalbewährung aufweist als die Gruppe der nicht Behandelten oder der Therapieabbrecher.

Demgegenüber äußerte der Wiener Drogenbeauftragte in einem 2007 publizierten Interview Folgendes:

> „Eines wissen wir mit Sicherheit: Gefängnis ist die teuerste Variante. Therapie ist mit großem Abstand nicht nur die billigste, sondern auch die wirksamste Maßnahme, ebenso wie Prävention".[158]

Leider war diesem Interview nicht zu entnehmen, auf welche – nachprüfbaren? – Fakten er die von ihm behauptete „Sicherheit" zu stützen vermag.

Mittlerweile wird die wirtschaftliche Sinnhaftigkeit (Kosten-Nutzen-Relation!) der Drogentherapie auch schon von Nationalökonomen ernstlich in Frage gestellt. Sie plädieren – sehr zu Recht – dafür, sich nicht mit der Versorgung Abhängiger mit Ersatzstoffen (z.B. Methadon) und anderweitigen sozialen Hilfestellungen zu begnügen. Vielmehr sollte schon der Verhinderung des Neueinstiegs (durch Jugendliche und Kinder) besonderes Augenmerk geschenkt werden.[159] Dessen ungeachtet wird „der gerade ökonomisch naheliegende Gedanke, bei der Nachfrage anzusetzen und auf den Konsum Druck auszuüben", ... nach wie vor „nicht ernsthaft verfolgt".[160]

Alles in allem: Der Grundsatz „Therapie statt Strafe" ist in den 36 Jahren seit seiner erstmaligen Verankerung in der österreichischen Drogengesetzgebung eindrucksvoll gescheitert. Dessen ungeachtet bezeichnet noch die Regierungsvorlage zur Suchtmittelgesetz-Novelle 2007 (BGBl I 2007/110) dieses Prinzip als „einen Grundpfeiler der österreichischen Drogenpolitik". In diesem Zusammenhang wird auch – unbeirrt von allen gegenteilig lautenden

---

lukasfeld@mariaebene.at; dazu auch HAAS / BUSCH / HORVATH / TÜRSCHERL / WEIGL / ABRAHAM 2005, aaO (Anm. 68), S. 32.

158 ZÄUNER, aaO (Anm. 78), S. 337 f.

159 PRINZ Aloys, Rauschgift aus dem Supermarkt? Eine ökonomische Analyse der Drogenpolitik, in: Zeitschrift für Wirtschafts- und Sozialwissenschaften (ZWS) 1994, Heft 114, S. 550, 565 f.

160 BOCK Michael, Abgründe der Drogenpolitik. Ein Beitrag zur Interdisziplinarität des Nichtwissens, in: ALBRECHT Hans-Jörg et al (Hrsg.), Internationale Perspektiven in Kriminologie und Strafrecht. Festschrift für Günther Kaiser zum 70. Geburtstag, 1. Halbband, Berlin 1998, S. 714.

Befunden – neuerlich bekräftigt, dass „viele kleine Suchtgifttäter eher durch Hilfe als durch strenge Bestrafung zum eigenen Nutzen und dem der Allgemeinheit resozialisiert werden sollen ...“[161]

Und an anderer Stelle dieser Regierungsvorlage wird auch der Versuch unternommen, solcherlei Behauptungen gleichsam „empirisch“ zu untermauern: „Dass dem Grundsatz ‚Therapie statt Strafe‘ nach wie vor größte Bedeutung zukommt, zeigt sich nicht zuletzt daran, dass die Aufwendungen der Justiz für Therapiemaßnahmen auf Grund der subsidiären Kostentragungspflicht nach § 41 SMG im Jahr 2006 Euro 4,851.589,63 betragen haben und daher gegenüber den Jahren davor stetig angestiegen sind.“[162] – Die „Beweiskraft“ solcher Belege wird man allerdings anzweifeln dürfen.

bb) Ausländische Vorbilder?

Zu den „drogenpolitischen Musterländern“ für Österreich zählen zweifelsohne Holland und die Schweiz. Es ist an dieser Stelle nicht möglich, die einschlägige Entwicklung in beiden Ländern im Einzelnen nachzuzeichnen. Ein sehr kurzer – und daher notgedrungen ebenso unvollständiger – Blick auf einige bisherige Auswirkungen ihrer liberalen Drogenpolitik vermag aber immerhin aufzuzeigen, welche Entwicklungen wir unter allen Umständen verhindern sollten:

Über die Niederlande hat der Erstverfasser vor einiger Zeit[163] festgestellt, dass dort Kuriere, die weniger als ein Kilogramm Kokain bei sich haben und erwischt werden, ihren Stoff zwar abgeben müssen, dann aber unbehelligt nach Hause gehen oder weiterreisen dürfen. Das in Holland geltende Opportunitätsprinzip hat es den dortigen Behörden ermöglicht, mittlerweile eine für unser Verständnis noch um einiges perversere „Grenzmenge“ als Eingriffsschwelle für eine Strafverfolgung festzusetzen:

Anfang 2004 berichtete „Der Spiegel“[164], dass die niederlän-

---

161 Regierungsvorlage zum Bundesgesetz, mit dem das Suchtmittelgesetz (SMG), das Strafgesetzbuch, die Strafprozessordnung 1975 und das Gesundheits- und Ernährungssicherheitsgesetz geändert werden (SMG-Novelle 2007), RV 301 BlgNR XXIII. GP, S. 20.

162 Regierungsvorlage, aaO (Anm. 161), S. 3.

163 HAUPTMANN, aaO (Anm. 3), S. 64 f. mwN.

164 Vgl. den Bericht „Rauschgift. Koks aus der Karibik. Niederländische Behörden haben im Kampf gegen Schmuggler kapituliert – Deutschland wird mit billigem Kokain überschwemmt“, in: Der Spiegel, 5/2004, S. 42; vgl. dazu auch den Bericht „Niederlande. Die Straße der Koks-Kulis. Über den Amsterdamer Flughafen Schiphol schleppen Tausende ‚Kügelchenschlucker‘ von

dischen Behörden in der Zwischenzeit im Kampf gegen die Schmuggler so gut wie aufgegeben hätten: „Weil wöchentlich Hunderte Drogenkuriere von den Niederländischen Antillen aus nach Holland fliegen, hat die überlastete Justiz der Niederlande kapituliert. Wer mit weniger als drei Kilogramm Kokain erwischt wird, darf inzwischen meist ohne Strafverfahren oder gar Haft einfach wieder nach Hause fliegen. Unter den Folgen der schwächelnden Abwehr in Holland leidet auch die Bundesrepublik, da die Grenzen offen sind: Drogenbarone überschwemmen den Markt mit billigem Stoff aus der Karibik, der Preis für ein Gramm ist von 150 auf 50 € gesunken."

„... Beim Umgang mit Drogenschmugglern sei unbedingt die beschränkte Kapazität der Gerichte und Gefängnisse zu berücksichtigen. Kontrollen dürften schließlich nicht ‚zu einer Blockade der Justiz' führen", ... (weshalb) „nur ‚eine minimale justizielle Intervention' erfolgen" dürfe. „Als niederländische Zöllner Ende November (2003) ausnahmsweise mal alle Passagiere dreier Flugzeuge aus der Karibik kontrollierten, erwischten sie insgesamt 31 Schmuggler mit zusammen 55 Kilogramm Kokain."

Die deutsche Kripo-Fachzeitschrift „der kriminalist" berichtete im Oktober 2003, dass sich unter 200 Flugzeugpassagieren im Schnitt 20 bis 30 solcher Drogenschmuggler befinden. In einer KLM-Maschine ermittelte der Zoll vor dem Abflug von den niederländischen Antillen nicht weniger als 80 „bodypacker" mit oft mehr als einem Kilogramm Kokain im Darm.[165]

Schon 2002 stellten holländische Grenzer in Schiphol mehr als 6 Tonnen Kokain sicher. Und: „Im selben Jahr dürften mehr als 21 Tonnen Kokain Schiphol unbemerkt passiert haben, schätzen niederländische Behörden. Deutsche Ermittler gehen von der doppelten bis dreifachen Menge aus."[166]

den niederländischen Antillen Kokain in großen Mengen nach Europa ein. Bis zu drei Kilogramm sind straffrei, der größte Teil geht nach Deutschland", in: Der Spiegel, 45/2004, S. 150 ff.

165 der kriminalist, 10/03, S. 370. – Der Landesverband Nordrhein-Westfalen des Bundes Deutscher Kriminalbeamter hat schon 1985 mit aller Deutlichkeit die daraus resultierenden Probleme – insbesondere für das Grenzgebiet zu Holland – aufgezeigt. – Vgl. Bund deutscher Kriminalbeamter, Landesverband Nordrhein-Westfalen (Hrsg.), Dokumentation Landesverband NW, Juni/Juli 1985, Dokumentation Verbrechensbekämpfung. Niederlande – Stop Drogen. Stop Drogen – Niederlande, Sonderdruck.

166 Vgl. Der Spiegel, 5/2004, aaO (Anm. 164), S. 42.

Im Grunde nicht weniger hilflos mutet der drogenpolitische Aktionismus von Schweizer Behörden an. Beispielsweise wurde im März 2003 berichtet, dass dort der gängige Reflex, der Ruf nach mehr Prävention, mittlerweile ins Leere gehen dürfte:[167]

> „Denn noch mehr ist gar nicht möglich: Die Vielfalt an öffentlichen und privaten Suchtpräventionsaktivitäten in der Schweiz ist selbst für Fachleute nicht mehr überblickbar, wie ... von der Hochschule für soziale Arbeit (HSA) in Luzern bestätigt."

Gleichwohl äußerte im selben Bericht ein Lehrer mit 30-jähriger Berufserfahrung über ein Schilager 2002 Folgendes: „Die Schüler haben gekifft, was das Zeug hielt. So etwas habe ich noch nie erlebt." – Man verfiel daher auf den Ausweg, den Teilnehmern des Schilagers 2003 einen schriftlichen Vertrag anzubieten:

> „Die Abstinenz (von Alkohol, Nikotin und Drogen) wird mit einer großzügigen Gegenleistung belohnt: Alle Schülerinnen und Schüler, die den Vertrag einhalten, bekommen Ende der Woche eine Prämie von 100 Franken. Ermöglicht wurde dies durch die Basler Justizdirektion, die für den Versuch 4.000 Franken stiftete."

Etwa ein halbes Jahr später erschien in der Nummer 9/10 des offiziellen Organs des österreichischen Bundesministeriums für Inneres[168] ein Beitrag über die (beabsichtigte) Legalisierung von Cannabis in der Schweiz. Im Zusammenhang damit wurden dort auch etliche Äußerungen der Vorsteherin des Zürcher Polizeidepartements, Esther MAURER, wiedergegeben:

> „Ein möglicher verstärkter Drogentourismus in die Schweiz ist für MAURER kein Thema: Im deutschen Bundesland Baden- Württemberg etwa habe die illegale Einfuhr von Cannabis aus der Schweiz seit 1998 um 300 Prozent zugenommen. ‚Das ist ja der beste Beweis dafür, dass es sich auch dort lohnen würde, den Cannabiskonsum zu legalisieren', antwortet MAURER auf die Sorgen der Nachbarn punkto Drogentourismus. Natürlich wäre es ihr lieber, betont die Politikerin, wenn in ganz Europa der Konsum und Handel weicher Drogen liberalisiert würde, damit es nicht zu einem Dro-

167 Vgl. Meldung „Drogenprävention: Ernüchternde Bilanz", in: Beobachter 5/03, abgerufen am 14. 6. 2003; ausgedruckt aus dem Internet: http://www.beobachter.ch/reusable/detail.cfm?ObjectID=7D9DE406-871B-449E-9F8.

168 Vgl. Öffentliche Sicherheit, 9-10/03, S. 54.

gentourismus in die Schweiz komme. ‚Aber wir können unsere fortschrittliche Drogenpolitik nicht zurücknehmen und warten, bis das Problem flächendeckend geregelt ist.'"

b) Gesamtdelinquenz einschließlich Dunkelfeld

Als ungleich dramatischer erweist sich die Situation in Österreich, wenn man auch das Dunkelfeld in die Betrachtung einbezieht. Nach unseren Berechnungen[169] für das Jahr 2002 wird von allen 941.000 Personen, die in den letzten 12 Monaten illegale Drogen (mehr oder minder intensiv) missbraucht haben, nur etwa jede 45. polizeilich als tatverdächtig ermittelt.[170] Dabei ist zu bedenken, dass der Personalstand der Polizei seit Anfang der Siebzigerjahre des vorigen Jahrhunderts nur um etwa 10 % erhöht wurde.

Mittlerweile sind aber (mindestens) doppelt so viele Delikte (allgemeine und Drogenstraftaten zusammengefasst) aufzuklären. Eine (eher vorsichtige) Schätzung ergibt, dass die Exekutive 1970 (mit nahezu gleicher Personalausstattung, die allerdings einer vergleichsweise noch sehr kleinen und überschaubaren Drogenszene gegenüberstand) noch zumindest jeden 30. Szeneangehörigen als tatverdächtig ermitteln konnte.

Diese vorsichtige Annahme liegt auch der folgenden Abbildung 5) zu Grunde:

169 Näheres dazu vgl. unten S. 122 ff.

170 Laut Kriminalitätsbericht 2002 ist unter „ermittelter Tatverdächtiger" zu verstehen, „wer dringend verdächtig erscheint, die strafbare Handlung allein oder im Zusammenwirken mit anderen unmittelbar begangen zu haben bzw. einen anderen dazu bestimmt zu haben, sie auszuführen (Anstifter) oder sonst zu ihrer Ausführung beigetragen zu haben (Gehilfe)." – vgl. Kriminalitätsbericht. Statistik und Analyse 2002, hrsg. vom Bundesministerium für Inneres, in: Sicherheitsbericht 2002. Bericht der Bundesregierung über die innere Sicherheit in Österreich, hrsg. von Bundesministerium für Inneres und Bundesministerium für Justiz, Wien 2002, S. A 4.

Abbildung 5: Gesamtkriminalität einschließlich Dunkelfeld – ermittelte Tatverdächtige – Verurteilungen

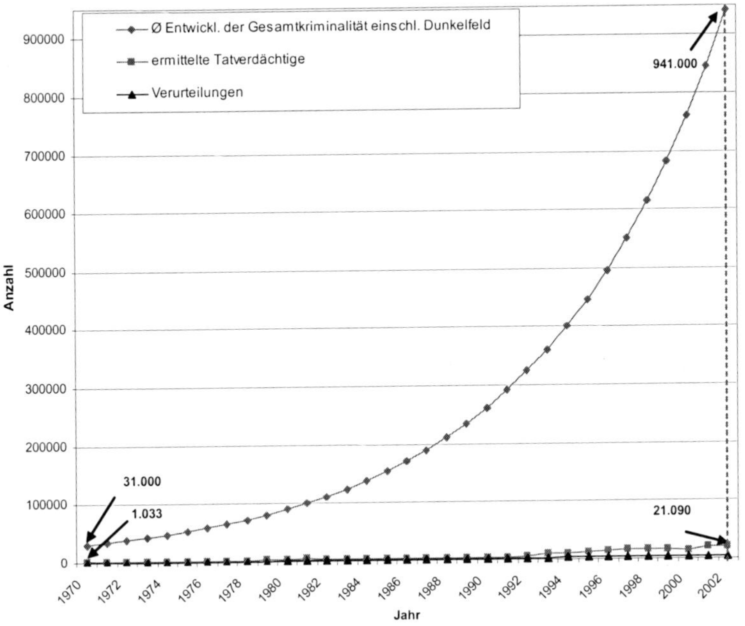

Die Kurve illustriert die Entwicklung der Gesamtkriminalität unter Einschluss des Dunkelfeldes im Drogenbereich unter der vereinfachenden Annahme, dass der Anstieg gleichmäßig erfolgt ist.

Aus epidemiologischer Sicht[171] dürfte sich diese Kurve in etwa nach folgenden Gesetzmäßigkeiten weiter entwickeln:

171 Herrn Dr. med. Michael KOCH sei auch an dieser Stelle bestens für die Übermittlung sehr aufschlussreichen Materials und für ergänzende mündliche Angaben zur möglichen Ausbreitungsgeschwindigkeit einer Sucht gedankt! Mathematisch lässt sich der tatsächliche Ausbreitungsprozess am besten in einer sog. „Gompertz-Kurve" darstellen. Eine sehr instruktive Einführung in diese Thematik (dargestellt am Beispiel der Ausbreitung einer ansteckenden Krankheit) findet sich in: KOCH Michael G. / L'AGE-STEHR Johanna / GONZÁLEZ José J. / DÖRNER Dietrich, Die Epidemiologie von Aids. Die Immunschwächekrankheit Aids breitet sich mit beunruhigender Geschwindigkeit aus. Hinzu kommt noch, dass die Besonderheiten dieser Epidemie zu Fehldeutungen verleiten und Prognosen erschweren, in: Spektrum der Wissenschaft, Sonderdruck 1/1988, S. 2 ff.

Zunächst ist einzuräumen, dass die Suchtneigung einer Bevölkerung empirisch äußerst schwer zu prognostizieren ist. Spezialisten schätzen den Anteil der (primär aus genetischen Gründen) für eine Suchtentwicklung anfälligen Bevölkerungsanteile in diversen Populationen auf bis zu maximal 50 % ein. Die „Durchseuchungsrate" mit irgendeiner Sucht steigt dabei nur im Anfangsstadium dieser Entwicklung exponentiell, wogegen sich diese Kurve nach einiger Zeit mehr und mehr verflacht:

Einerseits wird der prozentuale Anteil der noch „Ansteckbaren" mit wachsender Ausbreitung der Sucht immer kleiner, andererseits müssten zunehmend weniger ansprechbare Bevölkerungsschichten „verführt" werden. Daher bremst sich ein solcher Ausbreitungsprozess spätestens dann selber ein, wenn er Schichten erreicht, die nicht mehr ansprechbar erscheinen (z.B. aus genetischen Gründen, zu geringem oder zu hohem Alter, mangels Zutritts zu Drogen oder selbstverständlich auch infolge charakterlicher Resistenz gegen Suchtmittelmissbrauch).

Nimmt man vorsichtshalber an, dass in Österreich nach obigen Kriterien potenziell nur etwa 20 % der Bevölkerung für eine Suchtentwicklung in Frage kommen, so wären dies ca. 1,6 Millionen Personen.

Dies würde bedeuten, dass mit ca. 800.000 stark Nikotinabhängigen (unter rund 2,3 Millionen RaucherInnen) hier „erst" etwa die Hälfte der an sich Suchtanfälligen (beiderlei Geschlechts) betroffen sind.[172]

Beim Alkoholmissbrauch wären dies mit ca. 330.000 Alkoholkranken[173] gar (erst) knapp 21 % der an sich suchtanfälligen Gesamtpopulation.

172 Vgl. Begutachtungsentwurf für eine Tabakgesetznovelle 2004 des Bundesministeriums für Gesundheit und Frauen zur GZ BMGF-22181/0005-III/B/9/2004 vom 20. 10. 2004, 227/ME XXII. GP, S. 5 ff. mwN.

173 Vgl. statt vieler UHL Alfred / KOPF Nikolaus / SPRINGER Alfred / EISENBACH-STANGL Irmgard / KOBRNA Ulrike / BACHMAYER Sonja / BEIGLBÖCK Wolfgang / PREINSPERGER Wolfgang / MADER Rudolf, Handbuch Alkohol – Österreich. Zahlen. Daten. Fakten. Trends, hrsg. vom Ludwig-Boltzmann-Institut für Suchtforschung, AlkoholKoordinationsstelle und Anton-Proksch-Institut, im Auftrag des Bundesministeriums für soziale Sicherheit und Generationen, mit Unterstützung von Statistik Austria, Wien 2001, S. 94, 97 mwN.

Stuft man die ca. 285.000 drogenabhängigen ÖsterreicherInnen, die als nicht mehr erwerbsfähig zu behandeln sind, als drogenkrank ein, so wären dies (erst) knapp 18 % der potenziell suchtanfälligen 1.600.000 ÖsterreicherInnen. Demnach müsste sich jedenfalls die Anzahl der österreichischen Drogenkranken noch fast versechsfachen (!), bis diese Entwicklung – jedenfalls aus genetischen Gründen – von selber zum Stehen kommen könnte.

Bei unveränderter Fortschreibung der bisherigen Ausbreitungsgeschwindigkeit des Drogenmissbrauchs wäre dieses Stadium schon 2019 zu erwarten. – Realiter ist allerdings davon auszugehen, dass sich der Anstieg (im Sinne der oben skizzierten Charakteristik) in Form einer Gompertz-Kurve gestalten würde. Dies bedeutet also, dass die Anstiegskurve – wie im folgenden Beispiel der Ausbreitungsgeschwindigkeit einer Epidemie dargestellt – mit zunehmendem Sättigungsgrad mehr und mehr verflachen dürfte.

Abbildung 6: Beispiel einer Gompertz-Kurve

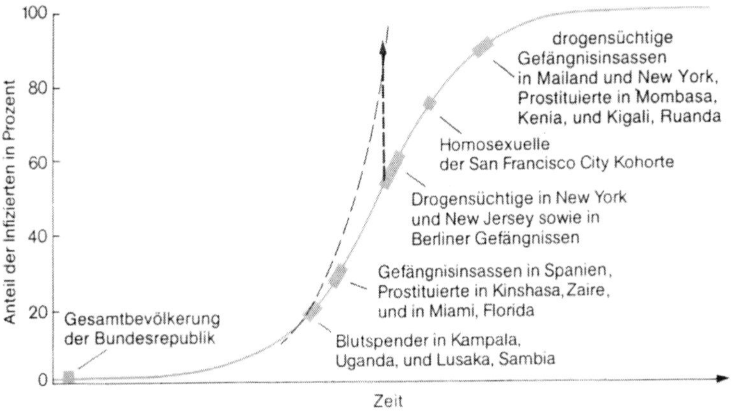

Bild 6: Im weiteren Verlauf einer Epidemie verlangsamt sich der Anstieg der Virusträger aufgrund von Sättigungseffekten; der unbeeinflußt exponentielle Anstieg ist gestrichelt dargestellt. Die Differenz zwischen beiden Kurven spiegelt den Sättigungseffekt wider. Während die Bevölkerung der Bundesrepublik erst zu etwa 0,2 Prozent mit dem Aids-Virus infiziert ist, Sättigungseffekte mithin noch keine Rolle spielen, sind drogensüchtige Gefängnisinsassen in New York schon bis zu 90 Prozent durchseucht. Der Anteil der Neufälle steigt dort nur noch langsam, weil eine neuerliche Infektion bei Infizierten nicht mehr zu Buche schlägt.

Quelle: KOCH Michael G. et al., Die Epedemie von Aids.; in: Spektrum der Wissenschaft, Sonderdruck 1/1998, S. 2 ff.

Nur der Vollständigkeit halber sei hier erwähnt, dass sich der oben skizzierte „Marktsättigungsmechanismus" selbstverständlich nicht nur im Bereich der Epidemiologie aufzeigen lässt, sondern etwa auch – wie schon der Name nahe legt – in der Wirtschaft. Aus rein illustrativen Gründen wird daher im Folgenden beispielhaft die Ausbreitungsgeschwindigkeit von Handys sowie von Digitalkameras in der deutschen Bevölkerung graphisch dargestellt.

Das Beispiel der Ausbreitung von Mobiltelefonen innerhalb der deutschen Bevölkerung illustriert einen schon hohen Marktsättigungsgrad mit zunehmend geringeren jährlichen Zuwächsen:

Abbildung 7: Mobiltelefone – Marktpenetration von 1992 bis 2003

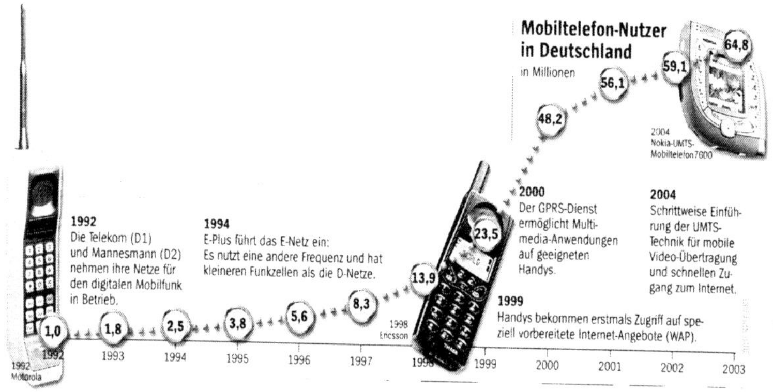

Quelle: Der Spiegel 12/2004, S. 108.

Abbildung 8: Beginnende Verbreitung von Digitalkameras – 1996 bis 2003

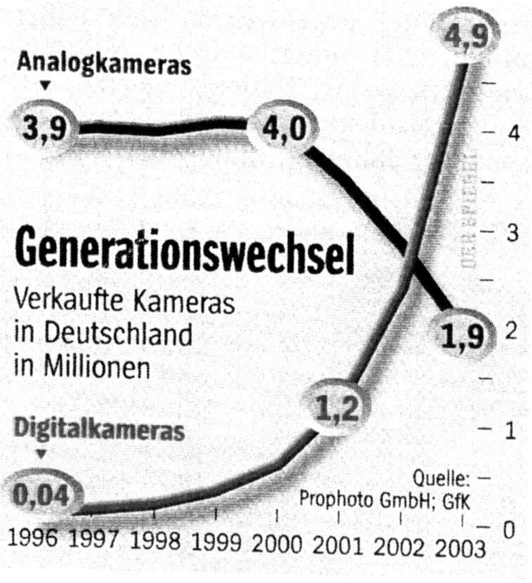

Quelle: Der Spiegel 28/2004, S. 156

Im Gegensatz dazu dürfte die Ausbreitungskurve des illegalen Drogenkonsums innerhalb der österreichischen Bevölkerung bislang erst im Sockelbereich liegen, wie dies z.B. auch (jedenfalls noch 2004) für die Marktdurchdringung mit Digitalkameras gegolten hat:

Dies bedeutet, dass – jedenfalls bei unveränderter Drogenpolitik – nicht der geringste Hinweis dafür existiert, dass der Anstieg dieser Delikte schon in den nächsten Jahren an irgendwelche genetisch determinierte (oder sonstige endogene) Grenzen stoßen könnte.

Unsere eigenen Berechnungen des Umfangs des Personenkreises, der 2002 zumindest innerhalb der letzten 12 Monate illegale Drogen konsumiert hat, stützen sich auf empirische Untersuchungen und auf Expertenschätzungen zur Drogenprävalenz.[174]

Die meisten einschlägigen Daten aus einem Großteil dieser Studien und Expertenschätzungen haben wir den jeweiligen „Berichten zur Drogensituation" des ÖBIG der letzten Jahre entnommen.

Zusammenfassend ist daher festzustellen, dass 2002 nahezu 11,7 % der Gesamtbevölkerung Österreichs in den letzten 12 Monaten (zumindest) je eine illegale Droge konsumiert haben. Dieser Befund mag überraschen. – Allerdings kam auch der „Bericht des Nationalen Reitox Knotenpunkts Deutschland an die EBDD" im Herbst 2003 zum Ergebnis, dass Analoges im Jahr 2000 jedenfalls auch auf 10,7 % der Gruppe der 18 – 39 jährigen Deutschen und 2001 auf 11 % der Jugendlichen von 12 – 18 in ganz Deutschland zutrifft.[175] Nichts anderes ergibt auch ein kurzer Blick auf das fernere Ausland: So haben in den USA schon 1993 12 % der Gesamtbevölkerung (12 Jahre oder älter) in den letzten 12 Monaten irgendwelche illegalen Drogen konsumiert.[176] In England und Wales wurde

174 „Prävalenz" bezeichnet hier den stattgefundenen Konsum innerhalb eines bestimmten Zeitraumes: „Lebenszeitprävalenz" umschreibt daher den stattgefundenen Konsum innerhalb des ganzen bisherigen Lebens, „Zwölfmonats-Prävalenz" innerhalb der letzten 12 Monate etc.

175 SPEGEL Hedwig / SIMON Roland / HÜLLINGHORST Rolf / DAVID-SPICKERMANN Marion, Bericht des Nationalen Reitox Knotenpunkts Deutschland an die EBDD. Drogensituation 2002. Reitox, hrsg. von der Deutschen Referenzstelle für die Europäische Beobachtungsstelle für Drogen und Drogensucht (DBDD), Stand: 29. 10. 2003, o. O., S. 16 mwN.

176 DOYLE Chris / SMITH Jennifer C., The Economics of Crime and Drugs, Department of Economics, University of Warwick, January 2002, p 2.

ein ähnlicher Wert (11,9 %) erst 2001/02 erreicht.[177] Eine neuere Untersuchung hat für England und Wales für 2005/06 ergeben, dass (jedenfalls in der Altersgruppe von 16 bis 24) 25,2 % innerhalb der letzten 12 Monate eine oder mehrere illegale Drogen konsumiert haben (im letzten Monat 15,1 %).[178]

Auch die Abbildungen 1) und 5)[179] stellen lediglich Täterstatistiken dar. Nur etwa jeder 45. Drogentäter wird polizeilich als Verdächtiger ermittelt. Diese Graphiken berücksichtigen allerdings nicht den Umstand, dass die meisten unter diesen Szeneangehörigen 2002 nicht nur ein einziges, sondern eine (mehr oder minder) große Anzahl einschlägiger Drogendelikte begangen haben werden. Aus unseren ergänzenden Berechnungen,[180] denen eher vorsichtige Annahmen zu Grunde liegen, ergibt sich, dass 2002 im Drogenbereich nicht unter 49 Millionen Einzeltaten zu verzeichnen sein dürften. Die Wahrscheinlichkeit, dass ein einzelnes Drogendelikt von der Polizei auch nur registriert werden kann, ist demnach bestenfalls mit 1 : 2.000 anzusetzen. Dies bedeutet, dass die Exekutive die Kontrolle über diesen Deliktsbereich längst verloren hat.

Die Wahrscheinlichkeit einer gerichtlichen Verurteilung (zu irgendwelchen Sanktionen, unter denen unbedingte Haftstrafen insgesamt eher seltene Ausnahmen bilden) beträgt hingegen etwa 1 : 11.000.

An dieser Bilanz vermag auch der Umstand nichts zu ändern, dass die (insgesamt wenigen) ermittelten (oder später gar verurteilten) Tatverdächtigen in aller Regel eine Mehrzahl von Einzeldelikten zu verantworten haben.

c) Künftige Entwicklung?

Eine bloße Fortschreibung des bisherigen Trends mit einem durchschnittlichen Zuwachs von ca. 11,25 % pro Jahr (= „Inzidenzrate“) ergibt folgendes Bild:

---

177 AUST Rebecca / CONDON Joanne, Geographical Variations in Drug Use. Key findings from the 2001/02 British Crime Survey. England and Wales, 15/03, 4 December 2003, p. 7.

178 ROE Stephen / MAN Louise, Drug Misuse declared: Findings from the 2005/06 British Crime Survey. England and Wales, Home Office Statistical Bulletin, o.O., 2006, p. 1 f.; ausgedruckt aus dem Internet http://www.homeoffice.gov.uk/rds/index.htm.

179 Vgl. oben S. 20, 61.

180 Vgl. unten S. 123 f.

Abbildung 9: Entwicklung der gesamten Drogenkriminalität – jährl. Gesamtschäden – extrapoliert bis 2010

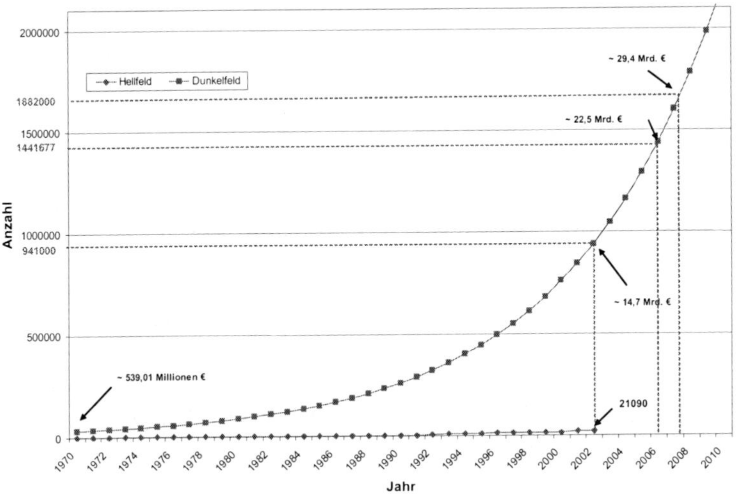

Unserer Annahme zufolge müsste sich die ganze Drogenszene schon bald nach 2008 verdoppeln. Und parallel zu dieser Ausweitung der Szene wäre auch zu erwarten, dass der jährliche gesamtwirtschaftliche Schaden von ca. 14,7 Milliarden € auf etwa 29,4 Milliarden €[181] ansteigt.

Niemand behauptet, dass es jemals eine Gesellschaft ohne Gebrauch von Rauschdrogen (i.w.S.) gegeben hat (oder gar geben wird). Trotzdem sei hier aus rein illustrativen Gründen angeführt, was allein der Missbrauch illegaler Drogen von 1972 bis 2002 an ökonomischen Nachteilen (zusätzlich zu Alkohol und Nikotin!) mit sich gebracht hat. Die Verlaufskurve der jeweiligen Jahresschäden in Abbildung 9 weist für 2002 einen Betrag von ≈ 14,7 Milliarden € aus.[182]

Die Aufsummierung der entsprechenden Jahresschäden von 1972 bis einschließlich 2002 ergibt einen Gesamtbetrag von ca. 140,056 Milliarden €. Diese Summe übersteigt die Ende 2002 verzeichnete Finanzschuld des Bundes von ca. 124.000 Millionen € um knapp 13 %. Sie erreicht zugleich ca. 95,5 % der gesamten öffentlichen Verschuldung Österreichs (Bund, Länder, Gemeinden,

181 ≈ 404,55 Milliarden ATS (= auf der Basis der Kaufkraft von 2002).

182 Näheres zum Betrag vgl. unten S. 82 f.

Sozialversicherungsträger) in Höhe von ca. 146.600 Millionen € im Jahr 2002.[183]

Ausdrücklich bemerkt sei, dass mit diesen Zahlenvergleichen nicht behauptet werden soll, dass ein Kausalzusammenhang zwischen den gegenübergestellten Größen besteht. Sie dienen lediglich der Veranschaulichung der Höhe der gesamten sozialen Kosten, die zwischen 1972 und 2002 aus dem Drogenmissbrauch erwachsen sind.

Die skizzierte Schadensentwicklung kann nur mehr als alarmierend qualifiziert werden. – Ob und wie weit diese höchst bedenkliche Entwicklung „eingebremst“ werden kann, hängt von politischen Entscheidungen ab. Eine Neupositionierung unserer Drogenpolitik ist u. E. dringend geboten:

> So verwies beispielsweise eine namhafte Exponentin der bisherigen österreichischen Drogenpolitik 2003 darauf, dass die Professionalisierung der Drogenbetreuung und -behandlung schon in den 80er-Jahren zur Kritik an der Dominanz des „Abstinenzprinzips“ geführt habe: „An die Seite der professionellen Drogenarbeiter traten in den 90er Jahren die Drogenadministratoren und die Präventionseinrichtungen, die, wie die ersteren vorrangig darum bemüht sind, die Sicherheit der Drogen, des Drogenkonsums und der Drogenkonsumenten zu steigern (statt sie zu eliminieren) und dadurch die Sicherheit der Nicht-Konsumenten zu gewährleisten.“
>
> Dies geschehe neben der Drogensubstitution etwa auch durch niederschwellige Einrichtungen, die u.a. den Tausch von Spritzen und diverse Impfungen anböten sowie durch Programme, die die anonyme Testung von Drogen offerierten. – „Uneindeutigkeiten“ (Inkonsistenz?) der staatlichen Drogenkontrolle führten jedoch zu folgender Feststellung: „Ob mit Substitution die Gesundheit und Sicherheit des Substituierten oder die Gesundheit und Sicherheit seiner Umgebung gefördert werden sollte, war nicht mehr auszumachen“.[184]

---

183 Vgl. dazu den Bericht über die öffentlichen Finanzen 2002, verfasst vom Staatsschuldenausschuss und dessen Arbeitsausschuss und vorgelegt auf Grund des Beschlusses vom 2. Juli 2003 an den Bundesminister für Finanzen, hrsg. vom Staatsschuldenausschuss, Wien 2003, S. 82 f., 90, 92.

184 EISENBACH-STANGL, aaO (Anm. 36), S. 222 f.

Auch die laufende Berichterstattung über die Drogensituation Österreichs durch das ÖBIG vermag nicht sehr viel mehr an substanzieller Information über den Erfolg oder Misserfolg der österreichischen Drogenpolitik anzubieten. So verweist dessen Bericht zur Drogensituation 2003 gleich an mehreren Stellen darauf, dass es in Österreich keine Erfahrungen mit der Evaluation von Drogenstrategien gebe. Zwar verfügten alle neun Bundesländer über Drogenkonzepte bzw. Suchtpläne, aber keines dieser Konzepte wurde bisher evaluiert. Es gebe aber immerhin Überlegungen zur Evaluation des Vorarlberger Drogenkonzepts.[185] Dieses Manko an Evaluation kann im Übrigen kaum verwundern: Gehört doch Österreich (neben Italien und Malta) zu den einzigen EU-Mitgliedsstaaten, die jedenfalls noch Anfang 2007 keine nationale Drogenstrategie aufzuweisen vermochten.[186]

Während Österreich also noch vor entscheidenden Schritten in Richtung Evaluation seiner Drogenkonzepte steht, dürften andere EU-Länder mittlerweile schon erste – nicht sehr ermutigende – Bilanzen solcher Bewertungsverfahren aufweisen: Die EBDD beklagt in ihrem Jahresbericht 2004, dass nur wenige „nationale Drogenstrategien" ihre Effizienz (z.B. durch Kosten/Nutzen Analysen) zu messen versuchen. Sie gelangt dabei zu der niederschmetternden Schlussfolgerung, dass jedenfalls die Auswirkungen der einzelnen Drogenstrategien auf die gesamte Drogensituation nach den bisher untersuchten Daten offensichtlich nicht (einmal) Gegenstand der Evaluierung sind![187]

Mittlerweile fragt man sich mehr und mehr, ob es solcher Evaluationen überhaupt noch bedarf: Hat doch allein schon die Entwicklung der polizeilichen und gerichtlichen Anfallszahlen seit 1970 – einmal ganz abgesehen vom Deliktsanstieg im Dunkelfeld! – in aller Deutlichkeit aufgezeigt, dass die gesamten dem Strafrecht vor- und nachgelagerten Maßnahmen – von vielen Präventions- und Betreuungsprojekten über die Diversion bis hin zu abstinenzorientierter oder auch zur Drogenersatztherapie – keinen (jedenfalls aber keinen ausreichenden) Bremseffekt aufgewiesen haben. Die Anzahl der Einsteiger und Abhängigen wächst trotz

185 HAAS / BUSCH / HORVATH / WEIGL / TÜRSCHERL 2003, aaO (Anm. 8), S. V (= Kurzfassung), 6, 65.

186 Europäische Beobachtungsstelle für Drogen und Drogensucht, Stand der Drogenproblematik in Europa. Jahresbericht 2007, Luxemburg 2007, S. 19.

187 Europäische Beobachtungsstelle für Drogen und Drogensucht, Stand der Drogenproblematik in der Europäischen Union und in Norwegen. Jahresbericht 2004, Luxemburg 2004, S. 79 f.

aller dieser Aktivitäten der ganzen „Drogenadministration“ Jahr für Jahr im Schnitt um ca. 11,25 % weiter an.

In den letzten Jahren mehren sich die Indizien dafür, dass sich die soeben angesprochene Drogenverwaltung in steigendem Maße – rein defensiv – auf bloße Reduktion diverser Folgeschäden aus dem Suchtmittelmissbrauch konzentriert. So wird beispielsweise im Drogenbericht für 2003 u.a. die Forderung nach spezifischen Pflegeeinrichtungen für chronisch kranke Drogenabhängige wiederholt, zumal die Zahl der Suchtkranken mit Mehrfachbeeinträchtigungen (z.B. Hepatitis, HIV, Suchtdemenz) ansteigt.[188] Im Rahmen der Ländermaßnahmen wurden dort für Wien u.a. auch „Aktivitäten zur Stärkung des subjektiven Sicherheitsgefühls“ angekündigt[189] und Mitte 2005 auch schon mit deren Realisierung begonnen: So wird in Wien im Rahmen eines „einzigartigen Projekts“ ... „erstmals auch Sozialarbeit für Passanten“ angeboten: Ein achtköpfiges Team versucht vom Karlsplatz aus „der dort ansässigen oder durchreisenden Bevölkerung einen niederschwelligen Zugang zur Hilfe bei Problemen mit der Drogenszene zu bieten.“[190] – Die Stärkung der objektiven Sicherheit der Bevölkerung wird hingegen – soweit ersichtlich, auch außerhalb von Wien – so gut wie nie thematisiert.

Es erschiene schlechthin illusionär, sich von einem bloßen „more of the same“ eine – nennenswerte – Entschärfung der aufgezeigten Dynamik zu erwarten.

Sollte sich am derzeitigen zahlenmäßigen Missverhältnis zwischen der (seit 1970 gut verdreißigfachten) Drogenszene und der Exekutive (seit 1970 etwa 10 % Personalzuwachs) nichts (oder nichts Wesentliches) ändern, wäre (jedenfalls noch für das nächste Jahrzehnt) sogar mit einer – mehr oder minder ausgeprägten – Beschleunigung der Entwicklung zu rechnen: Das skizzierte Missverhältnis stiege von Jahr zu Jahr und im selbem Ausmaß müsste der – ohnehin minimale – Verfolgungsdruck weiter sinken. Die Exekutive arbeitet – jedenfalls im Drogenbereich – schon lange

188 HAAS / BUSCH / HORVATH / WEIGL / TÜRSCHERL 2003, aaO (Anm. 8), S. 52.

189 HAAS / BUSCH / HORVATH / WEIGL / TÜRSCHERL 2003, aaO (Anm. 8), S. 6.

190 Vgl. den Bericht „Neues Anti-Drogen-Projekt. Karlsplatz. Stadt und Wiener Linien bieten Hilfen für Anrainer“, in: Die Presse, 28. 7. 2005, S. 10, vgl. auch den Bericht „Retten, was zu retten ist. Tag für Tag werden in Wien rund 4500 frische Spritzen an Drogensüchtige verteilt. Lokalaugenschein bei den Sozialarbeitern in der U-Bahn-Passage Karlsplatz“, in: Salzburger Nachrichten, 8. 9. 2005, S. 3.

„am Limit“. Es wäre daher nicht zu erwarten, dass die Hellfeldzahlen (Anzeigen) wesentlich ansteigen (können). – Sehr wohl aber hätten wir zu befürchten, dass sich das Dunkelfeld umso ungebremster ausweiten könnte. Man denke in diesem Zusammenhang etwa auch an die Folgen der „Ostöffnung“ der EU.

d) Fazit

Wie sich allein schon aus dieser kurzen Zusammenfassung ergibt, erweist sich staatliche Drogenpolitik ganz offensichtlich weithin als ineffizient, wenn sie zu spät interveniert. Ist der Proband schon von „harten“ Drogen abhängig, sind die Chancen auf eine Heilung von seiner Drogenkrankheit sowie auf eine volle soziale Integration – trotz größten Aufwands – außerordentlich bescheiden.

Umgekehrt lassen sich Einsteiger – je jünger, desto eher und leichter – zu einem Ausstieg motivieren, noch bevor sie in eine nahezu unumkehrbare Drogenkarriere geraten sind.[191] In diesen frühen Phasen genügt – rein von der repressiven Seite aus betrachtet – ein gewisses Mindestmaß an Sanktionswahrscheinlichkeit, um die – vergleichsweise noch leicht beeinflussbaren – „Einsteiger“ durch Androhung oder Vollzug relativ moderater Tatfolgen ausreichend zu beeindrucken.

Dies soll im Folgenden durch einige Daten aus einer Untersuchung illustriert werden:

In einer 2005 eingereichten Dissertation wurden 395 Obermittelschüler (9. und 12. Schulstufe) aus dem Salzburger Pongau über Suchtmittelkonsum befragt. Gut ein Viertel von ihnen (104) verfügte über Erfahrungen mit Cannabis.[192]

266 SchülerInnen (also knapp ¾ der Stichprobe) hatten keine Konsumerfahrungen mit illegalen Drogen. Dabei erscheint bemerkenswert, dass immerhin 70 % von ihnen (jedenfalls auch) „rechtliche Konsequenzen“ (des Drogenkonsums) als

191 Vgl. auch BEHRENS Doris A. / CAULKINS Jonathan P. / TRAGLER Gernot / FEICHTINGER Gustav, Optimal Control of Drug Epidemics: Prevent and Treat – But Not at the Same Time?, in: Management Science/Vol.46, No. 3, March 2000, p. 345 f.

192 PFEFFERKORN-TSCHALER Sonja, Drogenkonsum Jugendlicher als Risikoverhaltensweise zwischen Genuss, Missbrauch und Sucht, Dissertation, unveröffentlicht, Salzburg 2005, S. 185 ff., 202 ff.

Grund dafür angegeben haben, der sie vom Probieren abhält.[193]

Als nicht minder relevant ist auch das Resultat der Befragung der SchülerInnen anzusehen, bei denen aktueller Drogenkonsum festgestellt wurde: Unter den Gründen, die zur Beendigung dieses Konsums führen würden, haben 56 % „Probleme mit Polizei/Gericht" und sogar 62% „Führerscheinprobleme" angegeben:[194]

Dies bedeutet, dass deutlich mehr als die Hälfte dieser KonsumentInnen durch tatsächlich eintretende (= und ernst zu nehmende) Verfolgungshandlungen der Justiz und/oder der Führerscheinbehörden zum Aufhören motiviert werden könnten. – Dabei versteht sich von selbst, dass die solcherart (noch) beeinflussbaren KonsumentInnen typischerweise erst am Anfang einer (möglichen) Drogenkarriere stehen werden.

Es erscheint geradezu als Charakteristikum der österreichischen Drogenpolitik seit 1971, dass sie derlei einfache Zusammenhänge nicht sehen kann (oder will). Mittlerweile verdichten sich die Belege dafür, dass man auch im Ausland den Einsteigern mehr und mehr Beachtung schenkt:

2003 wurde in einer amerikanischen Untersuchung betont, dass man mit Prüfungs- und Sanktionsprogrammen jedenfalls bei jenen Drogentätern eine Reduktion des Suchtgiftmissbrauchs erreichen könne, die noch imstande sind, ihren Konsum willentlich zu kontrollieren. Eine konsequente Intervention in diesen Bereichen müsste – jedenfalls mittelfristig – auch zu enormen finanziellen Einsparungen führen. Aber die große Frage sei nicht, ob Straftäter auf (ein solches) Programm reagieren würden, sondern ob unsere „knarrende Strafjustizmaschinerie" („creaky criminal justice machinery") dazu imstande sei, es in die Praxis umzusetzen.[195]

Ganz in diesem Sinne hat auch die EBDD in ihrem Jahresbericht 2004 auf das positive Beispiel Schwedens hingewiesen, das sich seit langem – insgesamt sehr erfolgreich – bemüht, Drogenmissbraucher schon in einem möglichst frühen Stadium ihrer „Karriere" mit einer Vielzahl von (angepassten präventiven und auch

193 PFEFFERKORN-TSCHALER, aaO (Anm. 192), S. 212 f.
194 PFEFFERKORN-TSCHALER, aaO (Anm. 192), S. 219 f.
195 BOYUM David / KLEIMAN Mark A. R., Breaking the drug-crime link, Archived Issue, Summer 2003, p. 8 f.; ausgedruckt aus dem Internet: http://www.thepublicinterest.com/archives/2003summer/article2.html.

repressiven) Reaktionen „aufzufangen“.[196] Eben dieses Ziel wird etwa auch in der Nationalen Drogenkontrollstrategie der USA vom März 2004 nachdrücklich angestrebt.[197] Nichts anderes wurde zuletzt am 14. 4. 2005 auch in der Französischen Nationalversammlung vorgeschlagen.[198]

Anlässlich einer Parlamentsdebatte in Victoria (Australien) vom 21. März 2001 hat ein Abgeordneter nachdrücklich darauf hingewiesen, dass frühzeitiges Einschreiten durchaus erfolgreich ist: Die Polizei dieses Landes hat entsprechende „Warnprogramme“ für Drogeneinsteiger eingeführt. Ihre externe Evaluation (ca. 8.000 Fälle) im Jahr 1997 hat ergeben, dass sogar 73,3 % der angesprochenen Population in der (nicht näher umschriebenen) „Evaluationsphase“ der Polizei nicht mehr einschlägig aufgefallen sind.[199]

Verwaltungsrechtliche Sanktionen für „kleinere Drogendelikte“ standen schon Ende der 90iger Jahre z.B. auch in Deutschland (Rheinland-Pfalz) sowie in Polen zur Diskussion. Sie wurden damals auch von KREUZER befürwortet.[200] In Spanien konnten sie bereits 1992 verwirklicht werden:

Das spanische Strafrecht pönalisiert Anbau, Herstellung, Besitz, Inverkehrsetzung etc. von Betäubungsmitteln immer dann als „Delikte gegen die Volksgesundheit“ (delitos contra la salud publica), wenn durch die Tathandlung Dritte betroffen sind (oder werden sollen).

---

196 Jahresbericht 2004 der Europäischen Beobachtungsstelle für Drogen und Drogensucht, aaO (Anm. 187), S. 20.

197 National Drug Control Strategy. FY 2005. Budget Summary, edited by the White House, Washington D.C., March 2004, p. 1, 10, 24 f.

198 assemblee-nationale.fr, première séance du jeudi 14 avril 2005. 205e séance de la session ordinaire 2004-2005, p. 50; ausgedruckt aus dem Internet: http://recherche.assemblee-nationale.fr/visualiser.asp?k2dockey=http%3A%2F%2Fw.

199 Victorian Parliamentary Hansard, Whole Speech, Drugs: Education And Prevention Strategies, Assembly from 21 March 2001, p. 410 f.; ausgedruckt aus dem Internet: http://tex.parliament.vic.gov.au/bin/texhtmlt?form=VicHansard.dumpall&db=hansard.

200 GEBHART Christoph, Drogenpolitik, in: KREUZER Arthur (Hrsg.), Handbuch des Betäubungsmittelstrafrechts, München 1998, S. 628 f.; WEBER Klaus, Betäubungsmittelgesetz. Verordnungen zum BtMG. Kommentar, 2., neu bearbeitete Auflage, München 2003, Rz 138 zur Einleitung; KRAJEWSKI Krzysztof, Drogenpolitik zwischen Kriminalisierung und Legalisierung, in: ALBRECHT, aaO (Anm. 160), S. 840 mwN; KREUZER, Arthur, Delinquenzbelastung von Drogenkonsumenten, in: EGG Rudolf (Hrsg.), Drogenmißbrauch und Delinquenz. – Kriminologische Perspektiven und praktische Konsequenzen –, Wiesbaden 1999, S. 48 f.

Hingegen wird unerlaubter Besitz, Konsum auf öffentlichen Orten etc. von den Verwaltungsbehörden als schwerer Verstoß gegen die öffentliche Ordnung (seguridad ciudadana) geahndet, wenn eine Absicht zur Weitergabe an Dritte nicht besteht (oder nicht nachgewiesen werden kann). Dieser Verwaltungsstraftatbestand betrifft also im Wesentlichen den bloßen Konsum oder den Besitz zum Eigengebrauch. Als Sanktionen sind insbesondere (hohe) Geldstrafen vorgesehen. Sie können (und sollen) ausgesetzt werden, wenn sich der Täter einer Entwöhnungsbehandlung in einer anerkannten Einrichtung unterzieht.[201] Ähnliche Einsatzmöglichkeiten für Verwaltungssanktionen existieren auch in Italien.[202]

In ähnlicher Weise versucht man seit 2001 auch in Portugal polizeilich aufgegriffene Drogenkonsumenten (zunächst) nicht vor Gericht, sondern vor spezielle Kommissionen (bestehend aus Gesundheits-, Rechts- und Sozialarbeitsfachleuten) zu bringen. Diese Gremien entscheiden dann über die für jeden Einzelfall angemessene Sanktion (medizinische Behandlung, soziale Arbeit, Geldstrafen, Platzverbote etc.). Die auffällig niedrigen Rückfallsraten (z.B. 6 % im Jahr 2003) dürften allerdings aus einer Vielzahl von Gründen mit der Realität nicht übereinstimmen.[203]

Im September 2007 hat die Koordinationsstelle Sucht des Landschaftsverbandes Westfalen-Lippe eine Konzeption zur „Frühintervention bei erstauffälligen Drogenkonsumenten" entwickelt. Das deutsche Bundesministerium für Gesundheit und Soziale Sicherung hat diese Konzeption mit acht Bundesländern als Modellprogramm angelegt. Seine Leitidee besteht darin, 14- bis 18-Jährigen (aber auch jungen Erwachsenen bis zum 25. Lebensjahr) schon nach einer polizeilichen Erstauffälligkeit ein spezifisches (suchtpräventives) Angebot zu machen. Dadurch sollten u.a. Einstel-

---

201 Vgl. insbesodere Art. 368 ff. des spanischen Strafgesetzbuches (Código penal) sowie Art 25 der Ley Orgánica 1/1992 de 21 de febrero, sobre Protección de la Seguridad Ciudadana. – Für die Übermittlung dieser Bestimmungen samt umfangreichen Materialien zur spanischen Drogengesetzgebung sei auch an dieser Stelle dem Kabinettsdirektor im Spanischen Innenministerium, Herrn Faustino Aparicio RUIS, verbindlichst gedankt. Unser besonderer Dank gilt zugleich auch Herrn O. Univ. Prof. Dr. Kurt EBERT von der Universität Innsbruck, der alle spanischen Texte in gewohnter Weise ebenso sachkundig wie sorgfältig für uns übersetzt hat!

202 Zu den jüngsten Reformbestrebungen vgl. den Bericht „Milde für Italiens ‚Kiffer'. Der Konsum weicher Drogen wird künftig weniger streng bestraft werden", in: Salzburger Nachrichten, 15. 11. 2006, S. 10.

203 ALLEN Laurence / TRACE Mike / KLEIN Axel, Decriminalisation of drugs in Portugal: a current overview, edited by The Beckley Foundation, Number Six, A DrugScope Briefing Paper for the Beckley Foundation Drug Policy Programme, o.O., 2004, p. 1 ff.

lungs- und Verhaltensänderungen bewirkt werden, damit die Entwicklung zu missbräuchlichem bzw. abhängigem Drogenkonsum sowie eine erneute strafrechtliche Auffälligkeit vermieden werden kann.[204]

Unter diesen Umständen kann es kaum überraschen, dass auch Experten aus den Bereichen Ökonometrie, Operations Research und Systemtheorie anhand komplizierter mathematischer Modellrechnungen 2004 zu durchaus vergleichbaren Schlussfolgerungen gelangt sind.[205] Zuletzt hat auch die EBDD in ihrem Jahresbericht 2005[206] die Bedeutung von „normativen und strukturellen" Kontrollmaßnahmen als Voraussetzung für eine erfolgreiche Präventionspolitik ausdrücklich herausgestrichen.

In diesem Zusammenhang soll auch noch erwähnt werden, dass die Nachfrage nach Suchtmitteln keineswegs so starr und unelastisch auf die jeweiligen Preise reagiert, wie vielfach behauptet wird. Jedenfalls in abgeschwächter Form funktionieren die Preismechanismen auch auf diesem Gebiet. So hat sich z.B. herausgestellt, dass ein 10%-iger Preisanstieg bei Kokain einen 2,7%-igen Konsumrückgang zur Folge hat, bei Heroin sind es immerhin noch 1,5 %.[207]

> Noch um einiges elastischer verhält sich übrigens die Nachfrage nach Zigaretten: Sozialmediziner verweisen auf internationale Studien, denen zufolge eine Anhebung der Preise um 10 % den Tabakkonsum im Schnitt sogar um 5 % reduziert. Besonders stark reagieren auf Preiserhöhungen – begreiflicherweise – Jugendliche oder auch Erwachsene mit niedrigem Einkommen.[208]

---

204 Vgl. Meldung „LWL-Koordinationsstelle Sucht. Frühintervention bei erstauffälligen Drogenkonsumenten" vom 13. 9. 2007; ausgedruckt aus dem Internet: http://www.lwl.org/LWL/Jugend/KS/Projekte_KS1/FreD/.

205 FEICHTINGER Gustav / TRAGLER Gernot, Ein dynamischer Kosten-Nutzen-Ansatz zur Drogenabhängigkeit, in: TRETTER / ERBAS / SONNTAG, aaO (Anm. 4), S. 383 f.; vgl. dazu auch BEHRENS Doris A. / CAULKINS Jonathan P. / TRAGLER Gernot / HAUNSCHMIED Josef L. / FEICHTINGER Gustav, A dynamic model of drug initiation: implications for treatment and drug control, in: Mathematical Biosciences 159 (1999), p. 16; BEHRENS / CAULKINS / TRAGLER / FEICHTINGER, aaO (Anm. 191), p. 345 f.

206 Jahresbericht 2005 der Europäischen Beobachtungsstelle für Drogen und Drogensucht, aaO (Anm. 124), S. 30.

207 DHAVAL Dave, The Effects of Cocaine and Heroin Prices on Drug-Related Emergency Department Visits, NBER Working Paper No. 10619, Issued in July 2004, NBER Program(s): HE, Abstract; ausgedruckt aus dem Internet: http://papers.nber.org/papers/w10619>.

208 Vgl. Salzburger Nachrichten, 30. 1. 2006, S. 17.

Im Hinblick auf diese Befunde erscheint es regelrecht deplatziert, wenn Österreichs Drogenpolitik – trotz aller ihrer gravierenden Misserfolge seit mehr als drei Jahrzehnten – nach wie vor unbeirrt auf ihren Dogmen beharrt: Ihnen zufolge könne man den Einstieg junger Menschen in den Drogenmissbrauch ohnehin nicht verhindern und Verbote seien in diesem Zusammenhang schlechthin unwirksam.[209] – Richtig daran ist lediglich, dass (auch) von jungen Menschen kein Verbot ernst genommen wird (und werden kann), solange man es nicht glaubhaft durchsetzt.

Vielmehr wären ähnliche „Warnprogramme" wie in Australien auch für hiesige „Einsteiger" durchaus Erfolg versprechend. Wir haben schon 2000 vorgeschlagen, in diesem Zusammenhang bei (dafür in Frage kommenden) „Einsteigern" anstelle des (derzeit ineffizienten) gerichtlichen Strafrechts geeignete verwaltungsstrafrechtliche Sanktionen einzusetzen[210], wie dies bekanntlich nicht nur in Spanien und Portugal, sondern etwa auch in Italien oder Belgien schon der Fall ist.[211]

Soweit von hier aus zu übersehen, wurde eine ähnliche Forderung nach uns erstmals 2004 in einem Expertenpapier der Österreichischen Gesellschaft für Psychiatrie und Psychotherapie (ÖGPP) aufgestellt.[212] Dabei sollte schon längst klar sein, dass die derzeit bei uns praktizierte Drogenpolitik der anschwellenden Drogenflut (besonders unter Jugendlichen) sehr wenig entgegenzusetzen hat:

---

209 Vgl. statt vieler SEYER Seifried, Von illegalen Substanzen, in: SEYER Seifried / GSCHWANDTNER Franz / PAULIK Richard / SCHMIDBAUER Rainer (Hrsg.), Vom Gebrauch der Drogen. Drogenmonitoring zu illegalen Substanzen, Alkohol und Nikotin in Oberösterreich, hrsg. vom Institut Suchtprävention Linz und Pro Mente OÖ, Linz 2005, S. 109 f.

210 HAUPTMANN, aaO (Anm. 35), S. 96 ff.; vgl. dazu auch HAUPTMANN, aaO (Anm. 3), S. 61 ff.

211 DORN Nicholas / JAMIESON Alison, Room for Manoeuvre. Overview of comparative legal research into national drug laws of France, Germany, Italy, Spain, the Netherlands and Sweden and their relation to three international drugs conventions. Based on research by an international team Yann BISIOU (France), Tom BLOM (the Netherlans), Lorenz BÖLLINGER (Germany), Maria Luisa CESONI (Italy), José Luis de la CUESTA and Isidoro BLANCO (Spain) and Josef ZILA (Sweden), A Study of DrugScope, London, For the Independent Inquiry on The Misuse of Drugs Act 1971, London 2000, p. 2 f.; ALLEN / TRACE / KLEIN, aaO (Anm. 203), p. 1 ff.

212 HALLER Reinhard / DITTRICH Isabel / FLEISCHHACKER Wolfgang W., Expertenpapier der Österreichischen Gesellschaft für Psychiatrie und Psychotherapie (ÖGPP) zum Thema: „Cannabis", präsentiert anlässlich einer Pressekonferenz am 27. 9. 2004 in Wien, S. 24 f.

Ein Großteil (speziell) der Anfängerdelikte bleibt im Dunkelfeld. Wie oben ausgeführt, ist schon die Wahrscheinlichkeit, der Exekutive als verdächtig aufzufallen, mittlerweile viel zu klein geworden und die Wahrscheinlichkeit – irgendeiner – gerichtlichen Sanktion geradezu zu vernachlässigen. Der generalpräventive Effekt dieser Art von Drogenrepression ist als marginal anzusehen. Die – insbesondere jugendlichen – User und Dealer haben bei ihren Szeneaktivitäten in aller Regel nicht einmal mehr ein Unrechtsbewusstsein.

Namhafte Kriminalisten haben immer wieder berichtet, dass sie aus reinem Personalmangel mittlerweile selbst bei Verdacht auf schwerere Drogendelikte nur mehr 20 % aller erfolgversprechenden Ermittlungsansätze weiter bearbeiten können. Der bei den – ungleich zahlreicheren – leichten Delikten mögliche und übliche polizeiliche „Verfolgungsdruck" ist angesichts dieser Umstände unschwer vorstellbar. Auch an diesem Missverhältnis lässt sich ablesen, dass die Exekutive die Kontrolle über die Drogenszene längst verloren hat.

Österreich kann mangels ausreichenden Personals die von ihm für seine Drogenpolitik völkerrechtlich verbindlich übernommenen einschlägigen Verpflichtungen aus diversen UN-Übereinkommen großteils nur mehr „auf dem Papier" erfüllen. Dies gilt leider auch für Artikel 33 der UN-Konvention über die Rechte des Kindes.[213] Diese Vertragsbestimmung verpflichtet uns, „alle geeigneten Maßnahmen einschließlich Gesetzgebungs-, Verwaltungs-, Sozial- und Bildungsmaßnahmen zu treffen, um Jugendliche (und erst recht natürlich Kinder) vor dem unerlaubten Gebrauch von Suchtmitteln zu schützen."[214]

In diesem Zusammenhang kann nicht oft genug betont werden, dass Suchtprävention freilich nicht erst bei Cannabis (oder anderen illegalen Substanzen) beginnen darf. Mindestens ebenso viel Aufmerksamkeit verdient der verbreitete Missbrauch von Alkohol und Nikotin durch Minderjährige.

Dabei ist nicht nur an ein Sinken von Hemmschwellen vor der jeweils „nächsthöheren" Stufe in einer Suchtkarriere zu denken. Ebenso bedeutsam sind auch die allgemein-gesundheitspolitischen Folgen des Missbrauchs von Suchtmitteln i.w.S. Mit Recht wurde erst vor kurzem wieder darauf hingewiesen, dass der

213 Übereinkommen über die Rechte des Kindes samt Vorbehalten und Erklärungen, BGBl 1993/7.

214 Vgl. HAUPTMANN, aaO (Anm. 3), S. 28 f. mwN.

Organismus von Jugendlichen (oder gar von Kindern!) noch nicht voll entwickelt ist. Er reagiert auf jegliches Suchtmittel besonders empfindlich. Auch eine Abhängigkeit entwickelt sich schneller als bei Erwachsenen.[215]

Man fragt sich ernsthaft, wie lange wir uns den „Luxus" noch leisten können (und dürfen!), in diesen Belangen den Kinder- und Jugendschutz zu vernachlässigen.

> Wenn im Keller eines Wohnblocks der Heizölbehälter undicht wird, können in relativ kurzer Zeit hunderte Liter an Heizöl verloren gehen und u.U. auch noch das Grundwasser (und andere Gewässer) verseuchen.
>
> Es wäre daher eine geradezu schildbürgerhafte „Sparaktion", wenn der Hausherr nichts zur Abdichtung unternähme, weil er sich etwa die Beiziehung eines Handwerkers zwecks Anbringung einiger Schweißnähte „nicht leisten kann" (oder will).

Nichts anderes hat aber auch für einen Staat zu gelten, der im Hinblick auf die enormen Gesundheits- und anderweitigen (individuellen wie auch sozialen) Schäden glaubt, bei einem umfassenden Jugend- und Kinderschutz – nicht nur vor den illegalen, sondern vor allen Drogen! – sparen zu können (oder gar zu müssen). Dabei ist ausdrücklich zu betonen, dass es in diesem Zusammenhang keine Rolle spielen kann und darf, ob der soeben postulierte besondere Schutz von Kindern und Jugendlichen nun irgendeinem fragwürdigen „Zeitgeist", angeblicher „Modernität" oder falsch verstandener „Progressivität" widersprechen mag oder auch nicht.

Zu den – vorläufigen?! – Höhepunkten einer solchen Jugendpolitik dürfte etwa der folgende Fall gehören: Was soll – beispielsweise – aus jenem 10-jährigen Mädchen werden, über das vor einiger Zeit in den Medien berichtet wurde: Es war sogar schon selber als Dealerin tätig. Seinen „Stoffeinkauf" hat es durch Ladendiebstähle finanziert.[216]

Dass hier auch Erzieher versagt haben dürften, ist keine Entschuldigung. Umso mehr und umso eher hätte die Fürsorge der

---

215 STÖGER Silvia / LAGEMANN Christoph / SEYER Seifried, Das unterschätzte Rauschmittel: Wie Oberösterreicher zum Alkohol stehen. Ergebnisse einer repräsentativen Studie des Institutes für Suchtprävention mit mehr als 1.000 Befragten, Unterlage für Pressekonferenz am 12. 1. 2004 in Linz, S. 4.

216 Vgl. Salzburger Nachrichten, Aus Stadt und Land, 28. 1. 2004, S. 6.

öffentlichen Hand einzugreifen gehabt: Ein szenefernes Kind dürfte wohl nicht so ohne weiteres an „Stoff" zum Dealen herankommen. Und die Entwicklung vom User zum Dealer wird sich üblicherweise auch nicht in wenigen Wochen abgespielt haben. – In dieser längeren Zeitspanne ist (z.B.) keinem Lehrer etwas aufgefallen!

Selbst für den viel belästerten liberalen „Nachtwächterstaat" des 19. Jahrhunderts wäre es keinesfalls tolerabel gewesen, seine empfindlichsten und schutzwürdigsten Mitglieder in wesentlichen Belangen gleichsam „verwahr-lost" (ohne Verwahrung?) und „halt-los" (ohne äußeren und inneren Halt?) ihrem eigenen Schicksal zu überlassen.

Ähnliches passiert heute massenweise in einem der reichsten Länder der Erde, das sich selbstverständlich nicht nur als Rechts-, sondern auch als Wohlfahrtsstaat versteht. Unter diesen Begleitumständen rückt ein derart bedenkliches und folgenreiches Versagen der subsidiären öffentlichen Fürsorge gegenüber Kindern und Jugendlichen in die Nähe eines humanitären Skandals.

Sparen – natürlich auch an öffentlich Bediensteten – ist gewiss sehr notwendig. Es gibt allerdings ganz offensichtlich Formen dieses Sparens, die man nur als blinde und besonders rücksichtslose „Verschwendung von Zukunft" bezeichnen kann.

In den hier angesprochenen Bereichen sind vielmehr massive – personelle und sonstige – „Investitionen" angebracht. Sie müssten sich – jedenfalls mittelfristig – (auch) in budgetärer Hinsicht gleich mehrfach von selbst bezahlt machen!

Nach allen bisherigen Erfahrungen werden sich die erwähnten Investitionen allerdings nicht auf die dem Strafrecht vor- oder auch nachgelagerten Institutionen und Maßnahmen der Primär-, Sekundär- und Tertiärprävention beschränken dürfen. Vielmehr dürfte es unumgänglich sein, die Eindämmung der Drogenflut auch durch – maßvolle, aber konsequente – Erziehungssanktionen wirksam zu unterstützen. Diese „Rute im Fenster" als ultima ratio kann für unsere Zukunft wichtige Normen verdeutlichen. Und eine Konfrontation mit diesen „Grenzbalken"[217] kann nach und nach auch wieder Unrechtsbewusstsein vermitteln.

217 Vgl. zu deren Funktion und Bedeutung auch die viel zitierten Grundgedanken von ROGGE Jan-Uwe, Kinder brauchen Grenzen, Reinbek bei Hamburg 1998; SCHWIND Hans-Dieter, Kriminologie. Eine praxisorientierte Einführung mit Beispielen, 17., neubearbeitete und erweiterte Auflage, Heidelberg 2007, S. 212 ff.

Wie bereits erwähnt, ist das Bewusstsein, z.B. allein schon mit dem Besitz von Drogen ein Strafgesetz zu verletzen, ja gerade bei Jugendlichen derzeit nur mehr rudimentär – wenn überhaupt noch – vorhanden.[218] Dies gilt insbesondere für Delikte im Zusammenhang mit Cannabis oder mit Ecstasy.[219] Vor allem aber könnte und sollte eine rechtzeitige und angemessene gesellschaftliche Reaktion junge, unerfahrene und daher besonders schutzwürdige Menschen in sehr vielen Fällen vor einem endgültigen Absturz in das Drogenelend mit allen seinen individuellen und sozialen Folgen bewahren.

Allein das Gesamtausmaß aller mit dem Drogenmissbrauch verbundenen sozialen Kosten hat im Jahr 2002 bekanntlich mehr als 14,707 Milliarden € betragen. – Dies ist fast das Sechsfache des Volumens von 2,565 Milliarden €[220], die die nach ebenso langen wie heftigen „Wehen" Anfang 2004 zustande gebrachte Steuerreform des Jahres 2005 voraussichtlich kosten sollte. Diese Tarifreduktion wurde von Regierungsvertretern bekanntlich als „großer Wurf", „echter Hammer", ja sogar als „größte Steuerreform aller Zeiten" bezeichnet.[221]

Wäre es uns durch – insgesamt sehr moderate – „Bremsmaßnahmen" möglich gewesen, die seit über drei Jahrzehnten immer stärker anschwellende Drogenflut auf wenigstens 90 % ihres jeweiligen Ausmaßes einzudämmen, so hätten wir uns dadurch allein 2002 gut 1,47 Milliarden € ersparen können. (In diesem Zusammenhang denke man etwa bloß an einen etwas weniger „großzügigen" Einsatz von Diversionsmaßnahmen!) – Und schon durch diesen einen Jahresbetrag wären nahezu 60 % des Volumens der ganzen Steuerreform 2005 gleichsam „gegenfinanziert". Der für 2007 anzunehmende Ersparnisbetrag von mindestens 2,5 Milliarden €[222] könnte das Volumen der damals angekündigten Steuerersparnis nahezu zur Gänze abdecken!

---

218 Vgl. HAUPTMANN, aaO (Anm. 3), S. 32 mwN; *derselbe*, aaO (Anm. 35), S. 23 ff., 51, 64 jeweils mwN.

219 Jahresbericht 2004. Suchtmittelkriminalität, aaO (Anm. 76), S. 9, 12 f.

220 Die Angabe über das Ausmaß der Steuerreform 2005 stützt sich auf eine Auskunft der Budgetsektion des Bundesministeriums für Finanzen.

221 Presseaussendung des Bundeskanzleramtes vom 2. 2. 2004 „Bundeskanzler Schüssel: Steuerreform ‚größte Entlastung der Zweiten Republik'"; ausgedruckt aus dem Internet: http://www.austria.gv.at/DesktopDefault.aspx?TabID=3397&Alias=BKA&infodate=02.02.2004#id3227; Der Standard vom 10./11. 1. 2004, ORF Pressestimmen; ausgedruckt aus dem Internet: http://www.orf.at.

222 Vgl. unten Abbildung 11, S. 82 f.

Gelingt es uns in Zukunft nicht, den weiteren Anstieg der Drogendelinquenz einzubremsen, so müsste der Schadensbetrag für 2002 in Höhe von ca. 14,7 Milliarden € bekanntlich schon im Zeitraum 2008/09 auf etwa 29,4 Milliarden €[223] pro Jahr anwachsen.

Demgegenüber war – um in diesem Zusammenhang nur ein einziges Beispiel anzuführen – die Gesamtheit der Salzburger Städte und Gemeinden 2003 nicht mehr in der Lage, 220.000 € aufzubringen, um die Sozialhilfe für 6.000 Bedürftige[224] (in einem längst überfälligen Nachziehverfahren) um 2,5 % zu erhöhen. Dazu der Präsident des österreichischen Gemeindebundes: „Wir stoßen an unsere finanziellen Grenzen."[225]

In Salzburgs Schulen gibt es Kinder, denen ihre Eltern nicht einmal 1 € für den angebotenen Mittagstisch geben können. In den Kindergärten der Stadt bekamen bedürftige Kinder bisher 50 % Essenszuschuss. Mitte 2005 sind sogar um diese Zuschüsse heftige politische Auseinandersetzungen entstanden, da das Land Salzburg ihre Streichung gefordert hat.[226] – Erst Anfang 2006 konnte der Magistrat in langwierigen Verhandlungen erreichen, dass diesen Bedürftigen ab sofort wenigstens ein Viertel des Essensgeldes als Unterstützung gewährt werden kann.[227]

Österreich hat durch seine Drogenpolitik also noch sehr viel zu verlieren – aber auch sehr viel zu gewinnen!

3) Zu vermutende gesamtgesellschaftliche Auswirkungen einer Reduktion

Wie oben angesprochen, wäre es unserer Überzeugung nach leicht möglich gewesen, die seit 1971 stetig anschwellende „Drogenwelle" ohne jeden zusätzlichen Personalbedarf bzw. -einsatz ganz leicht um (mindestens) 10 % zu reduzieren. Man hätte (z.B.) bloß das Instrument der Diversion etwas vorsichtiger einsetzen

223 Vgl. oben Abbildung 9, S. 67.

224 Der Sozialhilferichtsatz beträgt in Salzburg auch noch 2004 für Alleinstehende 398 € pro Monat, eine Alleinerzieherin mit zwei Kindern bekommt 572,50 € an Sozialhilfe. – Vgl. Salzburger Nachrichten, Aus Stadt und Land, 12. 2. 2004, S. 3.

225 Salzburger Nachrichten, Aus Stadt und Land, 5. 9. 2003, S. 2.

226 Vgl. Salzburger Nachrichten, Aus Stadt und Land, 1. 8. 2005, S. 3.

227 Salzburger Nachrichten, Aus Stadt und Land, 21. 1. 2006, S. 9.

(d.h. nicht gleichsam „zum Nulltarif“ gewähren) müssen. Die seit 1971 von Jahr zu Jahr ansteigenden ersparbaren Beträge könnten sozusagen als „input“ in die legale Wirtschaft gedeutet werden.

Deren Entwicklung zwischen 1972 und 2002 wird im Folgenden graphisch dargestellt:

Abbildung 10: Gesamtwirtschaftl. Schaden, wenn Drogenentwicklung um 10% „eingebremst“ worden wäre

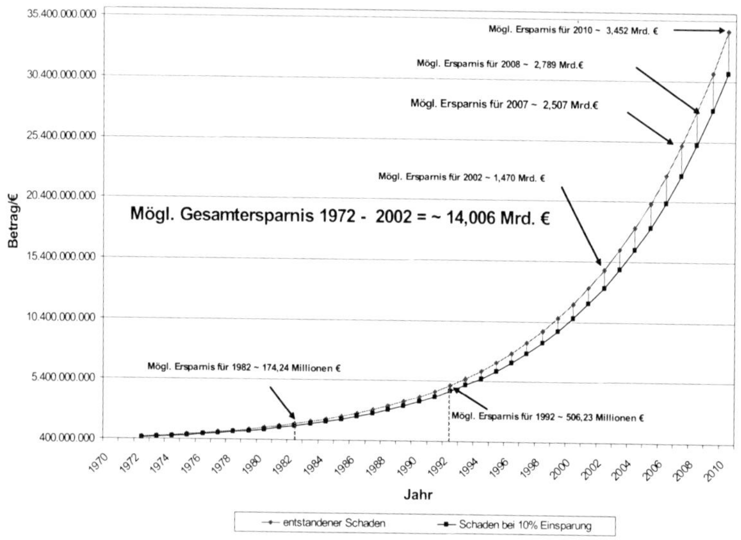

Die ersparbaren Beträge pro Jahr, wie auch die Gesamtsumme von 1972 bis 2002, werden nun auch tabellarisch aufgelistet:

Abbildung 11: Mögliche jährliche Ersparnisbeträge in €, wenn die Drogenentwicklung um 10% „eingebremst“ worden wäre

	Mögliche jährliche Ersparnisbeträge in €, wenn Drogenentwicklung um 10% „eingebremst“ worden wäre
1970	
1971	
1972	59.973.057
1973	66.723.037
1974	74.232.728
1975	82.587.637

1976	91.882.892
1977	102.224.330
1978	113.729.698
1979	126.529.999
1980	140.770.975
1981	156.614.777
1982	174.241.801
1983	193.852.751
1984	215.670.916
1985	239.944.721
1986	266.950.548
1987	296.995.885
1988	330.422.831
1989	367.611.987
1990	408.986.790
1991	455.018.335
1992	506.230.739
1993	563.207.110
1994	626.596.183
1995	697.119.709
1996	775.580.672
1997	862.872.432
1998	959.988.896
1999	1.068.035.839
2000	1.188.243.486
2001	1.321.980.528
2002	1.470.769.701
2003	1.636.305.124
2004	1.820.471.593
2005	2.025.366.035
2006	2.253.321.388
2007	2.506.933.161
2008	2.789.088.989
2009	3.103.001.513
2010	***3.452.244.954***
	Gesamtsumme von 1972 bis 2002 ~ 14,006 Milliarden €

Aus dieser Auflistung ergibt sich also, dass die Summe aller seit Anfang 1972 bis 2002 ersparbaren Beträge gut 14 Milliarden € umfasst; allein für das Jahr 2002 beträgt sie ca. 1,47 Milliarden €. Es bedarf keiner weiteren Erklärungen, dass schon diese Ersparnis von 10 % aller Drogenschäden sehr beträchtliche gesamtwirtschaftliche und -gesellschaftliche Auswirkungen haben hätte müssen. Deren genaue Feststellung und Quantifizierung bedürfte ausgefeilter ökonometrischer Analysen, die weit außerhalb der fachlichen Kompetenz beider Autoren liegen. Diese Untersuchungen müssen daher späteren Expertisen vorbehalten bleiben.

An dieser Stelle können demnach nur einige zu vermutende gesamtgesellschaftliche Auswirkungen in Form von Fragen gestellt werden, die sich im Zusammenhang mit dem verbreiteten Drogenmissbrauch auch ökonomischen Laien aufdrängen:

Wie hätte sich im Falle einer „Einbremsung" der gesamten Drogenwelle um bloß 10 % (oder gar um einen noch höheren Prozentsatz?) z.B. die Inlandsnachfrage (unter Berücksichtigung des KEYNES'schen Multiplikators) entwickeln können? Wie viele Arbeitsplätze hätte man dadurch seither schaffen können? Welche Steuereinnahmen und Einnahmen der Sozialversicherungsträger wären entstanden? Wie viel hätten wir uns an Sozialhilfekosten ersparen können?

Aus rein illustrativen Gründen werden in diesem Zusammenhang die makroökonomischen Effekte von Investitionen in die thermische Gebäudesanierung skizziert:

> Eine Untersuchung des Österreichischen Instituts für Wirtschaftsforschung (WIFO) aus dem Jahr 2002[228] hat u.a. ergeben, dass der Einsatz von 525 Millionen € an Sanierungsinvestitionen zum Anstieg in folgenden Bereichen der österreichischen Volkswirtschaft führt: Bruttoinlandsprodukt (BIP) 0,4 %, Privater Konsum 0,5 %, Bruttoanlageinvestitionen 1,1 %. Der Zuwachs an Beschäftigten wurde mit ca. 11.400 und zugleich eine Verminderung der Arbeitslosen um ca. 8.850 angegeben.

228 CZERNY Margarete / KRATENA Kurt / KÖPPL Angela / WEINGÄRTLER Michael, Makroökonomische Wirkungen energiesparender Sanierungsinvestitionen im Wohnbau. Studie des Österreichischen Instituts für Wirtschaftsforschung im Auftrag der Gemeinschaft Dämmstoff Industrie (GDI), hrsg. vom Österreichischen Institut für Wirtschaftsforschung (WIFO), Wien 2002, S. 35.

Eine weitere Studie[229] hat die gesamtwirtschaftlichen Effekte der Ökologisierung der öffentlichen Wohnbauförderung in Niederösterreich untersucht und gelangte zu folgenden Schätzungen:

> Ein zusätzliches Investitionsvolumen von rund 220 Millionen € bewirkte einen Produktionswert in Niederösterreich von 270 Millionen € und in ganz Österreich 450 Millionen €. Die damit verbundene Wertschöpfung stieg in Niederösterreich um 140 Millionen € und in ganz Österreich um 240 Millionen €.
>
> Dadurch wurden insgesamt rund 2.300 Arbeitsplätze in Niederösterreich und 3.600 in ganz Österreich geschaffen bzw. langfristig gesichert.

Und eine 2007 erschienene Untersuchung des WIFO kam zum Ergebnis, dass eine Milliarde € an zusätzlichen Wohnbauinvestitionen bis zu 12.000 Arbeitsplätze in der Gesamtwirtschaft neu entstehen lässt.[230]

Analoge ökonometrische Studien für den Drogenbereich sind noch ausständig. Sie können von uns mangels jeder einschlägigen Sachkunde selbstverständlich nicht geliefert werden. – Das obige Beispiel soll aber eine wenigstens annähernde Vorstellung davon vermitteln, wie sich eine Verminderung der sozialen Kosten aus dem Drogenmissbrauch gesamtökonomisch auswirken könnte:

Wie stünde es mit unserem Budgetdefizit? Gäbe es ansonsten derart gravierende Verteilungsprobleme in der Gesellschaft (= Schwierigkeiten bei der Sicherung der Pensionen? Einsparungszwänge bei den öffentlich Bediensteten? etc. etc. – und dies alles trotz hoher Steuerquote?).

„Muss“ die Jugend heute zur Droge greifen, weil sie triste Lebensbedingungen vorfindet (wenig Jobs, fehlende Sport- und Freizeiteinrichtungen, Mängel im Bildungs- und Ausbildungssystem etc. etc.)? Oder ist diese Kausalkette nicht geradezu umzukehren:

---

229 CZERNY Margarete / WEINGÄRTLER Michael, Gesamtwirtschaftliche Auswirkungen der Ökologisierung der öffentlichen Wohnbauförderung in Niederösterreich. Studie des Österreichischen Instituts für Wirtschaftsforschung im Auftrag des Amtes der Niederösterreichischen Landesregierung, hrsg. vom Österreichischen Institut für Wirtschaftsforschung (WIFO), Wien 2005, S. 59.

230 CZERNY Margarete / WEINGÄRTLER Michael, Wohnbau und Wohnhaussanierung als Konjunkturmotor. Studie des Österreichischen Instituts für Wirtschaftsforschung im Auftrag des Bundesministeriums für Wirtschaft und Arbeit, hrsg. vom Österreichischen Institut für Wirtschaftsforschung (WIFO), Wien 2007, S. 27.

Wären alle diese Mängel überhaupt da, wenn uns der seit 35 Jahren massiv ansteigende Drogenmissbrauch nicht gigantische Schäden beschert hätte, die jetzt alle (also auch die Jungen) „auszubaden" haben?

Gibt es heute überhaupt den viel zitierten „Generationenkonflikt" zwischen (angeblich) bevorzugten „Älteren" und benachteiligten „Jungen"? – Besteht dieser Konflikt in Wahrheit nicht weit eher und stärker zwischen allen Leistungsträgern (jung oder alt) einerseits und der wachsenden Gruppe bloßer „Leistungskonsumierer" andererseits, die oft so gut wie nichts zum Sozialprodukt beitragen und dazu noch enorme Kosten und Schäden verursachen (Drogenkosten, Beschaffungsdelikte, Ansteckung anderer, Sozialhilfe, Krankheitskosten, Strafvollzug und Therapie etc. etc. ...)?

Der Staat sucht mit Recht das Phänomen der „Frühpensionierung" einzudämmen. Vor einiger Zeit ist der Verdacht aufgetaucht, dass z.B. 50- bis 55-jährige „Postler" möglicherweise ohne ausreichende medizinische Gründe (= Gefälligkeitsgutachten?) in den Ruhestand „abgeschoben" worden seien. Die meisten der Betroffenen wollten durchaus weiterarbeiten. Sie haben zum Pensionszeitpunkt immerhin schon 30 (oder sogar noch deutlich mehr) Jahre aktiv zum Sozialprodukt beigetragen (und natürlich auch Pensionsbeiträge entrichtet!). – Solche Machenschaften werden aus durchaus nachvollziehbaren Gründen als „sozialschädlich" betrachtet und strafrechtlich verfolgt.

Umgekehrt dürfte es noch kaum ins öffentliche Bewusstsein gedrungen sein, dass etwa 285.000 als nicht mehr erwerbsfähig zu behandelnde drogenabhängige „Jüngst-Rentner" von der Allgemeinheit (unter welchem Rechtstitel auch immer) ganz oder zumindest teilweise erhalten werden müssen. Die betroffenen Drogenabhängigen haben – im schlimmsten Fall – überhaupt nie einen Beitrag zum Sozialprodukt geleistet, sondern – rein wirtschaftlich betrachtet – bislang nur Kosten (und Schäden) verursacht.

II) Einleitung – Untersuchungsziel

Dass der weltweite Umsatz aus dem Handel mit illegalen Rauschmitteln gigantische Dimensionen erreicht hat, ist seit langem bekannt. Amerikanische Fachleute bezifferten den weltweiten Drogenumsatz schon 1989 mit etwa 500 Milliarden US-Dollar. Im Vergleich dazu wurden damals für Tabak weltweit ca. 100 Milliarden sowie für Alkohol etwa 170 Milliarden US-Dollar ausgegeben.[231] Ein deutscher Kriminalist und Fachautor bezifferte den jährlichen Gesamtumsatz aus dem Rauschgiftgeschäft unter Bezugnahme auf Daten der UN-Suchtstoff-Kommission schon 2 Jahre später mit 500 bis 800 Milliarden US-Dollar[232], die Untergrenze von 500 Milliarden US-Dollar wurde von einem amerikanischen Fachautor 1995 als „bewusst unterschätzt" beurteilt.[233] Der deutsche Bundesnachrichtendienst hat aus dem illegalen Drogenhandel – bezogen allein auf die westlichen Industrieländer – einen jährlichen Reingewinn von 100 Milliarden € errechnet.[234] Der erfahrene österreichische Kriminalist Josef SISKA schätzte 1999 den Umfang des weltweiten Drogenumsatzes auf 9 % des ganzen Welthandels. Das ist etwa gleich hoch wie der Umsatz der Autoindustrie und zugleich ein Drittel höher als der Weltumsatz der Mineralölwirtschaft.[235] Derzeit dürfte dieses Handelsvolumen kaum unter 1.000 Milliarden US-Dollar liegen.

---

231 THAMM Berndt Georg, Drogenfreigabe – Kapitulation oder Ausweg? Pro und Contra zur Liberalisierung von Rauschgiften als Maßnahme zur Kriminalitätsprophylaxe, Hilden/Rhld. 1989, S. 154.

232 MELLENTHIN Klaus, Rauschgift, in: KUBE Edwin / STÖRZER Hans Udo / TIMM Klaus Jürgen (Hrsg.), Kriminalistik. Handbuch für Praxis und Wissenschaft, Band 2, Stuttgart-München-Hannover-Berlin-Weimar-Dresden 1994, S. 385; vgl. dazu auch ALBRECHT Hans-Jörg, Forschungen zur Wirtschaftskriminalität in Europa: Konzepte und empirische Befunde, in: ALBRECHT Hans-Jörg / ENTORF Horst (Hrsg.), Kriminalität, Ökonomie und Europäischer Sozialstaat, Heidelberg 2003, S. 55.

233 GEORGE Gregory, Unveröffentlichtes Redemanuskript zum Thema „Im Visier der Mafia/BGV. Das globale Dope. Inc: Eine aktuelle Bestandsaufnahme", Sühlendorf 16/17 Aug. 1996, S. 4.

234 HARNISCHMACHER Robert F. J., Eine rechtliche, kriminologische und betriebswirtschaftliche Analyse. Internationale Geldwäsche am Beispiel von Off-Shore-Zentren. Motive – Formen – Abwehr, in: Deutsches Polizeijahrbuch, hrsg. von EUGEFIS e.V. (Europäische Gesellschaft für Innere Sicherheit) und PolizeiInfoForum, Sonderdruck 2003, o. O., S. 50 (Druckfassung eines am 19. 3. 2003 im Fortbildungsinstitut der Bayerischen Polizei in Ainring/Deutschland gehaltenen Vortrags anlässlich des Seminars Geldwäscheermittlungen K – 21/1).

235 SISKA Josef, Die Geldwäscherei und ihre Bekämpfung in Österreich, Deutschland und der Schweiz, Wien 1999, S. 25.

Amerikanische Behörden sind schon vor gut 15 Jahren davon ausgegangen, dass – z.B. in New York City – etwa 80 % aller strafbaren Delikte in Zusammenhang mit Drogenmissbrauch stehen. Mehr als die Hälfte dieser Taten hat mit der Beschaffung von Heroin zu tun.[236] 1999 musste der Direktor von EUROPOL feststellen, dass mittlerweile auch in Westeuropa schon jedes zweite Delikt – direkt oder indirekt – mit dem Suchtgiftproblem zusammenhängt.[237] Nichts anderes hat der damalige französische Innenminister Charles PASQUA für sein Land schon 1993 konstatiert![238]

Der verbreitete Missbrauch von Rauschdrogen belastet allerdings nicht nur unsere Kriminalstatistik. Aus der Drogendelinquenz mit all ihren direkten und indirekten Folgen erwächst nicht nur der Wirtschaft, sondern auch dem übrigen staatlichen Gefüge eine Vielzahl gravierender Nachteile. Eine quantitative Ermittlung dieser Schäden stößt allerdings auf größte Schwierigkeiten. Man beklagt sich in diesem Zusammenhang über eine „dürftige Informationslage“, „weitreichende Forschungsdefizite“ oder über die „äußerst prekäre Datenlage“.[239]

So kann es kaum verwundern, dass noch 1994 in Deutschland „keine einzige empirische Studie über die sozialen Kosten des Drogenmissbrauchs“ vorgefunden werden konnte.[240]

---

236 Editors of Executive Intelligence Review, Dope, Inc. The Book that drove Henry Kissinger crazy, Washington, D.C. 1992, p. 207.

237 Vgl. Öffentliche Sicherheit, 9/99, S. 15.

238 OLIN Nelly / PLASAIT Bernard, Drogue: l'autre cancer, Rapport D'Information 321 – Tome I (2002-2003) – commission d'enquête, (2. Le lien entre usage de drogues et délinquance, p. 1), N° 321. Sénat. Session Ordinaire de 2002-2003, Rapport remis à Monsieur le Président du Sénat le 28 mai 2003, Dépôt publié au Journal officiel du 29 mai 2003, Annexe au procès-verbal de la séance du 3 juin 2003, Rapport de la commission d'enquête (1) sur la politique nationale de lutte contre les drogues illicites, crée en vertu d'une résolution adoptée par le Sénat le 12 décembre 2002; ausgedruckt aus dem Internet: http://www.senat.fr/rap/r02-321-1/r02-321-116.html.

239 RAUTENBERG Marcus, Zusammenhänge zwischen Devianzbereitschaft, kriminellem Verhalten und Drogenmißbrauch. Eine Expertise der Kriminologischen Zentralstelle e.V., Wiesbaden, im Auftrag des Bundesministeriums für Gesundheit, November 1997, Schriftenreihe des Bundesministeriums für Gesundheit, Band 103, Baden-Baden 1998, S. 8 f.; HARTWIG Karl-Hans / PIES Ingo, Rationale Drogenpolitik in der Demokratie. Wirtschaftswissenschaftliche und wirtschaftsethische Perspektiven einer Heroinvergabe, Tübingen 1995, S. 33; vgl. dazu auch KREUZER Arthur, § 3 Verhältnis von Drogen und Kriminalität, in: KREUZER, aaO (Anm. 200), S. 174, 179; BOCK, aaO (Anm. 160), S. 705 mwN; HAAS Sabine, Bericht zur Drogensituation 1997, hrsg. vom Österreichischen Bundesinstitut für Gesundheitswesen, Wien 1997, S. 22.

240 PRINZ, aaO (Anm. 159), S. 566 f.

Der „Bericht des Nationalen Reitox Knotenpunkts Deutschland an die EBDD“ über die Drogensituation für das Jahr 2002 (Stand: 29. 10. 2003) stellt dazu noch immer fest: „Bisher gibt es keine umfassenden Studien, die für Deutschland die sozialen und ökonomischen Kosten des Drogenkonsums zusammenstellen würden.“[241] Ergänzend dazu wurde 2004 konstatiert, dass in der bundesdeutschen Suchtforschung nicht einmal ein eigenständiger gesundheitsökonomischer Forschungszweig existiere, der sich mit Kostenaspekten der Versorgung von Substanzabhängigen befasst.[242] Der potenzielle Nutzen entsprechender Untersuchungen wird gleichwohl unterstrichen.[243]

Auch europaweit ist die einschlägige Informationslage völlig unzureichend. Dem EBDD-Jahresbericht 2003 zum Stand der Drogenproblematik in der EU und in Norwegen lässt sich dazu Folgendes entnehmen: Die EBDD verfügt derzeit erst über einige wenige – noch unvollständige und unverlässliche – Länderberichte über die direkten öffentlichen Ausgaben im Bereich der Drogennachfrage für das Jahr 1999 (Prävention, stationäre und ambulante Therapie einschließlich Substitutionsbehandlung, Rehabilitation, Reintegration, Schadensminimierung, Aufklärung etc.). Die „umfassendere und viel komplexere Frage der sozialen Kosten des illegalen Drogenkonsums“ wurde hingegen bis dahin noch gar nicht aufgegriffen.[244]

Die wenigen nationalen Studien[245] erfassten nur einen kleinen Anteil aller sozialen Nachteile aus dem Missbrauch illegaler Drogen. So hat man sich etwa in Frankreich primär auf die Erfassung der Krankheitskosten durch Aids und HIV und der Kosten der Drogen-Substitutionsbehandlung beschränkt. Auf diese Weise konnte man eine Schadensquote von 0,16 % des Bruttoinlandsprodukts (BIP) ermitteln. Es wurde allerdings zugegeben, dass dieser Wert

241 SPEGEL / SIMON / HÜLLINGHORST / DAVID-SPICKERMANN, aaO (Anm. 175), S. 46; vgl. dazu auch REHM Jürgen, Ökonomische Aspekte des Substanzmissbrauchs, in: GASTPAR Markus (Hrsg.), Lehrbuch der Suchterkrankungen, Stuttgart 1999, S. 125.

242 SALIZE Hans Joachim / STAMM Klaus / MANN Karl, Probleme empirischer gesundheitsökonomischer Suchtforschung, in: TRETTER / ERBAS / SONNTAG, aaO (Anm. 4), S. 270.

243 SPEGEL / SIMON / HÜLLINGHORST / DAVID-SPICKERMANN, aaO (Anm. 175), S. 46; vgl. dazu auch REHM, aaO (Anm. 241), S. 125.

244 Europäische Beobachtungsstelle für Drogen und Drogensucht, Stand der Drogenproblematik in der Europäischen Union und in Norwegen. Jahresbericht 2003, Luxemburg 2003, S. 69 f.

245 Vgl. dazu auch die Übersichten in REHM, aaO (Anm. 241), S. 121 und in JEANRENAUD / SCHWAB CHRISTE, aaO (Anm. 1), S. 172.

bei weitem nicht der Realität entsprechen dürfte.[246] Die Nettokosten, die mit illegalen Drogen zusammenhängen und von der Gemeinschaft getragen werden, werden in Frankreich für 1997 mit 0,14 % des BIP für 1997 ausgewiesen.[247] Für die Schweiz ergaben sich, wiederum anders ermittelt, 0,2 % des BIP.[248] In Spanien hat eine – ebenfalls sehr lückenhafte – Untersuchung, die sich auf das Jahr 1997 bezieht, auch 0,2 % des BIP als Schadensquote ergeben. Die Autoren selber weisen darauf hin, dass dieser Wert wahrscheinlich unterschätzt wurde.[249] In Luxemburg wurden die direkten öffentlichen Ausgaben („dépenses publiques directes") für 1999 mit 0,013 % des BIP angegeben.[250]

Eine Schätzung für Kanada, die sich auf das Jahr 1992 bezieht, kommt auf 0,2 % des BIP.[251] Für Großbritannien und für Australien wurden 0,4 % des BIP angegeben, während RICE für die USA schon 1991 gut 1 % des BIP geschätzt hat.[252] Die UNO hat 1998 die „erkennbaren" (= „identifiable") wirtschaftlichen Kosten des Drogenmissbrauchs – weltweit – mit 0,5 bis 1,3 % des BIP (des jeweils betroffenen Landes) angenommen.[253]

---

246 KOPP Pierre, Calculating of the Social Cost of Illicit Drugs, Pompidou Group, Council Of Europe Publishing, o.O., 2002, p. 103 to 107; ausgedruckt aus dem Internet: http://www.emcdda.europa.eu/index.cfm?fuseaction=public.AttachmentDownload&nNodeID=1985&sLanguageISO=EN.

247 KOPP Pierre / FENOGLIO Philippe, Coûts et bénéfices économiques des drogues, edité par l'Observatoire Français des drogues et des toxicomanies, o.O., 2004, p. 117.

248 KOPP, aaO (Anm. 246), p. 105.

249 GARCÍA-ALTÉS Anna / MA OLLÉ Josep / ANTOÑANZAS Fernando / COLOM Joan, The social cost of illegal drug consumption in Spain, in: Addiction, Volume 97, Issue 9, September 2002, p. 1145.

250 ORIGER Alain, Le coût économique direct de la politique et des interventions publiques en matière d'usage illicite de drogues au Grand-Duché de Luxembourg, Séries de recherche n°4. Focal Point OEDT Luxembourg – CRP-Santé. Luxembourg 2002, p. 26 f.

251 SINGLE Eric / ROBSON Lynda / XIE Xiaodi / REHM Jürgen, in collaboration with MOORE Rachel / CHOI Bernard / DESJARDINS Sylvie / ANDERSON Jim, The Costs of Substance Abuse in Canada. Highlights of a major study of the health, social and economic costs associated with the use of alcohol, tobacco and illicit drugs. A cost estimation study by 1996, p. 6, 8; ausgedruckt aus dem Internet: http://www.ccsa.ca/docs/costhigh.htm.

252 KOPP, aaO (Anm. 246), p. 105; RICE zitiert nach JEANRENAUD / SCHWAB CHRISTE, aaO (Anm. 1), S. 172; REHM, aaO (Anm. 241), S. 121; vgl. dazu auch DOYLE / SMITH, aaO (Anm. 176), p. 3.

253 Social and Economic Costs of Illicit Drugs, in: United Nations Chronicle Online Edition, Volume XXXV, Number 2/1998, Department of Public Information, p. 1; ausgedruckt aus dem Internet: http://www.un.org/Pubs/chronicle/1998/issue2/0298p7.html.

Eine retrospektive Untersuchung der öffentlichen Drogenaufwendungen in der EU aus 2003, die sich auf die Neunzigerjahre des abgelaufenen Jahrhunderts bezieht, weist folgende Eckdaten auf: Geringster Wert innerhalb der EU in Portugal mit 0,02 % des BIP, höchster Wert in Belgien mit 0,13 %; im Vergleich dazu die Daten für die Schweiz nur 0,09 % (im Gegensatz zum obigen Wert von 0,2 %[254]) und die USA mit 0,22 % des BIP.[255] Die Autoren weisen allerdings schon in der Einleitung[256] u.a. auf die stark eingeschränkte Aussagekraft ihrer Erhebung hin, die insbesondere mit fehlenden oder oft unvollständigen Daten in den Länderberichten der einzelnen EU-Mitgliedsstaaten zusammenhängen.

Nicht wesentlich verlässlicher und aussagekräftiger erscheinen daher auch die Resultate der bislang letzten retrospektiven Untersuchungen über die öffentlichen Ausgaben im Drogensektor in der EU aus 2004, die sich auf den Zeitraum von 2000 bis 2004 beziehen. Dort werden die einschlägigen Länderangaben über den Prozentsatz der drogenbezogenen Ausgaben am BIP wie folgt ausgewiesen: Österreich (0,08 %), Belgien (0,09 %), Dänemark (0,05 %), Finnland (0,15 %), Frankreich (0,08 %), Deutschland (0,04 %), Griechenland (0,02 %), Irland (0,27 %), Italien (0,06 %), Luxemburg (0,15 %), Holland (0,66 %), Portugal (0,10 %), Spanien (0,07 %), Schweden (0,47 %) und Großbritannien (0,35 %). Der EBDD-Jahresbericht 2007 enthält für 6 Staaten nunmehr folgende Werte: Belgien (0,07 %), Ungarn (0,05 %), Niederlande (0,43 %), Finnland (0,18 %), Schweden für das Jahr 2002 (0,46 %) und für Großbritannien 0,13 % des BIP.[257]

Zu den Daten für Belgien ist ergänzend anzumerken, dass eine andere Studie – jedenfalls für 2002 – die öffentlichen Ausgaben im Drogenbereich mit einem Prozentsatz von knapp 0,071 des BIP ausweist.[258]

---

254 Vgl. oben S. 90.

255 European Monitoring Centre for Drugs and Drug Addiction, EMCDDA Scientific report, Public spending on drugs in the European Union during the 1990s. Retrospective research, This report was prepared by: Professor Pierre KOPP and Professor Philippe FENOGLIO, Lisboa, Portugal, EMCDDA 2003, p. 16.

256 EMCDDA 2003, aaO (Anm. 255), p. 9.

257 EMCDDA – ‚Strategies and Impact' Programme, Public expenditure on drugs in the European Union 2000-2004, o.O., 2004, Table 21, nicht paginiert; Jahresbericht 2007 der Europäischen Beobachtungsstelle für Drogen und Drogensucht, aaO (Anm. 186), S. 23.

258 DE RUYVER B. / PELC I. / CASSELMAN J., La politique des drogues en chiffres: étude des acteurs concernés, des dépenses publiques et des populations atteintes, o.O., 2004, p. 17.

2005 konnte eine neue Schweizer Untersuchung zu den (= gesamten) sozialen Kosten des Konsums illegaler Drogen abgeschlossen werden. Auch sie musste eine ganze Reihe von wichtigen Einzelfaktoren ausklammern (Beschaffungskriminalität, Schaden durch Verkehrsunfälle, Produktivitätsverluste u.a.m.). Andererseits gehört sie zu den ganz wenigen Studien, in denen sogar versucht wurde, „intangible" Kosten (also z.B. Verlust an Lebensqualität für den Konsumenten wie auch für seine Angehörigen etc.) monetär zu quantifizieren. Sie gelangt bei „vorsichtiger Schätzung" zu sozialen Gesamtkosten in der Höhe von ca. 4,1 Milliarden Schweizer Franken; das entspricht etwa 1 % des Schweizer Bruttosozialprodukts. Laut EBDD-Jahresbericht 2007 wurden Daten über die sozialen Kosten des Drogenmissbrauchs bisher nur von einigen wenigen Ländern vorgelegt. Finnland hat sie (einschließlich des Medikamentenmissbrauchs) für 2004 (in absoluten Zahlen) mit etwa 400 bis 800 Millionen € angegeben, Frankreich für 2003 mit 907 Millionen € und Luxemburg für 2004 mit 29,7 Millionen €.[259]

Der nunmehr angegebene Schadensbetrag für Frankreich von 907 Millionen € verglichen mit dem von uns für Österreich für 2003 prognostizierten Wert (= 16.363,3 Millionen €) müsste bedeuten, dass die sozialen Kosten aus dem Drogenmissbrauch dort im selben Jahr – bezogen auf das jeweilige BIP – mit weit weniger als 1 % der österreichischen Schadensquote (= 6,7 % des BIP) zu Buche schlagen sollen.

Am Beispiel Österreichs aufgezeigt, lässt sich die Dimension der oben angesprochenen Erfassungsdefizite wie folgt skizzieren: Die (unten umschriebenen[260]) Ausgaben der öffentlichen Hand im Bereich der Nachfragereduktion wurden vom ÖBIG für 2001 mit ca. 67 Millionen € angenommen.[261] Auf das Jahr 2002 umgerechnet (= 10 % Kostensteigerung) wären dies etwa 73,7 Millionen €. Unsere eigene Ermittlung für 2002 kam auf (mindestens) 154,89 Millionen € und damit auf etwas mehr als das Doppelte.

---

259 Vgl. JEANRENAUD Claude / WIDMER Gaëlle / PELLEGRINI Sonia, Le coût social de la consommation de drogues illégales en Suisse. Rapport final, editée par l'Université de Neuchâtel, Institut de recherches économique et régionales, Neuchâtel 2005, p. IV, V mwN, VII, 80, 84. – Frau Dr. Sonia PELLEGRINI sei auch an dieser Stelle bestens dafür gedankt, dass sie uns den Endbericht dieser Untersuchung in elektronischer Form zur Verfügung gestellt hat! Vgl. weiters Jahresbericht 2007 der Europäischen Beobachtungsstelle für Drogen und Drogensucht, aaO (Anm. 186), S. 23.

260 Vgl. S. 205 ff.

261 Näheres dazu vgl. unten S. 210.

Besonders ins Gewicht fällt hier allerdings, dass die soeben angesprochenen 73,7 Millionen € für den Bereich der Nachfragereduktion nur einen verschwindenden Bruchteil des gesamtwirtschaftlichen Schadens aus dem Drogenmissbrauch ergeben. 73,7 Millionen € wären gerade einmal fünf Tausendstel des (von uns für 2002 ermittelten) Gesamtschadens von 14.707,697 Millionen €. – Gleichwohl bescheinigt die oben erwähnte EMCDDA-Studie aus 2004[262] Österreich (neben Frankreich, Spanien und Großbritannien) „good quality" seiner einschlägigen Daten zu den Drogenausgaben. (Bei den übrigen untersuchten Ländern wurde diesen Daten „low quality", „almost satisfactory quality" oder gar „unsatisfactory quality" zugeschrieben.)

Laut „Bericht zur Drogensituation 2006" des ÖBIG liegen weiterhin „keine aktuellen Studien oder Daten zu den sozialen und ökonomischen Kosten des Drogenkonsums vor."[263] Der Jahresbericht 2006 der EBDD muss sogar einräumen, dass es noch immer „keine gemeinsame Definition der öffentlichen Ausgaben im Drogensektor gibt". Die verfügbaren Schätzungen ließen aber darauf schließen, „dass die Ausgaben im Drogensektor in mehreren Ländern gestiegen sind", darunter auch in Österreich.[264]

Selbst wenn die eine oder andere unserer Schätzungen noch berichtigt werden müsste, vermöchte dies nichts an der Größenordnung des von uns ermittelten Gesamtschadens zu ändern. Die EU-weite Drogenpolitik wird – jedenfalls soweit es deren finanzielle Auswirkungen betrifft – geradezu „im Blindflug" betrieben:

Die Mitgliedsstaaten der EU verfügen (wenn überhaupt) nur über sehr lückenhafte Informationen über die Kosten, die mit ihrer Drogenpolitik verbunden sind. – Daher wird den meisten unter ihnen auch nicht bewusst sein, dass die Summe aller sozialen und sonstigen Schäden aus dem Drogenmissbrauch jedenfalls in den von uns zuvor erwähnten Mitgliedsländern der EU bis zu 30 Mal höher sein dürfte als bisher angenommen.[265]

---

262 EMCDDA 2004, aaO (Anm. 257), nicht paginiert.

263 HAAS / BUSCH / HORVATH / TÜRSCHERL / WEIGL / WIRL / AUSTALLER 2006, aaO (Anm. 97), S. 51.

264 Europäische Beobachtungsstelle für Drogen und Drogensucht, Stand der Drogenproblematik in Europa. Jahresbericht 2006, Luxemburg 2006, S. 18.

265 Vgl. z.B. oben S. 90 für Spanien: Dort angenommener Anteil des Drogenschadens, gemessen am BIP = 0,2 %; möglicher tatsächlicher Anteil, gemessen am BIP = bis zu 6 %.

Die EBDD geht hingegen noch in ihrem Jahresbericht 2005 davon aus, dass die öffentlichen Ausgaben im Drogensektor nur einen geringen Teil (zwischen 0,1 % und 0,3 %) der gesamten öffentlichen Ausgaben bilden. Diese Annahme wurde mit als Erklärung dafür angesehen, dass – jedenfalls laut EBDD – „in der gesamten EU kein direkter Zusammenhang zwischen dem Wirtschaftswachstum und den damit verbundenen Änderungen des Gesamthaushalts einerseits und der Entwicklung des Niveaus der öffentlichen Ausgaben im Drogensektor andererseits besteht."[266]

Wie beschränkt die einschlägige Informationslage (auch) der EBDD sein muss, ergibt sich allein schon aus Folgendem: Sie verweist zu den soeben referierten makroökonomischen Zusammenhängen auf den eigenen Jahresbericht 2003. Dort findet man jedoch zu dieser Thematik im Wesentlichen lediglich allgemeinste Angaben über die Drogenstrategie der EU 2000 – 2004.

An der angegebenen Stelle kann man u.a. nachlesen, dass die „umfassendere und viel komplexere Frage der sozialen Kosten des illegalen Drogenkonsums ... letztlich nicht aufgegriffen" (wurde). Und noch weiter einschränkend heißt es anschließend: „Mit der Behandlung der öffentlichen Ausgaben im Drogensektor (selbst unter enger Eingrenzung der Bereiche) geht es weniger darum, empirische Nachweise zusammenzustellen, sondern wird vor allem das Ziel verfolgt, in den EU-Ländern ein Bewusstsein für die Bedeutung eines Indikators für die Drogenpolitik wachzurufen."[267]

Wie im Folgenden zu skizzieren sein wird, hängt die – weltweit zu beobachtende – krasse Unterschätzung der sozialen Kosten aus dem Drogenmissbrauch sehr eng mit den bisher üblichen Untersuchungsmethoden zusammen:

---

266 Jahresbericht 2005 der Europäischen Beobachtungsstelle für Drogen und Drogensucht, aaO (Anm. 124), S. 20.

267 Jahresbericht 2003 der Europäischen Beobachtungsstelle für Drogen und Drogensucht, aaO (Anm. 244), S. 69; vgl. dazu auch Jahresbericht 2005 der Europäischen Beobachtungsstelle für Drogen und Drogensucht, aaO (Anm. 124), S. 20 f.; Jahresbericht 2006 der Europäischen Beobachtungsstelle für Drogen und Drogensucht, aaO (Anm. 264), S. 18 f.

a) Internationaler Forschungsstand

aa) Überblick

Studien über soziale Nachteile aus dem Missbrauch illegaler Drogen wurden – und werden bis heute – nahezu ausschließlich von Experten der Volkswirtschaft (allein oder zusammen mit Gesundheitsökonomen) verfasst.[268] Vertreter anderer Disziplinen – insbesondere Kriminologen und Kriminalisten – finden sich in den einschlägig tätigen Forschungsteams nur sehr vereinzelt.[269] Dies hat zur Folge, dass bei vielen einschlägigen ökonomischen Untersuchungen in diesem – geradezu klassisch multidisziplinären – Forschungsfeld wichtige Erkenntnisse der Kriminologie unbeachtet geblieben sind.

Die Geschichte dieses Forschungszweiges umfasst kaum dreieinhalb Jahrzehnte: Anfang bis Mitte der Siebzigerjahre des vorigen Jahrhunderts beschränkte man sich in den USA noch darauf, die Kosten der mit Drogenmissbrauch verbundenen Mortalität zu ermitteln. Erst ab 1980 hat man begonnen, auch die Auswirkungen der Droge auf die Produktivität einzubeziehen.[270] Erst nach und nach konnten die wesentlichsten Elemente solcher Kostenstudien entwickelt werden:[271]

So haben etwa RICE et al. 1990 in den USA den **„Humankapital-Ansatz“** (= „human capital approach“) beschrieben. Dieser versucht, die Schäden zu ermitteln, die aus dem (partiellen oder totalen) Produktionsausfall durch Krankheit oder Tod von Süchtigen entsteht. Einen ähnlichen Ansatz verfolgten auch die sog. COI-Studien (= cost-of-illness studies).[272]

---

268 Vgl. statt vieler KOPP Pierre / FENOGLIO Philippe, Le coût social des drogues licites (alcool et tabac) et illicites en France, Observatoire français des drogues et des toxicomanies (editeur), Étude Nr. 22, Paris 2000, p. 5, 11; KOPP, aaO (Anm. 246), p. 99.

269 Vgl. beispielsweise SINGLE / ROBSON / XIE / REHM / MOORE / CHOI / DESJARDINS / ANDERSON, aaO (Anm. 251), p. 2.

270 KOPP / PALLE, aaO (Anm. 1), p. 63 f.

271 Zu einzelnen Typen von Kostenstudien im Rahmen von gesundheitsökonomischen Fragestellungen vgl. auch UHL Alfred, Kritische Betrachtungen zur Ökonomie der Sucht, in: TRETTER / ERBAS / SONNTAG, aaO (Anm. 4), S. 174 ff.

272 CARTWRIGHT William S. / KAPLE James M., Introduction and Summary, in: CARTWRIGHT William S. / KAPLE James M. (Editors), Economic Costs, Cost-Effectiveness, Financing, and Community-Based Drug Treatment, National Institute on Drug Abuse, Research Monograph Series 113, Rockville 1991, p. 2 f.; KOPP / PALLE, aaO (Anm. 1), p. 64 f.; KOPP, aaO (Anm. 246), p. 18, 101 f.; vgl. zum Begriff „Humankapital-Ansatz“ auch: COLLINS David J. /

Annähernd zeitgleich verwendeten COLLINS und LAPSLEY in Australien den „**demographischen Ansatz**“ (= „demographic approach“), der dem Humankapital-Ansatz in vielen Punkten ähnelt: Auch der demographische Ansatz vergleicht die Kostensituation einer Gesellschaft mit Drogenmissbrauch (Krankheitskosten, Produktionsausfälle und andere Missbrauchkosten) mit der analogen Kostensituation in einer „hypothetischen Vergleichsgesellschaft“, in der Drogenmissbrauch weder existiert hat noch derzeit existiert.[273] Zudem wird auch der subjektive Nutzen jedenfalls für den reinen Missbrauch[274] einer Droge, der diesen gesellschaftlichen Mehrkosten gegenübersteht, mit Null angesetzt.[275]

Beide Ansätze operieren im Wesentlichen im Rahmen des wirtschaftswissenschaftlichen Konzepts der „**Opportunitätskosten**“ (= „concept of opportunity cost“), das im amerikanischen Gesundheitsbereich schon seit den Fünfzigerjahren des vergangenen Jahrhunderts diskutiert wurde.[276] Dieser Ansatz geht davon aus, dass jegliche Bereitstellung von Ressourcen (z.B. zur Behandlung von Drogenkranken) notwendigerweise eine alternative Verwendung ebendieser Ressourcen für einen anderen gesellschaftlichen

---

LAPSLEY Helen M., The social costs of drug abuse in Australia in 1988 and 1992. Report prepared for the Commonwealth Department of Human Services and Health, National Drug Strategy, Monograph Series, Nr. 30, Sydney 1996, p. 4; HARWOOD Henrick J., Analytical Principles and Issues in making cost of illness estimates for substance abuse. For the International Symposium on the Economic and Social Costs of Substance Abuse Banff, Alberta, Canada, May 11-13, 1994, p. 2; ausgedruckt aus dem Internet: http://www.ccsa.ca/costs/harwood.htm.

273 COLLINS / LAPSLEY 1996, aaO (Anm. 272), p. 4 f.; SINGLE Eric, International Guidelines for Estimating the Economic Costs of Substance Abuse. Paper presented at the 2nd Window of Opportunity National Congress, Brisbane, Australia, July 1995, p. 1; ausgedruckt aus dem Internet: http://www.ccsa.ca/docs/oz952a.htm; vgl. dazu auch CHOI Bernard CK / ROBSON Lynda / SINGLE Eric, Estimating the Economic Costs of the Abuse of Tobacco, Alcohol and Illicit Drugs: A Review of Methodologies and Canadian Data Sources, in: Chronic Diseases in Canada, Volume 18, Nr. 4-1997, p. 7; ausgedruckt aus dem Internet: http://www.hc-sc.gc.ca/pphb-dgspsp/publicat/cdic-mcc/18-4/b_e.html.

274 Darunter wird hier derjenige Anteil am Konsum verstanden, der über irgendeine Form von bloßem Drogengebrauch eines vernünftig Handelnden hinausgeht.

275 SINGLE Eric / COLLINS David / EASTON Brian / HARWOOD Henrick / LAPSLEY Helen / KOPP Pierre / WILSON Ernesto, International Guidelines for Estimating the Costs of Substance Abuse-2001 Edition, p. 11; ausgedruckt aus dem Internet: http://www.emcdda.eu.int/?nnodeid=1357; zu den Berechnungsmethoden vgl. auch RYCHLIK Reinhard, unter Mitarbeit von BRUCHHAUSEN Y. / HANSEN N. / KILBURG A. / KIRCHHOFF D. / KREMER B. / PFEIL T. / RAPPENHÖNER B. / SIEDENTOP H., Gesundheitsökonomie. Grundlagen und Praxis, Stuttgart 1999.

276 KOPP, aaO (Anm. 246), p. 13.

Zweck ausschließt.[277] Daher muss auf diese Möglichkeit (Opportunität) verzichtet werden.[278] Man versucht also, die zusätzlichen Ressourcen zu quantifizieren, die für alternative Konsum- und Investitionskosten zur Verfügung stünden, wenn es keinen Drogenmissbrauch gegeben hätte.[279]

Als Maßstab für die Höhe der Opportunitätskosten wird von manchen Autoren nicht der Nutzen durch einen bestmöglichen Gebrauch der (alternativ einsetzbaren) Ressourcen, sondern lediglich der fiktive Nutzen durch deren besseren Einsatz genommen.[280] Andere wiederum gehen sehr wohl vom fiktiven Nutzen eines bestmöglichen Alternativgebrauchs dieser Ressource aus.[281]

Diese Ansätze haben auch in den 1995 veröffentlichten „Internationalen Richtlinien für die Schätzung der wirtschaftlichen Kosten des Substanzenmissbrauchs“ (= „International Guidelines for Estimating the Economic Costs of Substance Abuse“) ihren Niederschlag gefunden.[282] Eine revidierte Fassung dieser Richtlinien wurde 2001 publiziert. Sie berücksichtigt (neben anderen) nach wie vor auch das Konzept der Opportunitätskosten.[283]

Im September 2003 veröffentlichte die Organisation Amerikanischer Staaten (OAS) zusammen mit der Interamerikanischen Drogenmissbrauchs-Kontrollkommission (CICAD) ein Programm zur Schätzung der menschlichen, sozialen und wirtschaftlichen Kosten des Drogenmissbrauchs im Handbuch der Amerikastaaten-Forschung. Dort wurden die bisherigen Erfahrungen einschlägiger Forschungsarbeiten insbesondere aus Australien, Kanada, Großbritannien und den USA zusammengefasst. Auch dieses Pro-

277 PEREZ Augusto / WILSON Ernesto / VALENCIA Juan E., Program to estimate the human, social and economic costs of drugs in the Americas-Research manual, edited by Inter-American Observatory on Drugs (OID), the Organization of American States (OAS) and Inter-American Drug Abuse Control Commission (CICAD), the University of medicine and dentistry of New Jersey, Robert Wood Johnson Medical School, New Jersey 2003, p. 32; COLLINS / LAPSLEY 1996, aaO (Anm. 272), p. 9; KOPP, aaO (Anm. 246), p. 13, 26; SINGLE, aaO (Anm. 273), p. 5; KOPP / FENOGLIO 2000, aaO (Anm. 268), p. 13.

278 SINGLE / COLLINS / EASTON / HARWOOD / LAPSLEY / KOPP / WILSON, aaO (Anm. 275), p. 10.

279 COLLINS / LAPSLEY 1996, aaO (Anm. 272), p. 9.

280 KOPP / FENOGLIO 2000, aaO (Anm. 268), p. 29.

281 SINGLE / COLLINS / EASTON / HARWOOD / LAPSLEY / KOPP / WILSON, aaO (Anm. 275), p. 27.

282 SINGLE, aaO (Anm. 273), insbesondere p. 5 ff.

283 SINGLE / COLLINS / EASTON / HARWOOD / LAPSLEY / KOPP / WILSON, aaO (Anm. 275), p. 10, 27.

gramm bleibt dem Rahmen der bis dahin üblichen Forschungsmethoden verhaftet.[284]

Die revidierte Fassung der „Internationalen Richtlinien für die Schätzung der wirtschaftlichen Kosten des Substanzenmissbrauchs" (Stand 2001) wird auch unter den von der EBDD ausgewiesenen Kostenstudien angeführt.[285]

bb) Mängel und Lücken bisheriger Ansätze

Schon 1999 wurde kritisiert,[286] dass die bis dahin bekannten Kostenstudien wichtige Komponenten unterschätzten. Ihre empirische Basis sei unverlässlich, es gebe widersprüchliche Resultate. Die finanziellen Auswirkungen von Schadensfaktoren, die sich nicht oder nicht leicht quantifizieren ließen, würden einfach mit Null angesetzt. Modelle beruhten auf drastisch vereinfachten Annahmen („drastically simplifying assumption"). Dies soll im Folgenden durch einige Beispiele illustriert werden:

Dunkelfeld: Es liegt nahe, dass die allermeisten relevanten Schäden aus dem Drogenmissbrauch nicht mit den „offiziellen" behördlichen Anfallszahlen, sondern mit dem realen Ausmaß des Missbrauchs korrelieren. – Bislang konnte jedoch noch keine einzige Untersuchung aufgefunden werden, die ihren Schadensberechnungen das tatsächliche Ausmaß des Drogenmissbrauchs zugrunde gelegt hätte. Alle uns bekannten ökonomischen Studien beschränkten sich vielmehr auf leicht zugängliche „harte" Daten (polizeiliche Anzeigen, gerichtliche Verurteilungen etc. = sog. „Hellfeldzahlen"). Noch in den „Internationalen Richtlinien für die Schätzung der Kosten des Drogenmissbrauchs" in der Version von 2001 wird zwar zugestanden, dass die von den Strafverfolgungsbehörden berichteten Daten wahrscheinlich eine „dramatische Unterschätzung" der tatsächlich geschehenen Drogendelikte darstellten.[287] Es wurde jedoch nicht einmal der Versuch unternommen, deren reales Ausmaß zu ermitteln.

Wir konnten unten[288] aufzeigen, dass (z.B.) 2002 die Polizei in Österreich bestenfalls einen von 2.000 Drogentätern ermitteln und

---

284 PEREZ / WILSON / VALENCIA, aaO (Anm. 277).

285 Vgl. http://www.emcdda.eu.int/?nnodeid=1357 unter Rubrik „Cost Studies".

286 REUTER Peter, Are calculations of the economic costs of drug abuse either possible or useful?, in: Addiction, 94, 5, p. 635 ff.

287 SINGLE / COLLINS / EASTON / HARWOOD / LAPSLEY / KOPP / WILSON, aaO (Anm. 275), p. 60 f.

288 Vgl. S. 124.

der Staatsanwaltschaft anzeigen konnte. Die Wahrscheinlichkeit irgendeiner gerichtlichen Ahndung – bezogen auf jede Einzeltat – hat hingegen gar nur ca. 1 : 11.000 betragen.

Allein schon deshalb können die aus den oben angesprochenen „harten“ Verfolgungsdaten gewonnenen Schadenszahlen so gut wie gar nichts über die Gesamtschäden aus der tatsächlich vorhandenen Drogendelinquenz aussagen.

Beschaffungskriminalität: Es ist bekannt, dass Drogenabhängige ihren Missbrauch zu einem sehr beträchtlichen Anteil aus diversen „Beschaffungsdelikten“ (Diebstahl, Einbruch, z.T. auch Raub) zu finanzieren pflegen. Wir haben unten versucht, die daraus resultierenden sozialen Nachteile schätzungsweise zu ermitteln und sind in der weiteren Folge für 2002 von einem Schaden aus der gesamten Beschaffungsdelinquenz von 2.610,867 Millionen € ausgegangen.

Demgegenüber wurde etwa für Australien noch 1996 bekannt gegeben, dass die zur Verfügung stehenden Daten keine quantitative Schätzung der Kosten aus der Beschaffungskriminalität zuließen.[289] Nichts anderes ergibt sich auch aus einer kanadischen Kostenstudie aus demselben Jahr.[290]

Das Schweizer Bundesamt für Polizei hat in seinem Lagebericht für 1999 bekannt gegeben, dass in diesem Jahr bei insgesamt 44.307 erfassten „Verzeigungen“ (= Anzeigen) wegen Verstoßes gegen das Betäubungsmittelgesetz nur 199 Fälle von Beschaffungskriminalität registriert wurden.[291] Das wären also ca. 4,5 Promille (!) aller einschlägigen Anzeigen. Dieser ebenso überraschende wie ungewöhnliche Befund ist im Übrigen unkommentiert geblieben.

Eine für Frankreich angelegte Kostenuntersuchung aus 2000 muss sich mit der Feststellung begnügen, dass sie mangels einschlägiger Daten den Bereich der Beschaffungskriminalität einfach ausgeklammert hat.[292] Auch eine weitere ein-

289 COLLINS / LAPSLEY 1996, aaO (Anm. 272), p. 24.

290 SINGLE / ROBSON / XIE / REHM / MOORE / CHOI / DESJARDINS / ANDERSON, aaO (Anm. 251), p. 3.

291 Kriminalpolizeiliche Zentralstellen / Bundesamt für Polizei (Hrsg.), Drogen. Falschgeld. Menschenhandel. Organisierte Kriminalität. Szene Schweiz. Lagebericht 1999, S. 6, 12.

292 KOPP / FENOGLIO 2000, aaO (Anm. 268), p. 18, 20.

schlägige Studie aus 2002 hält gleich an mehreren Stellen fest, dass zur Beschaffungskriminalität in Frankreich keinerlei brauchbare Daten erhoben werden konnten.[293]

Wie bereits oben kurz angesprochen, haben 2001 weltweit führende Experten auf diesem Spezialgebiet (SINGLE, COLLINS, EASTON, HARWOOD, LAPSLEY, KOPP und WILSON) die vorläufig neueste Fassung der „Internationale(n) Richtlinien für die Schätzung der Kosten des Drogenmissbrauchs" veröffentlicht. – Auch sie begnügen sich mit der Feststellung, dass die Ermittlung des Umfangs der Beschaffungskriminalität als „schwierigste Kostenschätzung" anzusehen sei. Ein Grund (unter vielen) dafür sei, dass die veröffentlichten Hellfeldzahlen über Drogendelikte so gut wie keinen verlässlichen Aufschluss über die tatsächliche Verbreitung dieser Delinquenz geben können.[294] 2002 haben COLLINS und LAPSLEY ergänzend darauf verwiesen, dass auch Schadensschätzungen zur Beschaffungskriminalität durch das nach wie vor ungelöste Dunkelfeldproblem mit enormer Unsicherheit belastet sind.[295]

Nicht viel informativer muten auch die bislang neuesten (aus 2003 stammenden) amerikanischen Daten an: Man empfiehlt hinsichtlich der mit Drogenmissbrauch zusammenhängenden „Zerstörung von physischen Vermögenswerten" (= „Destruction of physical assets") im Wesentlichen drei Quellen auszuschöpfen: Hinsichtlich der von Drogenabhängigen verursachten Kraftfahrzeugunfälle Versicherungsgesellschaften und die Polizei, bezüglich einschlägiger Brände (?) sollte auch die Feuerwehrzentrale befasst werden. Als häufigste Verbrechen im Rahmen der Beschaffungsdelinquenz werden übrigens Raubüberfälle bezeichnet.[296]

Schon aus diesen wenigen Andeutungen ergibt sich, dass jedenfalls die bisherigen ökonomischen Studien zur Beschaffungskriminalität ihrer Art und Intensität nach nur sehr wenig mit der hier bekannten Phänomenologie zu tun haben.

---

293 KOPP, aaO (Anm. 246), p. 89, 92, 101, 104.

294 SINGLE / COLLINS / EASTON / HARWOOD / LAPSLEY / KOPP / WILSON, aaO (Anm. 275), p. 60 f.

295 COLLINS David J. / LAPSLEY Helen M., Counting the cost: estimates of the social costs of drug abuse in Australia in 1998-9, Monograph Series No. 49, edited by the Commonwealth of Australia, Canberra 2002, p. 41, 43 f. mwN.

296 PEREZ / WILSON / VALENCIA, aaO (Anm. 277), p. 26, 43 f.; vgl. dazu schon The Economic Costs of Drug Abuse in the United States. 1992 – 1998, edited by the Executive Office of the President / Office of National Drug Control Policy, Washington D.C. 2001, p. 38.

Nicht zuletzt deshalb misst das Europäische Netzwerk zur Verbrechensvorbeugung (European Crime Prevention Network EUCPN) in seinem 2. Arbeitsprogramm für die Periode 2003/04 (auch) der Frage der Beschaffungskriminalität (= „drug-related crime") höchste Priorität („top priority") zu und kündigte etliche Schritte zu deren besserer Abklärung an.[297] Konkrete Resultate der in Aussicht genommenen Maßnahmen sind derzeit noch nicht bekannt.

Für Österreich gibt das ÖBIG in seinem „Bericht zur Drogensituation 2005" neuerlich an, dass zur Beschaffungs- und Begleitkriminalität im Drogenbereich „weiterhin keine Daten" vorliegen.[298] Analoges gilt auch noch für den Bericht 2006.[299] – In diesem Zusammenhang stellt auch die EBDD in ihrem Jahresbericht 2006 fest, dass derzeit noch nicht einmal eine EU-weit gültige Definition der „Drogenkriminalität" (= unter Einschluss der Beschaffungsdelinquenz) vorliegt. Und hinsichtlich der Straftaten, „die begangen werden, um den Drogenkonsum zu finanzieren", seien in der EU „kaum oder nur lückenhafte Daten vorhanden".[300]

Substanzkosten: Unserer Ermittlung zufolge hat der Straßenpreis für alle 2002 in Österreich konsumierten illegalen Drogen etwa 4.056,584 Millionen € betragen.

> Die „Internationalen Richtlinien für die Schätzung der wirtschaftlichen Kosten des Substanzenmissbrauchs" (= „International Guidelines for Estimating the Economic Costs of Substance Abuse") vom Juli 1995[301] führen dazu aus, dass die Kosten für die missbrauchten psychoaktiven Substanzen in einigen Studien zwar berücksichtigt, in anderen hingegen als rein private Ausgaben behandelt würden.
>
> Schon ein Jahr später weisen SINGLE et al. in ihrer kanadischen Kostenstudie[302] darauf hin, dass die Substanzkosten

297 European Crime Prevention Network. EUCPN, Second work programme. Setting priorities and objectives for the period January 2003 – December 2004, p. 3, 7, 9.

298 HAAS / BUSCH / HORVATH / TÜRSCHERL / WEIGL / ABRAHAM 2005, aaO (Anm. 68), S. 46; vgl. auch HAAS / BUSCH / HORVATH / TÜRSCHERL / WEIGL 2004, aaO (Anm. 98), S. 47.

299 HAAS / BUSCH / HORVATH / TÜRSCHERL / WEIGL / WIRL / AUSTALLER 2006, aaO (Anm. 97), S. 50; vgl. dazu auch S. 78 f.

300 Jahresbericht 2006 der Europäischen Beobachtungsstelle für Drogen und Drogensucht, aaO (Anm. 264), S. 23.

301 SINGLE, aaO (Anm. 273), p. 6.

302 SINGLE / ROBSON / XIE / REHM / MOORE / CHOI / DESJARDINS / ANDERSON, aaO (Anm. 251), p. 3.

(= „the costs of purchasing alcohol, tobacco and illicit drugs") in ihren Schadensberechnungen keine Berücksichtigung gefunden haben. Dies trifft auch auf eine analoge Untersuchung für Frankreich durch KOPP und FENOGLIO aus dem Jahr 2000[303] und für eine weitere Untersuchung von KOPP aus 2002[304] zu.

Daher ist davon auszugehen, dass die Substanzkosten in den einschlägigen Studien zu den wirtschaftlichen Nachteilen des Drogenmissbrauchs bisher – von seltenen Ausnahmen abgesehen – keine Berücksichtigung gefunden haben.

Transferleistungen: Ein beträchtlicher Teil der Drogenabhängigen ist auf den Bezug von Sozialhilfe (und/oder anderer Transfer- bzw. Sozialleistungen) angewiesen. Diese Fürsorgeleistungen sollen primär den Unterhaltsbedarf abdecken, sie werden erfahrungsgemäß aber oft – jedenfalls teilweise – auch zur Finanzierung des Drogenmissbrauchs zweckentfremdet.

Dessen ungeachtet haben 1996 (und neuerdings 1997) SINGLE et al. auf Studien hingewiesen, denen zufolge diese Wohlfahrtskosten (= „welfare costs") nicht als Schaden (für den Rest der Gemeinschaft) anzusehen seien. Es handle sich vielmehr um einfache Transferzahlungen innerhalb der Gesellschaft. Durch diese würden sich die gesamten Ressourcen der Sozietät nicht verändern. Sie würden lediglich umverteilt. Wohl aber seien die mit diesen Leistungen verbundenen Verwaltungskosten (als Schaden) zu berücksichtigen.[305] Ähnliches hat 1999 auch REHM vertreten: „ ... Zahlungen von Krankengeld, Sozialhilfe u.a. sind in diesem Sinne Transferkosten und stellen aus gesamtvolkswirtschaftlicher Sicht Reallokationen von vorhandenen Ressourcen dar".[306]

Diesen Ansätzen zufolge entstünde – konsequent weitergedacht – ja selbst dann noch immer kein gesamtwirtschaftlicher Schaden[307], wenn das Sozialprodukt zur Gänze in diverse Transferleistungen „investiert" werden müsste?!

303 KOPP / FENOGLIO 2000, aaO (Anm. 268), p. 14.
304 KOPP, aaO (Anm. 246), p. 101.
305 SINGLE / ROBSON / XIE / REHM / MOORE / CHOI / DESJARDINS / ANDERSON, aaO (Anm. 251), p. 4; CHOI / ROBSON / SINGLE, aaO (Anm. 273), p. 6.
306 REHM, aaO (Anm. 241), S. 118.
307 D. h. abgesehen von den Verwaltungskosten.

Vereinzelt wurde sogar der Verlust von Löhnen infolge vorzeitiger Mortalität von der Schadensberechnung ausgeschlossen.[308] Zuletzt haben auch die „Internationalen Richtlinien für die Schätzung der Kosten des Drogenmissbrauchs" in der Fassung von 2001 bekräftigt, dass die mit Drogenmissbrauch verbundenen Wohlfahrtskosten (Invaliditätspensionen, Krankengelder, Fürsorgeleistungen an Opfer des Drogenmissbrauchs etc.) als bloße Transferzahlungen aus der Schadensberechnung auszuklammern seien, nicht aber der mit Ihnen verbundene administrative Aufwand.[309]

Die dahinter stehende ökonomische Philosophie dürfte auch für andere Außenstehende schwer zu ergründen sein. Dies gilt umso mehr, wenn man sich den Grundgedanken des oben skizzierten wirtschaftswissenschaftlichen Konstrukts der „Opportunitätskosten" vergegenwärtigt:

Sowohl Länder als auch Gemeinden beklagen, dass immer größere Anteile ihrer Budgets für diverse Sozialleistungen aufgewendet werden müssen (und daher für andere Zwecke nicht mehr zur Verfügung stehen). Es ist bekannt, dass (auch) im Zusammenhang mit Drogenmissbrauch laufend beträchtliche Sozialhilfeleistungen anfallen:

Gleichwohl sollen diese Mittel nicht in die gesamte Schadensbilanz aus dem Drogenmissbrauch aufgenommen werden, weil sie als Transferleistungen „nur" auf eine – ökonomisch irrelevante? – Verschiebung von Konsummöglichkeiten von irgendeinem öffentlichen Haushalt zu süchtigen Sozialhilfebeziehern hinauslaufen?!

Die oben skizzierte Betrachtungsweise mag aus interner Sicht der Nationalökonomie für viele andere Fragestellungen durchaus berechtigt sein. – Es fragt sich aber, ob eine solche verengte Perspektive geeignet ist, das Phänomen der „sozialen Kosten" des Drogenmissbrauchs angemessen zu erfassen.

Kosten der Rechtsdurchsetzung (= „law enforcement costs"): Schon die „Internationalen Richtlinien für die Schätzung der wirtschaftlichen Kosten des Drogenmissbrauchs" (= „International Guidelines for Estimating the Economic Costs of Substance Abuse") in ihrer Erstfassung aus 1995 haben festgehalten, dass

308 CHOI / ROBSON / SINGLE, aaO (Anm. 273), p. 6.

309 SINGLE / COLLINS / EASTON / HARWOOD / LAPSLEY / KOPP / WILSON, aaO (Anm. 275), p. 64 f.

auch die mit Drogenmissbrauch zusammenhängenden Kosten (z.B.) von Polizei und Gericht mit in die gesamte Schadensbilanz aufzunehmen sind.[310]

> Bereits ein Jahr später haben COLLINS und LAPSLEY einbekannt, dass es ihnen (= für Australien) nicht möglich gewesen sei, irgendeine brauchbare Grundlage zur Schätzung dieser Kosten (= „illicit drugs law enforcement costs") zu finden. Daher habe man die Rechtsdurchsetzungskosten aus den einschlägigen Schadensberechnungen ausgeschlossen.[311]

> 2002 verwies KOPP darauf, dass Frankreich das einzige Land sei, das eine komplette Studie zu den Rechtsdurchsetzungskosten durchgeführt habe. Für die Niederlande, für Großbritannien und für die Schweiz lägen hingegen nur eingeschränkte Untersuchungen vor.[312]

Die oben skizzierte Beschränkung der Schadensberechnungen auf (anteilige) Polizei- und Justizkosten verfehlt u.E. einen wesentlichen Aspekt des Problems. Schon die „Internationalen Richtlinien für die Schätzung der wirtschaftlichen Kosten des Drogenmissbrauchs" in ihrer Erstfassung aus 1995 haben zu Recht darauf hingewiesen, dass reduzierte Rechtsdurchsetzungskosten zu höheren direkten Kosten des Drogenmissbrauchs (d.h. zu dessen Ansteigen) führen müssten (= „It is to be expected that reduced expenditures would lead to higher direct costs of substance use.").[313] Gleichwohl blieb dieser Aspekt in der weiteren Folge unbeachtet. Man beschränkte sich vielmehr – wenn überhaupt – auf eine bloße Aufsummierung der anteiligen „Betriebskosten" bei den Strafverfolgungsbehörden, die dem Drogenmissbrauch zuzurechnen waren.

Eine konsequente Beachtung des Konzepts der Opportunitätskosten hätte zu einem wesentlich anderen Ergebnis führen müssen. Für Österreich bedeutet dies z.B., dass sich die Anzahl der polizeilich ermittelten Delikte seit ca. 1970 gut verdoppelt hat, während die Anzahl der insoweit einsetzbaren Exekutivkräfte nicht einmal um 10 % erhöht werden konnte.[314]

Unter diesen Umständen erscheint es u.E. müßig, anteilige „Betriebskosten" der Strafverfolgungsbehörden, die dem Drogenmiss-

310 SINGLE, aaO (Anm. 273), p. 7 f.
311 COLLINS / LAPSLEY 1996, aaO (Anm. 272), p. 6.
312 KOPP, aaO (Anm. 246), p. 20 mwN.
313 SINGLE, aaO (Anm. 273), p. 8.
314 Vgl. unten S. 213 f.

brauch zuzurechnen sind, ermitteln zu versuchen. Angesichts des soeben skizzierten Missverhältnisses zwischen Deliktsanfall und Polizeistärke ist kaum anzunehmen, dass sich diese Behörden ohne Drogenkriminalität nennenswerte (personelle und sonstige) Ressourcen erspart hätten. Man hätte diese Ressourcen aber anders einsetzen können.

Dabei ist davon auszugehen, dass der Strafverfolgungsapparat bis zu einem Drittel durch Drogenstraftaten (einschließlich Beschaffungskriminalität) ausgelastet wird. Unter der hypothetischen Annahme einer Vergleichssituation ohne Drogendelinquenz stünden demnach für alle anderen Deliktsbereiche (gemessen am bisherigen Standard) bis zu 50 % mehr an (personellen und sonstigen) Ressourcen zur Verfügung. Es liegt mehr als nahe, dass es uns unter solchen – ungleich günstigeren – Verhältnissen möglich gewesen wäre, anderen besonders schadensträchtigen Verbrechensformen (sonstige organisierte Kriminalität, Wirtschaftsdelikte, Korruption u.a.m.) wesentlich konsequenter und effizienter entgegenzutreten.

Unter Opportunitätsgesichtspunkten bedeutet dies, dass man die (anteiligen) Strafverfolgungskosten durch die Drogendelinquenz ausblenden kann. Entscheidend ist u.E. nicht der – direkte – Schaden durch Verursachung von Strafverfolgungskosten. Wesentlich bedeutsamer erscheint uns vielmehr jener – indirekte – Schaden, der unserer Gesellschaft dadurch erwachsen muss, dass die Strafverfolgungsbehörden höchst gefährlichen und gemeinschädlichen (anderen) Verbrechensformen nur mit etwa zwei Dritteln ihrer Gesamtkapazität entgegentreten konnten (und können).

Weltanschauliche Barrieren: Nur der Vollständigkeit halber sei abschließend auch noch kurz darauf verwiesen, dass Schadensberechnungen im Zusammenhang mit Drogenmissbrauch nicht selten – mehr oder weniger deutlich – auch von ideologisch begründeten Positionen (mit-)determiniert werden dürften. Wir beschränken uns hier – pars pro toto – auf einige wenige Beispiele:

> So hat der Bostoner Volkswirt Jeffrey A. MIRON noch im August 2003 die Sinnhaftigkeit von Studien zur Ermittlung der Krankheitskosten („cost of illness-studies") angezweifelt. Er begründet dies damit, dass viele dieser Kostenfaktoren nicht auf Drogenmissbrauch, sondern eher auf eine verfehlte Regierungspolitik (= repressive Bekämpfung des Drogenmissbrauchs) zurückzuführen seien (z.B. die Kosten des Straf-

verfolgungsapparates, Produktionsverluste durch Inhaftierung, Ausbreitung von Aids u.v.a.m.).

Wenn man dem Konsum illegaler Drogen durch (strafrechtliche) Prohibition entgegentreten will, müsste mit gleicher Berechtigung eine gewaltige Bandbreite von Waren verboten werden – von Alkohol bis zu Eiscreme, Autos und Skiern.[315]

In ähnlicher Weise versuchte auch REHM[316] 1999 die sozialen Schäden aus dem Drogenmissbrauch ausschließlich mit der „Kriminalisierung" des Drogenkonsums und mit den damit verbundenen Kosten der Strafverfolgung in Verbindung zu bringen.

Vermutlich aus ähnlichen Erwägungen hat sich 2001 der Berichterstatter des Komitees für soziale, Gesundheits- und Familienangelegenheiten des Europarats nach einem Vergleich der Resultate der Drogenpolitik von Großbritannien, Holland, Schweden und der Schweiz außerstande gesehen, irgendwelche Schlussfolgerungen über die Höhe der Drogenschäden in diesen vier Ländern zu ziehen, weil (nicht einmal) irgendein Konsens darüber herrsche, was als Drogenschaden anzusehen sei.[317]

2003 hat UHL[318] die von ihm selbst gestellte Frage „Wie sinnvoll sind Angaben über die sozialen Kosten des Substanzmissbrauchs?" mit der Feststellung beantwortet, bei den darüber veröffentlichten Daten handle es sich ... „„um es unumwunden auszudrücken, um Scheinquantifizierungen".

Aus allen diesen Gründen scheint es von vorneherein sinnlos, die bisher im Ausland weltweit gewonnenen Schadensdaten mit den österreichischen zu vergleichen. Dies wäre höchstens punktuell möglich (z.B. Vergleich der Schäden aus der Beschaffungskriminalität). Aber selbst dies könnte nur dann sinnvoll sein, wenn

315 MIRON Jeffrey A., A Critique of Estimates of the Economic Costs of Drug Abuse, Boston 2003, p. 9, 20.

316 REHM, aaO (Anm. 241), S. 123 mwN.

317 Social consequences of and responses to drug misuse in member states, edited by the Council of Europe, Parliamentary Assembly, Doc. 8989, 28 February 2001, Report. Social, Health and Family Affairs Committee, Rapporteur: Mr Paul FLYNN, United Kingdom, p. 3, 17; ausgedruckt aus dem Internet: http://assembly.coe.int/Documents/WorkingDocs/Doc01/edoc8989.htm.

318 UHL Alfred, Wie sinnvoll sind Angaben über die sozialen Kosten des Substanzmissbrauchs?, in: Sucht 2003, Jg. 49, Heft 4, S. 209 f.

auch die ausländischen Untersuchungen (wie wir) auf die gesamte Drogenkriminalität (einschließlich Dunkelfeld!) abstellen.

b) Zu den bisherigen Ansätzen in Österreich

Auch für Österreich hat zu gelten, dass etliche der – insgesamt wenigen – einschlägigen Untersuchungen bei ihren Schadensermittlungen von offensichtlich falsch verstandenen nationalökonomischen Begriffen und Zusammenhängen ausgegangen sein dürften:

Viele Drogenabhängige können kaum noch irgendeinem legalen Erwerb nachgehen. Sie benötigen laufend sehr hohe Geldsummen allein zur Beschaffung ihres „Stoffes". Diese Mittel werden zu einem beträchtlichen Teil durch Dealen aufgetrieben (und damit auch bisher Unbeteiligte mit ins Drogenelend gerissen). Ein anderer großer Teil wird durch „indirekte Beschaffungskriminalität" (Ladendiebstahl, Einbrüche, Hehlerei, Betrügereien u.v.a.m.) aufgebracht. Der Gemeinschaft entstehen sehr hohe Kosten für Vorbeugungs- bzw. Betreuungsmaßnahmen, stationäre Therapien, für Strafverfolgung und -vollzug u.v.a.m. Sehr große Teile aller Drogenerlöse wandern ins Ausland und stehen daher für die (legale) Inlandsnachfrage nicht mehr zur Verfügung. Manche Süchtige sterben vorzeitig, ohne bis dahin jemals (nennenswert) zur Schaffung des Sozialprodukts beigetragen zu haben.

Unter den skizzierten Umständen grenzt es u.E. schon an Zynismus, wenn – z.B. in einer aus den Mitteln des Fonds Gesundes Österreich geförderten (unveröffentlichten) Untersuchung zweier Linzer SoziologInnen aus dem Jahr 2000[319] – im vorzeitigen Tod eines Drogenabhängigen kein (volkswirtschaftlicher) Schaden gesehen wird. Der bisherige Aufwand der staatlichen Solidargemeinschaft für den Drogentoten ab seiner Geburt (von der Familienbeihilfe über Kindergarten-, Schul- und sonstige Ausbildungskosten bis hin zum Aufwand für Therapie oder Strafvollzug, für Sozialhilfe etc. etc.) fällt dabei einfach „unter den Tisch". – Vielmehr erblickt man im vorzeitigen Tod dieses Süchtigen sogar einen – so wörtlich – „ökonomischen Nutzen" (!) (Ersparnis von Therapiekosten,

319 BRUCKNER Johann / ZEDERBAUER Susanne, unter Mitarbeit von EINZINGER Michael, Vergleich und Analyse des Problems illegaler Drogen in Österreich unter ökonomischen Gesichtspunkten. Überblick über die Aufwendungen und Leistungen der Drogeneinrichtungen im Jahr 1997, (unveröffentlichte) Erhebung, Linz 2000. – Für die Übermittlung dieser Studie sei dem Fonds Gesundes Österreich auch an dieser Stelle bestens gedankt!

Sozialhilfe, Pensionen etc.). Dies gelte jedenfalls für die nicht mehr ins Erwerbsleben eingliederbaren Abhängigen.

Und so wird weiter argumentiert: „Wenn zum Beispiel zwei Drogenkranke jeweils die Hälfte ihrer Lebenserwartung einbüßen, ist der volkswirtschaftliche Verlust genau so groß, als wenn ein Beamter einen Einwanderungsantrag eines jungen Ausländers nicht unterschreibt oder jemand beschließt, kein weiteres Kind mehr zu wollen, bzw. ein Fötus abgetrieben wird. Ein monetärer volkswirtschaftlicher Schaden kann aus dem Konsum illegaler Drogen nicht nachweislich ermittelt werden, aber ein nicht monetärer Schaden für die Drogenabhängigen und deren Angehörigen ist in einer nicht quantifizierbaren Größe vorhanden“.[320]

Mit derselben „Logik“ ließe sich z.B. auch der materielle Schaden eines Raubopfers argumentativ aus der Welt schaffen: Hätte ihm der Räuber 10.000 € entrissen, dabei aber (weitere) 5.000 € übersehen, so wäre überhaupt kein Schaden zu verzeichnen. Vielmehr hätte das Raubopfer ja sogar einen „ökonomischen Nutzen“ in der Höhe der „ersparten“ 5.000 €?!

So kann es kaum noch verwundern, dass in dieser Untersuchung selbst Deliktsschäden (z.B. durch Diebstähle aus der indirekten Beschaffungskriminalität) mit folgendem Argument aus der Schadensberechnung „hinausdefiniert“ wurden: „Dabei muss beachtet werden, dass das (sc. von Süchtigen) gestohlene Gut keinen wirklichen volkswirtschaftlichen Schaden darstellt, da es nur seinen Besitzer wechselt“.[321]

Einem ähnlichen Fehlschluss im Zusammenhang mit der Schadensberechnung bei Beschaffungsdelikten unterlagen sogar COLLINS, LAPSLEY, LECAVALIER und SINGLE. Sie haben noch 2001 die Meinung vertreten, dass der Wert der Diebstahlsbeute an sich keinen Schaden darstellt, wohl aber der Wertverlust, d.h. die Differenz zwischen dem Marktwert der Beute und dem – ungleich kleineren – Verkaufserlös, den der Dieb beim Hehler erzielt.[322]

320 BRUCKNER / ZEDERBAUER / EINZINGER, aaO (Anm. 319), S. 158 f.

321 BRUCKNER / ZEDERBAUER / EINZINGER, aaO (Anm. 319), S. 161.

322 COLLINS D. / LAPSLEY H. / LECAVALIER J. / SINGLE E., Introduction: Improving economic data to inform decisions in drug control, in: United Nations International Drug Control Programme Vienna (editor), Bulletin on Narcotics. Volume LII, Nos. 1 and 2, 2000. Economic and social costs of substance abuse, United Nations, New York 2001, p. 5; vgl. dazu auch COLLINS / LAPSLEY 2002, aaO (Anm. 295), p. 41.

In diesem Zusammenhang wurde offensichtlich verkannt, dass selbst ein bloßer (illegaler) Besitzwechsel durchaus auch einen gesamtwirtschaftlichen Nachteil bedeuten kann: Wem z.B. ein Handy (angenommener Wert: 250 €) gestohlen wurde, der mag sich zwar aus seinen Ersparnissen ersatzweise ein zweites kaufen. Dies ändert aber nichts an der dadurch in aller Regel bewirkten „Fehlallokation (Verschwendung) knapper Ressourcen“[323] der Volkswirtschaft:

In unserem Falle mag der beim Hehler erzielte Erlös von ca. 32,50 € (bei einer Hehlerquote von 1 : 8) dazu dienen, den Drogenerwerb des süchtigen Diebes mit zu finanzieren. Zugleich wird auch dessen Hehler ein Gewinn verschafft, der das Handy (etwa im Ausland) mit entsprechendem Aufschlag weiterverkauft und seinen eigenen Erlös dann z.B. wieder in Drogen für den hiesigen Markt „anlegt“: – Man kann davon ausgehen, dass der Betrag von 250 € aus den Ersparnissen des Bestohlenen für das Ersatzhandy andernfalls mit einiger Sicherheit gesamtökonomisch ungleich sinnvoller eingesetzt worden wäre![324]

> Nicht minder fragwürdig erscheint etwa auch ein (ebenfalls unveröffentlichter) Versuch, „den ökonomischen Einfluss von Drogenkonsum und -handel auf das Bruttoinlandsprodukt zu schätzen“. – Diese Studie gelangte durch eine bloße Gegenüberstellung des ökonomischen Schätzwertes des Angebots mit dem (ebenfalls geschätzten) Wert der Nachfrage zum überraschenden Ergebnis, dass die Differenz zwischen „Einkaufs-“ und „Verkaufspreisen“ für alle illegalen Drogen 1997 eine – so wörtlich – (volkswirtschaftliche) „Wertschöpfung“ (!) von 3,16 Milliarden ATS (230 Millionen €) oder 0,13 % des Bruttoinlandsproduktes durch den Handel mit illegalen Drogen für dieses Jahr bedeute.[325]

Bei all diesen völlig verfehlten Ansätzen bleibt unbeachtet, dass eine „klassische volkswirtschaftliche Betrachtung“ dem Gegenstand nicht gerecht werden kann: Wäre dies anders, müsste man sich tatsächlich fragen, warum nicht auch Auftragsmorde eine Erhöhung des Bruttoinlandsprodukts bewirken sollten?[326]

323 HARTWIG / PIES, aaO (Anm. 239), S. 62.
324 Zur Berechnung der volkswirtschaftlichen Schäden aus dem Missbrauch von harten Drogen vgl. insbesondere HARTWIG / PIES, aaO (Anm. 239), S. 19 ff.
325 Vgl. HAAS / BUSCH / TÜRSCHERL / GUZEI 2000, aaO (Anm. 67), S. 26 f.
326 Vgl. Profil, Nr. 26, 21. 6. 2004, S. 58.

Ganz im Sinne einer solchen „Philosophie" hat jedenfalls der „EU-Defizitsünder" Griechenland versucht, sein BIP für 2005 von 182 auf 225 Milliarden € „aufzufrisieren", indem auch Teile der nicht amtlich registrierten Schattenwirtschaft, wie der illegale Zigarettenhandel, Einnahmen von Bordellen und Einnahmen durch Schmiergelder, berücksichtigt wurden.[327]

Schon bei der Abschätzung aller volkswirtschaftlichen Kosten des Alkoholmissbrauchs hat sich gezeigt, dass dabei vielfältige (wertende) Zusatzannahmen nicht zu vermeiden sind.[328] UHL et al.[329] haben im Zusammenhang mit der volkswirtschaftlichen Kostenberechnung – bezogen auf Alkohol – schon 1999 kritisch angemerkt:

> *„Der volkswirtschaftliche Ansatz in der genannten Form widerspricht allerdings in vielerlei Hinsicht dem, was man sich landläufig unter Kosten vorstellt – und wer mit den volkswirtschaftlichen Kosten des Alkoholismus argumentieren möchte, sollte sich zunächst explizit klar werden, ob er bereit ist, sich den impliziten Konventionen und Schlussfolgerungen anzuschließen.*
>
> *Der wesentlichste Kritikpunkt am klassischen volkswirtschaftlichen Ansatz ist das Zielkriterium ‚gesamte Wertschöpfung'.*
>
> *... die einseitige Orientierung an der Wertschöpfung hat recht seltsam anmutende Implikationen:*
>
> - *Steuereinnahmen des Staates werden als Transferzahlungen von einer Person bzw. Institution zu einer anderen nicht berücksichtigt. Diese Transferierung begründet – sieht man vom anfallenden Verwaltungsaufwand ab – keine Wertschöpfung.*

---

327 Vgl. Meldung „Bordelle & Schmuggel: Hat Athen BIP-Zahlen frisiert?", in: ORF.at, 28. 9. 2006; ausgedruckt aus dem Internet: http://www.orf.at/ticker/231072.html; dazu auch die Glosse „Kriminelles BIP", in: Salzburger Nachrichten. Aus Stadt und Land, 29. 3. 2006, S. 6.

328 UHL Alfred / KOPF Nikolaus / SPRINGER Alfred / EISENBACH-STANGL Irmgard / BEIGLBÖCK Wolfgang / PREINSPERGER Wolfgang / MADER Rudolf, Handbuch Alkohol – Österreich. Zahlen. Daten. Fakten. Trends, hrsg. vom Ludwig-Boltzmann-Institut für Suchtforschung und Anton-Proksch-Institut, im Auftrag des Bundesministeriums für Arbeit, Gesundheit und Soziales mit Unterstützung des österreichischen statistischen Zentralamts, Wien 1999, 148 f.

329 UHL / KOPF / SPRINGER / EISENBACH-STANGL / BEIGLBÖCK / PREINSPERGER / MADER, aaO (Anm. 328), S. 148 f.

- *Wenn jemand, der eigentlich arbeitsfähig wäre, von Sozialhilfeleistungen lebt, entsteht kein finanzieller Schaden, da auch Sozialhilfeleistungen nur Transferzahlungen von der arbeitenden zur nichtarbeitenden Bevölkerung darstellen.*

- *Wenn ein Einbrecher bei einem Beutezug Bargeld erbeutet, so handelt es sich im Sinne der volkswirtschaftlichen Kostenberechnung um keinen Verlust, da das Geld ja nur den Besitzer wechselt.*

- *Volkswirtschaftliche Kosten verursacht der Einbrecher allerdings, wenn sein Opfer, um die Tat bei der Polizei anzuzeigen, einen Tag lang vom Arbeitsplatz fernbleibt.*

- *Volkswirtschaftliche Kosten verursacht der Einbrecher auch, wenn er selbst, um die Tat durchzuführen, einen Tag lang vom Arbeitsplatz fernbleibt.*

- *Volkswirtschaftliche Kosten verursacht der Einbrecher auch, indem er durch seine Tat eine Reihe von Aktivitäten auslöst, die beteiligte Personen hindern, anderweitig im Wirtschaftsleben produktiv tätig zu sein. Er wird so zu einem entsprechenden Prozentsatz für einschlägige Forschungsaktivitäten, Präventionsmaßnahmen, Polizeierhebungen, Gerichtsverhandlungen, Strafvollzugskosten usw. verantwortlich gemacht.“*

Als weiteres Beispiel für das Erfordernis wertender Zusatzannahmen soll hier Österreichs Schattenwirtschaft herangezogen werden. Der „Pfusch“ hat 2002 einen Umsatz von ca. 21,8 Milliarden € erzielt. Dies entspricht knapp 10 % des nominellen Bruttoinlandsprodukts in der Höhe von 218,333 Milliarden €.[330] 40 % aller Österreicher könnten sich ihren derzeitigen Lebensstandard (z.B. Hausbau, aber auch Autoreparaturen etc. etc.) ohne „Pfusch“ gar nicht leisten. Es kann also gar keine Frage sein, dass durch diese Unterart von „Wirtschaft ohne Rechnung“ eine nicht unbe-

330 Vgl. SCHNEIDER Friedrich, Der Umfang der Schattenwirtschaft des Jahres 2003 in Deutschland, Österreich und der Schweiz – Weiteres Anwachsen der Schattenwirtschaft, Jänner 2003, Universität Linz, unveröffentlicht, S. 2; *derselbe*, Schattenwirtschaft und illegale Beschäftigung in Deutschland, Österreich und der Schweiz: Fluch oder Segen?, November 2002, Universität Linz, unveröffentlicht, S. 1; zur Höhe des BIP 2002 vgl. Volkswirtschaftliche Gesamtrechnung, in: Statistisches Jahrbuch 2004, hrsg. von Statistik Austria, S. 287.

trächtliche volkswirtschaftliche Wertschöpfung erfolgt. 2002 dürften (umgerechnet) etwa 855.000 Vollzeittage auf diese Schattenwirtschaft entfallen sein.[331]

Dem steht allerdings gegenüber, dass durch den „Pfusch" 2002 allein ein Ausfall an Steuern und Sozialabgaben von ca. 4.500 Millionen € entstanden sein dürfte. Der Linzer Nationalökonom Friedrich SCHNEIDER geht davon aus, dass allein durch eine Halbierung dieses „Pfusches" in Österreich theoretisch 300.000 (legale) Arbeitsplätze neu entstehen könnten.[332]

Diese negativen sozialen Auswirkungen der Schattenwirtschaft erklären, dass man versucht, bestimmte Formen der Schwarzarbeit (obwohl sie durchaus auch wirtschaftlichen Nutzen stiften) u.a. mit Strafsanktionen zu unterdrücken. Demgegenüber dürfte es sehr schwer fallen, irgendeinen nationalökonomischen Nutzen des Drogenmissbrauchs nachzuweisen.

> Unter den skizzierten Umständen kann es daher nicht verwundern, dass eine für die Universität Linz durchgeführte Umfrage des Marktforschungsinstitutes IMAS 2003 zu folgendem Ergebnis gekommen ist: Von einer statistisch repräsentativen Stichprobe von 1.097 befragten Österreichern über 16 haben 64 % für eine strengere Bestrafung des Handels mit harten Drogen plädiert, für den „Pfusch" verlangten dies nur 10 %.[333]

---

331 Vgl. die Meldung „Schwarzarbeit weiter auf dem Vormarsch" des ORF Landesstudios Oberösterreich, in: ooe. ORF.at, 15. 12. 2003; ausgedruckt aus dem Internet: http://oesterreich.orf.at; die Meldung „'Kavaliersdelikt': Pfusch boomt", in: Die Presse, 15. 12. 2003; ausgedruckt aus dem Internet: http://www.diepresse.at; die Meldung „Pfusch wird zur Boombranche", in: Kurier, 15. 12. 2003; ausgedruckt aus dem Internet: http://www2.kurier.at/wirtschaft; Salzburger Nachrichten, 16. 12. 2003, S. 14.

332 Vgl. dazu den Bericht „Der Pfusch als Wachstumsbranche", in: Salzburger Nachrichten, 11. 6. 2003, S. 14. – Zur neuesten Entwicklung vgl. die Meldung „Schwarzarbeit weiter auf dem Vormarsch" des ORF Landesstudios Oberösterreich, in: ooe.ORF.at, 15. 12. 2003; ausgedruckt aus dem Internet: http://oesterreich.orf.at, die Meldung „'Kavaliersdelikt': Pfusch boomt", in: Die Presse, 15. 12. 2003; ausgedruckt aus dem Internet: http://www.diepresse.at; die Meldung „Pfusch wird zur Boombranche", in: Kurier, 15. 12. 2003; ausgedruckt aus dem Internet: http://www2.kurier.at/wirtschaft; Salzburger Nachrichten, 16. 12. 2003, S. 14.

333 IMAS-report. Umfrageberichte von IMAS-International, Justiz im öffentlichen Bewusstsein, Bevölkerung für härteres Vorgehen gegen Straftaten, Auszug aus einer IMAS-Studie für die Universität Linz, Nr. 2, Februar 2003, S. 2a.

Im Gegensatz zum „Pfusch" kann der Ankauf von Drogen unseres Erachtens keinen Wirtschaftsnutzen bewirken. Die erstandene „Ware" wird entweder selber verbraucht oder – noch bedenklicher – mit Gewinn weiterverkauft, der von den allermeisten Dealern dann wieder in Drogen „investiert" wird. Die gewaltigen Profite, die in „höheren" Rängen der Hierarchie anfallen, werden mit allen legalen und illegalen Tricks[334] in irgendein Ausland verschoben und sind damit für jede Form von Inlandsnachfrage verloren. Dabei muss man – zur Vermeidung noch größerer Schäden – sogar froh sein, dass diese Gewinnsummen nicht in unsere legale Wirtschaft „investiert" werden (und damit unser ökonomisches und politisches System unterhöhlen und korrumpieren).[335]

Nicht jede private Konsumausgabe mag – rein volkswirtschaftlich betrachtet – „nützlich" sein. Gleichwohl hat man es in aller Regel der Autonomie jedes einzelnen zu überlassen, ob er sein Geld in Wertpapieren anlegt oder aber in Bordellen „verjubelt". Dessen ungeachtet, kann es keinem Zweifel unterliegen, dass jeder Euro, der zum Drogenkauf verwendet wird, eine „Fehlallokation" knapper ökonomischer Ressourcen darstellt. Dem subjektiven „Nutzen" der Drogenmissbraucher steht ein – allzu großer – Schaden der wirtschaftlichen Solidargemeinschaft gegenüber. Dabei macht es in aller Regel wenig Unterschied, ob dieses Geld nun (ausnahmsweise) selbst verdient wurde oder aber aus anderen – mehr oder minder „trüben" – Quellen stammen mag.

In diesem Zusammenhang sei auch noch folgende Relation angesprochen: Österreichs Drogenmissbraucher haben 2002 mit ca.

---

334 Durch sog. „Hawala-Systeme", mittels grenzüberschreitender Formen der Geldwäsche oder auch ganz einfach durch Schmuggel in Geldkoffern; selbstverständlich existieren aber auch weltweit agierende Geldüberweisungsfirmen, die sich erbieten, beliebige Summen „wohin Sie wollen, so schnell Sie wollen und so sicher wie irgendwie denkbar" zu transferieren. – Vgl. dazu den Bericht „Drogengeld gewaschen", in Salzburger Nachrichten, 4. 4. 2003, S. 7. Näheres zu den „Hawala-Systemen": HARNISCHMACHER, aaO (Anm. 234), S. 50 f., 59 ff., 80 f. mwN; *derselbe*, Manuskript zur Vorlesung: Organisierte Kriminalität/Kriminologie, Teil 3. Internationale Geldwäsche am Beispiel von Off – Shore – Zentren. Motive – Formen – Abwehr. Eine rechtliche, kriminologische und betriebswirtschaftliche Analyse, Ruhr – Universität Bochum, Juristische Fakultät, Lehrstuhl Kriminologie, Kriminalpolitik und Polizeiwissenschaften im Sommersemester 2005, unveröffentlicht, S. 19 ff; *derselbe*, Hawala Transaktionen – Illegales Banking in der Organisierten Kriminalität; ausgedruckt aus dem Internet: http://www.eurolaw-service.de-Rechts-/Themengebiete-Organisierte Kriminalität.

335 Vgl. dazu ENTORF Horst / WINKLER Peter, Illegale Drogen und Kriminalität: Wie ausgeprägt ist der Zusammenhang?, in: ALBRECHT / ENTORF, aaO (Anm. 232), S. 98.

4.056,584 Millionen € allein für ihren „Stoff" um gut 24 % mehr an Geld (welcher Herkunft auch immer) ausgegeben, als die gesamte Volkswirtschaft für alle Importe von Erdöl und Erdölprodukten im selben Jahr aufwenden musste (= 3.262 Millionen €).[336]

Wie oft beklagen Politik und Medien die negativen Folgen einer Erhöhung der Treibstoffpreise auf die nationale Konjunktur oder auch auf die Weltwirtschaft. Dies geschieht selbst dann, wenn die Preiserhöhungen nur einige wenige Cent betragen (und der Löwenanteil dieser Einnahmenzuwächse via Mineralölsteuer etc. letztlich ohnehin im Bundesbudget landet). Dass alle diese Preiserhöhungen für Erdöl und Erdölprodukte nur einen verschwindenden Bruchteil dessen ausmachen, was der Volkswirtschaft allein schon durch die Kosten für illegale Rauschdrogen entzogen wird, findet einstweilen noch keine Beachtung.

In der weiteren Folge soll hier versucht werden, die Situation der gesamten österreichischen Volkswirtschaft unter der Annahme zu skizzieren, dass es hier überhaupt keine Drogenkriminalität gäbe.[337] Bei dieser „Was wäre, wenn nicht-Ermittlung" haben wir die – in der Tat sehr beträchtlichen – volkswirtschaftlichen Schäden aus Alkohol- und Nikotinmissbrauch bewusst ausgeklammert: Letztere Auswirkungen wurden (und werden) immer wieder hinlänglich beschrieben und belegt.[338] – Hingegen wird die Ermittlung aller sozialen Kosten aus dem Missbrauch von Rauschdrogen i.e.S. bisher als nahezu unlösbares Problem angesehen:

So hat etwa der Wiener Drogenbeauftragte noch in einem 2007 publizierten Interview zu dieser Frage Folgendes geäußert:

> „Ich kann keine einzige verlässliche Quelle nennen. Warum? Weil man aus verschiedenen Budgets Einzelfaktoren herausrechnen muss, die in der Form gar nicht herausrechenbar sind.
>
> Die Therapiekosten wären errechenbar, ebenso der Verwaltungsaufwand, die Personalkosten und der Aufwand für Exekutive und Justiz. Nach Meinung Davids ist es schwierig, den

---

336 Der Außenhandel Österreichs, Serie 2 – Spezialhandel nach SITC-revised 3, Gesamtjahr 2002, hrsg. von Statistik Austria, Wien 2003, S. 16.

337 Vgl. zu diesem Ansatz die Ausführungen zu den „Opportunitätskosten" oben S. 96 ff.

338 Zum Alkohol vgl. statt vieler UHL / KOPF / SPRINGER / EISENBACH-STANGL / KOBRNA / BACHMAYER / BEIGLBÖCK / PREINSPERGER / MADER, aaO (Anm. 173).

Aufwand in den Schulen, in den Bereichen der Schulpsychologen und der Lehrer zu berechnen."[339]

Bei der Abschätzung des gesamten Drogenbedarfs kann vorerst noch ausgeblendet bleiben, dass sich eine Mehrheit aller Drogenmissbraucher polytoxikoman verhält, d.h. zwei oder noch mehr Substanzen zu verwenden pflegt.[340] Es ist für unsere Kostenschätzung unerheblich, ob eine große Anzahl von Missbrauchern eine Substanz oder eine entsprechend kleinere Anzahl deren mehrere zu konsumieren pflegt. Natürlich muss sich auch die im Folgenden angestellte Ermittlung vielfach auf geschätzte Daten stützen. Sie dürfte im Ergebnis der Wirklichkeit aber doch ungleich näher kommen als die oben kurz angesprochenen bisherigen Ermittlungsversuche für Österreich.

339 Vgl. ZÄUNER, aaO (Anm. 78), S. 337.

340 HAAS / BUSCH / GUZEI / TÜRSCHERL / WEIGL 2001, aaO (Anm. 65), S. I f. und III (= Kurzfassung); S. 59 ff., 63; HAAS Sabine / BUSCH Martin / HORVATH Ilonka / TÜRSCHERL Elisabeth / WEIGL Marion, Bericht zur Drogensituation 2002, hrsg. vom Österreichischen Bundesinstitut für Gesundheitswesen, Wien 2002, S. 19, 35; HAAS / BUSCH / HORVATH / WEIGL / TÜRSCHERL 2003, aaO (Anm. 8), S. III (= Kurzfassung), 17, 39; vgl. dazu auch PREISZLER, aaO (Anm. 114), S. 75; PETUTSCHNIG Mario, Die Kriminalität nach dem Suchtgiftgesetz Angezeigter, Dissertation, unveröffentlicht, Wien 1999, S. 85 f.

III) Gesamtausmaß des Drogenmissbrauchs

Dass manche offizielle Quellen die Anzahl der Drogenabhängigen aus verschiedensten – politischen – Gründen eher zu niedrig anzusetzen pflegen, wurde jedenfalls für Deutschland bereits vor zwölf Jahren nicht nur behauptet, sondern auch durchaus plausibel begründet.[341] Aus der Schweiz hat man erst 1997 berichtet, dass „epidemiologische Aussagen" im Drogenbereich „nicht immer frei von politischen Interessen" (sind).[342]

So ging etwa das Bundeskriminalamt in Wiesbaden schon für das Jahr 1981 von etwa 80.000 bis 100.000 Abhängigen von sog. „harten" Drogen für ganz Deutschland (in seiner damaligen Ausdehnung!) aus.[343] Anderen amtlichen Daten zufolge sollen es aber auch 10 Jahre später immer noch um die 100.000 gewesen sein. Szenekenner schätzten schon zu diesem Zeitpunkt deren Zahl mit 300.000, möglicherweise sogar 500.000, ein.[344] Die Deutsche Hauptstelle gegen Suchtgefahren spricht aber selbst für das Jahr 2001 noch immer von bloß 100.000 bis 150.000 Abhängigen von „harten" Drogen.[345] Das Bayerische Landeskriminalamt schätzt diese Zahl für 2001 hingegen auf 250.000 bis 300.000; das deutsche Bundeskriminalamt geht für dasselbe Jahr sogar von etwa 349.000 bis 395.000 aus.[346]

Die Deutsche Referenzstelle für die Europäische Beobachtungsstelle für Drogen und Drogensucht (DBDD) nahm allein die Anzahl der „problematischen Konsumenten von Opiaten" für

341 PREUTE Michael, Drogenmarkt Schule. Drogen. Dealer. Konsumenten, 1. Auflage, München 1991, S. 57.

342 ESTERMANN Josef, Die Verfolgung von Drogendelikten, in: ESTERMANN Josef (Hrsg.), Auswirkungen der Drogenrepression. Illegale Drogen: Konsum, Handel, Markt und Prohibition, Studien zur qualitativen Drogenforschung und akzeptierenden Drogenarbeit, Band 15, hrsg. vom Institut zur Förderung qualitativer Drogenforschung, akzeptierender Drogenarbeit und rationaler Drogenpolitik, INDRO e.V., Studien zur Gesundheitsforschung, Band 1, hrsg. von ORLUX, Wirtschafts-, Sozial- und Gesundheitsforschung, Luzern-Berlin 1997, S. 81.

343 Bundeskriminalamt Wiesbaden (Hrsg.), Drogenabhängigkeit und Kontrolle. Kriminologische Untersuchung über Phänomenologie des Heroinkonsums und polizeiliche Drogenkontrolle, Band 14 der BKA-Forschungsreihe, praxisbezogene Auswertung von Hans-Jürgen EYRICH, Wiesbaden, o. J., S. 45.

344 PREUTE, aaO (Anm. 341), S. 57.

345 SCHWIND 2007, aaO (Anm. 217), S. 555.

346 WEBER, aaO (Anm. 200), Rz 60 zur Einleitung.

2001 mit etwa 150.000 bis 175.000 Personen an.[347] Die Zahl der „problematischen Konsumenten" von Cannabis („nach klinischen Maßstäben (DSM IV) abhängig von der Droge") hat die DBDD 2002 mit rund 200.000 angegeben.[348] Zu diesen 350.000 bis 375.000 Personen wären freilich noch alle Problemkonsumenten von Kokain und von Amphetaminderivaten („Ecstasy", „Speed" etc.) hinzuzurechnen!

Ganz generell wird (auch) hinsichtlich der deutschen Prävalenzdaten von einer nicht unerheblichen Unterschätzung auszugehen sein: So haben SCHÄFER und PAOLI[349] 2006 den Drogenkonsum in den deutschen Bundesländern zu ermitteln versucht, wobei sie sich dabei auf umfangreiches Material des Instituts für Therapieforschung (IFT) in München stützen konnten.[350] Sie berichten, dass in den vier seit 1995 durchgeführten Repräsentativerhebungen jeweils etwa 8.000 Erwachsene zwischen 18 und 59 interviewt wurden.[351] Dies bedeutet, dass die Jugendlichen zwischen 14 und 18 nicht einbezogen waren, obwohl bekannt ist, dass schon in dieser Altersklasse von erheblichen Prävalenzdaten auszugehen ist, wobei das Einstiegsalter ständig sinkt:

So wurde jedenfalls für Österreich berichtet, dass hier 2002 sogar schon 11 % der 12 bis 14-Jährigen Erfahrungen mit zumindest einer psychoaktiven Substanz (ohne Berücksichtigung von Alkohol und Nikotin) aufwiesen.[352]

> Die erwähnte Stichprobengröße von ca. 8.000 bringt es mit sich, dass in manchen Landesteilen relativ wenige Personen befragt wurden (z.B. 2003 in eher stark belasteten Städten, wie Bremen 61 Personen, in Hamburg 124 und in Berlin 319 Befragte).[353] – Im etwa 10 Mal kleineren Österreich wurden

347 WEBER, aaO (Anm. 200), Rz 60 zur Einleitung.

348 SPEGEL / SIMON / HÜLLINGHORST / DAVID-SPICKERMANN, aaO (Anm. 175), S. XI, 111.

349 SCHÄFER Carsten / PAOLI Letizia, unter Mitarbeit von GRUNDIES Volker, Drogenkonsum und Strafverfolgungspraxis. Eine Untersuchung zur Rechtswirklichkeit der Anwendung des § 31 a BtMG und anderer Opportunitätsvorschriften auf Drogenkonsumentendelikte, Schriftenreihe des Max-Planck-Instituts für ausländisches und internationales Strafrecht. Kriminologische Forschungsberichte, hrsg. von ALBRECHT Hans-Jörg / KAISER Günther, Band K 130, Berlin 2006, S. 337 ff.

350 SCHÄFER / PAOLI, aaO (Anm. 349), S. 337.

351 SCHÄFER / PAOLI, aaO (Anm. 349), S. 338.

352 HAAS / BUSCH / HORVATH / TÜRSCHERL / WEIGL / WIRL / AUSTALLER 2006, aaO (Anm. 97), S. 63 mwN.

353 SCHÄFER / PAOLI, aaO (Anm. 349), S. 339.

anlässlich der Repräsentativerhebung 2004 immerhin 4.546 Personen einbezogen.[354]

Da die Lebenszeitprävalenz bei Erwachsenen wenig aussagt (der Konsum kann oft schon Jahrzehnte zurückliegen), beschränken wir uns im Folgenden bewusst auf die Zwölfmonatsprävalenz (und zugleich auch auf zwei der oben angesprochenen „Musterstädte"):

In diesem Zusammenhang fällt auf, dass die wiedergegebenen Statistiken für 2003 z.B. in Bremen eine Zwölfmonatsprävalenz für Cannabis von 16,5 % ausweisen, für alle anderen Substanzen außer Cannabis hingegen 4,9 %. Daraus ergibt sich, dass – genau genommen – insgesamt 21,4 % der Befragten in den letzten 12 Monaten entweder Cannabis oder irgendeine andere illegale Substanz konsumiert haben müssten. Demgegenüber wird in der Tabelle, die den gesamten Konsum illegaler Drogen (= Cannabis + alle anderen) ausweist, für Bremen ein Wert von (nur) 16,5 % angegeben. – Nichts Anderes gilt auch für Berlin: Die Summe der beiden Einzelwerte (13,8 % Cannabis + 5,3 % andere Drogen) ergibt 19,1 %. Die Übersichtstabelle weist als Zwölfmonatsprävalenz für alle Drogen jedoch nur 14,2 % aus.[355]

Solche methodischen Schwächen (und ihre bedeutsamen Auswirkungen)[356] einschlägiger Erhebungen sind freilich auch in Österreich bekannt. Dies hat im Zuge der oben erwähnten Repräsentativerhebung 2004 dazu geführt, dass hier z.B. davon ausgegangen wird, in den letzten 30 Tagen vor der Befragung hätte mindestens 1 % der Interviewten Heroin konsumiert. – Infolge des mit Face-to-Face Umfragen typischerweise verbundenen „Underreporting" konnten in der einschlägigen Befragung allerdings nur 0,2 % (!) erhoben werden.[357]

Daraus muss geschlossen werden, dass (auch) die in Deutschland durch Interviewtechnik[358] gewonnenen Prävalenzdaten infolge „Underreporting" zu einer erheblichen Unterschätzung der tatsäch-

354 UHL A. / SPRINGER A. / KOBRNA U. / GNAMBS T. / PFARRHOFER D., Österreichweite Repräsentativerhebung zu Substanzgebrauch, Erhebung 2004, Bundesministerium für Gesundheit und Frauen, Wien 2005.

355 SCHÄFER / PAOLI, aaO (Anm. 349), S. 345 ff. mwN.

356 Zu den „methodologischen Einschränkungen" vgl. im Einzelnen: SCHÄFER / PAOLI, aaO (Anm. 349), S. 338 ff., 345 ff.

357 UHL / SPRINGER / KOBRNA / GNAMBS / PFARRHOFER, aaO (Anm. 354).

358 Vgl. SCHÄFER / PAOLI, aaO (Anm. 349), S. 338.

lichen Konsumraten geführt haben dürften. Dieses Phänomen des „Underreporting" betrifft insbesondere schwerere Fälle von Drogenmissbrauch.[359] – Demnach könnte es notwendig sein, diese Befragungsergebnisse sehr deutlich (im Extremfall u.U. bis zum Fünffachen) nach oben zu berichtigen, um der tatsächlichen Dimension des Konsumverhaltens nahe zu kommen.

So schließt beispielsweise das Institut für Biomedizinische und Pharmazeutische Forschung (IBMP) in Nürnberg aus Flusswasserproben, dass der Kokainkonsum (jedenfalls in den untersuchten Regionen Deutschlands) etwa doppelt so hoch sein dürfte wie bisher angenommen.[360] Ein speziell ausgewiesener Kölner Rechtsmediziner teilt diese Einschätzung. Die bisher zu niedrigen Annahmen werden u.a. mit der Ungenauigkeit der Angaben von Beratungsstellen und mit Umfragemängeln (Underreporting) in Verbindung gebracht.[361]

Dass in diesem Zusammenhang neben dem Einfluss der Interviewtechnik auch der oben angesprochenen Stichprobenwahl eine gewichtige Rolle zukommen wird, sei durch folgende Beispiele illustriert:

So wurden im Hinblick auf die Zwölfmonatsprävalenz für die Kategorien „Cannabis und alle illegalen Drogen" die niedrigsten Werte in Bremen mit ganzen neun (!) positiven Antworten und in Brandenburg mit 26 festgestellt. – Bezogen auf den Konsum von „harten" Drogen in den letzten 12 Monaten hat die Bundesstudie 2003 ergeben, dass in Hamburg, Bremen, Rheinland-Pfalz, für das Saarland und für alle neuen Bundesländer jeweils weniger als zehn (!) positive Antworten

359 SPEGEL / SIMON / HÜLLINGHORST / DAVID-SPICKERMANN, aaO (Anm. 175), S. 19 f.

360 Dieses Verfahren zur Feststellung des nationalen Kokainkonsums ist allerdings wissenschaftlich noch nicht etabliert.

361 Vgl. dazu die Meldung „Benzoylecgonin – das Abwasser als Visitenkarte für Drogenmissbrauch in Deutschland", in: der kriminalist, 02/2006, S. 51; den Bericht „Die Wahrheit über Koks liegt im Rhein. Der Konsum von Kokain dürfte in Deutschland doppelt so hoch sein als bisher angenommen. Forscher untersuchten dazu Rückstände im Flusswasser, in: Salzburger Nachrichten, 11. 11. 2005, S. 8; die Meldung „Internationale Studie. New York ist Kokain-Welthauptstadt. Deutsche Forscher haben erstmals Daten zu den Dunkelziffern des globalen Kokain-Konsums vorgelegt. In Flüssen forschten sie Koks-Rückständen nach – und fanden allein im New Yorker Hudson River Spuren von 16,4 Tonnen der Droge. Fazit: Die offiziellen Schätzungen sind weltweit viel zu niedrig, in: SPIEGEL ONLINE, 22. 11. 2006; ausgedruckt aus dem Internet http://www.spiegel.de/wissenschaft/mensch/0,1518,449928,00.html; dazu zuletzt auch ZÄUNER, aaO (Anm. 78), S. 133 f.

zum Konsum anderer Drogen als Cannabis erhoben werden konnten.[362]

Die Drogensituation in Österreich ist dadurch gekennzeichnet, dass hier seit ca. 1970 bis heute das Verhältnis der Zahl aller im Drogenbereich eingesetzten Exekutivbeamten im Vergleich zur geradezu explosionsartig angestiegenen einschlägigen Delinquenz von Jahr zu Jahr kontinuierlich schlechter geworden ist.[363] Ein seither nur unwesentlich vergrößerter Personalstand steht einem mehr als doppelt so großen Anfall an bekannt gewordenen Straftaten (Drogen- und alle anderen Delikte) gegenüber, dessen Größe Jahr für Jahr immer weiter ausufert. Im Bereich der Drogendelinquenz muss man mittlerweile sogar damit rechnen, dass sich die Zahl der bekannt gewordenen Delikte (im Schnitt) etwa alle 7 Jahre jeweils verdoppelt, während dies im Dunkelfeld etwa alle 6 Jahre geschehen dürfte. Dies bedeutet, wie schon oben näher ausgeführt, dass sich das Dunkelfeld zwischen 1970 und 2002 gut verdreißigfacht haben dürfte![364]

Beispielsweise geht SISKA davon aus, dass österreichweit schon 1989 ca. 100.000 Personen (nicht nur bloße Drogenkonsumenten, sondern) drogen<u>abhängig</u> waren.[365] Die Anzahl aller bekannt gewordenen Drogendelikte insgesamt – also auch der vielen Vergehen gegen das (damalige) Suchtgiftgesetz – betrug in diesem Jahr hingegen nur 5.110 (ermittelte Tatverdächtige: 4.051).[366]

Demgegenüber werden in der schon oben angesprochenen (im Jahr 2000 abgeschlossenen) Linzer Studie für das Jahr 1997 für ganz Österreich nicht mehr als „ca. 15.000 Konsumenten illegaler Drogen" geschätzt.[367] Die Studienautoren hätten (spätestens) dem „Bericht zur Drogensituation 1997" des ÖBIG entnehmen können, dass schon dort allein die Anzahl der problematischen <u>Opiat</u>abhängigen mit 10.000 bis 15.000 – österreichweit – angenommen wurde; sowie weiters, dass etwa 10 bis 20 % aller Jugendlichen (und knapp über 30 % der Jungerwachsenen) Konsumerfahrungen mit Cannabis gehabt haben dürften.[368]

362 SCHÄFER / PAOLI, aaO (Anm. 349), S. 340.
363 Näheres dazu vgl. unten S. 213 f.
364 Vgl. Näheres oben Abbildung 5, S. 61.
365 SISKA, aaO (Anm. 235), S. 27.
366 Entnommen aus der Polizeilichen Kriminalstatistik 1989, hrsg. vom Bundesministerium für Inneres, S. 12 f.
367 BRUCKNER / ZEDERBAUER / EINZINGER, aaO (Anm. 319), S. 35, 157.
368 HAAS 1997, aaO (Anm. 239), S. 35 f.

Auf Grund des riesigen Dunkelfeldes von ca. 98 % (etwa 941.000 Personen mit Zwölfmonatsprävalenz in Relation zu 21.090 ermittelten Tatverdächtigen im Jahr 2002) dürften nach unserer Hochrechnung[369] 1997 in Wahrheit mehr als 531.000 Personen innerhalb der letzten 12 Monate Drogen missbraucht haben, ein Großteil davon polytoxikoman. Demnach liegt die in der oben angesprochenen Linzer Studie genannte Zahl von „ca. 15.000 Konsumenten illegaler Drogen" für das Jahr 1997 ganz offensichtlich fernab jeder Realität. Die tatsächliche Konsumentenzahl dürfte schon 1997 etwa 35-mal höher gewesen sein.

Für das Jahr 2002 ergibt die Ermittlung der Zahl aller österreichischen Drogen-User[370], die jedenfalls in den letzten 12 Monaten illegale Substanzen konsumiert haben, Folgendes: Bei Zusammenrechnung aller Einzelwerte (Haschisch 900.000, Partydrogen 300.000, Kokain 160.000 und Heroin 100.000) ist für dieses Jahr von etwa 1.460.000 Einzelmissbrauchsfällen auszugehen.

Dabei kommt es infolge des verbreiteten polytoxikomanen[371] Drogenmissbrauchs natürlich zu Mehrfachzählungen. Unter der Annahme, dass ein Drittel aller Konsumenten je eine, ein weiteres Drittel durchschnittlich zwei und das letzte Drittel jeweils drei oder mehrere Substanzen zu missbrauchen pflegt, reichte sogar schon eine Gruppe von 636.924 Personen aus, um die ganze Drogenmenge zu verbrauchen, die 1.460.000 – fiktive – Konsumenten je einer einzigen illegalen Substanz benötigen würden.

Diese Annahme impliziert allerdings, dass jeder Polytoxikomane von allen Drogen jeweils so viel einnimmt wie ein „Einzelmissbraucher". Dies würde etwa für einen polytoxikomanen Problemkonsumenten von Heroin bedeuten, dass er nicht nur die Tagesdosis des Opiats, sondern zusätzlich auch noch die üblichen (vollen) Tagesdosen z.B. von Kokain und Haschisch verbraucht. Derartige Gesamtmengen würde wohl kaum ein „User" (auch nur körperlich) aushalten können.

369 Vgl. oben Abbildung 5, S. 61.

370 Vgl. S. 123 f.

371 HAAS / BUSCH / GUZEI / TÜRSCHERL / WEIGL 2001, aaO (Anm. 65), S. I f. und III (= Kurzfassung); S. 59 ff., 63; HAAS / BUSCH / HORVATH / TÜRSCHERL / WEIGL 2002, aaO (Anm. 340), S. 19, 35; HAAS / BUSCH / HORVATH / WEIGL / TÜRSCHERL 2003, aaO (Anm. 8), S. III (= Kurzfassung), 17, 39; vgl. dazu auch PREISZLER, aaO (Anm. 114), S. 75; BUSCH Martin / HAAS Sabine, Illegale Drogen in Österreich: Epidemiologische Situation und aktuelle Trends, in: BROSCH Renate / MADER Rudolf (Hrsg.), Sucht und Suchtbehandlung. Problematik und Therapie in Österreich, Wien 2004, S. 82.

Wesentlich realitätsnäher erscheint, dass sich die (allermeisten) Polytoxikomanen jeweils an eine „Leitdroge"[372] zu halten pflegen und die anderen Substanzen nur in kleineren Mengen mitkonsumieren; letztere nur dann in höheren Dosen, wenn sie ihre Leitdroge nicht auftreiben können. Dies würde bedeuten, dass der jeweilige Nebenkonsum anderer Substanzen insgesamt nur einen – mehr oder minder großen – Bruchteil der Konsummengen der Leitdroge ausmachen kann.

Wir nehmen hier an, dass Polytoxikomane zur vollen Dosis ihrer jeweiligen Leitdroge im Schnitt ca. 83 % an anderen illegalen Substanzen mitkonsumieren. Demnach wäre eine Gruppe von etwa 941.000 Personen erforderlich, um die gesamte Drogenmenge zu verbrauchen, die 1.460.000 – fiktive – Konsumenten je einer einzigen illegalen Substanz benötigten. Dabei gehen wir davon aus, dass etwa ein Viertel aller 941.000 Missbraucher nur eine einzige Substanz verwenden und etwa drei Viertel polytoxikomane Gebrauchsmuster aufweisen (also gegenüber dem ersten Drittel pro Person quantitativ ca. 83 % mehr einzunehmen pflegen).

> Sollten polytoxikomane Gebrauchsmuster – wider Erwarten – weniger verbreitet sein als hier angenommen, wären folgerichtig entsprechend mehr als 941.000 Konsumenten notwendig, um die auf jede einzelne Substanz entfallenden Konsumakte pro Jahr in dieser (größeren) Population „unterzubringen". Im Extremfall – also wenn es überhaupt keinen polytoxikomanen Konsum gäbe – wären dies bekanntlich insgesamt 1.460.000 Konsumenten je einer illegalen Substanz.

Jeder dieser 941.000 Drogenmissbraucher hat 2002 während der letzten 12 Monate (irgendeine oder sogar mehrere) illegale Drogen erworben, besessen (etc.) und/oder mit diesen Substanzen gehandelt und wäre demnach in aller Regel gerichtlich zu bestrafen gewesen.

Wir können davon ausgehen, dass gegen 700.000 unter allen 941.000 Drogenmissbrauchern (zumindest gelegentlich) auch als (Klein-)Dealer tätig waren. Wenn dieser Personenkreis pro Monat fünf Drogendelikte begeht, ergäbe dies somit schon 42 Millionen

372 Vgl. dazu auch RISSER Daniele U. / HÖNIGSCHNABL Selma, Tödlicher Suchtmittelmissbrauch in Wien – Erfahrungen aus gerichtsmedizinischer Sicht, in: FISCHER Gabriele (Hrsg.), Therapie mit Opioiden. Vademecum für PraktischeÄrztInnen und verwandte Gesundheitsberufe, Wien 2002, S. 220; HAAS / BUSCH / HORVATH / WEIGL / TÜRSCHERL 2003, aaO (Anm. 8), S. 66 f.

Einzeltaten pro Jahr. Wären die restlichen ca. 241.000 Missbraucher, die keine Dealer sind, nur mit halb so vielen Drogenvergehen pro Kopf belastet, kämen weitere 7,23 Millionen Straftaten dazu. Zusammen ergäbe dies schon über 49 Millionen Einzeltaten.

Die Polizei konnte in diesem Zeitraum aber nur 21.092 (jugendliche und erwachsene) Tatverdächtige wegen Vergehens oder Verbrechens nach dem SMG „ermitteln".[373] Demnach konnte sie nur etwa jede 45. Person der Staatsanwaltschaft anzeigen, die in den letzten 12 Monaten ein- oder mehrmals Drogen konsumiert hat. Hingegen ist die Wahrscheinlichkeit, dass der Polizei eine der insgesamt über 49 Millionen Einzeltaten (auch nur) „bekannt" wird, bestenfalls mit 1 : 2.000 anzusetzen.

> Wie vorsichtig unsere Annahme ist, ergibt sich allein schon aus Folgendem: In Deutschland geht man davon aus, dass jeder Problemkonsument pro Tag (!) zwei einschlägige Deliktshandlungen begeht (Dealen oder Checken).[374] Umgelegt auf Österreich müssten demnach allein die ca. 72.500 Schwerstabhängigen pro Jahr fast 53 Millionen Drogendelikte begehen! – KREUZER hat bekanntlich festgestellt, dass jedenfalls Fixer sogar (mindestens) 4 Straftaten pro Tag begehen,[375] (darunter weitaus überwiegend wohl Drogendelikte).

a) Cannabis

aa) Prävalenz

Diese Droge ist auch in Österreich nach wie vor am häufigsten verbreitet. Bislang hat man angenommen, dass in etwa 20 bis 30 % der in Frage kommenden Bevölkerungsteile schon irgendeine eigene Erfahrung mit Cannabis haben sollen. Nach der österreichweiten Repräsentativerhebung 2004 ist sogar davon auszugehen, dass schon etwa die Hälfte aller jungen Erwachsenen mindestens

373 Kriminalitätsbericht 2002, aaO (Anm. 170), S. B 19. – Laut Kriminalitätsbericht 2002 ist unter „ermittelter Tatverdächtiger" zu verstehen, „wer dringend verdächtig erscheint, die strafbare Handlung allein oder im Zusammenwirken mit anderen unmittelbar begangen zu haben bzw. einen anderen dazu bestimmt zu haben, sie auszuführen (Anstifter) oder sonst zu ihrer Ausführung beigetragen zu haben (Gehilfe)." – vgl. Kriminalitätsbericht 2002, aaO (Anm. 170), S. A 4.

374 Vgl. unten S. 167, 189 mwN.

375 KREUZER Arthur / RÖMER-KLEES Ruth / SCHNEIDER Hans, Beschaffungskriminalität Drogenabhängiger, BKA-Forschungsreihe, Band 24, Bundeskriminalamt Wiesbaden, Wiesbaden 1991, S. 217 f.

einmal Cannabis konsumiert hat.[376] – Demgegenüber geht das ÖBIG noch in seinem „Bericht zur Drogensituation 2006" davon aus, dass die Lebenszeitprävalenz der jungen Erwachsenen höchstens 35 % beträgt, bei der Bevölkerung insgesamt erst 20 %.[377]

Eine repräsentative Grazer Studie (515 Teilnehmer von 12 bis 25 Jahren) aus dem Jahr 2002, bei der – neben der Interviewführung durch zum Teil psychologisch geschultes Personal[378] – besonderer Wert auf Schaffung einer Vertrauensbasis und auf Zusicherung von Anonymität gelegt wurde, kommt hingegen sogar auf einen Prozentsatz von 58,2 % (Konsum in den letzten 12 Monaten immerhin noch 36,7 %).[379] In der Altersstufe zwischen 20 und 25 beträgt dieser Wert nicht 58,2 %, sondern sogar 67,6 %.[380] Als „Prävalenzalter" (= Auftreten „erster bedeutender Häufigkeiten"[381]) für Cannabis wurde in dieser Studie 13 Jahre angegeben.[382]

> Dass Cannabismissbrauch in immer jüngere Altersstufen vordringt, ist dabei kein Spezifikum von Graz (oder von Österreich). So haben etwa nach britischen Daten aus 2003 dort schon 8 % der 11-Jährigen in den letzten 12 Monaten irgendwelche illegale Drogen (also nicht ausschließlich Cannabis) konsumiert. Unter den 15-Jährigen waren es bereits 38 %.[383] – Im UN-Weltdrogenbericht 2004 wird die Zwölfmonatsprävalenz (nur) für Cannabis z.B. in Großbritannien für die Altersklasse zwischen 11 und 15 Jahren 2003 mit 13 % angegeben; 2002/03 in England und Wales in der Altersklas-

376 UHL / SPRINGER / KOBRNA / GNAMBS / PFARRHOFER, aaO (Anm. 354).

377 HAAS / BUSCH / HORVATH / TÜRSCHERL / WEIGL / WIRL / AUSTALLER 2006, aaO (Anm. 97), S. III (= Kurzfassung).

378 Die Drogensituation unter Grazer Jugendlichen und jungen Erwachsenen. Ein Monitoring, hrsg. von X-SAMPLE (= Hutsteiner & Waschnig OEG), Juli 2002, S. 4, 6, 34.

379 X-SAMPLE, aaO (Anm. 378), S. 4, 34. – Zur Verbreitung von „Haschisch" unter Jugendlichen und Jungerwachsenen in Österreich vgl. auch HAAS / BUSCH / HORVATH / TÜRSCHERL / WEIGL 2002, aaO (Anm. 340), S. 15 ff., 70 ff.; dazu auch HAAS / BUSCH/ TÜRSCHERL / GUZEI 2000, aaO (Anm. 67), S. II (= Kurzfassung); HAAS / BUSCH / HORVATH / WEIGL / TÜRSCHERL 2003, aaO (Anm. 8), S. IV (= Kurzfassung).

380 HAAS / BUSCH / HORVATH / WEIGL / TÜRSCHERL 2003, aaO (Anm. 8), S. 18.

381 X-SAMPLE, aaO (Anm. 378), S. 32, 41.

382 X-SAMPLE, aaO (Anm. 378), S. 34.

383 Drug use, smoking and drinking among young people in England in 2003. Headline Figures, edited by the National Centre for Social Research / National Foundation for Educational Research, o. O., o. J., p. 1 f.

se von 16 bis 59 Jahren mit 10,9 %.[384] – Der UN-Weltdrogenbericht 2006 weist z.B. aus, dass ca. 11 % der US-Gesamtbevölkerung über 12 Jahre innerhalb der letzten 12 Monate Cannabis konsumiert haben. Laut UN-Weltdrogenbericht 2007 waren es 10,4 %.

Anfang August 2007 ist bekannt geworden, dass eine Befragung unter 4.569 italienischen Schülern aus insgesamt 272 Klassen folgende Werte ergeben hat: Die Lebenszeitprävalenz bei Cannabis in der Alterklasse ab 11 beträgt 32 %. 16 % der befragten Schüler haben angegeben, sogar täglich Joints zu rauchen.[385]

Die oben angesprochene Besonderheit der Untersuchungsmethodik der Grazer Studie erscheint besonders bedeutsam, zumal allgemein bekannt ist, dass speziell Drogenkonsumenten hinsichtlich ihres Substanzmissbrauchs vielfach schon an sich zu unrichtigen – meist verharmlosenden – Angaben neigen.[386] Dieser Umstand wiederum dürfte dann besonders stark zum Tragen kommen, wenn der Befragte dem Untersucher oder seiner Anonymitätszusicherung kein ausreichendes Vertrauen entgegenbringen kann:

So finden sich z.B. im Jugendbereich (allein schon dann) höhere Prävalenzraten, wenn die Erhebungen außerhalb der Schule durchgeführt werden. In diesem Zusammenhang wird auch mit Recht angenommen, dass die Bereitschaft, Konsumerfahrungen zuzugeben, größer ist, wenn bei Erhebungen „Wert auf eine Vertrauensatmosphäre" gelegt wird.[387] Daher kann man sich gut vorstellen, wie unverlässlich etwa gar Auskünfte sein müssen, die nicht von erfahrenen Interviewern außerhalb der Schule erhoben

384 United Nations. Office on Drugs and Crime, 2004. World Drug Report, Volume 1: Analysis, Wien 2004, p. 150; ausgedruckt aus dem Internet: www.unodc.org/pdf/WDR_2004/volume_1.pdf.

385 Vgl. United Nations. Office on Drugs and Crime, 2006. World Drug Report, Volume 1: Analysis, Wien 2006, p. 159; ausgedruckt aus dem Internet: www.unodc.org/pdf/WDR_2006/wdr2006_volume1.pdf; United Nations. Office on Drugs and Crime, 2007. World Drug Report, Wien 2007, p. 116. – Zu den jüngsten Befragungsdaten aus Italien vgl. die Presseberichte in: Salzburger Nachrichten, 4. 8. 2007, S. XIX; Kurier, 1. 8. 2007, S. 8; Die Presse, 1. 8. 2007, S. 7.

386 GÖPPINGER Hans, Kriminologie, bearbeitet von BOCK Michael / BÖHM Alexander, unter Mitarbeit von KRÖBER Hans-Ludwig / MASCHKE Werner, 5. Auflage, München 1997, S. 368; vgl. dazu auch SPEGEL / SIMON / HÜLLINGHORST / DAVID-SPICKERMANN, aaO (Anm. 175), S. 19 f.; KREUZER, aaO (Anm. 239), S. 181.

387 BUSCH / HAAS, aaO (Anm. 371), S. 78 f.

werden, sondern – im schlechtesten Fall – durch kurze Befragungen am Telefon oder gar nur durch „SMS".[388]

Bekanntlich wurde erst unlängst die Meinung vertreten, dass bei Erhebungen per Interview generell mit zu niedrigen Konsumangaben zu rechnen ist („Undersampling", „Underreporting").[389] Demnach wären die in Graz erhobenen Werte noch (mehr oder minder stark) nach oben zu korrigieren, soweit es trotz möglicherweise optimaler Interviewtechnik nicht gelungen sein sollte, diesen Effekt (zur Gänze?) zu neutralisieren.

Wie sehr das Ergebnis einschlägiger empirischer Untersuchungen von der Verlässlichkeit der Konsumangaben der Befragten abhängt, illustriert auch folgendes Beispiel: Ein Meinungsforschungsinstitut hat 1984 eine Repräsentativerhebung bei einer bestimmten Alterskohorte vorgenommen. Diese Erhebung wurde 10 Jahre später wiederholt. Dabei hat sich ergeben, dass die 1984 ermittelte Lebenszeitprävalenz bei Cannabis in identischen Alterskohorten 1994 nicht – wie zu erwarten – angestiegen ist, sondern mittlerweile auf rund ein Drittel der seinerzeitigen Werte abgesunken sein soll![390]

Die Verfasser der Grazer Untersuchung weisen ausdrücklich darauf hin, dass ihre – im Vergleich zu anderen Erhebungen – „deutlich höheren" Werte von „den im Feld arbeitenden ExpertInnen" als „durchaus für plausibel und erwartbar" beurteilt wurden.[391]

Die 2002 in Graz erhobenen Befunde hinsichtlich Verbreitung des Cannabiskonsums unter Jugendlichen und Jungerwachsenen dürften der Wahrheit – auch außerhalb der Steiermark – wesentlich näher kommen als die Befragungsresultate auf der Basis bis dahin üblicher Untersuchungsverfahren. – In diesem Zusammenhang sei lediglich auf den Jahresbericht 2004 des Bundesministeriums für Inneres über die Suchtmittelkriminalität verwiesen: Er-

388 Vgl. EISENBACH-STANGL Irmgard, Zum Gebrauch psychotroper Substanzen und zur Verbreitung substanzbezogener Probleme in Österreich. Ein Überblick anhand ausgewählter Daten, in: BROSCH / MADER, aaO (Anm. 371), S. 103 f.; dazu auch *dieselbe*, Die Drogen, die Fremden und die Polizei: Polizeiliche Proaktivität und Anzeigenentwicklung, in: Phänomen Strafanzeige, Jahrbuch für Rechts- und Kriminalsoziologie, hrsg. von CREMER-SCHÄFER Helga / PILGRAM Arno / STANGL Wolfgang / STEINERT Heinz, 1. Auflage 2004, Baden-Baden 2004, S. 71.

389 UHL / SPRINGER / KOBRNA / GNAMBS / PFARRHOFER, aaO (Anm. 354).

390 UHL, aaO (Anm. 62), S. 108; vgl. dazu auch UHL / SPRINGER / KOBRNA / GNAMBS / PFARRHOFER, aaO (Anm. 354).

391 X-SAMPLE, aaO (Anm. 378), S. 4, 34.

mittlungen haben ergeben, dass z.B. in Klagenfurter Schulen mittlerweile „Cannabis von bis zu 80 % der Schüler konsumiert wird“.[392] Die Wiener Suchtspezialistin FISCHER geht etwa davon aus, dass (jedenfalls dort) bereits 70 % der OberklassenschülerInnen Cannabis rauchen.[393]

Es dürfte daher keineswegs übertrieben sein, für Österreich bezüglich der Bevölkerungsschicht der 15- bis 40-Jährigen anzunehmen, dass 2002 etwa 30 % dieses Personenkreises während der letzten 12 Monate Cannabis konsumiert haben. Dieser Anteil der Gesamtbevölkerung umfasste damals ca. 2.884.000 Personen.[394]

Wenn man bedenkt, dass das oben umschriebene Merkmal (Konsum innerhalb der letzten 12 Monate) leider sogar schon auf einen Bruchteil der (älteren) Kinder, jedenfalls aber gewiss auch auf einen Teil der Jugendlichen zwischen 14 und 15 Jahren und der Erwachsenen über 40 zutreffen wird, ist insoweit von einer involvierten Gesamtpopulation auszugehen, die nicht unter 3.000.000 umfassen dürfte. 30 % davon sind 900.000 Personen. – Zur Gruppe der unmündigen Drogenmissbraucher (vereinzelt wurden und werden ältere Kinder bekanntlich ja sogar schon als Dealer eingesetzt[395]) sei noch Folgendes angemerkt: PETUTSCHNIG fand unter den von ihm untersuchten nach dem Suchtgiftgesetz Angezeigten 12 %, deren Erstkonsum mit 12 oder 13 Jahren erfolgte. Neun von zehn Personen dieser Untergruppe wurden in der weiteren Folge drogenabhängig.[396]

Wie vorsichtig unsere Annahme bezüglich Cannabisprävalenz ist, erhellt auch der Umstand, dass wir den einschlägigen Konsum nur bis zum 40. Lebensjahr berücksichtigt haben. Nach der österreichweiten Repräsentativer-

---

392 Jahresbericht 2004. Suchtmittelkriminalität, aaO (Anm. 76), S. 10.

393 FISCHER, aaO (Anm. 77), S. 113.

394 Zu den demographischen Daten vgl. HAAS / BUSCH / HORVATH / WEIGL / TÜRSCHERL 2003, aaO (Anm. 8), S. 121.

395 Vgl. etwa Meldung „Kinder zum Dealen angeworben“ in: Kurier, 25. 7. 2003; ausgedruckt aus dem Internet: http://kurier.at/chronik/327837.php; Meldung „Wien: Kinder als Drogenverkäufer“, in: Der Standard, 25. 7. 2003; ausgedruckt aus dem Internet: http://derstandard.at/standard.asp?id=1371518; Meldung „Kinder als Drogenverkäufer benutzt“, in: Wien ORF.at, 25. 7. 2003; ausgedruckt aus dem Internet: http://oesterreich.orf.at/oesterreich.orf?read=detail&channel=1&id=271811; Meldung „Wien fordert um 1000 Polizisten mehr. Bürgermeister Häupl fürchtet um das Image Wiens als sichere Stadt. Indessen wurde ein neuer Fall von Drogenhandel bekannt: Schwarzafrikaner gaben Wiener Kindern Geld, damit sie Rauschgift verkaufen“, in: Die Presse, 25. 7. 2003; ausgedruckt aus dem Internet: http://diepresse.at.

396 PETUTSCHNIG, aaO (Anm. 340), S. 91.

hebung 2004 entfallen aber immerhin ca. 8 % des Gesamtverbrauchs an Cannabis auf Personen über 40.[397]

bb) Motivation zum Erstkonsum und Bezugsquellen

Einige neue Aspekte zu den Motiven für den Erstkonsum von Cannabis bei Jugendlichen und insbesondere auch für deren erste Bezugsquellen hat die bereits oben erwähnte Befragung von 395 Obermittelschülern (9. und 12. Schulstufe) aus dem Salzburger Pongau ergeben. Bekanntlich verfügte gut ein Viertel von ihnen (104) über Erfahrungen mit Cannabis:[398]

> Als Gründe für den Erstkonsum dieser Substanz wurden angegeben: 90 % „aus Neugier"; 35 % „Suche nach neuen Erfahrungen"; je 21 % „um mehr Spaß zu haben" und/oder „einfach um high zu sein". Lediglich 4 % nannten als Grund: „um Probleme zu vergessen". Ebenfalls jeweils 4 % gaben an: „um in der Gruppe dazu zu gehören" und/oder „um aus der Kleinbürgerlichkeit auszubrechen".[399]

Auch im Rahmen von Präventionsprojekten (z.B. für jugendliche Cannabiskonsumenten, die erstmals ein Drogendelikt begangen haben) hat sich herausgestellt, dass individuelle psychische Probleme oder Persönlichkeitsdefizite als Grund für den Erstkonsum eine eher untergeordnete Rolle spielen.[400]

Interessant erscheinen auch die Daten über die – zunächst eher „harmlos" anmutenden – Bezugsquellen, die sich jedoch auf den Erstkonsum beschränken:

> 66 % „in der Gruppe geteilt"; 27 % „von Freunden geschenkt bekommen", nur 2 % „von Freunden gekauft" und gar nur jeweils 1 % „von Verwandten erhalten"; „von Fremdem gekauft"; „von Unbekanntem geschenkt bekommen" sowie „selbst angebaut".[401]

An diesem Befund überrascht, dass beim eigentlichen „Einstieg" die Dealer zunächst noch so gut wie keine Rolle spie-

397 UHL / SPRINGER / KOBRNA / GNAMBS / PFARRHOFER, aaO (Anm. 354).
398 PFEFFERKORN-TSCHALER, aaO (Anm. 192), S. 185 ff., 202 ff.
399 PFEFFERKORN-TSCHALER, aaO (Anm. 192), S. 206.
400 Jahresbericht 2005 der Europäischen Beobachtungsstelle für Drogen und Drogensucht, aaO (Anm. 124), S. 40; vgl. dazu auch HAAS / BUSCH / HORVATH / TÜRSCHERL / WEIGL / ABRAHAM 2005, aaO (Anm. 68), S. 75.
401 PFEFFERKORN-TSCHALER, aaO (Anm. 192), S. 208 f.

len (hier vermutlich: 1% „von Fremden gekauft“ und ebenfalls 1% „von Unbekanntem geschenkt bekommen“).

cc) Subjektive Einschätzung und tatsächliche Suchtgefahren

In diesem Zusammenhang erscheint bedeutsam, dass Jugendliche die Suchtgefahr speziell durch Cannabis (und auch durch andere illegale Substanzen) im Vergleich zu Alkohol und Nikotin geradezu bagatellisieren. Beispielsweise waren auch nach der Grazer Studie fast 60 % der Befragten der Meinung, dass sie von (illegalen) Drogen nicht süchtig werden könnten.[402] Speziell Cannabis-Produkte werden als die „ungefährlichsten“ eingestuft.[403] Vergleichsweise wurden Alkohol und Tabak von derselben Population – ungleich rigider – als „eher gefährliche Drogen mit hoher Suchtgefahr“ beurteilt.[404]

Demgegenüber ergibt sich aus neueren Befunden, dass Cannabis längst nicht mehr als „harmlose“ Droge anzusehen ist. Der Wirkstoffgehalt ist in den letzten Jahren von einigen wenigen Prozenten dramatisch auf Werte bis über 50 % THC (!) angestiegen. Längerer exzessiver Missbrauch dieser Substanz kann zu einer Vielzahl von mentalen und psychischen Störungen führen (Abnahme des Intelligenzquotienten im Schnitt um 4 %, fallende Schulleistungen, Abbruch der Ausbildung, Auslösung von Psychosen, Depressionen, Angststörungen u.v.a.m.).[405]

> Dessen ungeachtet wird auch noch in jüngeren Publikationen, die sich gegen die „Cannabisprohibition in Deutschland“ wenden, nach wie vor (u.v.a.m.) behauptet, dass „nach dem wie auch immer gearteten Gebrauch von Cannabis“ zwar mit Lungen- und Bronchialkrankheiten gerechnet werden müsse. – Hingegen sei etwa (auch nur) die Entwicklung eines durch Cannbiskonsum bedingten ‚amotivationalen Syndroms‘ „nach dem heute geltenden wissenschaftlichen Kenntnisstand“ abzulehnen.[406]

402 X-SAMPLE, aaO (Anm. 378), S. 26.

403 X-SAMPLE, aaO (Anm. 378), S. 29.

404 X-SAMPLE, aaO (Anm. 378), S. 30.

405 PATZAK Jörn / GOLDHAUSEN Sabine / MARCUS Alexander, Cannabis – längst keine „weiche Droge“ mehr!, in: der kriminalist, 03/2006, S. 100 ff.

406 Vgl. statt vieler KRUMDIEK Nicole, Die national- und internationalrechtliche Grundlage der Cannabisprohibition in Deutschland. Eine Untersuchung unter Einbeziehung des aktuellen Forschungsstandes hinsichtlich der gesundheitlichen und sozialen Auswirkungen des Konsums von Cannabis, Bremer Forschungen zur Kriminalpolitik, Band 7, Berlin 2006, S. 391.

Zudem ist neuerdings hervorgekommen, dass exzessiver Missbrauch von Cannabis (entgegen bisher herrschender Fachmeinung) sehr wohl (neben einer psychischen) auch eine massive körperliche Abhängigkeit von dieser Substanz mit Auftreten eines Entzugssyndroms bei Abstinenz nach sich ziehen kann.

Der bekannte Suchtspezialist Prof. Rainer THOMASIUS vom Universitätsklinikum Hamburg-Eppendorf berichtete 2006, dass – deutschlandweit – etwa jede zehnte erwachsene aktuelle CannabiskonsumentIn (bei Männern fast jeder fünfte) eine derartige Abhängigkeit von Cannabis aufweist. Eine Untersuchung aus dem Münchener Einzugsbereich hat ergeben, dass (sogar schon) in der Altersgruppe zwischen 14 und 24 Jahren 4 bis 7 % aller CannabiskonsumentInnen als „abhängig" diagnostiziert werden mussten.[407]

Nicht zuletzt deshalb erscheint es bedenklich, wenn sogar von Suchtgiftkongressen aus in breitester Medienöffentlichkeit z.B. kolportiert wird, dass in Österreich die Gefahr, an einer Alkoholvergiftung zu sterben, etwa vier Mal so groß sei, wie sein Leben durch illegale Substanzen zu verlieren.[408] Eine solche „Gefahrenberechnung" ohne jede Berücksichtigung der Ausbreitung der jeweiligen suchterzeugenden Substanz innerhalb einer Population ist grob irreführend. Mit gleicher „Logik" könnte man z.B. auch belegen, dass der gewöhnliche Nachtschlaf weitaus „lebensgefährdender" sei als das Motorradfahren: Schließlich sterben ja um ein Vielfaches mehr Menschen im Bett als beim Motorradfahren?

Der Missbrauch von Alkohol ist – nicht nur, aber ganz besonders durch Jugendliche oder gar Kinder – ein gewaltiges gesundheitliches und soziales Problem. Es besteht aber nicht der geringste Anlass, diesen gesellschaftlichen Missstand dazu zu benützen, die noch ungleich gefährlicheren illegalen Drogen (zumindest indirekt) zu verharmlosen: Unter solchen Umständen kann es nicht verwundern, wenn Jugendliche durch solche fragwürdigen Zahlenspiele zum Fehlschluss kommen, Alkohol sei auch für den einzelnen Konsumenten etwa vier Mal gefährlicher als illegale Drogen.

---

407 THOMASIUS Rainer, Cannabiskonsum und -missbrauch: Deutschlands Suchtproblem Nr. 3 bei Jugendlichen und jungen Erwachsenen. Mit Prävention und frühen Hilfen der Suchtgefahr entgegenwirken, in: Monatsschrift für Kriminologie, 2/2006, S. 113 f. mwN.

408 Vgl. statt vieler Salzburger Nachrichten, 9. 9. 2004, S. 21.

dd) Konsummengen und Substanzkosten

Laut „Bericht zur Drogensituation 2003" des ÖBIG existierten für den Zeitraum 2002/03 (noch) keine zugänglichen und verlässlichen Daten zu den Preisen von illegalen Substanzen.[409] Die den folgenden Kostenberechnungen zugrunde liegenden empirischen Basisdaten (Gramm- oder Stückpreis von illegalen Substanzen, max. Tagesverbrauch, typischer modus operandi von drogenabhängigen Einbrechern, Hehlerquote u.a.) gehen auf eine eigene Erhebung zurück.

Wir haben uns im Laufe des Sommers 2003 bei den kriminalpolizeilichen Dienststellen von Polizei und Gendarmerie aller Landeshauptstädte[410] telefonisch nach besonders erfahrenen Drogen- und Diebstahlssachbearbeitern erkundigt. Diese wurden von uns sodann nach einem einheitlichen Schema befragt. In der Bundeshauptstadt haben wir zwei solche Dienststellen in diese Erhebung einbezogen, darunter die Kriminaldirektion 1 (ehemaliges Sicherheitsbüro). Daher stützen sich unsere Praxisdaten auf ein Expertenrating unter insgesamt 17 österreichischen Fachdienststellen. Aus den gesamten erhobenen Daten haben wir Durchschnittswerte errechnet, die den nun folgenden Kostenberechnungen zugrunde gelegt werden.

Die 2004 vom Bundesministerium für Inneres erhobenen Grammpreise[411] liegen – soweit überhaupt vergleichbar – ähnlich hoch.[412] Schwankungen erklären sich aus den jeweiligen Marktverhältnissen.

Aus Anlass der eigentlichen Datenerhebung ergaben sich vielfach außerordentlich interessante und aufschlussreiche Hintergrundgespräche, bei denen sich (u.a.) herausstellte, dass die Resultate unserer eigenen Dunkelfeldberechnungen für den Drogen-

---

409 HAAS / BUSCH / HORVATH / WEIGL / TÜRSCHERL 2003, aaO (Anm. 8), S. 37.

410 In Wien natürlich nur bei der Polizei und ebenso in Vorarlberg nur bei der Gendarmerie.

411 Vgl. HAAS / BUSCH / HORVATH / TÜRSCHERL / WEIGL 2004, aaO (Anm. 98), S. 57.

412 So haben wir für das Jahr 2002 etwa für Heroin einen durchschnittlichen Grammpreis von 72 € erhoben, während sich aus den Daten des BMI für 2004 75 € ableiten lassen. Bei Kokain kamen wir auf 95,4 €, das BMI auf 80 €. Deutlichere Unterschiede ergaben sich lediglich bei Cannabis: Unsere Befragung ergab einen durchschnittlichen Grammpreis von 9,40 €, während das BMI lediglich 5,50 € festgestellt hat. Die Werte von Ecstasy und Amphetaminen konnten nicht verglichen werden, weil sich unsere Erhebung auf die Kosten einer Tablette bezogen hat, das BMI aber Grammpreise verzeichnet.

bereich auch von erfahrenen Praktikern insgesamt bestätigt werden konnten.[413]

Der größte Teil der oben angesprochenen Population von 900.000 Cannabis-Usern im Jahr 2002 entfällt natürlich auf Klein- und Durchschnittskonsumenten.[414] Überraschend waren allerdings einige Expertenaussagen zum max. Tagesbedarf von Cannabis-Missbrauchern. Drei der siebzehn befragten Kriminaldienststellen berichteten über Werte im Bereich von 5 oder 6 Gramm, zwei Beamten waren sogar schon Spitzenwerte bis zu 15 Gramm pro Tag (!) untergekommen.

> Dass derartige Extremwerte keineswegs unrealistisch sein dürften, bestätigte nicht zuletzt der UN-Weltdrogenbericht 2006. Er berichtete, dass ein Dealer im Rahmen einer Mailänder Studie behauptet habe, in einer bestimmten Phase seines Lebens bis zu 20 Gramm (!) Cannabis pro Tag konsumiert zu haben.[415]

Dies erklärt auch den ungewöhnlich hohen Durchschnittswert aller dieser Verbrauchsangaben von (knapp über) 4 Gramm/Tag. – Die sich in diesem Zusammenhang aufdrängende Frage, wie weit derartig hohe Spitzendosen (sc. an Reinsubstanz) überhaupt (somatisch) „vertragen" werden könnten, muss hier unbeantwortet bleiben. Bemerkt sei lediglich, dass Straßendrogen üblicherweise (mehr oder weniger stark) „gestreckt" werden. Für unser Thema relevant ist lediglich, dass sich der zu finanzierende durchschnittliche Marktpreis in aller Regel nicht auf Reinsubstanz, sondern auf die jeweils „marktüblichen" Gemische bezieht. Dies gilt natürlich nicht nur für Cannabis, sondern auch für alle anderen illegalen Drogen.

Die soeben referierten Höchstwerte sind zweifellos als untypische „statistische Ausreißer" anzusehen. Wir gehen daher hier[416] von einem maximalen Tagesverbrauch von lediglich 2 Gramm aus.

---

413 An dieser Stelle sei allen von uns Befragten aus den insgesamt 17 einbezogenen kriminalpolizeilichen Fachdienststellen von Polizei und Gendarmerie sehr herzlich für die bereitwillige Kooperation bei unserer Untersuchung und für viele wichtige darüber hinausgehende Zusatzinformationen gedankt!

414 Zu den Begriffen „Durchschnittskonsument" und „Kleinkonsument" vgl. unten den Exkurs auf S. 157 ff.

415 World Drug Report 2006, aaO (Anm. 385), p. 199 mwN.

416 Auch unter Bedachtnahme auf diverse Bereinigungsfaktoren. Näheres dazu vgl. unten S. 148, Anm. 481.

Wir nehmen an, dass etwa 18.000 Cannabis-Missbrauche der Gruppe der Schwerstabhängigen angehören. Wie vorsichtig diese Annahme ist, erhellt u.a. der Umstand, dass nach neuesten Erhebungen „weniger als 1 % der Bevölkerung" täglich (oder fast täglich = öfter als zwanzig Mal pro Monat) Cannabis konsumierten.[417] Dies bedeutet also, dass bis gegen 80.000 Personen täglich oder fast täglich Cannabis missbrauchen.

> Der UN-Weltdrogenbericht 2006 verweist auf US-Erhebungen, denen zufolge 2003 von allen 25 Millionen US-Bürgern über 12 Jahre mit Zwölfmonatsprävalenz 14,5 Millionen auch im letzten Monat Cannabis konsumiert haben, also ca. 58 %. Für Australien wurde ein – analoger – Wert von 60 % erhoben, in den Niederlanden 61 %, in Frankreich 52 %, in Griechenland 53 %. Für Irland wurde dieser Wert mit 51 %, für Lettland mit 47 % und für Großbritannien mit 63 % angegeben.[418]
>
> Nach offiziellen australischen Untersuchungen für 2001 gelangen 16 % aller über 14-jährigen Cannabiskonsumenten mit Zwöfmonatsprävalenz im Laufe der Zeit (sogar) zu täglichem (und weitere 23 % zu wöchentlichem) Konsum.[419] Laut europäischen und US-Daten landen im Durchschnitt 14 % bei täglichem oder fast täglichem Konsum.[420]

Demnach wäre für Österreich bei etwa 900.000 Cannabiskonsumenten mit Zwölfmonatsprävalenz davon auszugehen, dass sogar bis zu 126.000 unter ihnen zu täglichem oder fast täglichem Konsum (und daher mit hoher Wahrscheinlichkeit zu einer gravierenden Suchtentwicklung) gelangen könnten. – Unsere Annahme von bloß 18.000 schwerstabhängigen Cannabiskonsumenten ist demnach als überaus vorsichtig anzusehen.

ExtremkonsumentInnen benötigen pro Tag jeweils (mindestens) 2 Gramm; pro Jahr also 730 Gramm. Die Untergruppe der von uns angenommenen (lediglich) 18.000 Schwerstabhängigen von Cannabis verbraucht demnach jährlich insgesamt 13,14 Tonnen dieser Substanz.

---

417 UHL / SPRINGER / KOBRNA / GNAMBS / PFARRHOFER, aaO (Anm. 354).
418 World Drug Report 2006, aaO (Anm. 385), p. 196 mwN.
419 World Drug Report 2006, aaO (Anm. 385), p. 196 mwN.
420 World Drug Report 2006, aaO (Anm. 385), p. 197 mwN.

Hinsichtlich aller anderen 882.000 Cannabis-User ist davon auszugehen, dass diese ein Kontinuum[421] bilden: An seinem „oberen“ Ende steht in dieser Gruppe ein gerade noch nicht schwerstabhängiger „Maximalkonsument“, der im Schnitt – angenommen – 1,95 Gramm pro Tag benötigt; pro Jahr also 711,75 Gramm. Am „unteren“ Ende könnten wir einen „Minimalkonsumenten“ finden, der in den letzten 12 Monaten vielleicht nur ein einziges Mal 0,25 Gramm konsumiert haben mag. Daraus errechnet sich ein Durchschnittsverbrauch für alle Mitglieder dieser Gruppe von 356 Gramm pro Jahr. Deren Gesamtbedarf im Jahr 2002 müsste daher 313,992 Tonnen Cannabis betragen haben.

Dieser Mengenermittlung liegt die Annahme zugrunde, dass der Jahresbedarf vom „leichtesten“ bis zum „schwersten“ Fall innerhalb der Gesamtgruppe der Klein- und Durchschnittskonsumenten linear ansteigt. Soweit von uns aus übersehbar, existiert derzeit noch kein verlässliches Erfahrungswissen darüber, wie diese „Anstiegslinie“ in der Realität tatsächlich verläuft. Man wird allerdings annehmen können, dass größere „Stufen“ oder stärkere „Brüche“ innerhalb dieses Verlaufes extrem unplausibel wären.

Aus Vorsichtsgründen gehen wir für unsere Bedarfsermittlung davon aus, dass die Anstiegskurve zunächst eher flach verläuft und erst ca. ab der Mitte zunehmend steiler wird: Man könnte also sagen, dass diese Kurve einen – mehr oder minder stark ausgeprägten – „Bauch“ nach unten hat. Um dem von uns vermuteten Kurvenverlauf Rechnung zu tragen, reduzieren wir unsere Verbrauchsannahme (gegenüber dem oben zugrunde gelegten linearen Bedarfsanstieg) um 50 %. Demnach ist der Gesamtbedarf dieser Gruppe im Jahr 2002 nicht mit 313,992 Tonnen, sondern mit 156,996 Tonnen anzusetzen.

421 Vgl. dazu auch EISENBACH-STANGL, Zum Gebrauch psychotroper Substanzen, aaO (Anm. 388), S. 103 mwN.

Abbildung 12: Schematische Darstellung des angenommenen Anstieges des Tagesbedarfes

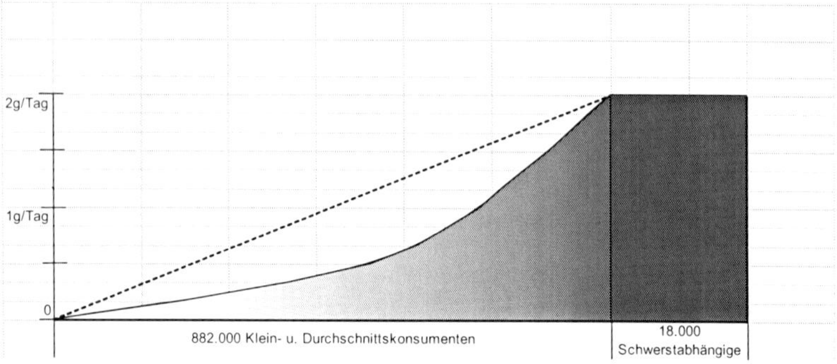

Zusammen mit den oben ermittelten 13,14 Tonnen für die 18.000 Schwerstabhängigen errechnet sich daher für alle 900.000 Cannabis-User im Jahr 2002 ein Gesamtverbrauch von – kaum glaublichen – ca. 170,135 Tonnen; pro Tag also 466,10 Kilogramm. Der für ganz Österreich aus allen Praktikerdaten errechnete Durchschnittspreis pro Gramm beträgt 9,40 €. Multipliziert man den durchschnittlichen Endverkaufspreis mit dem Jahresverbrauch, so errechnet sich daraus ein Betrag von 1.599,269 Millionen €.

Dabei ist allerdings anzunehmen, dass ein Teil des gesamten Drogenbedarfes durch irgendeine Form von „Dealen" finanziert wird. Geht man davon aus, dass drogenabhängige Kleinhändler im Schnitt bis zu fünf „Letztverbraucher" versorgen, so genügt schon ein Aufschlag von ca. 21 % auf ihre eigenen „Einkaufspreise"[422], damit aus dem Gewinn der Eigenbedarf für die Dealer (= zu deren Einstandskosten) abgedeckt werden kann. Von einer ähnlichen Modellrechnung ging 2000 auch das „Executive Office" des amerikanischen Präsidenten aus.[423]

---

422 Diese „Handelsspanne" ist natürlich immer stark abhängig von den jeweiligen Einkaufsmengen. „Großkunden" kaufen vergleichsweise sehr günstig ein und haben demnach gegenüber „Letztverbrauchern" eine ungleich höhere Gewinnspanne als Kleinstverkäufer, die auch ihrerseits schon einen relativ hohen „Einkaufspreis" zahlen mussten. – Ob dieser Aufschlag sich im Preis selber ausdrückt und/oder durch „Strecken" des „Stoffes" erzielt wird, spielt hier keine Rolle.

423 RHODES William / LAYNE Mary / JOHNSTON Patrick / HOZIK Lynne, What America's Users Spend on Illegal Drugs 1988-1998, prepared for Office of National Drug Control Policy, Office of Programs, Budget, Research and Evaluations under HHS contract no. 282-98-0006, edited by the Executive Office of the President of the United States, o. O., 2000, Appendix B. Estimating Typical Expenditures on Drug Consumption, p. B-11.

Durch diesen Einkaufsvorteil der (jeweils) dealenden Cannabis-User würde sich der jährliche Gesamtbedarf aller Cannabismissbraucher zur Beschaffung ihrer Droge von 1.599,269 Millionen € um 17,5 % reduzieren. Wir nehmen dabei an, dass jeder der Beteiligten gleich viel konsumiert.

Dieser Befund steht nicht im Widerspruch zu den Daten KREUZER's, denen zufolge die von ihm untersuchten Süchtigen ihren Drogenbedarf zu etwa 30 % (und die älteren Missbraucher sogar zu 40 %) durch Dealen finanzieren.[424] Auch BOCK geht davon aus, dass etwa ein Drittel dieses Geldbedarfs durch Drogenhandel und -vermittlung aufgebracht wird.[425] – In der ganzen Drogenszene wird sich natürlich auch eine – mehr oder minder große – Subpopulation unter den Süchtigen finden lassen, die ihren Verbrauch sogar zu 100 % aus dem Handel abdecken kann und dabei auch noch Gewinne erzielt. – Für uns ist relevant, dass alle diese Prozentsätze nicht auf die gesamte Drogenszene „hochgerechnet" werden dürfen: Jeder funktionierende Markt setzt bekanntlich nicht nur Händler, sondern auch Kunden voraus. Unter Berücksichtigung dieses trivialen Umstandes (in Verbindung mit den vorne umschriebenen Annahmen zu den realen Marktbedingungen) erscheint uns die angenommene „Verbilligungsrate" von 17,5 % durch den oben skizzierten Einkaufsvorteil der (jeweils) dealenden User – bezogen auf den ganzen österreichischen Drogenmarkt – als durchaus realistisch.

Demnach sind für die benötigte Gesamtmenge von 170,135 Tonnen Cannabis statt 1.599,269 Millionen € insgesamt 1.319,397 Millionen € anzusetzen. Daraus errechnet sich für jeden einzelnen der ca. 900.000 Cannabismissbraucher im Durchschnitt ein Jahresbedarf von ca.1.466 €[426], monatlich daher etwa 122,20 €.[427]

Hingegen benötigt ein Problemmissbraucher pro Monat ca. 571,80 €[428] (nur) für diese Substanz, selbst wenn er im Schnitt lediglich 2 Gramm pro Tag konsumiert. (Vereinzelt kommen bei

424 KREUZER / RÖMER-KLEES / SCHNEIDER, aaO (Anm. 375), S. 202, 404; KREUZER, aaO (Anm. 239), S. 178; ERHARDT Elmar, Zur Beschaffungskriminalität von Drogenabhängigen. Ein Forschungsbericht, in: ERHARDT Elmar / LEINEWEBER Heinz (Hrsg.), Drogen und Kriminalität. Beiträge, Forschungsberichte und Materialien aus dem Kriminalistischen Institut, Sonderband der BKA-Forschungsreihe, Bundeskriminalamt Wiesbaden 1993, S. 45.

425 BOCK Michael, Kriminologie. Für Studium und Praxis, 2. Auflage, München 2000, S. 417.

426 ≈ 20.173 ATS.

427 ≈ 1.682 ATS.

428 ≈ 7.870 ATS.

Schwerstabhängigen von Cannabis bekanntlich sogar Spitzenwerte von 6 Gramm, ja bis zu 15 oder gar 20 Gramm Tageskonsum vor.)

ee) Relevanz der österreichweiten Repräsentativerhebung 2004

Das (vormalige) Bundesministerium für Gesundheit und Frauen (wie auch seine jeweils fachzuständigen Vorgänger) lassen das Ausmaß des illegalen Drogenkonsums in periodischen Abständen durch österreichweit repräsentative Bevölkerungsumfragen erheben. – Wir haben die Resultate der letzten Befragung aus 2004 zum Anlass genommen, um unsere eigenen Prävalenzannahmen zu überprüfen und gegebenenfalls einer Revision zu unterziehen.

Wie im Folgenden noch näher auszuführen sein wird, hat sich eine Korrektur unserer Daten jedoch erübrigt. Dies hängt primär mit der Methodik dieser Repräsentativerhebung zusammen. Unsere Einwände gegen die Aussagekraft dieser Erhebung gelten nicht nur für Cannabis, sondern auch für alle anderen einbezogenen illegalen Substanzen. Daher werden diese Einwände schon an dieser Stelle nicht nur für Cannabis skizziert, sondern auch für die anderen Substanzen mitbehandelt.

Ob und wie weit Einzelheiten dieses Untersuchungsverfahrens (z.B. durch EU oder EBDD) vorgegeben sind, kann von hier aus nicht beurteilt werden. Das Verfahren selber scheint jedoch – jedenfalls für Österreich – wenig zielführend: Die Gesamtstichprobe beläuft sich zwar auf 4.546 Befragte, was zunächst durchaus imposant erscheinen mag. Dieser Eindruck relativiert sich jedoch sofort, wenn man bedenkt, dass die befragte Gesamtbevölkerung in insgesamt sieben Altersstufen zwischen 14 und 99 untergliedert wurde. Dies bedeutet, dass ca. 34 % der gesamten Stichprobe für die Bevölkerungsgruppe ab 50 gleichsam „verschwendet“ wird, zumal ab diesem Alter die Prävalenzdaten jedenfalls für die letzten 12 Monate (und erst recht für die letzten 30 Tage) schlechthin vernachlässigbar sind.[429]

Dafür ist die Bevölkerungsgruppe zwischen 12 und 14 in dieser Stichprobe gleich gar nicht vertreten, obwohl schon seit 2002 bekannt ist, dass 11 % dieser Altersschicht schon Erfahrungen mit zumindest einer psychoaktiven Substanz (abgesehen von Alkohol

429 UHL / SPRINGER / KOBRNA / GNAMBS / PFARRHOFER, aaO (Anm. 354).

und Nikotin) hatten.[430] Die jüngste befragte Gruppe betrifft 14 bis 19-Jährige. Auf diesen – besonders sensiblen und daher auch besonders interessierenden – Anteil an der Gesamtpopulation entfallen österreichweit allerdings ganze 430 Befragte. Nimmt man an, dass etwa ¼ dieser Teilstichprobe auf Wien entfällt, so bleiben für alle anderen acht Bundesländer – im Schnitt – gerade noch je etwa 40 befragte Jugendliche übrig.

Es kann daher nicht verwundern, dass in dieser Altersschicht z.B. für Amphetamine, für Kokain, Heroin und auch für LSD jeweils eine Monatsprävalenz von 0,0 % erhoben werden konnte. Aber selbst die Jahresprävalenz betrug z.B. für Heroin und für LSD noch immer 0,0 %. – Nicht minder unplausibel erscheinen auch andere Werte: So wird z.B. die Monats- und die Jahresprävalenz der Gesamtbevölkerung für Heroin (jeweils 0,2 %) und für Kokain (jeweils 0,3 %) gleich hoch (!) ausgewiesen.[431]

Solche realitätsfremden Resultate sind selbstverständlich nicht nur auf die u.E. verfehlte Aufteilung der Gesamtstichprobe zurückzuführen. Sie hängen sehr wesentlich auch mit der schon oben angesprochenen erheblichen Unterschätzung (Undersampling, Underreporting) zusammen, die für Face-to-Face-Umfragen generell gelten dürfte.[432]

Demgegenüber halten wir die Annahme der Studienautoren für überzogen, dass bei fragebogenbasierten Erhebungen generell mit Übertreibungen zu rechnen sei.[433] Dies erscheint schon deshalb unplausibel, da man anonym Befragten schwerlich unterstellen kann, sie hätten irgendein Interesse daran, die erfragten Konsumdaten (und damit die statistischen Durchschnittswerte) „hochzutreiben". Vermutlich halten sich bei anonymen schriftlichen Befragungen „Über-" und „Untertreiber" eher die Waage.

Aus allen diesen Gründen konnten wir die Resultate der Repräsentativerhebung 2004 für unsere Untersuchung nur partiell verwenden. Diese Resultate haben hingegen keinen Anlass geboten, unsere Prävalenzannahmen (sowohl für Cannabis als auch für alle anderen illegalen Substanzen) zu revidieren.

430 Vgl. HAAS / BUSCH / HORVATH / TÜRSCHERL / WEIGL / WIRL / AUSTALLER 2006, aaO (Anm. 97), S. 63 mwN.
431 UHL / SPRINGER / KOBRNA / GNAMBS / PFARRHOFER, aaO (Anm. 354).
432 UHL / SPRINGER / KOBRNA / GNAMBS / PFARRHOFER, aaO (Anm. 354).
433 Vgl. UHL / SPRINGER / KOBRNA / GNAMBS / PFARRHOFER, aaO (Anm. 354).

Unsere Annahmen werden im Übrigen auch durch die jüngsten Daten der EBDD in ihrem Jahresbericht 2007 – jedenfalls dem Grunde nach – bestätigt: Ihnen zufolge soll die Anzahl der Anzeigen wegen Missbrauchs von Cannabis in einigen EU-Ländern zwar stagnieren und z.T. sogar zurückgehen. In diesem Kontext wird aber – wohl zu Recht – vermutet, dass dies (primär) damit zusammenhängen dürfte, dass sich die Strafverfolgungsbehörden mit Cannabisdelikten zunehmend weniger befassen.[434]

Davon abgesehen, würde selbst eine tatsächliche Abnahme des Cannabiskonsums keinerlei Grund zu einer Entwarnung geben, zumal der Missbrauch sowohl von Kokain als auch von Partydrogen nach wie vor ansteigt. Bei problematischem Opioidkonsum verzeichnet der EBDD-Jahresbericht 2007 speziell für Österreich sogar „einen deutlichen Anstieg“.[435]

b) „Ecstasy“ und andere Amphetaminderivate

Diese Substanzen gehören zu den am zweithäufigsten missbrauchten Suchtmitteln nach Cannabis. Für Österreichs Jugendliche wurde noch 2000 angegeben, dass etwa 4 % über eigene Erfahrungen mit Ecstasy verfügten.[436] Schon für 2001 ist dieser Wert für die Jugendlichen mit bis zu 5 % und für die Allgemeinbevölkerung mit 4 % ausgewiesen worden.[437] 2003 hat eine oberösterreichische Jugendbefragung in der Altersklasse zwischen 15 und 24 Jahren für Ecstasy folgende Werte festgestellt: Lebenszeitprävalenz 8,3 %; 12-Monate-Prävalenz 3,0 %.[438] Alle diese Prozentsätze bezogen sich nur auf Ecstasy und nicht auch auf andere Partydrogen (z.B. „Speed“).

Eine burgenländische Schuluntersuchung ergab im Jahr 2001 bei 1.078 „Jugendlichen“ (zwischen 12 und 19 Jahren), dass ca. 7 % Erfahrungen mit „Partydrogen“ (Ecstasy und Speed einschließlich

---

434 Jahresbericht 2007 der Europäischen Beobachtungsstelle für Drogen und Drogensucht, aaO (Anm. 186), S. 13, 26.

435 Jahresbericht 2007 der Europäischen Beobachtungsstelle für Drogen und Drogensucht, aaO (Anm. 186), S. 66.

436 HAAS / BUSCH / TÜRSCHERL / GUZEI 2000, aaO (Anm. 67), S. II (= Kurzfassung).

437 HAAS / BUSCH / GUZEI / TÜRSCHERL / WEIGL 2001, aaO (Anm. 65), S. II (= Kurzfassung), 16.

438 SEYER, aaO (Anm. 209), S. 82.

Halluzinogenen) aufwiesen.[439] 2002 hat die oben erwähnte (aus den skizzierten methodischen Gründen besonders aussagekräftige) Grazer Studie ergeben, dass schon 15,4 % der „Jugendlichen und jungen Erwachsenen" (zwischen 12 und 25) eigene Erfahrungen mit „Partydrogen" (Lebenszeitprävalenz) aufwiesen. Von den 16 bis 17-Jährigen haben sogar schon 28,8 % eine Partydroge probiert. Die Zwölfmonatsprävalenz (für die Gesamtgruppe von 12 bis 25) wurde dabei mit 6,1 % angegeben, als Prävalenzalter 14 Jahre.[440] 2003 hat die oben erwähnte oberösterreichische Jugendbefragung in der Altersklasse zwischen 15 und 24 Jahren folgende Werte für „illegale Aufputschmittel" ergeben: Lebenszeitprävalenz 8,9 %; 12-Monate-Prävalenz 4,8 %.[441]

Innerhalb insoweit besonders exponierter Gruppen von Jugendlichen sind schon vor längerer Zeit – verständlicherweise – noch wesentlich höhere Prozentwerte erhoben worden (1999 z.B. bei „Ravern" 64 %, nach einer Vorarlberger Untersuchung bei Techno-Veranstaltungen 32 % Ecstasy, 26 % „Speed").[442] Eine Wiener Untersuchung, die 2002 an 225 Rave-Besuchern durchgeführt wurde, hat ergeben, dass in Wien sowohl das Durchschnittsalter des Erstkonsums als auch das Durchschnittsalter beim ersten Rave-Besuch „etwas niederer" als (z.B.) in Amsterdam war.[443]

Die (österreichweiten) Sicherstellungsmengen von Ecstasy sind von 2001 auf 2002 um fast 59 % und bei anderen Amphetaminderivaten sogar um mehr als das Dreifache angestiegen.[444]

Auf Grund aller dieser Einzelbefunde in Verbindung mit der festzustellenden Anstiegstendenz kann angenommen werden, dass 2002 (mindestens) um die 5 % der Gesamtbevölkerung eigene Erfahrungen mit Ecstasy hatten. Dies sind also ca. 400.000 Personen. Aus der oben erwähnten Grazer Befragung lässt sich ableiten, dass die Zwölfmonats-Prävalenz bei Cannabismissbrauchern ca. 63 % der Lebenszeitprävalenz beträgt (= 36,7 % Zwölfmonats- gegenüber 58,2 % Lebenszeitprävalenz). Dies wird in etwa auch für die anderen Drogen gelten können. Aus Sicherheitsgründen

---

439 HAAS / BUSCH / HORVATH / TÜRSCHERL / WEIGL 2002, aaO (Anm. 340), S. 70.

440 X-SAMPLE, aaO (Anm. 378), S. 36.

441 SEYER, aaO (Anm. 209), S. 84.

442 HAAS / BUSCH / HORVATH / TÜRSCHERL / WEIGL 2002, aaO (Anm. 340), S. 71 f.

443 HAAS / BUSCH / HORVATH / WEIGL / TÜRSCHERL 2003, aaO (Anm. 8), S. 19.

444 Bundesministerium für Inneres / Bundeskriminalamt, Büro 3.5 (Hrsg.), Suchtmittelkriminalität. Jahresbericht 2002, Wien 2003, S. 49.

wird hier im Folgenden davon ausgegangen, dass nicht 63 %, sondern lediglich 50 % aller Personen, die jemals Ecstasy konsumierten, dies auch in den letzten 12 Monaten getan haben. Das wären demnach etwa 200.000 Personen. – Eine noch etwas ungünstigere Relation errechnet sich aus der oben angesprochenen oberösterreichischen Jugendbefragung aus 2003 bezüglich illegaler Aufputschmittel (= 8,9 % Lebenszeit- versus 4,8 % Zwölfmonats-Prävalenz = ca. 54 %).[445]

Dass diese Annahmen alles eher als übertrieben erscheinen, lässt sich u.a. auch aus Folgendem erschließen: Die EBDD stellt in ihrem Jahresbericht 2005 fest, dass für den EU-Bereich – jedenfalls unter Männern zwischen 15 und 24 Jahren – von einer 30-Tage-Prävalenz (!) zwischen 2 und 5 % auszugehen sein wird.[446]

In der sehr umfassenden Ecstasy-Studie von THOMASIUS et al. wurden die Konsumenten dieser Droge in drei Gruppen eingeteilt: Etwa 17 % weisen ein „exzessives Gebrauchsmuster“ auf (Jahresverbrauch von 500 bis 2.500 Tabletten). Gut 50 % entfallen auf eher durchschnittliche Konsummuster („Wochenendgebraucher“ oder auf „Raves“ u.a.m.) mit einem Jahresverbrauch von 100 bis 499 Tabletten. Den Rest von (weniger als) 33 % bilden die „Probierer“ (unter 100 Tabletten pro Jahr). Das Suchtpotenzial dieser Substanz wird als „hoch“ beurteilt. Sogar etwa die Hälfte der befragten User stufte es als „stark“ oder „sehr stark“ ein.[447]

Der Missbrauch von sog. „Partydrogen“ wird (auch) in Österreich als ansteigend (unter Jugendlichen: „stark ansteigend“) beurteilt.[448] Mangels – auch nur annähernd gleich aussagekräftiger – österreichischer Daten zur quantitativen Verteilung erscheint es vertretbar, die in Deutschland für den Zeitraum vor 2000 erhobenen einschlägigen Befunde auch auf die Verhältnisse in Österreich

445 SEYER, aaO (Anm. 209), S. 84.

446 Jahresbericht 2005 der Europäischen Beobachtungsstelle für Drogen und Drogensucht, aaO (Anm. 124), S. 46 f. mwN.

447 Zusammenfassung der Arbeit, in: THOMASIUS Rainer (Hrsg.), Ecstasy. Eine Studie zu gesundheitlichen und psychosozialen Folgen des Missbrauchs, Stuttgart 2000, o.S.; THOMASIUS R. / SCHEJBAL M., Ausgangslage und vorhandene Erkenntnisse, in: THOMASIUS Rainer (Hrsg.), Ecstasy. Eine Studie zu gesundheitlichen und psychosozialen Folgen des Missbrauchs, Stuttgart 2000, S. 7 f., 9; THOMASIUS R. / KONIETZKY A. / PETERSEN K. U. / WUCHNER M., Ergebnisse. Psychiatrische Ergebnisse, in: THOMASIUS Rainer (Hrsg.), Ecstasy. Eine Studie zu gesundheitlichen und psychosozialen Folgen des Missbrauchs, Stuttgart 2000, S. 113 ff.

448 Jahresbericht 2002. Suchtmittelkriminalität, aaO (Anm. 444), S. 8, 11; vgl. auch HAAS / BUSCH / HORVATH / TÜRSCHERL / WEIGL 2002, aaO (Anm. 340), S. 17.

im Jahr 2002 zu übertragen. Sicherheitshalber wird angenommen, dass hier (nicht 17 %, sondern nur) 15 % von 200.000 Ecstasy-Usern exzessiv konsumieren und zwar im Schnitt (lediglich) 1.300 Tabletten pro Jahr. In analoger Weise gehen wir davon aus, dass hier (nicht 50 %, sondern nur) 45 % der Grundgesamtheit als Durchschnittskonsumenten einzustufen sind, die pro Jahr im Schnitt auf 200 Tabletten kommen. Der Rest von 40 % Kleinkonsumenten soll nach unserer Annahme 40 Tabletten im Jahr konsumieren. – Daraus errechnet sich ein Jahresbedarf von (mindestens) 60,2 Millionen, im Tagesschnitt also ca. 165.000 Tabletten.

Als Durchschnittspreis für 1 Tablette Ecstasy für das Jahr 2002 haben wir (abgerundet) 13,70 € errechnet. 60,2 Millionen Stück kosten demnach 824,74 Millionen €.

Über das Ausmaß des Missbrauchs von anderen Amphetaminderivaten („Speed" u.v.a.) existieren keine verlässlichen Daten. Analoges trifft auch auf die Preisermittlung zu. Für 2001 wurde ein Stückpreis von etwa 23 € angegeben.[449] SISKA hat 1999 für 1 Gramm einen Preis von etwa 900 ATS[450] angegeben.[451] Für 2002 konnten nur 12 von 17 befragten Kripo-Dienststellen auswertbare Preisangaben machen, aus denen sich für dieses Jahr ein durchschnittlicher Preis von knapp über 48 € pro Stück errechnen ließe.

Vergleichswerte zur 12-Monatsprävalenz konnten nur punktuell erhoben werden. So hat etwa die oberösterreichische Jugendbefragung 2003 ergeben, dass in der Altersstufe von 15 bis 24 Jahren eine 12-Monatsprävalenz bei Ecstasy von 3%[452] einem Wert von 4,8 % bei (anderen) illegalen Aufputschmitteln gegenübersteht.[453] Eine ähnliche Tendenz zeigt sich auch in einer Frankfurter Schülerbefragung (Stichprobe 1.500; Alter zwischen 15 und 18) im Zeitraum 2002/03. Dort hat die 12-Monatsprävalenz bei Ecstasy 4 % betragen, der Wert bei (anderen) Aufputschmitteln („Speed") wurde hingegen mit 5 % angegeben.[454]

449 HAAS / BUSCH / GUZEI / TÜRSCHERL / WEIGL 2001, aaO (Anm. 65), S. 32.
450 ≈ 65 €.
451 SISKA, aaO (Anm. 235), S. 25.
452 SEYER, aaO (Anm. 209), S. 83.
453 SEYER, aaO (Anm. 209), S. 84.
454 KEMMESIES Uwe, Schülerbefragung – Freizeit und Drogenkonsum, in: KEMMESIES Uwe E. / WERSE Bernd, unter Mitwirkung von MÜLLER Oliver (Hrsg.), – Jahresbericht – MoSyD (Monitoring-System Drogentrends). Drogentrends in Frankfurt am Main 2002, Johann Wolfgang Goethe-Universität, Centre For Drug Research, im Auftrag des Drogenreferats der Stadt Frankfurt am Main, Frankfurt am Main 2003, S. 37, 65.

Eine vom ÖBIG erstellte Übersicht über einschlägige Studien zur Suchtmittelerfahrung innerhalb Österreichs im Zeitraum von 1998 bis 2003 zeigt folgende Tendenz auf: Insgesamt 8 Untersuchungen werten Ecstasy und Amphetamine getrennt aus. 4 davon weisen für beide Substanzen völlig gleiche Prävalenzraten aus. In zwei lokalen Bundesländerstudien erwies sich Ecstasy als „beliebter“ (Oberösterreich 2000 = 4 % versus 1 %; Schulstudie Burgenland 2002 = 4 % versus 3 % bei Amphetaminen). Eine spätere Bundesländerstudie aus 2003 hat für OÖ hingegen ein leichtes Übergewicht für Amphetamine ergeben (= 8,8 % versus 8,3 %). Auch eine österreichweite Untersuchung 2003 kam zum Resultat, dass die Lebenszeitprävalenz unter SchülerInnen (13 bis 18) bei Amphetaminen mit 4,7 % diejenige für Ecstasy mit 3,1 % (sogar deutlich) übersteigt.[455]

Unter diesen Umständen erscheint es daher als sehr vorsichtig, wenn man das Gesamtausmaß des Missbrauchs aller anderen Partydrogen (d.h. außer Ecstasy) und auch die damit verbundenen Substanzkosten (nur) mit 50 % des jeweiligen Wertes für Ecstasy einschätzt. Dies wären ca. 100.000 User (mit Zwölfmonatsprävalenz), die folgerichtig auch etwa die Hälfte der Kosten verursachen, die bei Ecstasy insgesamt anfallen. Unter diesen Usern dürften sich etwa 15.000 Problemkonsumenten von „Speed“ befinden, sodass bei den Partydrogen insgesamt von etwa 45.000 exzessiven Missbrauchern auszugehen sein wird.

Unserer Annahme folgend wären den Kosten für Ecstasy weitere 412,37 Millionen € für „Speed“ (etc.) hinzuzufügen. Für alle „Partydrogen“ zusammen ergibt sich daraus im Jahr 2002 in Österreich ein Betrag von 1.237,11 Millionen €. Wie schon bei Cannabis, ist auch hier der Einkaufsvorteil der süchtigen Kleindealer zu berücksichtigen, sodass sich dieser Betrag um 17,5 % reduziert.

Alles in allem ist daher anzunehmen, dass in Österreich 2002 für alle „Partydrogen“ etwa 1.020,616 Millionen €[456] ausgegeben wurden. Im Durchschnitt entfallen auf jeden einzelnen Konsumenten von Partydrogen demnach 3.402 €[457] pro Jahr oder 283,50 €[458]

455 HAAS / BUSCH / HORVATH / TÜRSCHERL / WEIGL 2004, aaO (Anm. 98), S. 109 f., 11, jeweils mwN.

456 ≈ 14.044 Milliarden ATS.

457 ≈ 46.813 ATS.

458 ≈ 3.900 ATS.

monatlich. Demgegenüber verbrauchen Problemkonsumenten im Monatsschnitt etwa 1.224 €[459] für derartigen „Stoff“.

c) Kokain

Diese Substanz wurde hinsichtlich ihrer Verbreitung innerhalb der Bevölkerung mittlerweile von den „Partydrogen“ überholt und daher vom zweiten auf den dritten Platz verwiesen. Für 2001 wurde berichtet, dass etwa 4 % der gesamten Bevölkerung Österreichs schon über eigene Konsumerfahrungen verfügten.[460] Gemessen an der – insoweit durchaus vergleichbaren – Entwicklung in Deutschland scheint dies eher (zu) niedrig gegriffen. Experten des Bundeskriminalamtes in Wiesbaden berichteten 2001, dass nach einer Studie der Europäischen Beobachtungsstelle für Drogen und Drogensucht schon 1- 3 % der Schulkinder in Europa zumindest einmal Kokain probiert hätten.[461] Lebenszeiterfahrungen wurden beispielsweise für Hamburger Studenten mit 8 % oder in Berlin mit 18 % der 20 bis 24-jährigen Männer und für 13 % der Frauen dieser Altersgruppe angegeben.[462] 1,8 bis 3,7 % aller Deutschen zwischen 15 und 54 betreiben sogar „problematischen Konsum“.[463] – Gleichwohl geht man in Deutschland (aus verschiedensten Gründen) davon aus, dass mit einer „starken Unterschätzung“ der tatsächlichen Zahlen zu rechnen sei.[464] So haben sozialwissenschaftliche Untersuchungen z.B. in München ergeben, dass dort schon vor 1991 (!) 4 bis 6 % der 20 bis 50-Jährigen Erfahrungen mit Kokain hatten.[465]

In diesem Zusammenhang darf nicht übersehen werden, dass (auch in München) Kokain bis etwa 1990 durchaus noch als „Schickeria-Droge“ gegolten hat und sich erst danach – allerdings

459 ≈ 16.850 ATS.

460 HAAS / BUSCH / GUZEI / TÜRSCHERL / WEIGL 2001, aaO (Anm. 65), S. 16.

461 HASLER Rolf, Kokainsituation mit Bezug zu Deutschland aus polizeilicher Sicht, in: Bundeskriminalamt. Kriminalistisches Institut (Hrsg.), Kokainkonsum – Wege zu einem verborgenen Phänomen. Gemeinsamer Workshop des Bundesministeriums für Gesundheit und des Bundeskriminalamts am 30. November und 1. Dezember 2000 in Wiesbaden, Bundeskriminalamt Wiesbaden 2001, S. 17.

462 SIMON Roland, Epidemiologie des Kokaingebrauchs in der Bundesrepublik Deutschland, in: Bundeskriminalamt, aaO (Anm. 461), S. 19; KLEIBER Dieter, Kokainkonsum – Wege zu einem verborgenen Phänomen. Zusammenfassung und Perspektiven, in: Bundeskriminalamt, aaO (Anm. 461), S. 97.

463 HASLER, aaO (Anm. 461), S. 18. Zum Begriff des „problematischen Konsums“ vgl. unten den Exkurs auf S. 159 ff.

464 SIMON, aaO (Anm. 462), S. 20.

465 PREUTE, aaO (Anm. 341), S. 59 f.

recht rasch – zur „Massen-“ oder „Straßendroge“ entwickelte. So verwies das Bundeskriminalamt in Wiesbaden 1993 auf ein „bemerkenswertes Untersuchungsergebnis“: Schon damals fiel insbesondere der hohe Anteil an Arbeitern (35 %) und Berufslosen (23,6%) unter den Kokainmissbrauchern auf.[466]

Auch bei uns galt Kokain lange Zeit hindurch als „Nobeldroge“, die man üblicherweise in – relativ geschlossenen und – eher als elitär geltenden Zirkeln (meist unter Künstlern, Schriftstellern u.a.) oder auch in der Rotlichtszene zu „sniffen“ pflegte. Erst ab etwa 1994 wurde Kokain von bestimmten ausländischen Täterkreisen „zu stark verbilligten Preisen in durchaus guter Qualität“ systematisch in den Straßenhandel (und damit auch unter Jugendliche!) gebracht.[467] Primär durch diese Tätergruppen trat die neue Straßendroge von Wien aus ihren „Siegeszug“ in Richtung der westlichen Bundesländer an. Dies hat sich beispielsweise in (österreichweiten) Anzeigensteigerungen zwischen 1992 und 2001 – schon von einem hohen Niveau ausgehend – von mehr als 700 % niedergeschlagen.[468] In der – bereits mehrfach zitierten – Grazer Studie wird für die Gruppe der 12 bis 25-jährigen eine Lebenszeitprävalenz von 7,3 %, die Zwölfmonats-Prävalenz mit 1,4 % und das Prävalenzalter mit 14 Jahren angegeben.[469] Die oberösterreichische Jugendbefragung 2003 kam für die (in etwa vergleichbare) Altersklasse von 15 bis 24 auf eine Lebenszeitprävalenz von 6,2 % und auf eine Zwölfmonats-Prävalenz von 2,7 %.[470]

Unter den skizzierten Umständen dürfte der oben referierte Verbreitungsgrad von Kokain (4 % Erfahrung unter der Gesamtbevölkerung) höchstwahrscheinlich zu niedrig eingeschätzt worden sein. Gleichwohl wird er unserer weiteren Ermittlung – wiederum sicherheitshalber – zugrunde gelegt. Wir gehen also davon aus, dass im Jahr 2002 etwa 320.000 Österreicher Kokain schon jemals konsumiert hatten. Die Anzahl aller Kokainmissbraucher hingegen, die in den letzten 12 Monaten konsumierten, beträgt – nach der schon oben (unter „Ecstasy“) näher erklärten Annäherungsformel – insgesamt 160.000 (= 50 % von 320.000 Personen, die mit dieser

466 LEINEWEBER Heinz / ERHARDT Elmar, Der Mißbrauch von Kokain. Bericht über eine Untersuchung der Konsum-, Handels- und Beschaffungsmuster von Kokain in der Bundesrepublik Deutschland, in: ERHARDT / LEINEWEBER, aaO (Anm. 424), S. 75 f.

467 PREISZLER, aaO (Anm. 114), S. 310 f.

468 PREISZLER, aaO (Anm. 114), S. 320, besonders instruktiv und lesenswert zu dieser Entwicklung S. 300 bis 319; vgl. dazu auch für 2002 Jahresbericht 2002. Suchtmittelkriminalität, aaO (Anm. 444), S. 6, 8 bis 11.

469 X-SAMPLE, aaO (Anm. 378), S. 37.

470 SEYER, aaO (Anm. 209), S. 86.

Substanz jemals eigene Erfahrungen gemacht haben). – Die sich daraus ergebende 12-Monatsprävalenz für Kokain von 2 % für die Gesamtbevölkerung mag zunächst zwar immer noch hoch anmuten. Wir werden an späterer Stelle[471] aber aufzeigen können, dass eine niedrigere Einschätzung nicht plausibel wäre. In diesem Zusammenhang sei etwa auch darauf verwiesen, dass die Leiterin der Drogenambulanz der Psychiatrischen Universitätsklinik in Wien die Annahme des Europäischen Drogenbeobachtungszentrums, derzufolge zwei Prozent der Wiener Bevölkerung Kokain (sogar) „regelmäßig" zu konsumieren pflegt, als „vorsichtig geschätzt" beurteilt.[472]

Ein Spezialist des Bundeskriminalamtes in Wiesbaden hat 2001 nach seiner (als „vorsichtig" bezeichneten) Einschätzung etwa 5 bis 10 % aller Kokainkonsumenten als problematisch („zitterig, fahrig, aggressiv und sozial auffällig") eingestuft (wobei sich unter dieser Personengruppe in der Tat viele Polytoxikomane befunden haben werden).[473] Nach dem „Bericht zur Drogensituation 2006" des ÖBIG ist für Österreich mit etwa 25.000 bis zu 32.000 problematischen Opiatmissbrauchern zu rechnen.[474] Wir gehen (an späterer Stelle) nur von 25.000 aus. Laut Angaben aus der EU ist die Anzahl der (problematischen) Kokainmissbraucher etwa doppelt so hoch wie die der Problemkonsumenten von Opiaten.[475] Aus Gründen extremer Vorsicht wird hier angenommen, dass 2002 in Österreich etwa 40.000 Personen als „problematische Kokaingebraucher" zu beurteilen waren. Dies bedeutet, dass die Zahl der problematischen Opiatmissbraucher nicht um 100 %, sondern lediglich um 60 % vergrößert wurde, um die Größe des analogen Personenkreises für Kokain abzuschätzen. Vergleichsweise wurde deren Anzahl im „Bericht zur Drogensituation 2000" noch mit etwa 10.000 bis 15.000 angegeben.[476]

Dies würde bedeuten, dass hier etwa 25 % aller Kokainkonsumenten als Problemfälle einzustufen wären. Eher wird man allerdings davon auszugehen haben, dass die Anzahl der anderen

471 Vgl. unten S. 151 f.

472 Vgl. Bericht „Hoch wie nie", in: Profil, Nr. 19, 3. 5. 2004, S. 115.

473 AHLF Ernst-Heinrich, Einführung in die Veranstaltung, in: Bundeskriminalamt, aaO (Anm. 461), S. 13.

474 HAAS / BUSCH / HORVATH / TÜRSCHERL / WEIGL / WIRL / AUSTALLER 2006, aaO (Anm. 97), S. 22.

475 Vgl. FISCHER Gabriele / KASPAR Siegfried (Hrsg.) unter Mitarbeit von PETERNELL Alexandra / RÖSSLER Bettina / HERBACEK Angela / NIEDERMAYER Irene, Therapiestandards der Opiatabhängigkeit Wien, o.J., S. 6 f.

476 HAAS / BUSCH / TÜRSCHERL / GUZEI 2000, aaO (Anm. 67), S. III (= Kurzfassung).

Kokainmissbraucher mit Zwölfmonats-Prävalenz noch um einiges höher ist als 160.000, sodass der Prozentsatz der Problemkonsumenten von Kokain entsprechend niedriger sein dürfte. Der Tagesbedarf von Kokain kann bei schwerer Abhängigkeit in Extremfällen 3 bis 4 Gramm betragen[477], bei „starken" Konsumenten wird er mit 2 bis 3 Gramm angegeben.[478] In Einzelfällen benötigen Kokainsüchtige sogar 15 bis 30 Gramm (!) pro Tag.[479] Laut „Bericht zur Drogensituation 2006" des ÖBIG hat sich in den letzten Jahren das Problem des intravenösen Konsums von Kokain weiter verschärft, wobei bis zu 20 Konsumvorgänge pro Tag vorkommen.[480]

Wir nehmen für die Gruppe der 40.000 problematischen Kokainkonsumenten unter Berücksichtigung von Abstinenzzeiten und anderer Bereinigungsfaktoren (wie z.B. übertriebene Angaben, Unterschiede: Großstadt – Land, Einfluss der Frauenquote u.a.m.)[481] einen Tagesverbrauch von (durchschnittlich) 0,6 Gramm an. Daraus errechnet sich für diese Extremgruppe ein Jahresbedarf von 8,76 Tonnen.

Die uns bekannten Häufigkeitsstudien haben (mit ganz wenigen Ausnahmen) die 30-Tage-Prävalenz nicht erhoben. Daher ist davon auszugehen, dass bei den einschlägigen Befragungen (mangels anderer Möglichkeiten) auch jene Personen in den „Sammeltopf" der 12-Monats-Prävalenz aufgenommen wurden, die bedeutend öfter als 1 Mal im letzten Jahr eine Droge konsumiert haben. Wir nehmen an, dass – ausgehend von den Problemkonsumenten – alle anderen 120.000 ein Kontinuum bilden: An dessen „oberem" Ende findet sich eine Gruppe, die fast so viel verbraucht wie jene der „Gerade-noch-Problemkonsumenten". Das „untere" Ende bildet hingegen diejenige Gruppe, die im letzten Jahr tatsächlich nur einmal eine Droge konsumiert hat.

Wir gehen weiters davon aus, dass der „Extremkonsument" am „oberen" Ende des Kontinuums täglich 0,55 Gramm benötigte, pro Jahr demnach 200,75 Gramm. Demgegenüber mag der „Minimalkonsument" pro Jahr nur 1,25 Gramm verbraucht haben. Daraus errechnet sich ein Schnitt von 101 Gramm pro – fiktivem – „Durch-

477 Vgl. PREUTE, aaO (Anm. 341), S. 265.

478 HAAS / BUSCH / TÜRSCHERL / GUZEI 2000, aaO (Anm. 67), S. 65.

479 HALLER Reinhard, (Un)Glück der Sucht. Wie Sie Ihre Abhängigkeiten besiegen, Salzburg 2007, S. 105.

480 HAAS / BUSCH / HORVATH / TÜRSCHERL / WEIGL / WIRL / AUSTALLER 2006, aaO (Anm. 97), S. 77; vgl. dazu auch S. 22, 73 f.

481 Vgl. dazu KREUZER, aaO (Anm. 239), S. 176, 181 f.; KREUZER / RÖMER-KLEES / SCHNEIDER, aaO (Anm. 375), S. 200 f., 340, 346 f., 403 f.; ERHARDT, aaO (Anm. 424), S. 58.

schnittskonsumenten“, woraus sich bei 120.000 einschlägigen Fällen ein Jahresverbrauch von 12,12 Tonnen ermitteln ließe.

Wie schon oben bei der Ermittlung des Cannabis-Bedarfs näher ausgeführt[482], sind von dieser Menge 50 % abzuziehen, um dem (von uns vermuteten) tatsächlichen Verlauf der Anstiegskurve Rechnung zu tragen. Demnach ist der Gesamtbedarf dieser Gruppe im Jahr 2002 nicht mit 12,12 Tonnen, sondern mit 6,06 Tonnen Kokain anzunehmen.

Der jährliche Gesamtverbrauch aller Kokainmissbraucher einschließlich der Problemkonsumenten beläuft sich demnach auf 14,82 Tonnen Kokain, im Tagesschnitt also 40,60 Kilogramm. Als durchschnittlichen Grammpreis für Kokain im Jahr 2002 konnten wir (abgerundet) 95,4 € ermitteln.

Daraus errechnet sich zunächst ein Betrag von 1.413,828 Millionen €. Unter Bedachtnahme auf den Einkaufsvorteil der jeweils dealenden Abhängigen reduziert sich diese Summe auf einen Gesamtbetrag von 1.166,408 Millionen €. Dies bedeutet, dass jeder einzelne dieser 160.000 Kokainkonsumenten im Jahr 2002 durchschnittlich ca. 7.290 €[483]oder pro Monat ca. 607,50 €[484] für seinen „Stoff“ aufzuwenden hatte.

Problemmissbraucher von Kokain haben pro Monat hingegen (im Schnitt) 1.741 €[485] (nur) für diesen Stoff ausgegeben.

d) Heroin und andere Opiate

Zu deren Verbreitung in Österreich ist zu bemerken: Im „Bericht zur Drogensituation 2001“ wird vom ÖBIG angegeben, dass maximal 1 % der Bevölkerung eigene Konsumerfahrungen mit Heroin hat.[486] Das wären etwa 80.000 Personen.

Dieser Prozentsatz wurde in Deutschland bereits 1998 erreicht.[487] Dabei ist allerdings zu bedenken, dass man z.B. für Berlin schon 1991 feststellte, dass die mittels sozialwissenschaftlicher

482 Vgl. oben S. 135 f.
483 ≈ 100.315 ATS.
484 ≈ 8.360 ATS.
485 ≈ 23.960 ATS.
486 HAAS / BUSCH / GUZEI / TÜRSCHERL / WEIGL 2001, aaO (Anm. 65), S. 33.
487 RAUTENBERG, aaO (Anm. 239), S. 25.

Studien gewonnenen Daten über die Heroinprävalenz in der Bevölkerung gut 100 % über den amtlichen Zahlen lagen.[488]

Für Österreich ergab 2003 z.B. eine Studie der niederösterreichischen Ärztekammer an ca. 2.000 Stellungspflichtigen, dass bei 2,7 % der Untersuchten „regelmäßiger" Konsum von Opiaten (meist Heroin) nachgewiesen werden konnte. Damit standen Opiate in dieser Subpopulation nach Cannabis (5,1 %) schon an zweiter Stelle.[489] Nichts anderes ergab auch die bereits erwähnte Wiener Hellfelduntersuchung von PETUTSCHNIG[490] an Angezeigten, die bei Heroin innerhalb dieser besonders exponierten Gruppe auf 70 % Lebenszeitprävalenz kam.

Der „harte Kern" aller Opiatkonsumenten wurde in Österreich schon für 1996 mit etwa 10.000 bis 15.000 Personen „mit problematischem Drogengebrauch" angegeben.[491] Für das Jahr 2002 ist diese Zahl mit 15.000 bis 20.000 Problemkonsumenten von Opiaten eingeschätzt worden.[492] Dabei mag allerdings dahingestellt bleiben, ob die Gesamtzahl der problematischen Opiatkonsumenten – wie im Drogenbericht für 2002 ausgewiesen – seit 1994/95 unverändert geblieben ist oder nicht.[493] Diese Schätzung wurde vom ÖBIG in dessen „Bericht zur Drogensituation 2003" (wie oben kurz erwähnt) auf 20.000 bis 30.000 Personen nach oben korrigiert.[494] Auch dessen Drogenberichte 2004 und 2005 weisen insoweit noch immer die gleichen Zahlenwerte auf.[495] Erst 2006 werden 25.000 bis maximal 32.000 problematische Opiatkonsumenten angegeben. Das ÖBIG hat allerdings zugleich eingeräumt, dass diese Zahlenangaben infolge methodischer Schwierigkeiten „immer nur eine ungefähre Annäherung" darstellte. Die Wirklichkeit könne „irgendwo zwischen 50 Prozent und der doppelten Anzahl der Schätzung" liegen.[496]

---

488 Vgl. zum Ganzen PREUTE, aaO (Anm. 341), S. 57 ff.

489 Der Standard, 5. 6. 2003, S. 10.

490 PETUTSCHNIG, aaO (Anm. 340), S. 88.

491 HAAS Sabine, Reitox Focal Point Österreich. Bericht zur Drogensituation 1996, hrsg. vom Österreichischen Bundesinstitut für Gesundheitswesen, Wien 1996, S. 41.

492 HAAS / BUSCH / HORVATH / TÜRSCHERL / WEIGL 2002, aaO (Anm. 340), S. 18.

493 Vgl. HAAS / BUSCH / HORVATH / TÜRSCHERL / WEIGL 2002, aaO (Anm. 340), S. 18.

494 HAAS / BUSCH / HORVATH / WEIGL / TÜRSCHERL 2003, aaO (Anm. 8), S. 21 f.

495 HAAS / BUSCH / HORVATH / TÜRSCHERL / WEIGL 2004, aaO (Anm. 98), S. 20; HAAS / BUSCH / HORVATH / TÜRSCHERL / WEIGL / ABRAHAM 2005, aaO (Anm. 68), S. 22.

496 HAAS / BUSCH / HORVATH / TÜRSCHERL / WEIGL / WIRL / AUSTALLER 2006, aaO (Anm. 97), S. 22 f.

Die Leitende Oberärztin der Drogenambulanz der Universitätsklinik für Psychiatrie in Wien verwies in diesem Zusammenhang vor etlichen Jahren darauf, dass einschlägige wissenschaftliche epidemiologische Studien für Österreich (noch) nicht existieren. Nach Erfahrungen dieser Drogenambulanz sei jedenfalls (schon damals) die Anzahl der (behandlungsbedürftigen) Opiatabhängigen allein für „den Raum Wien" (und nicht für ganz Österreich) mit 15.000 bis 20.000 anzunehmen gewesen.[497]

Wenn aber österreichweit mit Sicherheit nicht weniger als 25.000 problematische Opiatmissbraucher zu verzeichnen sind, wird man allerdings auch die Anzahl der Österreicher nach oben zu korrigieren haben, die in den letzten 12 Monaten ein Opiat missbraucht haben. Diese Zahl wird mindestens 100.000 betragen. Die neue Schätzung ist als eher vorsichtig anzusehen, weil sie (wie auch bei Kokain) davon ausgeht, dass ganze 25 % dieses Personenkreises als „problematische" Opiatmissbraucher zu beurteilen wären. Vermutlich ist die Anzahl der Personen mit Zwölfmonats-Prävalenz um einiges höher (und von dieser höheren Zahl aus berechnet, der Anteil an Problemmissbrauchern entsprechend niedriger). Und ebenso dürfte die Zahl der Personen mit Lebenszeiterfahrung mit Opiaten nicht 80.000 betragen, sondern eher um einiges über 200.000 liegen. Dies wären also etwa 2,5 % der Gesamtbevölkerung (und nicht bloß maximal 1 %). – Vergleichsweise hat man diesen Prozentsatz im Rahmen der österreichweiten Repräsentativerhebung 2004 immerhin schon mit „mindestens 2 % der erwachsenen Bevölkerung" angenommen, wobei diese Schätzung ausdrücklich als „vorsichtig" bezeichnet wurde.[498]

Unsere eigene Annahme wird auch durch die oberösterreichische Bevölkerungsbefragung aus 2003 gestützt:[499] Ihr zufolge beträgt die Lebenszeitprävalenz für Opiate in der Bevölkerungsgruppe zwischen 15 und 59 4,1 %. Der gesamtösterreichische Populationsanteil zwischen 15 und 59 Jahren umfasst ca. 4,9 Millionen. 4,1 % davon wären ca. 200.000 Personen. Dies entspricht etwa 2,5 % der Gesamtbevölkerung.

Vergleichweise wurden auch in der bereits mehrfach erwähnten Grazer Studie unter 12 bis 25-jährigen für Opiate eine Lebens-

497 FISCHER / KASPAR / PETERNELL / RÖSSLER / HERBACEK / NIEDERMAYER, aaO (Anm. 475), S. 6 f.

498 UHL / SPRINGER / KOBRNA / GNAMBS / PFARRHOFER, aaO (Anm. 354).

499 SEYER, aaO (Anm. 209), S. 87.

zeitprävalenz von 4,9 %, die Zwölfmonats-Prävalenz mit 1,4 % und das Prävalenzalter mit 14 Jahren ermittelt.[500]

Nach der österreichweiten Repräsentativerhebung 2004 dürften mindestens 1 % der Erwachsenen im letzten Monat vor der Befragung Heroin konsumiert haben; dies wären also ca. 65.600 Personen.[501] Jugendliche sind in dieser Zahl also (noch) nicht enthalten. Neuerdings geht man davon aus, dass 0,5 % der Erwachsenen als problematische Heroinkonsumenten anzusehen sind.[502] Dies wären demnach ca. 32.800 erwachsene Personen (noch ohne Jugendliche).

Das ÖBIG gibt für 2004 bekanntlich etwa 25.000 bis 32.000 Problemkonsumenten von Opiaten (einschließlich der Jugendlichen) an.[503] Diese Annahme dürfte also eher als Unterschätzung anzusehen sein.

Die EBDD schätzt in ihrem Jahresbericht 2006 (auf Grund österreichischer Daten ab 2000) die Anzahl der problematischen OpiatkonsumentInnen mit ca. 6 Promille der Bevölkerung zwischen 15 und 64 Jahren.[504] Dies wären also ca. 33.000 Personen. – Dabei ist allerdings zu berücksichtigen, dass die EBDD nur „Fixer“ als problematische OpiatkonsumentInnen einstuft.[505] Dies übergeht jedoch die Tatsache, dass z.B. 2004 ganze 53 % von 625 befragten Personen mit Heroinkonsum in den letzten 30 Tagen nicht gefixt haben, sondern Opiate „nasal“ zu konsumieren pflegten. Weitere 5 % haben Heroin geraucht, wogegen eine orale Einnahme überhaupt nicht berichtet wurde.[506] Vereinzelte Schilderungen aus der Szene lassen vermuten, dass der stark verbreitete nasale Konsum zu einem gehörigen Teil auf langjährige „Fixer“ zurückgeht, die zum Spritzen „keine Adern mehr gefunden“ haben.[507]

---

500 X-SAMPLE, aaO (Anm. 378), S. 37.

501 UHL / SPRINGER / KOBRNA / GNAMBS / PFARRHOFER, aaO (Anm. 354); HAAS / BUSCH / HORVATH / TÜRSCHERL / WEIGL / WIRL / AUSTALLER 2006, aaO (Anm. 97), S. 124 mwN.

502 UHL / SPRINGER / KOBRNA / GNAMBS / PFARRHOFER, aaO (Anm. 354).

503 HAAS / BUSCH / HORVATH / TÜRSCHERL / WEIGL / WIRL / AUSTALLER 2006, aaO (Anm. 97), S. IV (= Kurzfassung), 22.

504 Jahresbericht 2006 der Europäischen Beobachtungsstelle für Drogen und Drogensucht, aaO (Anm. 264), S. 68 f.

505 Jahresbericht 2006 der Europäischen Beobachtungsstelle für Drogen und Drogensucht, aaO (Anm. 264), S. 67, 88.

506 HAAS / BUSCH / HORVATH / TÜRSCHERL / WEIGL / WIRL / AUSTALLER 2006, aaO (Anm. 97), S. 25.

507 TENER / RING, aaO (Anm. 137), S. 26.

Als maximaler Tagesverbrauch wurden bis zu 3 Gramm angegeben.[508] Ein leitender Beamter des (seinerzeitigen) Wiener Sicherheitsbüros berichtete, dass dort auch schon eine Höchstdosis von (mindestens) 2 Gramm Heroin und 2 Gramm Kokain registriert wurde.[509] Gelegentlich kommen auch Heroin-Tagesdosen von bis zu 5 Gramm vor.[510] Unter Berücksichtigung der Abstinenzzeiten und anderer Bereinigungsfaktoren[511] gehen wir auch hier davon aus, dass der Verbrauch der „Problemkonsumierer" im Schnitt nicht mehr als 0,6 Gramm Heroin pro Tag beträgt. Beispielsweise geben die erfahrenen deutschen Gerichtspsychiater RASCH und KONRAD in ihrem Standardwerk zur Forensischen Psychiatrie[512] den durchschnittlichen Tagesverbrauch von Heroinsüchtigen mit 0,5 bis 3 Gramm an. Unsere Annahme erscheint demnach sehr vorsichtig. Für alle 25.000 Personen dieser Gruppe sind daher im Jahr 2002 insgesamt 5,475 Tonnen an diversen Opiaten anzusetzen.

Die Anzahl aller Opiatmissbraucher, die in den letzten 12 Monaten konsumiert haben, beträgt nach dem soeben Ausgeführten insgesamt um die 100.000 (= 50 % von 200.000 Personen, die jemals Opiate konsumiert haben). Abzüglich der 25.000 problematischen Konsumenten verbleiben 75.000 Durchschnitts- und Kleinkonsumenten.

Wir gehen auch bei dieser Substanz davon aus, dass – ausgehend von den Problemkonsumenten – alle anderen 75.000 ein Kontinuum bilden: An dessen „oberem" Ende findet sich ein „Extremkonsument", der fast so viel verbraucht wie ein Angehöriger der Gruppe der Schwerstabhängigen. Am „unteren" Ende findet sich wiederum ein „Minimalkonsument".

Ebenso nehmen wir auch hier an, dass der „Extremkonsument" pro Tag wiederum 0,55 Gramm Heroin benötigt, pro Jahr demnach 200,75 Gramm. Hingegen mag der „Minimalkonsument" am anderen Ende des Kontinuums in den letzten 12 Monaten wiederum nur 1,25 Gramm verbraucht haben. Die Durchschnittsmenge von 101 Gramm pro Jahr multipliziert mit 75.000 Angehörigen ergäbe somit einen Gesamtverbrauch dieser Gruppe von 7,575 Tonnen pro Jahr.

508 KREUZER / RÖMER-KLEES / SCHNEIDER, aaO (Anm. 375), S. 198.
509 PREISZLER, aaO (Anm. 114), S. 85.
510 HALLER, aaO (Anm. 479), S. 25.
511 Auch unter Bedachtnahme auf diverse Bereinigungsfaktoren. Näheres dazu vgl. oben S. 148, Anm. 481.
512 RASCH Wilfried / KONRAD Norbert, Forensische Psychiatrie, 3. Auflage, Stuttgart 2004, S. 247.

Wie schon oben bei der Ermittlung des Cannabisbedarfs näher ausgeführt[513], sind auch bei dieser Substanz 50 % abzuziehen, um dem (von uns vermuteten) tatsächlichen Verlauf der Anstiegskurve Rechnung zu tragen. Demnach ist der Gesamtbedarf dieser Gruppe im Jahr 2002 nicht mit 7,575 Tonnen, sondern mit 3,787 Tonnen Heroin anzunehmen.

Zusammen mit dem Verbrauch aller problematischen Opiatkonsumenten in der Höhe von 5,475 Tonnen wären dies also 9,262 Tonnen pro Jahr, im Tagesschnitt daher ca. 25,40 Kilogramm.

Für Heroin haben wir einen Durchschnittspreis von 72 € pro Gramm ermittelt. Demnach kosten 9,262 Tonnen (zum Endverkaufspreis) 666,864 Millionen €. Unter Berücksichtigung des Einkaufsvorteils der jeweils dealenden Konsumenten ergeben sich insgesamt 550,163 Millionen €.

Dies bedeutet, dass jeder der 100.000 Heroinkonsumenten (mit Zwölfmonatsprävalenz) im Jahr 2002 durchschnittlich 5.501,60 €[514] oder pro Monat ca. 458,50 €[515] für diese Substanz und/oder diverse andere Opiate ausgegeben hat.

Problemkonsumenten benötigten hingegen monatlich im Schnitt 1.314 €[516] (nur) für Opiate.

e) Andere Rauschmittel i.e.S.

Es ist allgemein bekannt, dass in der einschlägigen Szene nicht nur Cannabis, Partydrogen, Kokain, Heroin (und andere Opiate) gehandelt und konsumiert werden. Man denke etwa an Crack oder an LSD. Von besonderem Gewicht erscheint in diesem Zusammenhang der verbreitete Missbrauch von pflanzlichen Rauschmitteln (diverse Pilze, Kakteen, Engelstrompeten etc.)[517] durch Ju-

513 Vgl. oben S. 135 f.

514 ≈ 75.705 ATS.

515 ≈ 6.310 ATS.

516 ≈ 18.100 ATS.

517 Vgl. BOVENS Michael G. / HANSJAKOB Thomas, Rechtliche Neuregelung von halluzinogenen Pilzen. Konsequenzen für die Forensische Analytik, in: Kriminalistik 7/02, S. 471 ff.; Meldung „Stoff aus dem Fleisch Gottes. In den Hightech-Zuchtkammern einer niederländischen Firma sprießen Drogenpilze. Dank einer rechtlichen Grauzone ist ihr Verkauf legal, deutsche Drogenexperten warnen vor wahnhaften Horrortrips“, in: Der Spiegel, 24/2002, S. 198 f.; KOHRS Doris Maria, Reise ins Ungewisse. Sie werden geschnüffelt, geraucht, gekaut, geschluckt, inhaliert oder auf die Haut geschmiert. Legale Drogen aus Mutter Natur gelten vor allem bei Jugendlichen als „geil“. Die Kids holen

gendliche. Den zuletzt bekannt gewordenen empirischen Daten zufolge ist davon auszugehen, dass bis zu 20 % aller österreichischen Jugendlichen solche biogene Drogen missbrauchen. Ein ähnlich hoher Prozentsatz benützt sog. „Schnüffelstoffe".[518] Die meisten der soeben erwähnten pflanzlichen Rauschmittel und auch die chemischen „Schnüffelstoffe" unterliegen allerdings nicht dem Suchtmittelgesetz. Der Missbrauch aller dieser Substanzen bleibt hier – wiederum aus Sicherheitsgründen – unbeachtet. Damit sollen etwaige Schätzfehler (zu hohe Annahmen) im Bereich der oben näher behandelten „klassischen" Rauschdrogen kompensiert werden.

f) Drogenkosten für 2002 insgesamt

Aus den oben ermittelten Einzelposten für Cannabis, Partydrogen, Kokain und Opiate errechnen sich Jahreskosten von mindestens 4.056,584 Millionen €[519], die ansonsten – wirtschaftlich betrachtet – größtenteils anderweitigem Inlandskonsum zugute gekommen wären.

Alle anderen Rauschdrogen wurden in dieser Kostenberechnung – wie soeben ausgeführt – nicht berücksichtigt.

g) Exkurs: Drogenverbrauch versus Sicherstellungsmengen

Die Polizei – ebenso wie die internationale Kriminologie – gingen bisher davon aus, dass es den Sicherheitsbehörden möglich sei, wenigstens 5% – bestenfalls aber doch 10 % – der jeweils „am Markt befindlichen" Drogen durch Sicherstellungen „aus dem Verkehr zu ziehen".

Die von uns ermittelten Verbrauchsdaten bezüglich illegaler Drogen für das Jahr 2002 haben uns die Gelegenheit geboten, diese Annahmen einer ersten und vorläufigen Prüfung zu unterziehen. Wir haben daher sowohl Verbrauchsmengen als auch Sicherstellungen bezüglich der einzelnen illegalen Substanzen für 2002 gegenübergestellt.

---

sich die Tipps aus dem Internet. Den Stoff gibt's wohlfeil in eigenen Shops. Die Wirkung der „smart drugs" ist unberechenbar, in: Der Kriminalbeamte, 11/2002, S. 16 ff.

518 HAAS / BUSCH / HORVATH / TÜRSCHERL / WEIGL 2002, aaO (Anm. 340), S. 35, 71; vgl. dazu auch X-SAMPLE, aaO (Anm. 378), S. 45 f.

519 ≈ 51,022 Milliarden ATS.

Es ist bekannt, dass Sicherstellungen von Drogen oft extrem von irgendwelchen Zufälligkeiten abhängen. Um diesen Unsicherheitsfaktor – wenigstens teilweise – auszuschalten, haben wir entsprechend unseren Annahmen zur Dunkelfeldentwicklung auch die zu vermutenden Drogenverbrauchswerte für 2001 ermittelt und mit den Sicherstellungsergebnissen für dieses Jahr verglichen.

Im Folgenden werden nun – gemessen an den von uns für das jeweilige Jahr ermittelten Verbrauchswerten für die einzelnen Substanzen – die Anteile an diesen Mengen ausgeworfen, die von der Polizei 2002 sichergestellt werden konnten. Die Angaben in den Klammerausdrücken beziehen sich auf das Jahr 2001:

Cannabis 1,56 % (0,3 %)
Opiate 1 % (3,67 %)
Kokain 0,25 % (0,82 %)
Ecstasy 0,64 % (0,48 %)

Eine exakte statistische Auswertung derart lückenhafter Daten erscheint selbstverständlich völlig ausgeschlossen. Die ausgeworfenen Werte ergeben jedoch zweifellos brauchbare erste Hinweise auf Tendenzen:

Demnach dürften die Sicherstellungen der Polizei jeweils in etwa um 1% der jeweiligen Verbrauchsmengen schwanken. Vergleichsweise geht die amerikanische Anti-Drogen-Behörde (DEA) davon aus, dass nur 0,7 % der weltweit gehandelten illegalen Substanzen beschlagnahmt werden.[520] – Daher erscheint es extrem unwahrscheinlich, dass dieser Anteil bei uns (abgesehen von irgendwelchen Zufallswerten) gegen 5 % oder gar gegen 10 % erreichen könnte.

520 Vgl. BRAASCH Matthias, „Erscheinungsformen und Bekämpfungsmöglichkeiten des organisierten internationalen Handels mit Dopingmitteln", Referat anlässlich der 10. Wissenschaftlichen Fachtagung der Neuen Kriminologischen Gesellschaft (NKG) über „Drogen – Sucht – Kriminalität" vom 20. – 22. 9. 2007 in Innsbruck, zitiert nach der Kurzfassung.

IV) Finanzierung des Gesamtbedarfes an illegalen Drogen

Bei der Beschaffung von Geldmitteln zum Erwerb von illegalen Rauschmitteln wird man die User zumindest in drei Gruppen aufteilen müssen, die sich untereinander deutlich unterscheiden: Den „harten Kern" von „Schwerstabhängigen"[521] und die beiden (weitaus größeren) Gruppen der bloßen „Kleinkonsumenten" einerseits sowie der „Durchschnittskonsumenten" andererseits. – Dabei versteht sich von selbst, dass die hier – vereinfachend angenommene – scharfe Grenze zwischen allen diesen Gruppen nicht besteht. In der Realität verwischen sich diese Grenzen, weshalb eher fließende Übergänge von „Gerade-noch-Durchschnittskonsumenten" zu „Gerade-schon-Problemkonsumenten" anzunehmen sind. – Analoges gilt natürlich auch für den Übergangsbereich von „Kleinkonsumenten" zu „Durchschnittskonsumenten".

Die von uns vorgenommene Aufgliederung der Drogenmissbraucher in drei Untergruppen kollidiert mit einer Vielzahl anderweitiger Abstufungen und allen ihren je spezifischen Begriffsdefinitionen. Sie erhebt keineswegs den Anspruch, eine neue Einteilung vorzuschlagen. Vielmehr wurde sie ausschließlich deshalb vorgenommen, um klar definieren zu können, von welchem Begriffsverständnis in der vorliegenden Untersuchung auszugehen ist. Die Hintergründe für unser eigenes Vorgehen sollen im Folgenden in einem kurzen Exkurs skizziert werden:

> Das Problem der Quantifizierung des „Schweregrads" eines Drogenmissbrauchs ist nach wie vor so gut wie ungelöst:
>
> Beispielsweise beauftragte das deutsche Bundesverfassungsgericht den Kölner Gerichtsmediziner BERGHAUS mit der Ausarbeitung eines Gutachtens (u.a.) zur Frage, wie hoch der Anteil der Konsumenten von Cannabis-Produkten ist, die diese nur „gelegentlich" konsumieren. Dieses Gutachten ist dem Bundesverfassungsgericht mit Begleitschreiben vom 7. 8. 2001 übersandt worden.[522]

---

521 Bekanntlich verwenden wir für diese Gruppe der User in unserer Untersuchung synonym auch den Ausdruck „Problemkonsumenten".

522 Dem Präsidialrat des Bundesverfassungsgerichts in Karlsruhe sei auch an dieser Stelle bestens für seine schriftliche Auskunft vom 17. 6. 2005 und für die Übermittlung mehrerer einschlägiger Entscheidungen gedankt!

Der Gutachter kam dabei allein beim Begriff des „gelegentlichen Konsums" (= „Gelegenheitskonsum") auf vier höchst unterschiedliche Definitionen, von denen deutsche Wissenschafter, Justizbehörden und Regierungsstellen ausgingen: „Ingesamt bis zu neun Konsumakte ..."; „Mehr als ein Mal ..."; „Mehrmaliger, aber deutlich weniger als täglicher Konsum ..."; „Mehrmals im Monat, aber deutlich weniger als täglicher Konsum ..."[523]

Das Bundesverfassungsgericht hat sich (daher?) zu dieser Frage (noch) nicht konkret festgelegt. In der Kommentarliteratur wird aus einigen Entscheidungen dieses Höchstgerichts der Rückschluss gezogen, „dass jedenfalls bei einem Konsum, der häufiger als ein Mal im Monat stattfindet, von einem Gelegenheitskonsum nicht mehr die Rede sein kann." Ein anderer Autor zog die Grenze sogar schon bei fünfmaligem Konsum pro Jahr.[524]

Vergleichsweise versteht die Französische Beobachtungsstelle für Drogen und Drogensucht[525] unter gelegentlichem Konsum 1 bis 9 Konsumakte pro Jahr.

„Wiederholten" Drogenmissbrauch definiert die Französische Beobachtungsstelle für Drogen und Drogensucht hingegen mit mehr als neun Mal pro Jahr und weniger als 10 Mal pro Monat.[526] – Dies bedeutet also eine Spanne von mindestens 10 Missbrauchsakten pro Jahr bis zu maximal 108, was einer Relation von ca. 1 : 11 entspricht, obwohl die ganze Skala nicht etwa drei, sondern sogar 5 Einteilungsstufen vorsieht.

Der nationale Reitox Knotenpunkt Deutschland verweist auf eine „Arbeitsdefinition" für „problematischen Konsum":

Ein solcher wird u.a. dann bejaht, wenn er mit Risiken verbunden ist (riskanter Konsum), schädlicher Gebrauch oder eine Abhängigkeit im Sinne einer klinischen Diagnose (ICD

523 Einzelheiten vgl. BERGHAUS Günter, Gutachtliche Äußerung zu den Fragen des Fragenkatalogs. – 1 BvR 2062, 1 BvR 1143/98, S. 1 ff.; ausgedruckt aus dem Internet: http://www.medizin.uni.koeln.de/institute/rechtsmedizin/ga_bvg.html.

524 Dazu sehr eingehend WEBER, aaO (Anm. 200), Rz 49, 50 zu § 1; Rz 1351 vor §§ 29 ff., jeweils mwN.

525 Drogues et dépendances. Indicateurs et tendances 2002, edité par Observatoire français des drogues et des toxicomanies (OFDT), Paris 2002, p. 100.

526 Drogues et dépendances. Indicateurs et tendances 2002, aaO (Anm. 525), p. 100.

oder DSM) vorliegt, Schäden für andere Personen oder negative soziale Konsequenzen oder Delinquenz damit verbunden sind. Davon unabhängig kann Konsum auch dann problematisch sein, wenn der Konsument ihn selbst so empfindet und sich selbst entgegen der objektiven Klassifizierung als abhängig einschätzt.[527]

Gleichwohl bleibt nach wie vor offen, was man unter „problematischem Drogenkonsum" konkret zu verstehen hat. Die (bisher weit gefasste) EBDD-Definition wurde schon bei einem EU-weiten Expertentreffen im November 2003 eingehend diskutiert.[528] Die EBDD arbeitete auch 2004 und 2005 zusammen mit den Mitgliedstaaten der EU an einer neuen Definition dieses Begriffs und an der Entwicklung von Strategien, um sowohl Ausmaß als auch Folgen des „problematischen Drogenkonsums" zu messen.[529] Eine Lösung dieser Definitionsprobleme steht derzeit offensichtlich noch aus.[530] Einstweilen versteht die EBDD unter diesem Begriff noch „injizierenden bzw. langjährigen oder regelmäßigen Konsum von Opiaten, Kokain und/oder Amphetaminen."[531]

Das ÖBIG – um nur ein einziges weiteres Beispiel anzuführen – definiert als „problematischen Konsum" „den häufigeren Gebrauch ‚harter Drogen' (vor allem Opiate, Kokain), der oft mit Abhängigkeit und gesundheitlichen, sozialen und rechtlichen Folgen ... einhergeht".[532]

527 SPEGEL / SIMON / HÜLLINGHORST / DAVID-SPICKERMANN, aaO (Anm. 175), S. 19.

528 WIESSING Lucas / KRAUS Ludwig / ROSSI Carla, Drogensituation. Prävalenzschätzung: Spitzenarbeit erfordert weitere Investitionen, in: Drugnet Europe. Newsletter der Europäischen Beobachtungsstelle für Drogen und Drogensucht, Januar-März 2004, S. 2.

529 Jahresbericht 2005 der Europäischen Beobachtungsstelle für Drogen und Drogensucht, aaO (Anm. 124), S. 63; Jahresbericht 2004 der Europäischen Beobachtungsstelle für Drogen und Drogensucht, aaO (Anm. 187), S. 50; Jahresbericht 2006 der Europäischen Beobachtungsstelle für Drogen und Drogensucht, aaO (Anm. 264), S. 92 f.

530 Vgl. Jahresbericht 2004 der Europäischen Beobachtungsstelle für Drogen und Drogensucht, aaO (Anm. 187), S. 83; dazu auch Jahresbericht 2005 der Europäischen Beobachtungsstelle für Drogen und Drogensucht, aaO (Anm. 124), S. 63.

531 Jahresbericht 2005 der Europäischen Beobachtungsstelle für Drogen und Drogensucht, aaO (Anm. 124), S. 63 mwN; Jahresbericht 2004 der Europäischen Beobachtungsstelle für Drogen und Drogensucht, aaO (Anm. 187), S. 50; Jahresbericht 2006 der Europäischen Beobachtungsstelle für Drogen und Drogensucht, aaO (Anm. 264), S. 67, 88.

532 HAAS / BUSCH / HORVATH / TÜRSCHERL / WEIGL / ABRAHAM 2005, aaO (Anm. 68), S. 22; HAAS / BUSCH / HORVATH / TÜRSCHERL / WEIGL / WIRL / AUSTALLER 2006, aaO (Anm. 97), S. 22.

Natürlich wirft auch diese Begriffsbestimmung – wie jede andere – mehr Fragen auf, als sie beantwortet: Was ist ein „häufigerer" Gebrauch? Welche Substanzen kämen außer Opiaten und Kokain noch in Frage? Wie schwer müssen die negativen gesundheitlichen und/oder sozialen und/oder rechtlichen Folgen sein etc. etc.?

Die angesprochenen Definitions- und Abgrenzungsprobleme haben sehr bedeutsame praktische Auswirkungen. So sind Schätzungen (z.B. zur Verbreitung des problematischen Drogenkonsums innerhalb der EU) aus einer Vielzahl von Gründen schon an sich mit zahlreichen Unsicherheiten behaftet. Diese Problematik wird durch die ungelösten Definitionsprobleme zweifellos noch erheblich vergrößert: Niemand weiß verlässlich, was er überhaupt messen (bzw. schätzen) soll.

Daher kommentiert die EBDD die bisher vorliegenden Prävalenzannahmen wie folgt: „Diese Schätzungen sind jedoch bei weitem nicht robust und müssen präzisiert werden ...".[533]

Davon einmal ganz abgesehen, ist die Aussagekraft von Prävalenzangaben auch ihrerseits sehr beschränkt: Wie der Jahresbericht 2005 der EBDD zutreffend feststellt, besagt z.B. die Lebenszeitprävalenz (= „Lebenszeitkonsum") – jedenfalls bei Erwachsenen – sehr wenig. Hingegen wird der „Konsum in den letzten zwölf Monaten" als „Indikator für den jüngsten Drogenkonsum" angesehen, obwohl letzterer „häufig nur gelegentlich stattfindet". – Erst der „Konsum in den letzten 30 Tagen" sei „ein Indikator für den aktuellen Konsum, der auch jene erfasst, die die Droge häufig konsumieren."[534]

Wie unverlässlich diese Indikatoren allerdings sein müssen, zeigen schon die folgenden – aus illustrativen Gründen erfundenen – Extrembeispiele auf: Bei der Befragung am Ende eines bestimmen Jahres fielen unter „Zwölfmonatsprävalenz" zum einen alle, die von Jänner bis Ende November Drogen täglich missbraucht haben sollen, zum anderen aber auch jene, die in diesem Zeitraum ganz selten oder aber gar nur einmal konsumiert hätten.

533 Jahresbericht 2004 der Europäischen Beobachtungsstelle für Drogen und Drogensucht, aaO (Anm. 187), S. 51.

534 Jahresbericht 2005 der Europäischen Beobachtungsstelle für Drogen und Drogensucht, aaO (Anm. 124), S. 36.

Unter „Dreißigtageprävalenz" wären wiederum jene anzuführen, die im Lauf dieses Jahres täglich, aber auch diejenigen, die in den letzten 30 Tagen erstmals in ihrem Leben einen Drogenkontakt hatten.

Die mit diesen beiden Begriffen definierten Konsumentengruppen sind daher alles eher als präzise voneinander abgrenzbar. – Und folgerichtig erscheint es auch so gut wie unmöglich, an Hand derart verschwommener Kriterien z.B. den Jahresverbrauch innerhalb der einzelnen Gruppen zu ermitteln, um daraus etwa auf den Grad ihrer Abhängigkeit schließen zu können etc. – So kann es nicht verwundern, dass auch das ÖBIG zur Schlussfolgerung kommt, dass das Problem der Abgrenzung des Experimentierkonsums vom problematischen Drogenkonsum keineswegs gelöst erscheint. Diese Abgrenzung werde vielmehr „immer schwieriger".[535]

Alles in allem war es uns unter den oben skizzierten Bedingungen nicht möglich, eine Definition, Nomenklatur und Einteilung zu finden, die sich bisher international durchgesetzt hat. Dies bedeutet, dass sich insbesondere unsere Bezeichnung der einzelnen Untergruppen von Drogenmissbrauchern ihrem Begriffsinhalt nach nicht mit den oben beschriebenen Termini aus anderen Quellen deckt. Was wir (z.B.) unter „Kleinkonsument", „Durchschnittkonsument" oder „Schwerstabhängigem" (synonym verwendet mit „Problemkonsument") verstehen, ergibt sich einzig und allein aus unserer eigenen Begriffsumschreibung[536] und ist mit anderweitigen Einteilungen nicht vergleichbar.

1) Problemgruppe der Schwerstabhängigen

Die (nach wie vor) genauesten und verlässlichsten Daten zur Geldbeschaffung für diese Personengruppe (jedenfalls für den deutschen Sprachraum) kann man den empirischen Untersuchungen entnehmen, über die KREUZER in Deutschland seit den Siebzigerjahren des abgelaufenen Jahrhunderts publiziert hat. Eine Hochrechnung der von ihm (anhand von vergleichsweise kleinen Stichproben) gewonnenen Erkenntnisse[537] auf alle (schwer) Süchtigen Deutschlands wäre damals wenig sinnvoll gewesen, weil

535 HAAS / BUSCH / HORVATH / TÜRSCHERL / WEIGL / ABRAHAM 2005, aaO (Anm. 68), S. 22; HAAS / BUSCH / HORVATH / TÜRSCHERL / WEIGL / WIRL / AUSTALLER 2006, aaO (Anm. 97), S. 22.

536 Diese stellt im Einzelnen primär auf die Konsummenge und -häufigkeit ab.

537 KREUZER, aaO (Anm. 239), S. 181; ERHARDT, aaO (Anm. 424), S. 58; KREUZER / RÖMER-KLEES / SCHNEIDER, aaO (Anm. 375), S. 406.

deren Gesamtzahl noch nicht mit ausreichender Verlässlichkeit angegeben werden konnte.[538]

Demgegenüber können wir heute für Österreich mit einiger Sicherheit feststellen, dass hier 2002 etwa 45.000 Problemkonsumenten von Partydrogen existiert haben. Auf das hohe Abhängigkeitspotenzial von Ecstasy wurde schon vorne (unter Berufung auf THOMASIUS) hingewiesen.[539] Nichts anderes gilt allerdings auch für andere Amphetaminderivate. So wurde schon wiederholt hervorgehoben, dass z.B. das Abhängigkeitspotenzial von Metamphetamin durchaus mit dem von Heroin und Kokain vergleichbar ist. Daher sind auch die von dieser Substanz Abhängigen ähnlich prädisponiert z.B. für die Beschaffungskriminalität oder zur Drogenprostitution.[540] Ebenso konnte oben berichtet werden, dass bei uns 2002 40.000 problematische Kokainkonsumenten und 25.000 schwer heroinsüchtige Personen zu verzeichnen waren.[541]

Nach neueren Erkenntnissen wird man auch die Cannabismissbraucher im Kontext mit der indirekten Beschaffungskriminalität nicht ganz übergehen können. Wie schon vorne[542] näher ausgeführt, weist auch diese Substanz – jedenfalls in höheren Dosen und bei längerem Missbrauch – ein sehr beträchtliches (aber noch weithin unterschätztes) Suchtpotential auf.[543] – In diesem Zusammenhang erscheint bedeutsam, dass unter den insgesamt 17 befragten kriminalpolizeilichen Dienststellen – wie bereits oben kurz angesprochen – fünf einen Maximalverbrauch von 3 Gramm pro Tag angegeben haben, weitere drei Dienststellen lagen bei Werten von 5 oder 6 Gramm, während zwei sogar über vereinzelt vorkommende Maximalwerte von 15 Gramm pro Tag berichteten. Es ist leicht einzusehen, dass die Suchtpotenz bei solchen Konsummustern mit der des – viel strapazierten – „harmlosen Wochenend- oder Gelegenheits-Joints" absolut nichts mehr gemein hat. Unter besonders exponierten Cannabis-Usern (z.B. KlientInnen von Dro-

538 Vgl. KREUZER, aaO (Anm. 239), S. 181.

539 Vgl. oben S. 142.

540 Vgl. zuletzt KNECHT Thomas, Metamphetamin – eine neu lancierte Aktivdroge als kriminogener Faktor. Kriminologische und forensisch-psychiatrische Aspekte eines gefährlichen Stimulans, in: Schweizerische Zeitschrift für Kriminologie (SZK), Heft 1/03, S. 8.

541 Vgl. oben S. 147, 151.

542 Vgl. oben S. 130 f.

543 Zur Diskussion über die bisher deutlich unterschätzten Cannabis-Gefahren vgl. den instruktiven Bericht „Kick aus der Wasserpfeife", in: Der Spiegel, 33/2002, S. 134 ff.; vgl. dazu auch HAAS / BUSCH / HORVATH / WEIGL / TÜRSCHERL 2003, aaO (Anm. 8), S. 70 ff.

genberatungsstellen) finden sich etwa 20 % mit „problematischem Konsum“.[544]

Die EBDD weist in ihrem Jahresbericht 2004 darauf hin, dass Cannabis in den Berichten über neu aufgenommene Drogenbehandlungen mit fast 30 % als insgesamt am zweithäufigsten genannte Droge aufscheint.[545] In rund 12 % aller ca. 480.000 gemeldeten Behandlungsnachfragen wird Cannabis als Primärdroge genannt und steht damit an zweiter Stelle hinter Heroin.[546] Mittlerweile existiert bereits ein internationales Therapieforschungsprojekt namens INCANT, das in fünf Ländern Europas (Belgien, Frankreich, Niederlande, Schweiz und Deutschland) gemeinsam durchgeführt wird. Ziel dieses Vorhabens ist es, Jugendlichen mit problematischem Cannabiskonsum im Alter zwischen 13 und 18 Jahren eine (in den USA bewährte) Therapiemethode anzubieten.[547]

Für Deutschland wurde die Zahl der „problematischen Konsumenten“ von Cannabis („nach klinischen Maßstäben (DSM IV) abhängig von der Droge“) für das Jahr 2000 schon oben mit rund 200.000 und für 2002 mit 240.000 angegeben.[548] Die deutsche Bundes-Drogenbeauftragte ging 2006 von 400.000 Personen mit missbräuchlichem oder abhängigem Cannabiskonsum aus.[549] Selbst im Rahmen stationärer Drogenbehandlung liegen die Cannabis-Diagnosen nach den Opiaten (allerdings mit einigem Abstand) mittlerweile schon an zweiter Stelle.[550] Zudem herrscht derzeit noch ein „eklatanter Mangel“ an einschlägigen Interventionsstudien und der Entwicklung von Behandlungsprogrammen.[551] Pro

544 GÖBL Markus / NOCK Brigitte / LARCHER Hermann / HATZL Werner, Cannabis: Vom Mythos zum Mainstream. Die Cannabis-KlientInnen der Drogenberatungsstellen im Z6, MDA basecamp, Z6 Drogenberatung, Innsbruck 20. 5. 2003, unveröffentlicht, o.S.

545 Jahresbericht 2004 der Europäischen Beobachtungsstelle für Drogen und Drogensucht, aaO (Anm. 187), S. 67; Jahresbericht 2006 der Europäischen Beobachtungsstelle für Drogen und Drogensucht, aaO (Anm. 264), S. 43.

546 Jahresbericht 2005 der Europäischen Beobachtungsstelle für Drogen und Drogensucht, aaO (Anm. 124), S. 40.

547 Vgl. Homepage von INCANT (International Cannabis Need of Treatment); ausgedruckt aus dem Internet: http://incant.de/studie.html.

548 SPEGEL / SIMON / HÜLLINGHORST / DAVID-SPICKERMANN, aaO (Anm. 175), S. XI, 111; TÄSCHNER Karl-Ludwig, Cannabisbezogene Störungen: Ein zentrales Thema der nächsten Jahre?, in: Sucht, 2004, 50 (5), S. 289 mwN.

549 der kriminalist, 06/2006, S. 278.

550 SPEGEL / SIMON / HÜLLINGHORST / DAVID-SPICKERMANN, aaO (Anm. 175), S. 27; vgl. dazu auch THOMASIUS aaO (Anm. 407), S. 107, 119.

551 ZIMMERMANN Petra / MÜHLIG Stephan / SONNTAG Dilek / BÜHRINGER Gerhard / WITTCHEN Hans-Ulrich, Review on psychotherapeutic interventions for cannabis disorders, in: Sucht, 2004, 50 (5), S. 334.

Jahr suchen rund 15.000 Cannabiskonsumenten die Hilfe von Psychiatern und anderen Therapeuten in diversen Beratungsstellen (= fünfmal so viele wie noch vor 10 Jahren). Etwa 5.000 unter ihnen gelten als „Cannabis-Wracks“, die bis zu 10 Joints pro Tag rauchen.[552] – Ein Mitte 2005 vorgenommener TNS Infratest mit der Frage „Sollte die (= deutsche) Bundesregierung stärker gegen den Konsum von Haschisch und Marihuana vorgehen?“ hat daher – wohl nicht zufällig – 66 % JA- und lediglich 29 % NEIN-Antworten ergeben.[553]

Der bekannte Drogenexperte THOMASIUS vom Universitätskrankenhaus Eppendorf in Hamburg schätzt, dass in Deutschland bis zu 5 % der aktuellen Cannabis-Konsumenten von dieser Droge abhängig sind.[554] – Unter diesen Umständen scheint es gewiss nicht übertrieben, (mindestens!) 2 % aller 900.000 Cannabis-Missbraucher Österreichs im Jahr 2002 den obigen Problemkonsumenten von sog. „harten“ Drogen gleichzuhalten.[555] Dies wären demnach weitere 18.000 Schwerstabhängige.

Daraus errechnet sich – rein arithmetisch – eine Gesamtzahl von etwa 128.000 Problemkonsumenten – bezogen auf alle illegalen Drogen. Dabei ist jedoch gerade bei dieser Personengruppe zu berücksichtigen, dass sie – weit mehr noch als Durchschnitts- oder gar Kleinkonsumenten – zu polytoxikomanen Gebrauchsmustern neigen.[556] Bei den Schwerstabhängigen kann nicht (wie bei Klein- oder Durchschnittskonsumenten) davon ausgegangen werden, dass ein Drittel dieser Gruppe nur eine Substanz missbraucht. Monotoxikomane Gebrauchsmuster dürften in dieser Gruppe eher die Ausnahme bilden.

> Das Phänomen eines zunehmend verbreiteten polytoxikomanen Drogengebrauchs selber ist – jedenfalls in Österreich spätestens seit 2001 – bekannt. Gleichwohl betont die EBDD noch in ihrem Jahresbericht 2006, das „Erfordernis, polyvalenten Drogenkonsum genauer zu definieren und besser zu verstehen“. Dabei sei die „Entwicklung eines besseren konzeptionellen Rahmens, mit dem sich die verschiedenen Aus-

552 Vgl. Der Spiegel, aaO (Anm. 40), S. 79.

553 Der Spiegel, 29/2005, S. 21.

554 THOMASIUS, aaO (Anm. 407), S. 113 f., 119 mwN.

555 Vgl. dazu HAAS / BUSCH / HORVATH / WEIGL / TÜRSCHERL 2003, aaO (Anm. 8), S. 70 f. mwN.

556 Vgl. PREISZLER, aaO (Anm. 114), S. 75; HAAS / BUSCH / GUZEI / TÜRSCHERL / WEIGL 2001, aaO (Anm. 65), S. 59 ff., 63; HAAS / BUSCH / HORVATH / TÜRSCHERL / WEIGL 2002, aaO (Anm. 340), S. 19, 35.

prägungen des polyvalenten Drogenkonsums beschreiben lassen" ... „als erster Schritt zum Verständnis der Folgen dieses Verhaltens dringend geboten".[557]

Wir nehmen hier an, dass die Personengruppe der ProblemkonsumentInnen neben dem Verbrauch für die jeweilige Leitdroge bis zu 80 % der dafür erforderlichen Mittel für andere Drogen ausgeben muss. Geht man weiter davon aus, dass dieser „Zuschlag" im Schnitt ca. 76,6 % beträgt, so errechnet sich daraus eine Problemgruppe von etwa 72.500 Personen mit einem derartigen Konsummuster: Diese Gruppe benötigt die gleiche Drogenmenge (und die gleichen Mittel zu deren Anschaffung), die ansonsten auf 128.000 Personen entfielen, die jeweils nur eine Substanz missbrauchen. Dass (auch) in dieser Gruppe der 72.500 Schwerstabhängigen jeweils Mischfinanzierung aus mehreren der im Folgenden skizzierten Finanzquellen vorgelegen haben wird, versteht sich von selbst.

Vergleichsweise nimmt die EBDD – gestützt auf österreichische Daten – in ihrem Jahresbericht 2005 an, dass 6 bis 10 von 1.000 ÖsterreicherInnen zwischen 15 und 64 als „problematische DrogenkonsumentInnen" einzustufen seien. Unter „problematischem Drogenkonsum" versteht die EBDD bekanntlich „injizierenden bzw. langjährigen oder regelmäßigen Konsum von Opiaten, Kokain und/oder Amphetaminen."[558] – Exzessive Cannabismissbraucher sind davon also nicht erfasst.

Legt man den Mittelwert zwischen beiden Extremannahmen (6 % + 10 % = 16 %: 2 = 8 %) zugrunde, wären dies etwa 53.600 Personen. Unter Einschluss von 18.000 problematischen Cannabismissbrauchern ergäbe sich demnach eine Gesamtanzahl von 71.600 Problemmissbrauchern, was dem Resultat unserer eigenen Ermittlung sehr nahe kommt.

KREUZER hat anhand einer Intensivbefragung von 100 „Fixern" deren Beschaffungskriminalität nach Umfang und Struktur zu bestimmen versucht. Das Resultat seiner – ebenso aufwändigen wie sorgfältigen – Forschungsarbeit wurde 1991[559] publiziert. De-

557 Jahresbericht 2006 der Europäischen Beobachtungsstelle für Drogen und Drogensucht, aaO (Anm. 264), S. 14 f.

558 Jahresbericht 2005 der Europäischen Beobachtungsstelle für Drogen und Drogensucht, aaO (Anm. 124), S. 63.

559 KREUZER / RÖMER-KLEES / SCHNEIDER, aaO (Anm. 375); vgl. auch ERHARDT, aaO (Anm. 424), S. 29 ff.; KREUZER, aaO (Anm. 239), S. 174 ff.; *derselbe*, aaO (Anm. 200), S. 43 ff.

ren relevante Daten dürften daher die Situation der deutschen Drogenszene um 1990 repräsentieren. Es erscheint sehr unwahrscheinlich, dass die einschlägige österreichische Szene ca. 12 Jahre später insgesamt „harmloser“ agiert hat. Eher wird man vom Gegenteil auszugehen haben. Daher erscheint es durchaus vertretbar, die Forschungsresultate KREUZERS auf die Situation in Österreich im Jahr 2002 zu übertragen. Wenn wir dabei im Folgenden bewusst sehr vorsichtige Annahmen dazu treffen, so soll damit u.a. auch dem Umstand Rechnung getragen werden, dass die Delikte der von KREUZER untersuchten „Fixer“ nicht gleichsam 1 : 1 auf die von uns ermittelten „Problemkonsumenten“ oder „Schwerstabhängigen“ übertragen werden dürften. Vielmehr werden Fixer zumeist eher noch eine negative Auslese unter den Problemkonsumenten darstellen.

Bevor wir hier den Versuch unternehmen, die Beschaffungskriminalität der etwa 72.500 österreichischen Schwerstabhängigen abzuschätzen, bedarf es noch einer wichtigen Vorbemerkung. Die Untersuchung KREUZERS hat eindeutig belegen können, dass es so gut wie keinen Sinn hat, diese Delinquenz anhand von polizeilichen (oder etwa gar gerichtlichen) Anfallszahlen zu ermitteln. Dies liegt daran, dass die Delinquenz Süchtiger zum allergrößten Teil im Dunkelfeld verbleibt. Die von KREUZER ermittelte Aufklärungsrate betrug im Extremfall 0,0 % (z.B. bei Hehlerei), 0,1 % (z.B. bei „sonstigen Diebstählen“) oder 0,2 % (z.B. bei Raub in der Drogenszene) – im Durchschnitt war sie jedenfalls nicht höher als 1%![560]

Wenn daher (beispielsweise) von 1.000 Raubfällen innerhalb der Szene nur 10 der Polizei überhaupt bekannt (und in diesen 10 Fällen die Täter gleichsam „mitgeliefert“) werden, so verzeichnet die Exekutive alle diese 10 Fälle mit Recht als „aufgeklärt“. Überdies kann sie auch noch auf eine Aufklärungsquote von 100 % verweisen. Dies vermag aber freilich nichts daran zu ändern, dass die tatsächlich geschehene Raubkriminalität in der Szene 100-mal höher ist, nur bleiben davon 99 % im Dunkelfeld. – Dieses (bewusst drastisch gewählte) Beispiel soll aufzeigen, dass bloße Polizeistatistiken unter bestimmten Randbedingungen so gut wie nichts über das Ausmaß der tatsächlich geschehenen Delinquenz aussagen. Wenn man hingegen die Täter direkt befragen kann, kommt man der Wahrheit (jedenfalls unter günstigen Untersuchungsbedingungen) weitaus näher.[561]

---

560 KREUZER, aaO (Anm. 200), S. 44; KREUZER / RÖMER-KLEES / SCHNEIDER, aaO (Anm. 375), S. 225 ff.

561 Vgl. dazu insbesondere KREUZER / RÖMER-KLEES / SCHNEIDER, aaO (Anm. 375), S. 224 ff.; KREUZER, aaO (Anm. 239), S. 180 ff.

a) Dealen

Es ist hinlänglich bekannt, dass gerade die hier in Rede stehende Personengruppe einen erheblichen Teil des einschlägigen Geldbedarfs durch Kleinhandel mit Drogen aufzutreiben pflegt.[562] Jeder Problemkonsument begeht pro Tag etwa 2 einschlägige Delikte (Dealen oder Checken).[563] Diesen Umstand haben wir bekanntlich schon bei der obigen Ermittlung des gesamten Geldbedarfes berücksichtigt: Süchtige Dealer bezahlen für ihren eigenen Bedarf in aller Regel ja nicht den jeweils marktüblichen „Endverkaufspreis". Ihr Vorlieferant verrechnet ihnen (auch) für diesen „Stoff" ja wohl nur den jeweils üblichen „Einkaufspreis".

Fast alle Süchtigen dealen; nicht abhängige Kleinhändler bilden eine Minderheit.[564] Sinngemäß dasselbe gilt auch für diejenigen (meistens mit „Naturalien" belohnten) Abhängigen, die nicht selber dealen, sondern solche Geschäfte (meist durch Zuführen von „Kunden") vermitteln (sog. „Checker").[565]

Der österreichische Gesetzgeber findet es nach wie vor richtig, den Handel mit Drogen strafrechtlich zu privilegieren, wenn er der Finanzierung des Eigenbedarfes Süchtiger dient.[566] Dass mit diesem System eine „De-facto-Immunität" der Kleinhändler gegenüber der Strafverfolgung verbunden ist, weiß man schon lange.[567] Und zuletzt beklagte auch der Jahresbericht 2006 des Bundesministeriums für Inneres über die Suchtmittelkriminalität, „dass die Koordinatoren und Organisatoren für den Drogenabsatzmarkt Wien durch Tarnung der Verteiler als ‚Streetrunner' niedrigster Ordnung, teilweise aber auch als abhängige Kleinkonsumenten, ein kostengünstiges wie wirksames Vertriebsnetz" betreiben.[568] – Ebenso wenig unbekannt ist in Fachkreisen, dass sich dieses Manko geradezu katastrophal auf die Polizeimotivation auswirken muss. In Deutsch-

562 KREUZER, aaO (Anm. 200), S. 47; RAUTENBERG, aaO (Anm. 239), S. 43.

563 RAUTENBERG, aaO (Anm. 239), S. 43 f.

564 Vgl. statt vieler WEBER, aaO (Anm. 200), Rz 74 zur Einleitung.

565 KREUZER, Arthur, § 4 Erscheinungsformen von Drogenkriminalität und verwandtem abweichendem Verhalten, in: KREUZER, aaO (Anm. 200), S. 235 ff.

566 Vgl. HAUPTMANN, aaO (Anm. 35), S. 26 f., 28 f., 37 f.; vgl. dazu auch die neueste Fassung des Suchtmittelgesetzes (SMG), BGBl I 2007/110 (§§ 27, 28, 28a), in Kraft seit 1. 1. 2008.

567 Vgl. HAUPTMANN Walter, Möglichkeiten und Grenzen einer modernen Kriminalpolitik, in: Strafrechtliche Probleme der Gegenwart. Strafrechtliches Seminar Ottenstein 1975, hrsg. vom Bundesministerium für Justiz, Wien 1976, S. 96.

568 Bundesministerium für Inneres / Bundeskriminalamt, Büro 3.5 (Hrsg.), Suchtmittelkriminalität. Jahresbericht 2006, Wien 2007, S. 12.

land wurde beklagt: Ein paar Stunden nach Festnahme und Anzeige steht der Kleindealer wieder auf der Straße. Und einem Wust an Bürokratie und Schreiberei steht letztlich regelmäßig eine Verfahrenseinstellung gegenüber.[569]

Sogar der – als liberal geltende – „SPIEGEL" hat den Tätertyp der „Kleindealer" schon 1989 sehr zutreffend wie folgt charakterisiert: „Genau diese Leute sind aber ein dynamischer Faktor in der Verbreitung von Drogen. Sie stehen auch da, wo oft ihre eigenen Karrieren angefangen haben: auf dem Schulhof. Wer gegen den Ameisenhandel vorgeht, der zu einem gut Teil von Süchtigen betrieben wird, kratzt letztlich die Syndikate an".[570] ... Steigt das Risiko für die Frontdealer, „während ihnen die Kunden wegbrechen, bekommen die Organisationen Verteilungsprobleme, die bis in die oberste Hierarchie-Ebene durchschlagen".[571] Natürlich wurde diese „Schlüsselrolle" des Dealers als „Multiplikator der Sucht" und als „willkommene Vertriebsvereinfachung" für alle Großhändler auch von namhaften Experten immer wieder – bislang allerdings eher erfolglos – beklagt.[572]

Der ehemalige Landespolizeipräsident von Baden Württemberg, einer der profiliertesten Kriminalisten Deutschlands, charakterisierte diesen bedenklichen Zusammenhang in einem Schreiben an die beiden Verfasser vom 22. 5. 2004 wie folgt:

> „... Der ‚gefährlichste Dealer' für unsere Kinder und Jugendlichen von heute ist oft das bedauernswerte Opfer von gestern, also ein sympathischer Junge oder ein nettes Mädchen aus dem Freundeskreis der eigenen Kinder, das von einem anderen Dealer angemacht wurde, nun Geld für den eigenen Stoff braucht und sich deshalb einen Abnehmerkreis im eigenen Freundeskreis schafft. ...".[573]

569 Vgl. statt vieler die Meldung „Ein Tabu wird gebrochen. Die Polizei hat das Drogendesaster täglich vor Augen. In ihren Reihen entstand eine Reformbewegung für eine ‚Notstandslösung': Süchtige, denen anders nicht zu helfen ist, sollen Heroin vom Staat erhalten", in: Der Spiegel, 5/1997, S. 53.

570 Spiegel Spezial. Geißel Rauschgift. Die Spiegel-Serie über die Drogensucht, 1/1989, S. 91.

571 Der Spiegel, 50/1997, S. 107.

572 MELLENTHIN, aaO (Anm. 232), S. 393; BURGHARD Waldemar, Ideen statt Ideologien, in: Kriminalistik 4/97, S. 235.

573 Herrn Landespolizeipräsidenten a.D. Dr. Alfred STÜMPER sei auch an dieser Stelle bestens für seine ebenso sorgfältige wie sachkundige Stellungnahme zum Entwurf unserer Studie – und nicht minder herzlich auch für deren engagierte Begleitung schon seit 2003 – gedankt!

Angesichts der Ignoranz des Gesetzgebers bleibt es einstweilen also dabei, dass die meisten Süchtigen (als Verführungsopfer) später durch ihr eigenes Dealen auch ihrerseits zu Ausbeutern werden: „Es lässt sich kaum ein unsozialeres Verhalten denken: Der ‚Gewinn' aus dem Drogenmissbrauch wird individuell und exklusiv genossen, seine Schäden – von der Beschaffungskriminalität über die ‚Ansteckung' anderer bis hinein in Vollzugs- und/oder Therapiekosten – werden hingegen so gut wie immer ‚sozialisiert', also der Allgemeinheit als Solidargemeinschaft aufgebürdet."[574]

Es erscheint bemerkenswert, dass Anfang 2005 (sogar) die Drogenbeauftragte der deutschen Bundesregierung im Hinblick auf „Menschen, die ein Recht auf Rausch fordern", bekennen musste: "Wer aus hedonistischen Motiven die Entscheidung über jeden Drogenkonsum individualisieren will, kollektiviert die damit einher gehenden Risiken. Das geht so nicht."[575]

b) Direkte Beschaffungskriminalität

Diese Delikte sind unmittelbar auf das Erlangen von Rauschmitteln selber gerichtet. Als „Musterbeispiele" können etwa Einbrüche in Apotheken und Arztpraxen sowie dergleichen Einrichtungen mehr genannt werden, bei denen z.B. Morphine oder Amphetaminderivate erbeutet werden.[576] Diese Art der Beschaffung ist insgesamt – nicht zuletzt durch bessere Einbruchssicherung der Apotheken[577] – fast bedeutungslos geworden. So sind etwa 2002 in Österreich nur 82 Fälle von Drogen- (und Medikamenten-!)diebstahl bekannt geworden.[578] Natürlich könnte man auch jedes Verschaffen oder den Besitz verbotener Rauschsubstanzen als „direkte Beschaffungskriminalität" bezeichnen.[579] Letzterem Umstand kommt in diesem Zusammenhang jedoch keine Relevanz zu. Alles in allem kann der (volkswirtschaftliche) Schaden aus Apothekeneinbrüchen oder Drogendiebstählen vernachlässigt werden.

574 HAUPTMANN, aaO (Anm. 35), S. 104.

575 Das Parlament. Thema: Sucht und Drogen. Mit der Beilage aus Politik und Zeitgeschichte, 55. Jahrgang, Nr. 3, Berlin, 17. 1. 2005, S. 16.

576 WEBER, aaO (Anm. 200), Rz 79, 80 zur Einleitung mwN; dazu auch PREISZLER, aaO (Anm. 114), S. 29.

577 Vgl. PREISZLER, aaO (Anm. 114), S. 30; dazu auch KREUZER / RÖMER-KLEES / SCHNEIDER, aaO (Anm. 375), S. 251.

578 Kriminalitätsbericht 2002, aaO (Anm. 170), S. B 14.

579 WEBER, aaO (Anm. 200), Rz 80 zur Einleitung; KREUZER / RÖMER-KLEES / SCHNEIDER, aaO (Anm. 375), S. 238 ff.

c) Indirekte Beschaffungskriminalität

Dieser – sehr bedeutsame – Ausschnitt aus der Delinquenz von Drogenabhängigen bezieht sich auf Straftaten, die dazu dienen, sich Geldmittel zum Erwerb von illegalen Drogen zu verschaffen. In diesem Zusammenhang ist z.B. das Rauschgiftkommissariat der Frankfurter Polizei schon für den Zeitraum bis 1985 davon ausgegangen, dass jeder Fixer pro Tag im Schnitt 5 Straftaten (verschiedenster Art) begeht.[580] KREUZER kommt auf Grund seiner Untersuchung an Fixern für den Zeitraum vor 1990 im Durchschnitt auf etwa vier Straftaten pro Tag.[581] Bezieht man die von ihm selbst berichteten Delikte der Fixer pro Jahr (173.749 Straftaten, begangen von 100 Abhängigen) auf 365 Tage, so gelangt man allerdings auf 4,76 Delikte pro Tag. – Wie dem auch immer sein mag, die Beschaffungsdelinquenz dieser Problemgruppe kann mit KREUZER – so oder so – in der Tat als „alltagsprägend und -ausfüllend" charakterisiert werden.[582]

Wie schon oben ausführlich dargestellt[583], existiert bisher offensichtlich weltweit noch keine einzige umfassende Kostenstudie, die einigermaßen brauchbaren Aufschluss über das tatsächliche Ausmaß der gesamten Beschaffungskriminalität gibt. Zu den wenigen Ausnahmen gehört eine Untersuchung an der Universität Miami, die sich ihrer Beschreibung nach auf eine Population beschränkt, die in etwa mit den von KREUZER beschriebenen Fixern vergleichbar ist. Für diese Art von Problemkonsumenten wurde ein Schaden aus ihrer Beschaffungskriminalität von (umgerechnet) 116.000 € pro Person und Jahr ermittelt.[584]

Es verwundert daher nicht, dass auch in Österreich laut den Drogenberichten des ÖBIG für 2004, 2005 und auch für 2006 zur Beschaffungskriminalität „weiterhin keine Daten" vorliegen.[585]

580 SCHWIND, aaO (Anm. 217), S. 560 mwN.

581 KREUZER / RÖMER-KLEES / SCHNEIDER, aaO (Anm. 375), S. 217 f.

582 KREUZER / RÖMER-KLEES / SCHNEIDER, aaO (Anm. 375), S. 220; KREUZER, aaO (Anm. 239), S. 174; ERHARDT, aaO (Anm. 424), S. 47.

583 Vgl. oben S. 88 ff.

584 FRENCH Michael T. / McCOLLISTER Kathryn E. / CHITWOOD Dale D. / McCOY Clyde B., Re-examining the social cost of drug-related crime: chronic drug users as victims and perpetrators, Abstract #7555, 13. 11. 2000, ausgedruckt aus dem Internet: http://apha.confex.com/apha/128am/techprogram/paper_7555.htm.

585 HAAS / BUSCH / HORVATH / TÜRSCHERL / WEIGL 2004, aaO (Anm. 98), S. 47; HAAS / BUSCH / HORVATH / TÜRSCHERL / WEIGL / ABRAHAM 2005, aaO (Anm. 68), S. 46; HAAS / BUSCH / HORVATH / TÜRSCHERL / WEIGL / WIRL / AUSTALLER 2006, aaO (Anm. 97), S. 50.

Aus dem Gesamtfeld aller indirekten Beschaffungsdelikte innerhalb der oben umschriebenen Problemgruppe unter den Drogenabhängigen sollen zunächst jene behandelt werden, bei denen Hehlerei keine (größere) Rolle spielt:

aa) Betrügereien

KREUZER hat erhoben, dass die von ihm untersuchten 100 Fixer (Frauenanteil 36 %) in den letzten 12 Monaten insgesamt 2.276 Scheck-, Kreditkarten- und Darlehensbetrügereien begangen haben. Auf sonstigen Betrug entfielen weitere 1.674 Fälle. Dies ergibt insgesamt 3.950 Betrugsdelikte pro Jahr. Der Polizei wurden davon nur 186 (ca. 5 %) bekannt (und sind von ihr weiter verfolgt worden). Auf jeden einzelnen Fixer (wessen Geschlechts auch immer) entfielen daher im Jahresschnitt nicht ganz 40 tatsächlich begangene Betrugsdelikte.[586]

Es kann daher gewiss nicht verfehlt sein, für Österreichs Schwerstabhängige pro Jahr wenigstens 0,5 einschlägige Straftaten anzunehmen. Diese Delinquenz umfasst im Einzelnen sehr unterschiedliche Fälle. Man denke etwa nur an diverse Kreditkarten- und Darlehensbetrügereien oder Betrug am Sozialamt. Daher wird hier als durchschnittlicher Schaden pro Betrugsfall ein Betrag von (lediglich) 100 € angenommen. Dies würde bedeuten, dass auf die ca. 72.500 Problemkonsumenten in Österreich mit je 0,5 Betrugsdelikten etwa 3,625 Millionen € an Schaden entfallen.

Laut der österreichischen Kriminalstatistik für 2002 sind der Polizei insgesamt 3.922 Fälle von Darlehens-, Wechsel- und Scheckbetrug sowie Betrug mit/durch Kreditkarten bekannt geworden.[587] Die – vermutlich ungleich zahlreicheren – Fälle von Betrug am Sozialamt können der Kriminalstatistik allerdings nicht entnommen werden.

Die hier zugrunde gelegte Untersuchung KREUZERS wurde seither von so gut wie allen deutschen Kriminologen oder Kommentarverfassern übernommen.[588] Der renommierte deutsche

586 KREUZER, aaO (Anm. 200), S. 44; KREUZER, aaO (Anm. 565), S. 298 ff.; KREUZER / RÖMER-KLEES / SCHNEIDER, aaO (Anm. 375), S. 274 ff.; ERHARDT, aaO (Anm. 424), S. 52.

587 Kriminalitätsbericht 2002, aaO (Anm. 170), S. B 14.

588 Vgl. statt vieler KAISER Günther, Kriminologie. Ein Lehrbuch, 3. Auflage, Heidelberg 1996, S. 645; GÖPPINGER, aaO (Anm. 386), S. 592 f.; SCHWIND, aaO (Anm. 217), S. 559 f.; WEBER, aaO (Anm. 200), Rz 90 zur Einleitung.

Kriminologe Hans-Dieter SCHWIND – u.a. ehemaliger Justizminister von Niedersachsen – hat etwa KREUZERS Befund, dass 100 Fixer pro Jahr insgesamt über 173.000 Delikte (verschiedenster Art) begehen, (nicht als „spekulativ“, sondern) ausdrücklich als „spektakulär“ bezeichnet.[589]

Es erscheint daher unwahrscheinlich, dass die von KREUZER referierten Daten die Wirklichkeit (nennenswert) verfehlen sollten. Ebenso wird man kaum annehmen können, dass in Deutschland um 1990 zwar ca. 40 Betrugsfälle pro Problemperson und Jahr zu verzeichnen waren, in Österreich – 12 Jahre später – aber nicht einmal 0,5. Ungleich eher dürfte wohl davon auszugehen sein, dass (auch) die österreichischen Polizeidaten das reale Kriminalgeschehen insoweit – aus welchen Gründen auch immer – nur höchst lückenhaft widerspiegeln.

bb) Raub, räuberische Erpressung

KREUZER erhob bei den von ihm untersuchten 100 i.v.-Abhängigen (= Fixern) insgesamt 681 Raubtaten innerhalb der Drogenszene. Der Polizei bekannt und von ihr verfolgt wurde lediglich eine (0,15 %). Demnach verblieben 99,85 % dieser Raubdelikte im Dunkelfeld.[590]

Hinsichtlich der Schadensberechnung bedeutsamer erscheint, dass in dieser Gruppe in den letzten 12 Monaten auch 72 Fälle von Raub oder räuberischer Erpressung (pro Person also 0,72 Taten) festgestellt werden konnten, die sich gegen szeneexterne Opfer (z.B. neben Überfällen auf Passanten auch Raub in Banken oder Geschäften) gerichtet haben. Von diesen 72 Fällen sind der Polizei immerhin 11 bekannt und von ihr weiter verfolgt worden (15,3 %). Die restlichen 84,7 % dieser Raubdelikte an szenefremden Opfern blieben wiederum im Dunkelfeld.[591]

Nach der Polizeilichen Kriminalstatistik Deutschlands für 2002 wurden in diesem Jahr insgesamt 58.064 Fälle von Raubdelikten

---

589 SCHWIND, aaO (Anm. 217), S. 560; SCHWIND verweist dabei auf eine Abhandlung von HEBLER Stefan über „Drogenfreigabe“, in Magazin der Polizei Nr. 218/1994, S. 6, die sich insoweit aber ganz offensichtlich nur auf KREUZER / RÖMER/KLEES / SCHNEIDER, aaO (Anm. 375), beziehen kann.

590 KREUZER, aaO (Anm. 239), S. 173.

591 KREUZER, aaO (Anm. 200), S. 44; KREUZER, aaO (Anm. 565), S. 313; KREUZER, aaO (Anm. 239), S. 173.

bekannt.[592] Der Schaden pro (vollendetem) Delikt betrug im Durchschnitt 1.988,5 €.[593]

Die analoge Anfallszahl 2002 für Österreich (bei in etwa vergleichbaren Straftatbeständen) betrug 2.610.[594] Daraus errechnet sich eine Häufigkeitszahl, die ca. 45 % der deutschen Daten ausmacht. Wir nehmen an, dass Süchtige eher „kleinere" Raubtaten begehen und daher pro Einzeldelikt nur ca. 50 % des für Deutschland errechneten Durchschnittsschadens anzusetzen sind. Dies wären demnach 1.000 €.

Geht man davon aus, dass die ca. 72.500 österreichischen Schwerstabhängigen pro Person innerhalb des Vergleichsjahres im Schnitt auch nur 0,1 solcher Delikte begangen haben, wären dies insgesamt etwa 7.250 Taten. Bei einem „Durchschnittsschaden" pro Fall von 1.000 € errechnet sich daraus für 2002 ein Gesamtschaden von ca. 7,25 Millionen €. Zur Höhe des geschätzten Durchschnittsschadens wäre noch anzumerken, dass sich unter diesen Delikten nicht nur „Handtaschenräuber", sondern (wie in Deutschland) z.B. auch Überfälle auf Banken oder Geschäfte befinden.[595]

cc) Andere Delikte

Problematische Drogenmissbraucher erwiesen sich nach den Untersuchungen von KREUZER auch in anderer Hinsicht als kriminell auffällig. In der schon wiederholt erwähnten Gruppe von 100 (männlichen und weiblichen) „Fixern" konnten u.a. folgende Deliktszahlen für die letzten 12 Monaten erhoben werden: 396 Vergewaltigungen und 1.135 Fälle von Zuhälterei. Des Weiteren wurden beispielsweise auch 191 Automatenaufbrüche zugestanden.[596] In diese Gruppe fallen allerdings auch die zahlreichen Fälle einer Erschleichung von Suchtgiftrezepten. Beispielsweise gaben 55 %

592 Polizeiliche Kriminalstatistik (PKS) für das Berichtsjahr 2002, hrsg. vom Bundeskriminalamt Wiesbaden, Tabelle 07, S. 1. – Unter „Bekannt gewordenem Fall" versteht die PKS 2002 (= S. 12) „jede im Straftatenkatalog aufgeführte rechtswidrige (Straf-)Tat einschließlich der mit Strafe bedrohten Versuche, der eine polizeilich bearbeitete Anzeige zugrunde liegt".

593 Vgl. PKS 2002 Bundesrepublik Deutschland, aaO (Anm. 592), Tabelle 07, S. 1.

594 Vgl. Kriminalitätsbericht 2002, aaO (Anm. 170), S. B 12.

595 Vgl. für Österreich: Kriminalitätsbericht 2002, aaO (Anm. 170), S. B 12; für Deutschland: PKS 2002 Bundesrepublik Deutschland, aaO (Anm. 592), Tabelle 07, S. 1.

596 KREUZER, aaO (Anm. 239), S. 172 f.; KREUZER, aaO (Anm. 200), S. 44.

der von KREUZER untersuchten „Fixer“ an, ihren illegalen Drogenkonsum auf diese Weise zu ergänzen.[597]

Von einer Umrechnung aller dieser Delikte auf österreichische Verhältnisse im Jahr 2002 wird bewusst abgesehen. Durch deren Nichtberücksichtigung im Rahmen der gesamten Schadensermittlung sollen nicht nur etwaige Schätzfehler in anderen Delinquenzbereichen kompensiert werden. Vor allem wird damit auch dem Umstand Rechnung getragen, dass jedenfalls ein Teil der Delinquenz jener Süchtigen, die sich schon vor ihrer Sucht kriminell verhalten haben, selbst ohne Drogenabhängigkeit zustande gekommen wäre.[598]

In der weiteren Folge werden diejenigen Beschaffungsdelikte behandelt, bei denen anzunehmen ist, dass sie typischerweise mit Hehlerei verbunden sind:

dd) Einbruchsdiebstahl (ohne KFZ)

Die von KREUZER befragte Population gestand insgesamt 2.047 Einbrüche in den letzten 12 Monaten zu, pro Person also etwa 20. Die meisten dieser Einbrüche in Häuser, Keller, Baubuden etc. wurden zusammen mit Anderen begangen.[599] 91 Fälle davon sind der Polizei bekannt geworden und wurden von ihr weiter verfolgt, das sind immerhin ca. 4,5 %.

Unter der Annahme, dass 2002 in Österreich jeder Schwerstabhängige nur jeweils einen vergleichbaren Einbruchsdiebstahl begangen hat, käme man also auf 72.500 Taten. Selbst wenn man davon ausgeht, dass an jedem Einbruch im Durchschnitt zwei (ausnahmsweise drei) Süchtige beteiligt waren, wären dies immer noch um die 35.000 einschlägige Delikte.

Aus unseren Befragungsergebnissen zum typischen modus operandi süchtiger Einbrecher lässt sich folgender „Mustereinbrecher“ – gleichsam als „statistischer homunculus“ – konstruieren:

> Ein Drogenabhängiger ist in aller Regel kein Gewalttäter. Er bricht überhaupt nur ein, falls er anders gar nicht an Geld herankommen kann. Wenn er es – oft unter akuten Entzugser-

597 KREUZER / RÖMER-KLEES / SCHNEIDER, aaO (Anm. 375), S. 188.

598 Vgl. RAUTENBERG, aaO (Anm. 239), S. 32 ff.; 83 ff.; EGG Rudolf / RAUTENBERG Marcus, Drogenmißbrauch und Kriminalität. Ergebnisse einer vergleichenden Literaturanalyse, in: EGG, aaO (Anm. 200), S, 145 ff.

599 KREUZER, aaO (Anm. 200), S. 44; ERHARDT, aaO (Anm. 424), S. 51.

scheinungen leidend – dennoch tut, meidet er (nicht in Wien, aber zumindest auf dem Land) eher Wohnungen, weil man dort auf Menschen stoßen könnte. Drogenabhängige Einbrecher bevorzugen Geschäftsräume, Lagerhallen, Kioske, Bauhütten und andere Objekte, die in der Nacht üblicherweise menschenleer sind.

Sie sind meistens alles eher als „Profis" beim Einbrechen (Ausnahme: Grazer Raum, wo oft einschlägige „Schulung" im Gefängnis beobachtet werden konnte). Daher begehen sie den Einbruch meist „stümperhaft", d.h. ausgesprochen unprofessionell. Dies bedeutet, dass üblicherweise ein unverhältnismäßig großer Sachschaden angerichtet wird, um überhaupt ins Innere des Objektes zu gelangen.

Dort suchen sie primär nach Bargeld. Bürogeräte, Handys etc. werden natürlich auch mitgenommen, weil sich diese Waren zumindest später zu Bargeld machen lassen. Oft muss eine ganze Reihe von versperrten Büroschränken, Schreibtischladen etc. aufgebrochen werden, um dann irgendeine Kaffee-, Porto- oder Handkasse vorzufinden. Manchmal erbeuten sie auch gar nichts und nicht selten „rächen" sie sich dafür mit vandalistischen Akten.

In der österreichischen Kriminalstatistik werden – zum Unterschied von Deutschland – die Schadenssummen (= Marktwert der Beute) nicht ausgewiesen. Angesichts einer durchaus ähnlichen Kriminalitätsstruktur in beiden Ländern erscheint es vertretbar, sich bezüglich des Wertes der Einbruchsbeute an deutschen Vergleichsdaten zu orientieren. In Deutschland konnten 2002 bei knapp 1,3 Millionen (vollendeten) Diebstählen „unter erschwerenden Umständen" ca. 1,884 Milliarden € an reinem Beuteschaden amtlich erhoben werden[600], im Durchschnitt also ca. 1.450 € pro Einzelfall. Ein Teil des dortigen Zuwachses zu den bisherigen Anfallszahlen wird (neben den Aktivitäten von mobilen osteuropäischen Tätergruppen) ausdrücklich der Beschaffungskriminalität Drogenabhängiger zugeschrieben.[601]

Bezogen auf durchaus vergleichbare Verhältnisse in Österreich erscheint es demnach gerechtfertigt, für die Beschaffungskriminalität von einem Durchschnittsschaden von 700 € pro Fall auszuge-

600 PKS 2002 Bundesrepublik Deutschland, aaO (Anm. 592), Tabelle 07, S. 2. – Zum Begriff des „Schadens" vgl. auch PKS 2002 Bundesrepublik Deutschland, aaO (Anm. 592), S. 14.

601 PKS 2002 Bundesrepublik Deutschland, aaO (Anm. 592), S. 176.

hen: Drogensüchtige Täter sind – wie schon erwähnt – in aller Regel keine „Einbruchsprofis". Sie bevorzugen aus ihrem deliktstypischen Beschaffungsdruck heraus Beutestücke, die man möglichst rasch und einfach an sich bringen und auch verwerten kann.

Die deutsche Kriminalstatistik für 2002 enthält (außer dem Verkehrswert des rechtswidrig erlangten Gutes) allerdings keinerlei Daten über die sonstigen Einbruchsschäden.[602] – Unsere eigene Praktiker-Befragung ergab dazu folgende Schätzwerte: Die Schäden an Türen, Schlosssystemen, Fenstern, Möbeln etc. betragen im Durchschnitt etwa 2.446 € pro Einzelfall. Darin noch nicht enthalten sind andere Schäden der Betroffenen: Sie verlieren u.a. Zeit (und Geld) beim Besorgen neuer Papiere oder Dokumente, auch bei Polizei und Versicherungen, müssen sich um Handwerker kümmern etc. Man wird diese Verluste pro Einbruch mit etwa 200 € einschätzen können. Der durchschnittliche Gesamtschaden übersteigt daher den Beutewert von 700 € um ein Vielfaches.

Besonders krass wird dieses Missverhältnis, wenn ein Einbrecher, wie dies meist der Fall ist, neben Geld auch Sachgüter mitgehen lässt. Was immer er dem Hehler anzubieten hat, er wird im Durchschnitt nicht mehr als 13 % des Marktwertes für seine Beutegegenstände in bar erhalten. Die sog. „Hehlerquote" beträgt also etwa 1 : 8. Diese Schätzung erscheint eher vorsichtig.[603] An dem skizzierten Missverhältnis ändert sich grundsätzlich auch dann nichts, wenn der Dieb im Einzelfall die Ware gleich selber (um etwa ein Achtel ihres Marktwertes) bei einem Dealer „in Zahlung gibt".

Wenn der oben skizzierte „Mustereinbrecher" beispielsweise 350 € an Bargeld erbeutet und weitere 350 € an diversen Sachgü-

602 PKS 2002 Bundesrepublik Deutschland, aaO (Anm. 592), S. 171.

603 Dass Hehler auch in Österreich den Dieben (z.B. bei gestohlenen Handys) oft nur etwa ein Zehntel dessen bezahlen, was sie selbst für die Ware später erlösen können, wurde 2003 im Fachorgan der Bundeskriminalbeamten berichtet. – Vgl. Der Kriminalbeamte, 5/2003, S. 8. Nur vereinzelt wird in Deutschland auch ein höherer Hehlerpreis (z.B. 10 bis 20 % des Verkehrswertes) angegeben. – Vgl. HARTWIG / PIES, aaO (Anm. 239), S. 26 mwN. Dem steht allerdings gegenüber, dass manche Diebsware dort oft auch deutlich unter 10 % dieses Wertes einbringt. Beispielsweise konnten Hehler in der von KREUZER untersuchten Szene vor 1990 (als Autoradios noch relativ teuer waren) jedes „Blaupunkt"-Autoradio (mit Ausnahme des Modells „Bremen") von süchtigen Dieben – wenigstens vorübergehend – um 30 DM erstehen. Vgl. KREUZER / RÖMER-KLEES / SCHNEIDER, aaO (Anm. 375), S. 264; KREUZER, aaO (Anm. 565), S. 295.
Daher kann man – alles in allem – annehmen, dass die oben zugrunde gelegte Hehlerquote von 13 % (ca. 1 : 8) von den polizeilichen Experten sicher nicht untertrieben wurde.

tern (z.B. ein gebrauchtes Notebook etc.) mitnehmen kann, so bekommt er vom Hehler nicht mehr als etwa 45,50 € für diese Ware. Der Einbrecher hat also insgesamt 395,50 € zur Verfügung. Damit kann er sich z.B. nicht mehr als ca. 4,15 Gramm Kokain kaufen. Starke Missbraucher benötigen für einen einzigen Tag aber bis zu 3 Gramm. Der „Stoff" reicht bei Angehörigen dieser Extremgruppe also nicht einmal für eineinhalb Tage. Andere „Kokser" mögen sich mit 4,15 Gramm vielleicht bis zu einer Woche „über Wasser halten" können.

Das Einbruchsopfer (und/oder die Gemeinschaft aller Versicherten) hat aber neben dem Marktwert der gesamten Beute von 700 € noch etwa 2.646 € an Sach- oder sonstigen Schäden zu tragen. Der gesamtwirtschaftliche Schaden aus diesem Einbruch von 3.346 € übersteigt demnach den Geldnutzen des Einbrechers von 395,50 € nahezu um das Achteinhalbfache.

Für Einbrüche durch Süchtige lässt sich also für 2002 etwa folgende „Jahresbilanz" erstellen: Bei insgesamt etwa 35.000 „Durchschnittseinbrüchen" durch Süchtige können diese jeweils 395,50 € an Geldnutzen lukrieren. Demnach erlösen alle Problemkonsumenten insgesamt etwa 13,842 Millionen €, mit denen sie sich (primär) Drogen anschaffen. – Dem steht allerdings ein wirtschaftlicher Gesamtnachteil von 117,11 Millionen € gegenüber.

Die österreichische Kriminalstatistik für 2002 weist für diese Delinquenz (Einbruchsdiebstähle in Wohnobjekte, Büro- und Geschäftsräume, Werkstätten, Fabriks- und Lagerräume, Bauhütten, Kioske u.a. [unter Abzug von 16 Fällen, bei denen Waffen im Spiel waren]) insgesamt 97.370 bekannt gewordene Fälle aus.[604] Rein rechnerisch würde dies bedeuten, dass ca. 36 % aller dieser Einbrüche von Schwerstabhängigen begangen werden.

Zur Interpretation dieses Befundes sei bemerkt, dass KREUZER schon für den Zeitraum vor 1990 davon ausgegangen ist, dass die Zahlen der polizeilich bekannt gewordenen Einbruchsdelikte (für Deutschland) um den Faktor 2,5 zu vervielfachen wären, um der Wirklichkeit näher zu kommen. Bei Einbrüchen in Wohnungen seien die polizeilichen Zahlen hingegen sogar mit dem Faktor 11 zu multiplizieren (bei Versuchen gar mit dem Faktor 39).[605] Davon abgesehen, registriert die polizeiliche Kriminalstatistik (auch) in Österreich lediglich bekannt gewordene Taten. Dies schließt natür-

604 Vgl. Kriminalitätsbericht 2002, aaO (Anm. 170), S. B 4, B 75.
605 KREUZER, aaO (Anm. 239), S. 180.

lich keineswegs aus, dass ein solches Delikt von mehreren Tätern begangen worden sein kann.

Im Zusammenhang mit der Dunkelfeldproblematik ist insbesondere auch noch zu berücksichtigen, dass die Aufklärungsquote bei Einbruchsdelikten 2002 in Österreich 13,9 % betragen hat[606], in Deutschland 13,5 %.[607] Bei KFZ-Einbrüchen konnten in Österreich 8,55 % aufgeklärt werden[608], in Deutschland waren es 9 %.[609]

Zu bedenken ist außerdem, dass nur ein insgesamt eher kleiner Bruchteil aller in Frage kommenden Objekte gegen Diebstahl versichert ist. Angesichts einer Aufklärungschance von ca. 1 : 8 (einschl. der PKW-Einbrüche) erscheint es daher (auch in Österreich) nicht unplausibel, dass viele Opfer (jedenfalls bei eher geringen Schäden) auf eine Anzeige verzichten.

ee) KFZ-Einbrüche

In der von KREUZER untersuchten Gruppe von 100 Fixern kamen insgesamt 9.220 Fälle in den letzten 12 Monaten vor, in denen Autos aufgebrochen wurden, um Radios oder andere Wertgegenstände zu stehlen. Pro Person waren dies also ca. 92 Fälle. Bekannt geworden und verfolgt wurden insgesamt 117, dies sind also nicht ganz 1,3 % aller begangenen Delikte.[610]

Nimmt man aus Gründen extremer Vorsicht (in Verbindung mit den oben angesprochenen Bereinigungsfaktoren[611]) an, dass in der österreichischen „Vergleichsgruppe“ 2002 nur jeder zweite Schwerstabhängige ein einziges einschlägiges Delikt pro Jahr begeht, ergibt dies bei 72.500 Problemkonsumenten 36.250 KFZ-Einbrüche. Unter Berücksichtigung des Umstandes, dass auch an Autoeinbrüchen vielfach zwei oder gar drei drogenabhängige Täter beteiligt sein können, wären dies noch immer ca. 18.000 solcher Straftaten.

Aus der deutschen Kriminalstatistik für 2002[612] ergibt sich, dass auf ca. 388.400 (vollendete) KFZ-Einbrüche ein Beuteschaden von

606 Kriminalitätsbericht 2002, aaO (Anm. 170), S. B 4.
607 PKS 2002 Bundesrepublik Deutschland, aaO (Anm. 592), Tabelle 01, S. 4.
608 Kriminalitätsbericht 2002, aaO (Anm. 170), S. B 14.
609 PKS 2002 Bundesrepublik Deutschland, aaO (Anm. 592), Tabelle 01, S. 5.
610 ERHARDT, aaO (Anm. 424), S. 50, 64; KREUZER / RÖMER-KLEES / SCHNEIDER, aaO (Anm. 375), S. 262 ff.; KREUZER, aaO (Anm. 200), S. 44.
611 Auch unter Bedachtnahme auf diverse Bereinigungsfaktoren. Näheres dazu vgl. oben S. 148, Anm. 481.
612 PKS 2002 Bundesrepublik Deutschland, aaO (Anm. 592), Tabelle 07, S. 3.

etwa 229,54 Millionen € entfiel, pro Fall im Schnitt daher gut 590 €. Nach den uns vorliegenden Expertenschätzungen steht bei Einbruchsdiebstählen in Autos der Beute (wiederum durchschnittlich) ein Sachschaden (Einschlagen der Seitenscheibe, Aufzwängen der Tür durch Brecheisen, gewaltsame Manipulationen am Türschloss u.a.m.) von 567 € gegenüber. Dieser Wert wäre noch um etwa 200 € für die (oben umschriebenen) typischen „Scherereien" der Tatopfer zu vermehren. Geht man auch hier davon aus, dass die Beute im Schnitt je zur Hälfte aus Bargeld und aus Sachgütern (Handys, Taschen, Kleidungsstücke etc.) besteht, bleiben dem Einbrecher neben 295 € an Bargeld weitere ca. 38,50 € an Erlös vom Hehler. Der Geldnutzen für den Süchtigen von etwa 333,50 € reicht hier z.B. für knapp 3,5 Gramm Kokain. Der mit ihm untrennbar verbundene gesamtwirtschaftliche Nachteil (Beutewert + Sachschaden + „Scherereien") von 1.357 € übersteigt den Geldnutzen von 333,50 € hier noch immer um gut das Vierfache.

Für Autoeinbrüche durch Süchtige kann man für 2002 daher etwa folgende Werte angeben: Bei insgesamt annähernd 18.000 KFZ-Einbrüchen durch Drogenabhängige können diese jeweils 333,50 € an Geldnutzen lukrieren. Demnach erlösen alle Problemkonsumenten durch diese Deliktsart insgesamt etwa 6 Millionen €, mit denen sie sich wiederum (primär) Drogen anschaffen. – Dem steht allerdings ein gesamtwirtschaftlicher Schaden von 24,426 Millionen € gegenüber.

Der Vollständigkeit halber sei auch bezüglich dieser Straftaten bemerkt, dass die polizeiliche Kriminalstatistik für Österreich 2002 lediglich 36.081 bekannt gewordene Fälle – insgesamt – ausweist.[613] Auf den Umstand, dass sich offensichtlich auch bei der Einbruchskriminalität das reale Geschehen nur zu einem Bruchteil in den Hellfeld-Zahlen widerspiegelt, wurde schon oben hingewiesen.[614]

Alles in allem indizieren diese Daten, dass die hier für Österreich geschätzte Anzahl der tatsächlichen Einbruchsdiebstähle durch Problemkonsumenten keineswegs übertrieben erscheint. Eher ist anzunehmen, dass der Polizei – aus welchen Gründen auch immer – nur ein kleiner Teil aller Delikte bekannt wird.

613 Kriminalitätsbericht 2002, aaO (Anm. 170), S. B 14.
614 Vgl. oben S. 177 f.

ff) Einfache Diebstähle

Als weitaus wichtigste „Einnahmsquelle“ deutscher Fixer hat sich laut KREUZER der Ladendiebstahl erwiesen. Er dient zu einem eher bescheidenen Anteil dem Lebensunterhalt (z.B. Entwendung von Lebens- und Genussmitteln, Alkoholika, Kleidern etc.). Der weitaus überwiegende Teil entfällt jedoch auf indirekte Beschaffungskriminalität.[615] Von einem Teil der Drogenabhängigen wird dieses Delikt „geradezu professionell und arbeitsteilig“ begangen, „sodass keineswegs mehr von Klein- und Gelegenheitsdiebstahl gesprochen werden kann“.[616] In der von KREUZER untersuchten Gruppe von 100 Fixern mussten ganze 27.324 Fälle pro Jahr registriert werden. Von diesen sind der Polizei lediglich 276 Delikte bekannt und von ihr weiter verfolgt worden (ca. 1 %).[617] Auf eine Person in dieser Gruppe entfielen demnach pro Jahr nicht weniger als 273 solcher Delikte.

In diesem Zusammenhang ist allerdings noch Folgendes zu bedenken: Soweit Diebsgut nicht – ausnahmsweise – dem Eigenverbrauch dient (Lebens- und Genussmittel, Alkoholika, Kleider etc.) muss es auf irgendeine Art „zu Geld gemacht“ werden. Mitunter verkauft es der süchtige Dieb auch selber an einen „Letztverbraucher“. Zu allermeist schaltet er aber einen Hehler (innerhalb oder außerhalb der Szene) ein, der dies für ihn besorgt. Diesbezüglich erscheint erwähnenswert, dass die Aufklärungsquote bei dieser Art von Hehlereidelikten laut KREUZER gegen Null tendiert.[618]

Dementsprechend wenig aussagekräftig muss (auch hier) die polizeiliche Kriminalstatistik bleiben.[619] – Wie oben näher ausgeführt[620], ist anzunehmen, dass Hehler den Dieben ja nur einen Bruchteil des jeweiligen „Marktwertes“ der Beute (bei uns ca. 13 %) bezahlen. Schon vor mehr als 10 Jahren ging man in Deutschland von einem „Hehlerkurs“ von lediglich 1 : 10 (und darunter) aus: Ein süchtiger Dieb musste demnach rund 1.500 DM an Beute auftrei-

615 Vgl. KREUZER, aaO (Anm. 565), S. 290 ff.; KREUZER /RÖMER-KLEES / SCHNEIDER, aaO (Anm. 375), S. 219 f.; vgl. dazu auch BÜHRINGER Gerhard, Drogenkriminalität und Drogenprävention in Europa, in: ALBRECHT / ENTORF, aaO (Anm. 232), S. 84.

616 KREUZER, aaO (Anm. 565), S. 292.

617 KREUZER, aaO (Anm. 200), S. 44.

618 KREUZER, aaO (Anm. 565), S. 297 f.

619 KREUZER / RÖMER-KLEES / SCHNEIDER, aaO (Anm. 375), S. 225 ff., 348 ff., 405.

620 Vgl. oben S. 176.

ben, um etwa 100 bis 150 DM Bargeld zu gewinnen.[621] Mit dieser Summe konnte oft nicht einmal der „Stoff“ für einen Tag angeschafft werden.

Mittlerweile verdichten sich Indizien für die Annahme, dass im Rahmen der Beschaffungskriminalität – neben dem Ladendiebstahl – auch anderen Formen des (einfachen) Diebstahls ein nicht minder bedeutsamer Stellenwert zukommen dürfte:

Nach der Polizeilichen Kriminalstatistik für Deutschland haben 2002 ca. 1,511 Millionen (vollendete) Diebstähle (ohne erschwerende Umstände) einen Schaden von ca. 692,75 Millionen € verursacht.[622] Der Ladendiebstahl spielt in diesem Rahmen mit etwa 35,643 Millionen €[623] (= ca. 5,15 % des Gesamtschadens durch einfachen Diebstahl) eine eher untergeordnete Rolle. Man kann davon ausgehen, dass die einschlägigen Relationen innerhalb der Hellfelddaten – in etwa – auch den Verhältnissen innerhalb des Dunkelfeldes entsprechen dürften.

Der durchschnittliche Beutewert pro Einzeltat nach der deutschen Kriminalstatistik beläuft sich auf ca. 460 €. Dieser verhältnismäßig hohe Wert pro Einzelangriff dürfte sich vermutlich damit erklären lassen, dass bei kleineren Beuteschäden sehr oft von einer Anzeige abgesehen wird.

Wir nehmen für Österreich einen Durchschnittswert von 400 € an. Geht man weiter davon aus, dass etwa die Hälfte der Beute nicht in Geld, sondern in diversen Sachgütern besteht, so ergibt sich daraus Folgendes: Auf Grund der bekannten Hehlerquote von ca. 13 % erlöst der Dieb für den Sachanteil an der Beute lediglich 26 €, zusammen mit dem (angenommenen) Bargeldanteil also 226 € pro Tat.

Nach unserer Annahme ist der einfache Diebstahl innerhalb der gesamten Beschaffungskriminalität als eine Art „Pufferdelikt“ anzusehen. Dies bedeutet, dass er im Rahmen der Drogenfinanzierung alle Kosten „auffangen“ dürfte, die nicht anderen Straftatengruppen zugeordnet werden können.

---

621 Vgl. SCHWIND Hans-Dieter, Kriminologie. Eine praxisorientierte Einführung mit Beispielen, 15., völlig neubearbeitete und erweiterte Auflage, Heidelberg 2005, S. 544 mwN.

622 PKS 2002 Bundesrepublik Deutschland, aaO (Anm. 592), Tabelle 07, S. 1.

623 PKS 2002 Bundesrepublik Deutschland, aaO (Anm. 592), Tabelle 07, S. 2.

Geht man weiter davon aus, dass die 72.500 Schwerstabhängigen im Schnitt 21,3 einfache Diebstähle pro Jahr begehen[624] und dabei durchschnittlich 226 € erlösen, so errechnet sich daraus ein Nutzen für diese Personengruppe von 349 Millionen €. Dem steht allerdings ein gesamtwirtschaftlicher Schaden (= im Schnitt 400 € pro Fall) von 617,7 Millionen € gegenüber, der von den Deliktsopfern zu tragen ist.

d) Prostitution

Prostitution an sich ist jedenfalls gerichtlich nicht strafbar. Sie kann hier gleichwohl allein schon wegen ihrer seuchenpolizeilichen Bedeutung (und der damit verbundenen Therapiekosten für HIV-, Hepatitis-B- oder Hepatitis-C-Infizierte) nicht unbeachtet bleiben. Für Deutschland nimmt man an, dass etwas mehr als ein Zehntel aller Finanzierungskosten für den Drogenmissbrauch (Schwerstsüchtiger) mit diversen sexuellen Dienstleistungen „verdient“ wird.[625] KREUZER stellte unter schwerstsüchtigen Frauen vor 1990 fest, dass ca. 2/3 schon jemals (und in den letzten 12 Monaten immerhin 55 %) auf den „Drogenstrich“ gegangen waren. Sie gaben für diese Zeitspanne durchschnittlich 2 Kontakte mit Freiern pro Tag an. Für Frauen war Prostitution das zweithäufigste Beschaffungsmuster.[626] Knapp 40 % dieser Subpopulation räumten ein, die Prostitution habe ihnen in den letzten 12 Monaten die meisten Einnahmen eingebracht.[627]

Unter den von KREUZER befragten Männern hatten gut 17 % jemals schon (homosexuelle) Kontakte aus rein materiellen Gründen, innerhalb des letzten Jahres waren es gut 9 %. Reines Strichjungentum wurde allerdings nur ausnahmsweise (in 4 von 64 Fällen) angegeben.[628]

Etwa die Hälfte der befragten Frauen gab an, grundsätzlich Kondome zu benützen, die andere Hälfte war – verdienst- oder sonst situationsbedingt – dazu bereit, auch ohne Präservativ zu

624 Diese Deliktshäufigkeit entspricht knapp 8 % der ca. 273 Fälle von Ladendiebstahl in den letzten 12 Monaten, die KREUZER pro Fixer festgestellt hat; vgl. oben S. 180.

625 ERHARDT, aaO (Anm. 424), S. 45; vgl. dazu auch KREUZER /RÖMER-KLEES / SCHNEIDER, aaO (Anm. 375), S. 278 f.

626 ERHARDT, aaO (Anm. 424), S. 53; KREUZER / RÖMER-KLEES / SCHNEIDER, aaO (Anm. 375), S. 279 f.; KREUZER, aaO (Anm. 565), S. 301.

627 KREUZER / RÖMER-KLEES / SCHNEIDER, aaO (Anm. 375), S. 280.

628 ERHARDT, aaO (Anm. 424), S. 53; KREUZER, aaO (Anm. 565), S. 310; KREUZER / RÖMER-KLEES / SCHNEIDER, aaO (Anm. 375), S. 279.

verkehren.[629] Ähnliches gilt auch für Österreich.[630] Deutsche Kriminalisten berichten, dass Drogenprostituierte in der Szene als „willig und billig" gelten und „teilweise regelrecht damit werben, ‚ohne Schutz zu arbeiten'".[631] Andere Autoren bezeichnen illegale Prostituierte daher – wohl nicht zu Unrecht – geradezu als „Drehscheibe" für alle möglichen Infektionskrankheiten (Hepatitis, Aids etc.).[632]

Für Österreich wurde vom ÖBIG schon im „Bericht zur Drogensituation 1998" angegeben, dass nach Expertenschätzungen – beispielsweise – „zwei Drittel aller drogenabhängigen Frauen der offenen Straßenszene aufgrund des hohen Geldbedarfs der Prostitution nachgehen".[633] Die HIV-Prävalenzrate unter Österreichs Drogenabhängigen lag 2002 zwischen 0 und 6 %.[634] Für den Zeitraum 2002/03 wurden 3 bis 4 % berichtet.[635] Noch für 1998 wurden für eine Gruppe, die fast zur Gänze intravenösen Konsum aufwies, 11,4 % angegeben.[636] Die EBDD geht in ihrem Jahresbericht 2003 bei Fixern in Österreich von einer HIV-Prävalenzrate von 5,8 % aus.[637] Das ÖBIG spricht im „Bericht zur Drogensituation 2006" in diesem Zusammenhang von 3 bis 6 %.[638]

Die Hepatitis-B-Rate hat 2002 in einer sozialmedizinischen Beratungsstelle sowie in einer Kurz- und einer Langzeittherapiestation zwischen 38 % und 48 % bis 53 % betragen. Die neuesten Zahlen verzeichnen – insbesondere einschlägigen Impfprojekten zugeschrieben – zwischen 17 und 34 %.[639] Die Hepatitis-C-Rate in

629 KREUZER, aaO (Anm. 565), S. 308; KREUZER / RÖMER-KLEES / SCHNEIDER, aaO (Anm. 375), S. 372 ff.; vgl. auch PETUTSCHNIG, aaO (Anm. 340), S. 67 mwN; dazu schon WINKLER Karl-Rudolf, Drogendelinquenz und Beschaffungskriminalität, in: FRANK C. / HARRER G. (Hrsg.), Drogendelinquenz. Jugendstrafrechtsreform, Berlin-Heidelberg-NewYork-London-Paris-Tokyo-Hong Kong-Barcelona-Budapest 1991, Forensia-Jahrbuch, Band 2, S. 110.

630 Vgl. z.B. TENER / RING, aaO (Anm. 137), S. 29 f. et passim.

631 MELLENTHIN, aaO (Anm. 232), S. 396.

632 DE CORDOBA Ursula / BREZA Alexandra / NIEDERMAYER Irene, Psychosoziale Grundlagen bei Substanzmissbrauch und Substanzabhängigkeit, in: FISCHER, aaO (Anm. 372), S. 165.

633 HAAS / GUZEI / TÜRSCHERL 1998, aaO (Anm. 64), S. 79 f.

634 HAAS / BUSCH / HORVATH / TÜRSCHERL / WEIGL 2002, aaO (Anm. 340), S. 26.

635 HAAS / BUSCH / HORVATH / WEIGL / TÜRSCHERL 2003, aaO (Anm. 8), S. 29.

636 HAAS / GUZEI / TÜRSCHERL 1998, aaO (Anm. 64), S. 37.

637 Jahresbericht 2003 der Europäischen Beobachtungsstelle für Drogen und Drogensucht, aaO (Anm. 244), S. 25.

638 HAAS / BUSCH / HORVATH / TÜRSCHERL / WEIGL / WIRL / AUSTALLER 2006, aaO (Anm. 97), S. 36.

639 HAAS / BUSCH / HORVATH / WEIGL / TÜRSCHERL 2003, aaO (Anm. 8), S. 29.

diesen drei Einrichtungen reichte sogar von 47 % über 68 % bis 71 %.[640] Sie wird für 2002/03 noch immer mit 36 bis 66 % angegeben.[641]

Laut den Berichten zur Drogensituation 2004 und 2005 des ÖBIG streuten die Werte für Hepatitis C seit Jahren zwischen 50 und 80 % und für Hepatitis B zwischen 30 und 50 %.[642]

> Für Wien wurde zuletzt festgestellt, dass immer mehr illegale Prostituierte (primär aus den neuen EU-Ländern) zu „Dumpingpreisen" auf den „Straßenstrich" drängten. Es gebe einfach zu viele, die „alles" machten und zwar „alles ohne Schutz". Nicht zuletzt deshalb seien die Erkrankungsfälle für Syphilis und auch für Gonorrhoe (darunter auch „Tripper im Mund") im Ansteigen.[643]

Die aus solchen Daten resultierenden Gesundheitskosten werden noch an späterer Stelle behandelt.

e) Legale Erwerbsquellen

KREUZER nimmt an, dass rund ein Fünftel des gesamten Finanzbedarfes der Problemkonsumenten für Drogen aus „legalen" Quellen stammt. Gemeint sind damit Erlöse aus eigener Erwerbstätigkeit, vor allem aber Sozialhilfe (und/oder andere Transfer- bzw. Sozialleistungen), Geld von Verwandten u.a.m.[644]

Auf das mögliche eigene Einkommen von Drogenabhängigen wird noch an späterer Stelle näher einzugehen sein. Problematisch erscheint uns in diesem Zusammenhang, eine Finanzierung des Drogenmissbrauchs aus der Sozialhilfe (und/oder anderen Transfer- bzw. Sozialleistungen) als „legal" anzuerkennen, zumal diese

640 HAAS / BUSCH / HORVATH / TÜRSCHERL / WEIGL 2002, aaO (Anm. 340), S. 26.

641 HAAS / BUSCH / HORVATH / WEIGL / TÜRSCHERL 2003, aaO (Anm. 8), S. 29.

642 HAAS / BUSCH / HORVATH / TÜRSCHERL / WEIGL 2004, aaO (Anm. 98), S. 33; HAAS / BUSCH / HORVATH / TÜRSCHERL / WEIGL / ABRAHAM 2005, aaO (Anm. 68), S. 35; vgl. dazu auch BUSCH / HAAS, aaO (Anm. 371), S. 88 mwN.

643 Vgl. die Meldung „Ohne Schutz als ‚neuer Kick'. ‚Steig ein, i bin immun' – Prostituierte, die sich schützen, machen kein Geschäft mehr – Tripper taucht plötzlich wieder häufig auf", in: Der Standard vom 25. 5. 2007; ausgedruckt aus dem Internet: http://derstandard.at/druck/?id=2894305.

644 KREUZER / RÖMER-KLEES / SCHNEIDER, aaO (Anm. 375), S. 201 f.; ERHARDT, aaO (Anm. 424), S. 45.

aus öffentlichen Mitteln gewährten Unterstützungen ausschließlich zur Abdeckung des notwendigen Lebensunterhalts bestimmt sind. Es kann – und darf – daher nicht angehen, mit Geldern (z.B.) aus der Sozialhilfe Drogen zu kaufen – und im Übrigen erst recht zu verelenden und/oder seinen Unterhalt auf illegale Weise zu bestreiten.

Ähnlich verhält es sich auch mit den „freiwilligen" Zuwendungen aus dem Verwandtenkreis. In diesem Zusammenhang verweist KREUZER darauf, dass manche Familie ... „durch solches Schmarotzen, das über Bettelei hinaus erpresserische Züge trägt, ... an den Rand finanziellen und psychischen Ruins" gerät. Ergänzend sei dazu nochmals auf die Größenordnung der laufend aufzutreibenden Geldbeträge zur Anschaffung von Drogen hingewiesen: Beispielsweise benötigen polytoxikomane Problemkonsumenten (einschließlich eines „Zuschlags" für alle Substanzen, die sie neben ihrer jeweiligen „Leitdroge" verwenden) im Monatsschnitt dafür mindestens 2.000 € (manche auch weit darüber). Dieser Personenkreis rekrutiert sich nur ausnahmsweise aus entsprechend wohlhabenden Schichten, die laufend Summen in dieser Größenordnung finanziell verkraften könnten. Selbst für Mittelstandsfamilien (ganz zu schweigen von noch weniger begüterten) kann das sicher nicht gelten. Eltern (und andere Angehörige) dürften durch monatliche (zusätzliche) Geldabflüsse von vielleicht 1.000 bis 2.000 € für die Anschaffung von Drogen – in Relation zur Suchtdauer – schon bald „leergeplündert" sein.

KREUZER bezeichnet solcherlei „legale" Beschaffungsmuster mit Recht als (zumindest) „kriminalitätsnahe Verhaltensweisen ... im Vor- und Randbereich eigentlicher Kriminalität".[645] In der von PETUTSCHNIG untersuchten Stichprobe von 105 nach dem (damals geltenden) Suchtgiftgesetz Angezeigten überstiegen die Zuwendungen Dritter einschließlich der von der öffentlichen Hand stammenden das eigene Erwerbseinkommen (i.e.S.) samt Erlösen aus der Prostitution um mehr als 80 %.[646]

Aus allen diesen Erwägungen wird man jedenfalls die aus der Sozialhilfe (und/oder anderen Transfer- bzw. Sozialleistungen) stammenden – und auch alle von Nahestehenden „ernötigten" – Geldmittel zur Finanzierung von Rauschmitteln zu den (sonstigen) gesamtwirtschaftlichen Schäden aus dem Drogenmissbrauch addieren müssen.

645 KREUZER, aaO (Anm. 565), S. 289; vgl. dazu schon WINKLER, aaO (Anm. 629), S. 108 f.

646 PETUTSCHNIG, aaO (Anm. 340), S. 73 f.

f) Zwischenbilanz – Schwerstabhängige

Wenn man die oben ausgewiesenen – durch Betrügereien, Raub oder räuberische Erpressung, Gebäude- und Autoeinbruch sowie sonstige Diebstähle erzielbaren – Geldbeträge zusammenzählt, so ergibt dies eine Summe von ca. 379,717 Millionen €, die von Problemkonsumenten (primär) zur Finanzierung ihres Drogenmissbrauchs verwendet wird.

Aus allen diesen Beschaffungsdelikten entsteht zugleich ein ökonomischer Gesamtnachteil von 770,111 Millionen €.

Der nahe liegende Einwand, ein großer Teil dieser Schadenssumme käme ja doch wieder – z.B. über Umsätze und Gewinne diverser Reparaturhandwerker – der Volkswirtschaft zugute, verfängt nicht: Gewiss zählen etwa auch die nach (Glatteis-) Unfällen erzielten Umsätze von Autospenglern und -lackierern zur „volkswirtschaftlichen Wertschöpfung“. Es ist gleichwohl davon auszugehen, dass private Unfallopfer wie auch ihre (Kasko-) Versicherungen die Reparatursummen andernfalls in aller Regel produktiver – und gesamtwirtschaftlich sinnvoller – eingesetzt hätten. Daher werden sie diese Reparaturausgaben – zu Recht – als „Schaden“ beurteilen. Analoges trifft natürlich auch auf alle wirtschaftlichen Nachteile zu, die 2002 aus dem „Jahrhunderthochwasser“ entstanden sind etc. etc.

Und nichts anderes gilt auch für die oben behandelten Schäden aus der Beschaffungskriminalität Drogenabhängiger. Daher handelt es sich auch bei den oben skizzierten Vermögensnachteilen von Privaten und/oder Versicherungen u.E. um eine volkswirtschaftliche „Fehlallokation“ knapper ökonomischer Ressourcen.

g) Exkurs zur Wahrnehmung von Beschaffungskriminalität

Im offiziellen Organ der Stiftung „Deutsches Forum für Kriminalprävention“ wurde Anfang 2003 völlig zu Recht festgestellt,[647] „dass im komplexen Bedingungsgeflecht von Drogengebrauch und Kriminalität die Kontrolle der Sucht zugleich das vielversprechendste Mittel zur Reduktion der Kriminalität Drogenabhängiger ist.“ – Niemand kann heute noch ernsthaft bestreiten, dass eine

647 KÖNIG Jens Martin, Am runden Tisch gegen die Delinquenz Drogenabhängiger?, in: Forum Kriminalprävention 4/2003, S. 5; vgl. dazu auch MELLENTHIN, aaO (Anm. 232), S. 396.

Reduktion der Sucht parallel nicht auch eine Verringerung der sie begleitenden Beschaffungskriminalität mit sich brächte.

In diesem Zusammenhang fällt auf, dass hier zu Lande der beunruhigende Anstieg der gesamten Eigentumskriminalität nahezu ausschließlich irgendwelchen „ausländischen Banden" (vorwiegend aus den Oststaaten) zugeschrieben wird. Man muss schon sehr lange suchen, bis sich irgendwo vereinzelt doch noch ein Hinweis darauf findet, dass dieser Anstieg (jedenfalls auch) mit Beschaffungskriminalität Drogenabhängiger zusammenhängen könnte.

Besonders illustrativ zu diesem Phänomen erscheint der Inhalt einer Reportage, die ein österreichisches Nachrichtenmagazin noch Anfang 2004 unter dem Titel „Autoknacker unterwegs ... Wütende Bürger, ohnmächtige Polizisten: Täglich ziehen Banden plündernd durch die Gassen Wiens. Zentrum der Aktivität ist der Bezirk Mariahilf" veröffentlicht hat.[648] Dort wurde u.a. berichtet, dass ein Einwohner dieses Bezirkes seit Ende September 2003 Opfer von ganzen sieben Autoeinbrüchen wurde. Ein anderer verzeichnete zwischen Weihnachten 2003 und Anfang Jänner 2004 deren drei. Beim Auto des Ehemannes der Bezirksvorsteherin waren dies seit Sommer 2003 „nur" drei solcher Einbrüche. Ein Trafikant hat angegeben, er wäre im Oktober 2003 im Geschäft beraubt worden, „erst in der Vorwoche" (gegen Ende Jänner 2004) erfolgte ein Einbruch in den Keller seines Geschäftslokals. Seither sei dieses „abgesichert wie Fort Knox".

Die zuständige Bezirksvorsteherin erklärte dazu: „Ich verstehe die Angst der Menschen". Über ihre Sicht der Kausalzusammenhänge wurde im Weiteren wie folgt berichtet:

> „Dabei ist die Bezirksvorsteherin stolz auf die Offenheit der Mariahilfer. Nirgendwo in Wien gebe es so viele soziale und alternative Einrichtungen wie hier. ‚Die liberale Kehrtwende begann vor 25 Jahren mit der Eröffnung der schwul-lesbischen Rosa Lila Villa', erzählt (diese Mandatarin). Seither haben Institutionen wie die Drogenberatungsstelle Ganslwirt, das Obdachlosenzentrum Gruft, die Alternative Schule der ehemaligen Hausbesetzerszene oder das Aids-Hilfe-Haus im Bezirk Unterschlupf gefunden. Im Vorjahr zog

648 Vgl. die Meldung „Autoknacker unterwegs. Kriminalität. Wütende Bürger, ohnmächtige Polizisten: Täglich ziehen Banden plündernd durch die Gassen Wiens. Zentrum der Aktivität ist der Bezirk Mariahilf", in: Profil, Nr. 6, 2. 2. 2004, S. 38 ff.

die Bewährungshilfe Neustart ins ehemalige Postamt an der Gumpendorfer Straße ein.

‚In Mariahilf ist die Überzeugung gewachsen, dass Helfen und Vorbeugen mehr bringt als Aussperren', so die Politikerin. Diese Gesinnung sei ‚gottlob' nicht gefährdet: ‚Die Leute wissen sehr wohl, dass es sich bei den Einbrüchen um Bandenkriminalität handelt'."

Aus dem Kontext war zu entnehmen, dass damit (ausschließlich) ausländische Banden gemeint sind. Die nahe liegende Möglichkeit, dass es sich dabei – wenigstens zum Teil – auch um vulgäre Beschaffungskriminalität inländischer Drogenabhängiger handeln könnte, wurde hingegen nicht einmal in Erwägung gezogen.

2) Gruppe der Durchschnitts- und Kleinkonsumenten

Wir haben oben[649] für das Jahr 2002 – österreichweit – etwa 900.000 Fälle von Cannabismissbrauch ermittelt. Dazu kamen insgesamt 300.000 einschlägige Fälle bei Partydrogen, 160.000 bei Kokain und weitere 100.000 bei Opiaten (jeweils in den letzten 12 Monaten). Die Gesamtzahl aller dieser Missbrauchsfälle beträgt demnach 1.460.000. Nimmt man weiters an, dass ca. drei Viertel aller in Frage kommenden „User" polytoxikomane Konsummuster aufweisen (= ca. 83 % Mehrkonsum gegenüber Monotoxikomanen), entfallen diese Missbrauchsfälle auf etwa 941.000 Personen. – Wollte man davon ausgehen, dass polytoxikomanes Missbrauchsverhalten eine insgesamt kleinere Rolle spielt, wäre eine entsprechend höhere Anzahl als 941.000 Konsumenten erforderlich, um alle 1.460.000 Missbrauchsfälle von Einzelsubstanzen „abdecken" zu können.

Von dieser Zahl wäre zunächst die Gruppe der 72.500 Schwerstabhängigen abzuziehen. Der Rest beträgt daher 868.500 Fälle von Klein- und Durchschnittskonsum innerhalb der letzten 12 Monate. Unserer Annahme zufolge verteilen sich diese 868.500 Fälle je zur Hälfte auf Klein- und auf Durchschnittskonsumenten (= je 434.250). Wie schon vorne angesprochen, ist auch innerhalb dieser großen Personenzahl ein Kontinuum anzunehmen, das von eher seltenem Missbrauch bis hin zu den „gerade noch nicht Schwerstabhängigen" reicht. Daher wäre es mit Sicherheit falsch,

649 Vgl. oben S. 128 f., 144, 148 f., 151, 153.

das oben skizzierte „Finanzierungskonzept“ der Schwerstabhängigen gleichsam 1 : 1 auf Durchschnitts- oder gar Kleinkonsumenten zu übertragen.

Wir gehen im Folgenden vielmehr davon aus, dass die Beschaffungsdelinquenz in der Gruppe der Kleinkonsumenten praktisch bedeutungslos ist und vernachlässigt werden kann. Daher beziehen sich die folgenden Ausführungen zur Drogenfinanzierung ausschließlich auf die Gruppe der Durchschnittskonsumenten.

a) Dealen

Wie bei den Schwerstabhängigen kann auch von den Angehörigen dieser Gruppe angenommen werden, dass sie einen Teil ihres einschlägigen Geldbedarfs durch Kleinhandel mit Drogen auftreibt.[650] Diesen Umstand haben wir bekanntlich schon bei der obigen Ermittlung des gesamten Geldbedarfes berücksichtigt: Süchtige Dealer bezahlen für ihren eigenen Bedarf in aller Regel ja nicht den jeweils marktüblichen „Endverkaufspreis“. Ihr Vorlieferant verrechnet ihnen (auch) für diesen „Stoff“ ja wohl nur den in dieser Zeitspanne üblichen „Einkaufspreis“.

Dies trifft bekanntlich für den größten Teil (auch) dieser Gruppe zu. Die meisten „User“ dealen. Ein Teil von ihnen verdient sich seinen Stoff (zumindest teilweise) als „Checker“. Das sind die (meistens mit „Naturalien“ belohnten) „User“, die nicht selber dealen, sondern solche Geschäfte (meist durch Zuführen von „Kunden“) vermitteln. Nicht abhängige Kleinhändler bilden eine Minderheit.[651] Ebenso bleiben auch diejenigen „User“ in der Minderheit, die ihren „Stoff“ grundsätzlich ohne jeden eigenen Drogenhandel finanzieren.

Auf die kriminalpolitische Bedenklichkeit einer strafrechtlichen Privilegierung (auch) von Kleindealern wurde ebenfalls schon oben hingewiesen.

b) Direkte Beschaffungskriminalität

Wie bereits oben näher ausgeführt, sind diese Delikte (z.B. Einbrüche in Apotheken oder Arztpraxen etc.) im Rahmen einer volks-

650 Vgl. KREUZER, aaO (Anm. 200), S. 47; RAUTENBERG, aaO (Anm. 239), S. 44.

651 WEBER, aaO (Anm. 200), Rz 74 zur Einleitung; KREUZER, aaO (Anm. 565), S. 235 ff.

wirtschaftlichen Gesamtbetrachtung praktisch bedeutungslos. Dies gilt für alle Schwerstabhängigen und – umso mehr noch – für die Gruppe der Durchschnitts- oder gar Kleinkonsumenten.

c) Indirekte Beschaffungskriminalität

Auch der drogenbezogene Finanzbedarf der Durchschnitts- (und ausnahmsweise auch der Klein-)konsumenten wird zu einem relativ hohen Anteil vom Erlös aus diversen Straftaten abgedeckt. Wir gehen jedoch davon aus, dass in dieser großen Gruppe von insgesamt 434.250 Durchschnittskonsumenten pro Person im Schnitt – je nach Delikt – nur ein mehr oder minder großer Bruchteil der Beschaffungsdelinquenz anfällt, wie sie für Schwerstabhängige typisch ist. Dass dabei das Cluster der „gerade noch nicht Schwerstabhängigen" (und ähnlich intensiver Missbraucher) kriminell deutlich stärker belastet sein wird als die Untergruppe, die weniger oft (oder gar nur selten) Drogen zu missbrauchen pflegt, bedarf keiner näheren Ausführungen. Ebenso klar ist auch, dass sich die Struktur der begangenen Delinquenz innerhalb der Gesamtgruppe durchaus unterschiedlich darstellen dürfte: Die eher selten Konsumierenden werden – wenn überhaupt – weniger und „harmlosere" Beschaffungstaten begehen als die intensiver Missbrauchenden.

Aus dem Gesamtfeld aller indirekten Beschaffungsdelikte innerhalb der Durchschnitts- und Kleinkonsumenten sollen auch hier zunächst jene behandelt werden, bei denen Hehlerei keine (größere) Rolle spielt:

aa) Betrügereien

Wir haben oben angenommen, dass Österreichs Schwerstabhängige im Jahr 2002 durchschnittlich jeweils 0,5 Scheck-, Kreditkarten- und Darlehens- oder sonstige Betrügereien begangen haben. Geht man davon aus, dass die Untergruppe aller 217.125 nicht mehr als selbsterhaltungsfähig zu behandelnden Durchschnittskonsumenten[652] nur mit einem Fünftel der Betrugsdelinquenz der Schwerstkonsumenten belastet ist, so wären dies ca. 21.710 Fälle von diversen strafbaren „Schwindeleien" pro Jahr. Auf das – insgesamt gewaltige – Dunkelfeld (auch) bei diesem Beschaffungsdelikt wurde schon vorne hingewiesen.

652 Zur Berechnung und Bedeutung dieser Zahl siehe unten S. 196 f.

Wird (auch) hier als durchschnittlicher Schaden pro Betrugsfall ein Betrag von (lediglich) 100 € angenommen, so ergibt dies – wiederum hochgerechnet auf die Gesamtgruppe – einen Nutzen von ca. 2,171 Millionen €[653], dem ein ebenso hoher Schadensbetrag bei den Deliktsopfern gegenübersteht.

bb) Raub, räuberische Erpressung

Es kann zwar davon ausgegangen werden, dass diese Deliktsart – vereinzelt – auch in der Gruppe der Durchschnitts- oder gar Kleinkonsumenten vorkommt. Die Summe aller dieser Delikte dürfte allerdings – jedenfalls im Rahmen einer wirtschaftlichen Gesamtbetrachtung – zu vernachlässigen sein.

cc) Andere Delikte

Ein Teil der hier behandelten Gruppe wird (auch) in anderer Hinsicht kriminell auffällig (Vergewaltigungen, Zuhälterei, Automatenaufbrüche, Erschleichung von Suchtgiftrezepten u.a.m.). Gleichwohl wird auch für diese Gruppe von einer Umrechnung aller dieser Delikte auf österreichische Verhältnisse im Jahr 2002 bewusst abgesehen: Durch deren Nichtberücksichtigung im Rahmen der gesamten Schadensermittlung sollen (auch hier) einerseits etwaige Schätzfehler in anderen Delinquenzbereichen kompensiert werden. Überdies soll dadurch auch dem Umstand Rechnung getragen werden, dass jedenfalls ein Teil der Delinquenz jener Personen, die sich schon vor ihrem Drogenmissbrauch kriminell verhalten haben, auch ohne Drogenabhängigkeit zustande gekommen wäre.[654]

In der weiteren Folge werden diejenigen Beschaffungsdelikte behandelt, bei denen davon auszugehen ist, dass sie typischerweise mit Hehlerei verbunden sind:

dd) Einbruchsdiebstahl (ohne KFZ)

Unserer Annahme nach entfiel im Jahr 2002 im Schnitt auf jeden zweiten österreichischen Schwerstabhängigen eine solche Tat. Aus Gründen extremer Vorsicht gehen wir davon aus, dass die spezifische Kriminalitätsbelastung (sogar) unter den 217.125 als nicht mehr selbsterhaltungsfähig behandelten Durchschnittskonsumenten nur ca. 10 % (!) derjenigen von Schwerstabhängigen ausmacht.

---

653 ≈ 29,870 Millionen ATS.

654 Vgl. RAUTENBERG, aaO (Anm. 239), S. 32 ff., 83 ff.; EGG / RAUTENBERG, aaO (Anm. 598), S. 145 ff.

Dies bedeutet, dass innerhalb der Gesamtgruppe der Durchschnittskonsumenten ca. 10.850 solcher Taten zu erwarten sind. Selbst wenn man (auch hier) annimmt, dass an Einbrüchen häufig zwei (ausnahmsweise drei) Drogentäter beteiligt sind, wären es immer noch etwa 7.000 einschlägige Delikte. Demnach wird der gesamtwirtschaftliche Schaden durch diese Einbrüche (ermittelt wie oben für die Gruppe der Schwerstabhängigen) bei 23,422 Millionen € liegen. Der Geldnutzen für die süchtigen Einbrecher beschränkt sich hingegen auf 2,768 Millionen €.

ee) KFZ-Einbrüche

Aus Vorsichtsgründen gehen wir auch bei den KFZ-Einbrüchen davon aus, dass in der Gruppe der 217.125 als nicht mehr selbsterhaltungsfähig behandelten Durchschnittskonsumenten auf eine Person nur 10 % der analogen Kriminalitätsbelastung derjenigen von Schwerstabhängigen entfällt. Daraus folgt, dass die Gesamtgruppe der Durchschnittskonsumenten mit etwa 10.850 Autoeinbrüchen pro Jahr belastet ist. Unter Berücksichtigung möglicher Mehrfachbeteiligungen können wir auch hier ca. 7.000 tatsächliche Fälle annehmen.

Wir haben oben den Durchschnittsschaden für das Opfer eines Autoeinbruchs mit 1.357 € ermittelt, wogegen der Geldnutzen für den Einbrecher im Schnitt nur 333,50 € betragen hat. Demgemäß steht hier ein gesamtwirtschaftlicher Schaden von insgesamt ca. 9,499 Millionen € einem Geldnutzen bei den drogenabhängigen Einbrechern von etwa 2,33 Millionen € gegenüber.

ff) Einfache Diebstähle

Wir gehen auch hier von der Annahme aus, dass diese Diebstähle (ausschließlich) der Gruppe von 217.125[655] Durchschnittskonsumenten zuzuordnen sind, die nicht mehr als selbsterhaltungsfähig zu behandeln sind. (Realiter wird dies zweifellos nicht für jeden Einzelfall zutreffen.) – Nimmt man weiter an, dass jedes Mitglied dieser Gruppe im Schnitt (wiederum aus Vorsichtsgründen) nur knapp 21 einfache Diebstähle pro Jahr begeht und dabei durch-

655 Wie unten auf S. 195 f. näher erläutert, haben wir auch hier partiell arbeitsunfähige Drogenabhängige rechnerisch zu einer – entsprechend kleineren – Gruppe zusammengefasst, deren – fiktive – Angehörige als nicht mehr selbsterhaltungsfähig „verbucht“ werden. Daher kann aus deren Anzahl auch hier nicht auf die Größe des Personenkreises geschlossen werden, die tatsächlich von partieller Erwerbsunfähigkeit betroffen sind.

schnittlich 226 €[656] erlöst, so errechnet sich daraus ein Nutzen für alle diese Diebe von 1.021,127 Millionen €. Der damit korrespondierende gesamtwirtschaftliche Schaden beträgt hingegen 1.807,305 Millionen €.

d) Prostitution

Auch für die Geldbeschaffung durch (weibliche oder männliche) Prostitution wird davon auszugehen sein, dass dieser Beschaffungsmodus unter Schwerstsüchtigen ungleich öfter vorkommen dürfte als unter Durchschnitts- oder gar Kleinkonsumenten. Innerhalb der Problemgruppe der „Fixer" wurden laut KREUZER gut 10 % des Geldbedarfes für Drogen durch sexuelle Dienstleistungen erkauft.[657] Unter allen anderen DrogenkonsumentInnen wird insgesamt, wenn überhaupt, so höchstens 1 % des drogenbezogenen Geldbedarfes durch Prostitution „verdient", (wobei dieser Erlös noch später berücksichtigt werden wird). Dabei dürfen auch bei dieser Gruppe die gesundheitspolitischen Aspekte – speziell bei ungeschütztem Verkehr – wie auch alle damit verbundenen Therapiekosten nicht außer Betracht bleiben.

e) Legale Erwerbsquellen

Wir haben oben festgestellt, dass (und warum) man jedenfalls aus der Sozialhilfe (und/oder anderen Transfer- bzw. Sozialleistungen) stammende oder auch von Nahestehenden „abgenötigte" Geldmittel schwerlich als „legale" Erwerbsquellen qualifizieren kann. Soweit Durchschnitts- und Kleinkonsumenten tatsächlich ein eigenes (legales) Einkommen erzielen können, werden wir darauf im Folgenden noch näher eingehen.

f) Zwischenbilanz – Durchschnitts- und Kleinkonsumenten

Wenn man die oben ausgewiesenen – durch Betrügereien, Gebäude- und Autoeinbruch sowie sonstige Diebstähle erzielbaren – Geldbeträge zusammenzählt, so ergibt dies eine Summe von ca. 1.028,396 Millionen €, die von diesen Süchtigen (primär) zur Finanzierung ihres Drogenmissbrauchs verwendet wird.

---

656 Zur Berechnung dieser Zahl siehe oben S. 181.
657 ERHARDT, aaO (Anm. 424), S. 45.

Aus allen diesen Beschaffungsdelikten entsteht zugleich ein wirtschaftlicher Gesamtnachteil von 1.842,397 Millionen €.

3) Übersicht zur Finanzierung des Drogenbedarfes

a) Benötigte Kaufsumme

Wie schon oben näher ausgeführt, benötigten alle österreichischen „User" von illegalen Drogen 2002 in Österreich etwa 4.056,584 Millionen € für ihren „Stoff". In diesem Betrag ist schon berücksichtigt worden, dass ein Teil der jeweiligen User ihren eigenen Konsum aus Gewinnen durch Dealen „verdienen" kann, die sie bei den jeweils „kaufenden" Usern erzielen.

b) Indirekte Beschaffungskriminalität

Durch Beschaffungskriminalität kann die Gruppe der Schwerstabhängigen 379,717 Millionen € und die Gruppe der Durchschnitts- und Kleinkonsumenten weitere 1.028,396 Millionen € für Drogen auftreiben, zusammen also 1.408,113 Millionen €.[658]

c) Prostitution

Auf Grund der – teils dürftigen, teils widersprüchlichen – Datenlage auf diesem Gebiet erscheint eine seriöse Schätzung der Höhe aller 2002 über diverse sexuelle Dienstleistungen von Drogenabhängigen erlösten finanziellen Mittel so gut wie unmöglich. Wir gehen hier – mit allen Vorbehalten – davon aus, dass gegen 10.000 Personen unter den Schwerstabhängigen und weitere 4.000 Durchschnittskonsumenten solche Dienstleistungen „verkauft" haben. Wenn man weiter annimmt, jede(r) dieser 14.000 (meist wohl) „Nebenerwerbs-Prostituierten" habe im Schnitt pro Monat daraus 700 € erlöst, so errechnet sich für die ganze Gruppe ein Jahresertrag von nicht ganz 120 Millionen €. Diese Einnahmen mögen in

658 Aus der Literatur ergibt sich, dass etwa 2/3 des Geldbedarfs zur Drogenanschaffung durch indirekte Beschaffungskriminalität finanziert wird. – Vgl. KREUZER / RÖMER-KLEES / SCHNEIDER, aaO (Anm. 375), S. 201 mwN. Demgegenüber nehmen wir hier an, dass von den benötigten 3.707,928 Millionen € nicht einmal ganz 1.406,50 Millionen € aus dieser Delinquenz stammen. Das sind demnach ca. 38 % des 2002 insgesamt für Drogen benötigten Geldbetrages.

Wahrheit höher oder auch niedriger liegen. Ihre Größenordnung lässt aber – so oder so – erkennen, dass mit Beschaffungsprostitution offensichtlich nur ein eher bescheidener Anteil der gesamten Drogenkosten abgedeckt werden kann. Ungleich bedeutsamer sind allerdings – wie schon erwähnt – deren gesundheitspolitische Auswirkungen, speziell in dieser Szene.

d) Eigene Erwerbsarbeit

Ein Großteil der Schwerstabhängigen kann so gut wie keiner legalen Erwerbstätigkeit mehr nachgehen. Wir setzen hier die Restproduktivität derjenigen Problemkonsumenten, die überhaupt noch irgendein eigenes Erwerbseinkommen erzielen können, mit der vollen Arbeitsleistung von 5.000 Personen gleich. Dies würde bedeuten, dass der Gesamtgruppe aller 72.500 Schwerstabhängigen im Schnitt immer noch ca. 6 % der vollen Leistung von Gesunden zugeschrieben wird. Alle anderen 67.500 Personen erzielen demnach kein eigenes Einkommen mehr.

Wenn man von allen 941.000 Suchtgiftkonsumenten mit 12-Monats-Prävalenz 72.500 Schwerstabhängige abzieht, bleiben 868.500 übrig. Mangels plausiblerer Annahmen gehen wir im Folgenden davon aus, dass diese Restgruppe aus je zwei gleich großen Teilen besteht, den „Kleinkonsumenten“ und den „Durchschnittskonsumenten“.

Zum Unterschied von den 72.500 Schwerstabhängigen werden die etwa 434.250 „Kleinkonsumenten“ meist erwerbstätig oder sonst (z.B. als Schüler oder wenig verdienende Lehrlinge) sozial integriert sein. Überdies dürfte sich deren Geldbedarf für Drogen insgesamt in Grenzen halten, sodass sie ihren Konsum – im Großen und Ganzen – aus eigenen Mitteln (frei verfügbaren Einkommensbestandteilen, Taschengeld etc.) abdecken können. Ein Missbrauch von Sozialhilfe wird hier eine relativ geringe Rolle spielen. Ähnliches gilt vermutlich auch für eine „Ausbeutung“ von Angehörigen.

Schon für die – ebenfalls – ca. 434.250 Durchschnittskonsumenten wird dies nicht mehr zutreffen. Je stärker sich Angehörige dieser Untergruppe in ihrem Konsum- und sonstigen Sozialverhalten an die Schwerstsüchtigen annähern, desto ähnlicher werden sich auch die damit verbundenen Probleme gestalten. In dieser Untergruppe wird typischerweise mehr und öfter konsumiert. Damit steigt nicht nur ihr Geldbedarf für Drogen, sondern mit zunehmender Abhängigkeit zugleich auch ihre soziale Desintegration.

Viele können (oder wollen) nicht mehr arbeiten (weiter zur Schule gehen etc.). Zugleich schlittern sie u.a. auch stärker und stärker in kriminelle Beschaffungsmuster hinein – vom Dealen bis hin zu den anderen Beschaffungsdelikten (oder zur Prostitution).

Daher dürfte sich die Arbeitsfähigkeit aller ca. 434.250 Durchschnittskonsumenten in etwa so darstellen: Auf der einen Seite des Kontinuums finden sich Personen, die noch ein (annähernd) volles Einkommen erzielen, während sich am anderen Ende der Skala mehr und mehr Fälle finden werden, die – wie die Schwerstabhängigen – nicht mehr (oder jedenfalls so gut wie nicht mehr) erwerbsfähig sein können. Man denke in diesem Zusammenhang etwa auch an die Auswirkungen des sog. „amotivationalen Syndroms“[659], das nach längerem und/oder intensiverem Missbrauch von Cannabis auftreten kann. Es erscheint demnach gerechtfertigt, die Hälfte dieser 434.250 Personen vereinfachend als voll, die andere Hälfte – also 217.125 Abhängige – dafür als gar nicht mehr arbeitsfähig zu behandeln. Dabei versteht sich von selbst, dass mit dieser Methode nur auf die Höhe des von allen „Durchschnittskonsumenten“ erzielten Gesamteinkommens geschlossen werden kann, nicht aber auf die Größe des Personenkreises der von (voller oder partieller) Erwerbsunfähigkeit betroffenen Drogenabhängigen.

Abbildung 13: Schematische Darstellung – Ermittlung der als nicht selbsterhaltungsfähig behandelten Konsumentengruppen

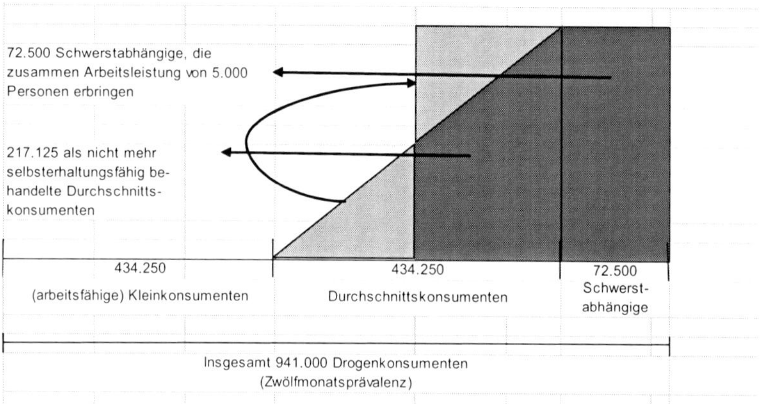

Wir nehmen demnach an, dass insgesamt 284.625 Drogenabhängige (= 67.500 Schwerstabhängige + 217.125 Durchschnitts-

659 Vgl. HAUPTMANN, aaO (Anm. 35), S. 48 mwN.

konsumenten) als nicht mehr selbsterhaltungsfähig zu behandeln sind.[660]

Umgekehrt folgt aus unserer Annahme, dass alle anderen 656.375 Drogenkonsumenten – im Schnitt – eine volle Arbeitsleistung erbringen könnten. Gehen wir weiter davon aus, dass das volle eigene Erwerbsleben (in insoweit vergleichbaren Personengruppen) in aller Regel mit spätestens 20 beginnt, ein Großteil der (erwerbstätigen) Drogenabhängigen aber zwischen 20 und 40 Jahre alt ist, so kann das von ihnen erzielbare Einkommen wie folgt ermittelt werden:

> Das Bundesministerium für Inneres hat in seinem Jahresbericht 2004 zur Suchtmittelkriminalität erstmals Angaben über die Beschäftigungsverhältnisse der Personen veröffentlicht, die wegen eines Drogendelikts angezeigt wurden. Im Jahr 2002 waren dies (jeweils leicht gerundet) u.a. 10 % Schüler, 2 % Studenten, 11 % Lehrlinge und 41 % Arbeitslose.[661] – Unter der Annahme, dass diese Verteilung (in etwa) auch den Verhältnissen unter allen (also auch unter den polizeilich nicht ermittelten) Drogentätern entspricht, ergäbe sich daraus Folgendes: Weder Schüler noch Studenten noch Arbeitslose können (in aller Regel) einen Arbeitserlös erzielen. Von den Lehrlingen kann hingegen – vereinfachend – davon ausgegangen werden, dass sie im Schnitt nur die Hälfte eines regulären Gesellenlohnes verdienen.
>
> Demnach wären 50 % der Lehrlinge als einkommenslos und die anderen 50 % als voll verdienend zu behandeln. Die Prozentsätze an Schülern, Studenten und Arbeitslosen vermehrt um 5,5 % (fiktiv einkommenslose) Lehrlinge ergeben eine Summe von 58,5 % aller Angezeigten, die am Arbeitsmarkt kein Einkommen erzielen. Wir können daher annehmen, dass ca. die Hälfte aller an sich arbeitsfähigen Drogentäter voll und die andere Hälfte nichts verdient.

Daraus ergibt sich, dass nur etwa 328.190 von allen 656.375 an sich erwerbsfähigen Drogenkonsumenten tatsächlich ein (relevantes) eigenes Einkommen erzielen können.

660 Dadurch wäre auch schon berücksichtigt, dass sich realiter natürlich auch unter den „Kleinkonsumenten" vereinzelt Fälle befinden dürften, die ihre Ausbildung abbrechen oder sonst keine volle Erwerbsleistung mehr erbringen.

661 Jahresbericht 2004. Suchtmittelkriminalität, aaO (Anm. 76), S. 25.

Nach den Tabellen der Netto-Jahreseinkommen unselbständig Erwerbstätiger einer 2003 veröffentlichten Studie[662] lässt sich für die Altersgruppe von 20 bis 40 ein Netto-Durchschnittseinkommen von 14.358,50 € bestimmen. Zieht man davon 30 % (wegen des meist niedrigeren Bildungs- und Qualifikationsniveaus in der betreffenden Subpopulation[663]) ab, so wären dies noch ca. 10.051 €. Dies bedeutet, dass die Gruppe der 328.190 (voll) erwerbstätigen Drogenkonsumenten im Jahr 2002 ein Einkommen von insgesamt ca. 3.298,637 Millionen € erzielt haben könnte.[664]

Das Jahresnettoeinkommen von 10.051 € aufgeteilt auf 12 Monate ergibt einen monatlichen Durchschnittsverdienst (einschl. Sonderzahlungen) von ca. 837,60 €.[665] Zieht man davon auch nur 500 € (= entspricht dem durchschnittlichen Kindesunterhalt) für den eigenen Unterhalt des Drogenkonsumenten ab, blieben demnach 337,60 € übrig. Somit errechnet sich für die ganze Gruppe der 328.190 (noch) berufstätigen Drogenabhängigen ein Jahresbetrag von etwa 1.329,563 Millionen €, der noch zur freien Verfügung – demnach auch zur Drogenanschaffung – stünde.

Daraus wiederum ergibt sich, dass etwa 33 % der für Drogen benötigten insgesamt ca. 4.056,584 Millionen € durch den Ertrag aus eigener Erwerbstätigkeit abgedeckt werden könnten.

Bezüglich der als nicht mehr erwerbsfähig zu behandelnden 284.625 Drogenabhängigen gehen wir davon aus, dass sie großteils Sozialhilfe (und/oder andere Transfer- bzw. Sozialleistungen)

662 BAUER Martin / LAMEI Nadja, Altersprofile der Einkommen von unselbständig Erwerbstätigen und Pensionisten, in: Statistische Nachrichten, 5/2003, S. 369. – Dem Auskunftsdienst der Statistik Austria sei auch an dieser Stelle nochmals sehr für die Übermittlung dieser Studie und für eine ganze Reihe weiterer Informationen bestens gedankt!

663 Vgl. HARTWIG / PIES, aaO (Anm. 239), S. 29.

664 Dass diese Annahme eher zu optimistisch sein muss, lässt sich auch aus Erfahrungswerten anderer österreichischer Autoren erschließen: Nur etwa ein Drittel aller Drogenabhängigen (also nicht der drogenkranken Schwerstsüchtigen!) verfügt über – irgendein – eigenes Einkommen. – Vgl. HAAS / GUZEI / TÜRSCHERL 1998, aaO (Anm. 64), S. 38 mwN. Nach – insoweit übereinstimmenden – empirischen Daten aus Österreich wie aus Deutschland ergibt sich, dass mehr als die Hälfte der in Frage kommenden Personengruppe über keine abgeschlossene Berufsausbildung (= nicht angetreten oder abgebrochen) verfügt. – Vgl. PETUTSCHNIG, aaO (Anm. 340), S. 61 f. mwN. Gegen zwei Drittel von ihnen gaben – im Zeitraum um die Mitte der zurückliegenden Neunzigerjahre – eine monatliche Einkommenshöhe von Null bis zu 545 € (damals 7.500 ATS) an, ein allfälliger Bezug von Sozial- oder Notstandshilfe bzw. Arbeitslosenunterstützung schon inbegriffen. – Vgl. PETUTSCHNIG, aaO (Anm. 340), S. 69 f.

665 ≈ 11.526 ATS.

beziehen und zudem einen Großteil dieser Unterstützung zur Anschaffung von Drogen missbrauchen.

2002 gab es in ganz Österreich[666] etwa 90.740 Bezieher von Sozialhilfe. Die Bundesländer haben für diesen Personenkreis insgesamt ca. 690 Millionen € aufgewendet.[667] Der durchschnittliche Stand an Beziehern von Arbeitslosengeld, Notstandshilfe und Sondernotstandshilfe hat im selben Zeitraum 218.800 Personen umfasst. Als Leistungsaufwand für diese drei Gruppen wurden für 2002 insgesamt 2.546,5 Millionen € ausgewiesen.[668] Die Zahl der Sozialhilfebezieher steigt stark an und wurde für 2005 österreichweit bereits mit gut 180.000 geschätzt.[669]

Aus den vorhandenen Globalzahlen kann nicht ersehen werden, wie viele Drogenabhängige sich jeweils in einer der drei erwähnten Gruppen befunden haben. Man kann nur vermuten, dass sich Schwerstabhängige eher unter den Sozialhilfebeziehern und weniger gravierende Fälle eher unter den Notstands- oder unter den Beziehern von Arbeitslosenunterstützung befinden dürften.

Wir nehmen hier an, dass die 284.625 (als nicht mehr selbsterhaltungsfähig zu behandelnden) Drogenabhängigen, die irgendwelche Transferleistungen beziehen, monatlich 250 € für die Drogenfinanzierung zweckentfremden, während der Rest (ca. 250 €) für den Lebensunterhalt verbleibt. Auf diese Weise könnte diese Gruppe von Drogenabhängigen 2002 bestenfalls 853,875 Millionen € zum Drogenkauf „abgezwackt" haben.

Dass – und warum – den diversen „Familiendelikten" („Erpressen", Bestehlen oder Betrügen von Angehörigen) im Rahmen der Drogenfinanzierung des oben umschriebenen Personenkreises schon rein quantitativ keine große Bedeutung haben dürften, wurde bereits oben[670] näher ausgeführt. Die dadurch erzielbaren Summen dürften quantitativ keine – jedenfalls keine nennenswerte – Rolle spielen.

666 Zahlenangaben jeweils leicht gerundet.

667 PRATSCHER Kurt, Sozial(hilfe)leistungen der Bundesländer 2002, in: Statistische Nachrichten, August 2004, hrsg. von der Statistik Austria, S. 762 ff.; *derselbe*, Sozial(hilfe)leistungen der Bundesländer 2003 und im Jahrzehnt 1994-2003, in: Statistische Nachrichten, 4/2005, S. 338 ff. – Herrn Mag. Kurt PRATSCHER von der Statistik Austria sei auch an dieser Stelle für ergänzende Auskünfte und Erläuterungen bestens gedankt!

668 Geschäftsbericht 2003, hrsg. vom Arbeitsmarktservice Österreich, S. 43 f.

669 Vgl. Meldung „Zahl der Sozialhilfeempfänger steigt weiter", in: ORF.at vom 17. 10. 2006; ausgedruckt aus dem Internet http://www.orf.at/ticker/232859.html.

670 Vgl. oben S. 184 f.

Der mit der Drogenabhängigkeit zusammenhängende gesellschaftliche Gesamtaufwand zur Abdeckung der Sozialhilfe (oder anderer Transfer- bzw. Fürsorgeleistungen) für die hier als erwerbsunfähig behandelten Süchtigen umfasst jedoch die ganzen Transferleistungen, also auch den Anteil für den Lebensunterhalt. Die insgesamt an diese Gruppe ausbezahlte Summe von etwa 1.707,75 Millionen €[671], vermehrt um ca. 65 % für Pensions-, Kranken- und Unfallversicherungsbeiträge einschließlich Verwaltungsaufwand, ergibt etwa 2.817,787 Millionen €.

Dieser Gesamtaufwand von 2.817,787 Millionen € ist um den Betrag von 853,875 Millionen € zu kürzen, der oben[672] als Anteil zur Finanzierung der Drogenkosten berücksichtigt wird. Als Schaden zu verbuchen verbleibt somit der Restbetrag von ca. 1.963,912 Millionen € an Sozialaufwand i.w.S.

Die aus dem gesamten „Sozialbereich" lukrierbaren Einnahmen der (nicht mehr selbsterhaltungsfähigen) Drogenabhängigen wurden bewusst sehr optimistisch geschätzt. Man könnte natürlich davon ausgehen, sie seien in Wirklichkeit niedriger. Dann müsste allerdings die im Folgenden unter e) ausgewiesene Finanzierungslücke nach oben korrigiert werden.

e) Gesamtbilanz

Eine Aufsummierung des Gesamtnutzens aus Beschaffungsdelinquenz, Prostitution, eigener Erwerbsarbeit und Sozialhilfe (etc.) ergibt einen Betrag von 3.711,55 Millionen €. Diese Summe kann den von uns ermittelten Geldbedarf für die Anschaffung von Drogen in der Höhe von 4.056,584 Millionen € erst zu ca. 91,5 % decken. Es verbleibt demnach immer noch eine Finanzierungslücke von ca. 345 Millionen €.

f) Diskussion

Bezüglich Abdeckung dieses Teils der Substanzkosten ist insbesondere Folgendes zu bedenken: Zahlreiche Drogenabhängige versuchen, die Mittel zum Lebensunterhalt wie auch zur Anschaffung von Suchtmitteln – zumindest teilweise – auch bei diversen karitativen Einrichtungen zu „erschnorren". Andere wiederum ha-

671 ≈ fast 23,5 Milliarden ATS.

672 Vgl. oben S. 199.

ben nicht unbeträchtliche Schulden.[673] Es ist auch zu bedenken, dass die Beschaffungskriminalität in der Realität noch höher sein könnte, als von uns angenommen. Dies dürfte insbesondere für die Anzahl der Einbrüche gelten:

Wie sich aus unseren Annahmen ergibt, haben wir die Einbruchskriminalität der Drogenabhängigen aus Vorsichtsgründen außerordentlich niedrig eingeschätzt: Insgesamt 6.062.512 einfachen Diebstählen stehen ganze 74.700 durch Einbruch beschwerte Fälle gegenüber; dies sind etwa 1,23 %. Demnach entfallen auf jeden Einbruch ca. 81 einfache Diebstähle. Dabei darf allerdings nicht übersehen werden, dass allein schon mit der von uns sehr niedrig angenommenen Einbruchskriminalität ein Gesamtschaden (Beutewert, „Scherereien“ und Sachschäden) von 2.612,508 Millionen €[674] verbunden ist.

Nach der polizeilichen Kriminalstatistik für Deutschland[675] hat dort das Verhältnis der „Diebstähle ohne erschwerende Umstände“ zu den „Diebstählen unter erschwerenden Umständen“ im Jahr 2002 ziemlich exakt 1 : 1 betragen. In der analogen österreichischen Statistik für 2002 finden sich hingegen 189.269 Diebstähle nach § 127 StGB und 97.386 (bekannt gewordene) Diebstähle nach § 129 StGB.[676] Demnach entfallen bei uns auf jeden Einbruchsdiebstahl etwa zwei nicht weiter beschwerte Diebstähle.

Allein schon daraus kann geschlossen werden, dass die Einbruchskriminalität der Drogenabhängigen wesentlich höher sein muss, als von uns angenommen. Mittlerweile findet diese Annahme sogar schon durch – völlig unsystematische – Lektüre von Tageszeitungen ihre Bestätigung. Innerhalb von vier Wochen haben Mitte 2005 zwei Salzburger Zeitungen über folgende Einbruchsdelikte berichtet, die von Drogenabhängigen zur Finanzierung ihrer Sucht begangen wurden:

> 19-jähriger Salzburger gestand, innerhalb von ca. 5 Monaten 13 Firmen- und 20 PKW-Einbrüche verübt zu haben; vorläufig festgestellter Schaden: 30.000 €.[677]

---

673 Vgl. dazu BUSCH / HAAS, aaO (Anm. 371), S. 93 f.
674 Vgl. oben S. 177, 191 f.
675 PKS 2002 Bundesrepublik Deutschland, aaO (Anm. 592), Tabelle 07, S. 1, 2.
676 Kriminalitätsbericht 2002, aaO (Anm. 170), S. B 4.
677 Salzburger Nachrichten. Aus Stadt und Land, 3. 6. 2005, S. 5.

Einem 22-Jährigen legte die Staatsanwaltschaft zur Last, innerhalb von nur 5 Wochen 39 Autoeinbrüche begangen zu haben; bloßer Sachschaden: 30.000 €.[678]

21-jähriger Süchtiger brach in weniger als drei Monaten in mehr als 100 PKW ein; (nicht näher spezifizierter) Schaden: rund 100.000 €.[679]

Als vorläufiger Höhepunkt dieser Entwicklung sei hier noch ein Wiener Fall angeführt:

Dort hat Ende Juni 2005 ein 20-jähriger Heroinsüchtiger eingestanden, innerhalb von ca. 2 ½ Monaten rund 130 PKW-Einbrüche begangen zu haben. Weiters war er dringend verdächtig, 19 Einbrüche in Kellerabteile verübt zu haben. Von der Polizei geschätzter Gesamtschaden: ca. 100.000 €.[680]

Auf einen nach wie vor ungebrochenen Glauben an die „Drogentherapie" lässt folgender Zeitungsbericht[681] schließen:

Ein 29-jähriger Drogenabhängiger – seit 9 Jahren arbeitslos – „finanzierte" seine Sucht regelmäßig durch Eigentumsdelikte. Dies brachte ihm bislang 15 Vorstrafen ein: „Zuletzt fasste er 18 Monate aus, aber nur bedingt. Weil die Drogentherapie angeblich so erfolgreich war ...", wie angemerkt wurde.

Diese wenigen Beispiele sollen nur zur Illustration des Phänomens an sich dienen und erheben selbstverständlich keinen Anspruch auf Vollständigkeit. Eine Reihe von erfahrenen Kriminalisten hat uns überdies übereinstimmend berichtet, es komme immer wieder vor, dass süchtige Einbrecher nach ihrer Überführung zahlreiche Delikte gestehen, die der Exekutive vorher nicht einmal angezeigt wurden. Auch dieser Umstand verstärkt unsere Vermutung, dass bezüglich dieser Delinquenz von einem großen Dunkelfeld auszugehen ist: Der Polizei wird bei weitem nicht jeder Einbruch bekannt.

678 Kronen Zeitung, 8. 6. 2005, S. 14.

679 Salzburger Nachrichten, 1. 7. 2005, S. 6.

680 Die Information über diesen Fall verdanken wir Herrn OR Mag. Herbert STÜBLER, Leiter des Suchtgiftreferates der Kriminaldirektion I in Wien.

681 Vgl. dazu die Meldung „Fünfeinhalb Jahre Gefängnis nach Überfall: Nicht rechtskräftig. Polizist in Zivil überwältigte süchtigen Handtaschenräuber", in: Kronen Zeitung, 11. 3. 2006, S. 27.

Eine vertiefte Erörterung der Frage, wie hoch die Einbruchskriminalität der Drogenabhängigen tatsächlich ist, müsste den Rahmen dieser Untersuchung sprengen. Es spricht jedenfalls so gut wie alles dafür, dass unsere eigenen Annahmen zu dieser Delinquenz weitaus zu niedrig sein dürften.

V) Andere ökonomische Auswirkungen

1) Ausgaben für „drogenbezogene Nachfragereduktion"

Unter „drogenbezogener Nachfragereduktion" wird vom ÖBIG eine ganze Reihe unterschiedlichster Maßnahmen verstanden. Sie umfassen z.B. Prävention, Schadensminimierung, Beratung, Betreuung, Behandlung, Reintegration etc.[682] Die Ermittlung der Höhe der für alle diese Präventions- und Betreuungsprojekte von Bund und Ländern aufzuwendenden Mittel (oder gar der durch sie erzielten Effekte) stieß noch bis vor kurzem auf nahezu unüberwindbare bürokratische (und sonstige) Hindernisse.[683] Angesichts aller dieser Schwierigkeiten ist es daher zu begrüßen, dass es dem ÖBIG 2002 doch gelungen ist, Datenmaterial zu präsentieren[684], das zumindest eine „Grobschätzung"[685] ermöglicht.

Dieser Ermittlung des ÖBIG zufolge haben die wichtigsten Finanzierungsträger (Bund, Länder, Gemeinden, Sozialversicherungsträger, Arbeitsmarktservice und Fonds Gesundes Österreich) 1999 insgesamt etwa 60 Millionen € (825 Millionen ATS) und 2001 ca. 67 Millionen € (922 Millionen ATS) für diese Zwecke aufgewendet. Der Anstieg innerhalb dieser beiden Jahre betrug also gut 11 %. Dabei konnten nur direkt zurechenbare Ausgaben berücksichtigt werden, nicht aber alle mittelbar oder indirekt durch den Drogenmissbrauch entstehenden sozialen Kosten.[686]

Die oben wiedergegebenen Kostenschätzungen (und damit natürlich auch ihre Fortschreibung bis in die Gegenwart) sind aus einer Vielzahl von Gründen mit großen Unsicherheiten behaftet. So haben beispielsweise gleich drei tangierte Ministerien und fünf Bundesländer keine einschlägigen Daten bekannt gegeben, weshalb man sich für diese Bereiche mit Plausibilitätsannahmen begnügen musste. Weiters konnten von den insgesamt 2.359 öster-

---

682 HAAS / BUSCH / HORVATH / TÜRSCHERL / WEIGL 2002, aaO (Anm. 340), S. 59.

683 Einzelheiten vgl. HAUPTMANN, aaO (Anm. 35), S. 56 f., 59.

684 HAAS / BUSCH / HORVATH / TÜRSCHERL / WEIGL 2002, aaO (Anm. 340), S. 59 ff.

685 HAAS / BUSCH / HORVATH / TÜRSCHERL / WEIGL 2002, aaO (Anm. 340), S. 61.

686 HAAS / BUSCH / HORVATH / TÜRSCHERL / WEIGL 2002, aaO (Anm. 340), S. 68, 61 ff.

reichischen Gemeinden nur 50 Städte befragt werden. Lediglich 17 Städte lieferten Ausgabenwerte sowohl für 1999 als auch für das Jahr 2001. Die einschlägige Ausgabensumme für diese 17 Städte betrug 1999 ca. 1,1 und 2001 ca. 1,2 Millionen €. Die Gesamtausgaben aller 2.359 Gemeinden zusammen werden jedoch bloß als „deutlich über den ausgewiesenen rund 1,1 (1999) bzw. 1,2 (2001) Millionen Euro" angegeben.[687]

In der weiteren Folge sollen diese Ausgaben für das Jahr 2001 etwas näher aufgeschlüsselt und – so weit möglich – auch vervollständigt werden. Im Anschluss daran wird die Gesamtsumme aller dieser Kosten ermittelt und auf das Folgejahr 2002 hochgerechnet.

a) Bund

Die ausgewiesenen Ausgaben des Bundes erstrecken sich insbesondere auf Primärprävention, „Aufsuchende Angebote", Substitutionsbehandlung, ambulante und stationäre Einrichtungen, die Kosten der Justiz für „Therapie statt Strafe" und „Therapie im Strafvollzug", auf Qualitätssicherung und „Sonstige Ausgaben". Sie wurden für das Jahr 2001 mit 8.628.400 € angegeben. Auf Grund einiger Lücken[688] geht das ÖBIG davon aus, dass die Gesamtausgaben des Bundes „deutlich" über dieser Summe liegen dürften.[689] Wir schätzen diese Ausgaben daher auf insgesamt 12 Millionen €.

b) Länder

Noch ungleich höher sind die Ausgaben aller Bundesländer für Primärprävention, „Aufsuchende Angebote und Schadensminimierung", ambulante und stationäre Einrichtungen, Reintegration, Qualitätssicherung und Sonstiges (z.B. Drogen- bzw. Suchtkoordination, Sekundärprävention, Selbsthilfe etc.). Sie werden vom ÖBIG auf 28.657.700 € geschätzt. Dazu wird dort ergänzend bemerkt, dass

687 HAAS / BUSCH / HORVATH / TÜRSCHERL / WEIGL 2002, aaO (Anm. 340), S. 64.

688 Einige Ressorts haben keine Daten gemeldet, ein Teil der Aufwendungen – z.B. die einschlägigen Strafvollzugskosten und die im Vollzug anfallenden Auslagen für drogenbezogene Maßnahmen, für Prävention, Substitutionsbehandlung, Therapiestationen, Infektionsprophylaxe, Bewährungshilfemaßnahmen etc. des BMJ – konnte nicht erhoben werden. – Vgl. HAAS / BUSCH / HORVATH / TÜRSCHERL / WEIGL 2002, aaO (Anm. 340), S. 61 f.

689 HAAS / BUSCH / HORVATH / TÜRSCHERL / WEIGL 2002, aaO (Anm. 340), S. 62.

auch diese Summe „in der Realität ebenfalls über den ausgewiesenen rund ... 28,7 Millionen Euro liegen“ dürfte.[690]

c) Gemeinden

Auch die Gemeinden (Wien ist unter den Bundesländern berücksichtigt worden) weisen für 2001 Ausgaben für Primärprävention, Aufsuchende Angebote, Schadensminimierung, ambulante und stationäre Einrichtungen, Reintegration, Qualitätssicherung und Sonstiges aus. Unter 50 Städten, die sich an der Befragung beteiligt haben, konnten Gesamtkosten von 1.182.500 € erhoben werden.[691] – Unter Berücksichtigung des Umstandes, dass nicht nur 50, sondern 189 Mitgliedsgemeinden des Österreichischen Städtebundes existieren, kann man den ausgewiesenen Betrag vorsichtig in etwa auf 5 Millionen € für alle Mitgliedsgemeinden hochrechnen. So hat beispielsweise allein die Stadt Salzburg im Jahr 2003 für „Suchtmittelprävention“ 50.000 € ausgegeben.[692] Nimmt man weiter an, dass solche Kosten ja nicht nur bei den 189 Mitgliedsgemeinden des Österreichischen Städtebundes anfallen werden, sondern auch bei den übrigen (kleineren) 2.170 Kommunen Österreichs, wird man die einschlägigen Gesamtausgaben aller 2.359 Gemeinden mit 10 Millionen € gewiss nicht überschätzen.

d) Krankenversicherungsträger

Diese haben 2001 u.a. ca. 4,35 Millionen € für Substitutionsmittel und weitere 1,95 Millionen € hauptsächlich für die Betreuung von Substitutionspatienten durch niedergelassene Ärzte ausgegeben. Für stationäre (drogenspezifische) Behandlungen mussten die Kassen etwa 7,4 Millionen € aufwenden und ca. 436.000 € entfielen auf Sonstiges (insbes. Psychotherapie, ambulante Behandlung in Krankenanstalten oder in Drogeneinrichtungen etc.). Die drogenbezogenen Gesamtausgaben der Krankenversicherungsträger für 2001 werden vom ÖBIG auf 14.134.300 € geschätzt.[693]

---

690 HAAS / BUSCH / HORVATH / TÜRSCHERL / WEIGL 2002, aaO (Anm. 340), S. 62 f.

691 HAAS / BUSCH / HORVATH / TÜRSCHERL / WEIGL 2002, aaO (Anm. 340), S. 64.

692 Vgl. die Meldung „Erster Joint schon mit 13. Der Drogenkonsum in Salzburg nimmt zu, die Konsumenten werden immer jünger. Der Handel mit Beruhigungsmitteln floriert“, in: Salzburger Nachrichten. Aus Stadt und Land, 22. 1. 2003, S. 3.

693 HAAS / BUSCH / HORVATH / TÜRSCHERL / WEIGL 2002, aaO (Anm. 340), S. 65.

Ergänzend dazu hat das ÖBIG die drogenbezogenen Ausgaben für stationäre Krankenhausbehandlungen geschätzt, da diese von den befragten Kassen „nur unzureichend ausgewiesen werden konnten". Dabei ging man für 2001 von insgesamt rund 80.000 Pflegetagen (mit drogenspezifischen Hauptdiagnosen) auf der Basis der „durchschnittlichen Kosten in den wichtigsten mit Drogenklienten befassten Abteilungen" aus.

Der Tätigkeitsbericht des Rechnungshofes für das Verwaltungsjahr 2001[694] weist für insgesamt 2.178.046 stationäre Patienten bei einer durchschnittlichen Verweildauer von 6,56 Tagen Gesamtkosten von 8.267.000.000 € auf. Daraus errechnet sich pro Pflegetag ein Betrag von 578,60 €. Dementsprechend betragen die Kosten für 80.000 Pflegetage 46,288 Millionen €.

Die oben angesprochenen Behandlungskosten für 80.000 Pflegetage beziehen sich nur auf Erkrankungen mit „drogenspezifischer Hauptdiagnose".[695] Noch nicht enthalten sind demnach die häufigen Fälle von Erkrankungen, die lediglich in einem indirekten Zusammenhang mit Drogenmissbrauch stehen, wie z.B. Hepatitis[696], Aids[697], Hautinfektionen[698], Erkrankungen der Atemwege oder der Verdauungsorgane, Depressionen, Angstzustände, Persönlichkeitsstörungen u.a.[699]

694 Tätigkeitsbericht des Rechnungshofes, Verwaltungsjahr 2001, Zl 860.017/002-E1/02, S. 21.

695 HAAS / BUSCH / HORVATH / TÜRSCHERL / WEIGL 2002, aaO (Anm. 340), S. 65.

696 Vgl. dazu insbesondere auch FERENCI Peter, Hepatitis und Drogensucht (Komorbidität bei Substanzabhängigkeit. Somatische Komorbidität bei Therapie der Opiatabhängigkeit), in: FISCHER, aaO (Anm. 372), S. 119 ff.

697 Vgl. dazu auch SCHMIED Brigitte, Antiretrovirale Kombinationstherapie bei HIV-positiven PatientInnen (Komorbidität bei Substanzabhängigkeit. Somatische Komorbidität bei Therapie der Opiatabhängigkeit), in: FISCHER, aaO (Anm. 372), S. 87 ff.; DE CORDOBA / BREZA / NIEDERMAYER, aaO (Anm. 632), S. 171.

698 Vgl. dazu auch RAPPERSBERGER Klemens, Dermatologische Erkrankungen bei Therapie der Opiatabhängigkeit (Komorbidität bei Substanzabhängigkeit. Somatische Komorbidität bei Therapie der Opiatabhängigkeit), in: FISCHER, aaO (Anm. 372), S. 78 ff.

699 Vgl. BRUCKNER / ZEDERBAUER / EINZINGER, aaO (Anm. 319), S. 40 mwN; vgl. auch HAAS / BUSCH / HORVATH / TÜRSCHERL / WEIGL 2002, aaO (Anm. 340), S. 59 oben. Zur psychiatrischen Komorbidität vgl. insbesondere auch LENZ Gerhard / FREIDL Marion / KAUP-EDER Barbara / WEISS Maria, Psychiatrische Komorbidität bei Substanzabhängigkeit (Komorbidität bei Substanzabhängigkeit), in: FISCHER, aaO (Anm. 372), S. 129 ff.

Eine Rückfrage beim (damaligen) Leiter der Drogenambulanz der Christian-Doppler-Klinik in Salzburg[700] hat z.B. ergeben, dass unter dem ihm bekannten Krankengut (darunter neben den Klienten der Drogenambulanz natürlich auch stationäre Psychiatriepatienten mit drogenbezogener Hauptdiagnose) 50 bis 70 % unter schweren Lebererkrankungen leiden (diverse Formen von Hepatitis). Laut „Bericht zur Drogensituation 2004“ des ÖBIG streuen die Hepatitis C-Werte unter Fixern in Österreich in den letzten Jahren zwischen 50 und 80 %, für Hepatitis B zwischen 30 und 50 %.[701] Der Drogenbericht 2006 des ÖBIG geht davon aus, dass sich die Hepatitis-C-Prävalenz auf einem Niveau zwischen 50 und 60 % einzupendeln scheint.[702]

Nur ein Teil der Betroffenen lässt sich allerdings dagegen behandeln. Dieser Anteil an den Hepatitiskranken allein benötigt aber schon etwa 20 % der Behandlungstage, die auf drogenspezifische Hauptdiagnosen entfallen. – Demnach kann angenommen werden, dass alle diese (indirekt drogenbezogenen) Erkrankungsfälle Kosten von (mindestens) 20 % der 46,288 Millionen € für drogenspezifische Behandlungen verursachen. Dafür wären also weitere 9,2576 Millionen € anzusetzen.

Bei den Aidskranken unter den Drogenabhängigen gilt zusätzlich noch zu beachten, dass ihre spätere Integration in den Arbeitsmarkt auf enorme Probleme stößt. Gelingt es nicht, diese Erkrankung geheim zu halten, so seien deren Arbeitschancen – so eine Aidshilfe-Leiterin wörtlich – „gleich null“.[703]

Außerdem hat das ÖBIG für 2001 noch drogenspezifische Ausgaben des Arbeitsmarktservices in der Höhe von etwa 3,6 Millionen € sowie weitere 200.000 € angegeben, die vom Fonds Gesundes Österreich (FGÖ) für „drogenbezogene Nachfragereduktion“ aufgewendet worden sind.[704] Laut fernmündlicher Auskunft des

---

700 Herrn Primarius Prof. Dr. Ernst RAINER, Abteilungsvorstand der Landesklinik für Psychiatrie II und Leiter der Drogenambulanz an der Christian-Doppler-Klinik in Salzburg, sei hier nochmals bestens für seine aufschlussreichen Informationen gedankt!

701 HAAS / BUSCH / HORVATH / TÜRSCHERL / WEIGL 2004, aaO (Anm. 98), S. 33.

702 HAAS / BUSCH / HORVATH / TÜRSCHERL / WEIGL / WIRL / AUSTALLER 2006, aaO (Anm. 97), S. 36, 39.

703 Vgl. die Meldung „'Null Chancen auf Arbeit'. Wer HIV-positiv sei, werde aus dem Arbeitsmarkt gedrängt. Das prangert die Aidshilfe Salzburg an. Wir haben mit Betroffenen gesprochen“, in: Salzburger Nachrichten, Aus Stadt und Land, 28. 8. 2003, S. 3.

704 HAAS / BUSCH / HORVATH / TÜRSCHERL / WEIGL 2002, aaO (Anm. 340), S. 66.

ÖBIG[705] sind diese Ausgabeposten des Arbeitsmarktservices und des FGÖ bei den einschlägigen Ausgaben des Bundes nicht mit ausgewiesen worden und daher eigens zu berücksichtigen.

e) Ausgaben seitens spezialisierter Einrichtungen

Damit sind alle Institutionen gemeint, die eine Förderung nach § 16 SMG erhalten. Diese Einrichtungen befassen sich etwa mit Suchtprävention, mit „Aufsuchenden Angeboten", Schadensminimierung, ambulanter und stationärer Behandlung/Betreuung und Reintegration. Um Doppelerfassungen zu vermeiden, wurden die Ausgaben dieser spezialisierten Einrichtungen bei der Kalkulation der Gesamtkosten für die „drogenbezogene Nachfragereduktion" nicht berücksichtigt.[706]

Dabei handelt es sich für das Jahr 2001 um insgesamt 20.722.600 €. Ca. 10 % entfallen auf die Fachstellen für Suchtprävention, 25 % auf ambulante Einrichtungen zur Beratung, Betreuung bzw. Behandlung, 45 % auf stationäre Drogeneinrichtungen und die restlichen 20 % auf Einrichtungen, die sich schwerpunktmäßig mit aufsuchenden, niederschwelligen bzw. reintegrativen Maßnahmen beschäftigen. Fast 70 % dieses Betrages entfallen auf Personalkosten (Klientenarbeit und sonstiges, wie Verwaltung etc.), nicht ganz 1 % auf Supervision und Fortbildung und der Rest von ca. 30 % auf Gebäude/Betriebskosten, Sachaufwand, Investitionen und Sonstiges.[707]

f) Gesamtsumme für drogenbezogene Nachfragereduktion

Das ÖBIG hat für diese Kosten (Bund, Länder, Gemeinden, Sozialversicherungsträger, Arbeitsmarktservice, Fonds Gesundes Österreich) unter Einschluss der Ausgaben seitens spezialisierter Einrichtungen für 2001 – wie bereits eingangs dieses Unterkapitels erwähnt – 67 Millionen € ausgewiesen. Dieser Betrag wäre nach obigen Ausführungen wie folgt zu berichtigen:

---

705 Frau Dr. HAAS sei auch an dieser Stelle für alle ergänzenden Informationen zum Kostenteil des Drogenberichtes für 2002 bestens gedankt, die sie uns 2003 erteilt hat!

706 HAAS / BUSCH / HORVATH / TÜRSCHERL / WEIGL 2002, aaO (Anm. 340), S. 66.

707 HAAS / BUSCH / HORVATH / TÜRSCHERL / WEIGL 2002, aaO (Anm. 340), S. 66 f.

a) Bisher nicht berücksichtigte Kosten des BMJ	3,37 Millionen €
b) Zuschlag – Kosten der Gemeinden	8,87 Millionen €
c) Kosten für 80.000 stationäre Behandlungstage	27,79 Millionen €
d) Zuschlag für 16.000 indirekt drogenbezogene Behandlungstage	9,26 Millionen €
e) Ausgaben des AMS und des Fonds Gesundes Österreich	3,8 Millionen €
f) Kosten spezialisierter Einrichtungen	20,72 Millionen €
Berichtigungsbetrag für 2001 also	**73,81 Millionen €**

Die Gesamtsumme für drogenbezogene Nachfragereduktion im Jahr 2001 ist daher mit gut 140,81 Millionen € anzusetzen.

g) Umrechnung auf das Jahr 2002

Die inflationsbedingten und sonstigen Kostensteigerungen von 2001 auf 2002 dürften zu vernachlässigen sein. Wohl aber ist zu berücksichtigen, dass sich die Kosten für drogenbezogene Nachfragereduktion nicht proportional mit dem Anstieg der Strafanzeigen nach dem SMG vergrößern werden. Vielmehr ist davon auszugehen, dass sich in dieser Kostenzunahme weit eher das Anwachsen des Dunkelfeldes niederschlagen wird.

Das Dunkelfeld dürfte von 2001 auf 2002 prozentual stärker angewachsen sein als die Anzahl der ermittelten Tatverdächtigen. – Man bedenke in diesem Zusammenhang, dass sich im langjährigen Schnitt sogar das Hellfeld (!) der Drogenkriminalität (hier: ermittelte Tatverdächtige) von einem Jahr zum anderen um ca. 9,9 % vergrößert (und sich daher alle 6 bis 7 Jahre jeweils verdoppelt). Hingegen beträgt dieser Anstieg im Dunkelfeld im langjährigen Schnitt 11,25 %.[708]

Wir können daher den Kostenanstieg im Bereich der drogenbezogenen Nachfragereduktion von 2001 auf 2002 mit etwa 10 % annehmen. Ein etwaiger zu hoher Schätzwert bei diesem Prozentsatz wäre (bei weitem) dadurch kompensiert, dass wir weder an-

708 Vgl. oben Abbildung 5, S. 61.

derweitige Kostensteigerungen berücksichtigt haben noch den Umstand, dass die Kostenschätzungen des ÖBIG für 2001 auch in anderen relevanten Teilen nach oben zu revidieren gewesen wären.

Die oben ausgewiesene Jahressumme von 140,81 Millionen € – vermehrt um 10 % – ergibt daher für 2002 einen Betrag von 154,89 Millionen € für alle Aktivitäten, die in diesem Jahr unter dem Titel der „drogenbezogenen Nachfragereduktion" durch irgendeine Form von „öffentlicher Hand" finanziert werden mussten.

2) Kosten für Exekutive und Justiz

a) Sicherheitsbehörden

Die von BRUCKNER und ZEDERBAUER in ihrer oben erwähnten Linzer Studie verwendete Berechnungsmethode[709] ist anfechtbar. Diese Autoren haben für 1997 die Suchtgiftanzeigen in Relation zu den übrigen gerichtlich strafbaren Handlungen gesetzt und dabei ermittelt, dass die Suchtgiftanzeigen nur 3,7 % des gesamten Anzeigenaufkommens ausmachen.[710] Der personelle und sonstige Aufwand im Zusammenhang mit der ganzen Beschaffungskriminalität blieb unbeachtet. Dabei wird mittlerweile auch bei uns schon etwa jedes zweite Delikt – direkt oder indirekt – mit Drogendelinquenz zusammenhängen.

Sodann haben die AutorInnen (nach diesem – schon an sich fragwürdigen – Schlüssel) 3,7 % von allen (!) Aufwendungen des Bundes für Polizei und Gendarmerie errechnet. Dieser Betrag (rund 651 Millionen ATS) wurde dann als Gesamtaufwand der Exekutive für Suchtgiftanzeigen ausgewiesen. Der Aufwand der Exekutive im Bereich der Beschaffungskriminalität blieb dabei – wie schon erwähnt – überhaupt unbeachtet.[711] Es liegt auf der Hand, dass der ausgewiesene Betrag so gut wie gar nichts auszusagen vermag.

b) Justiz

Auch für diesen Fall ist es nicht vertretbar, dem Ansatz der Linzer Studie zu folgen: Wiederum wird als „Berechnungsschlüssel" die

709 Einzelheiten vgl. BRUCKNER / ZEDERBAUER / EINZINGER, aaO (Anm. 319), S. 22 ff.

710 BRUCKNER / ZEDERBAUER / EINZINGER, aaO (Anm. 319), S. 24 f.

711 Vgl. BRUCKNER / ZEDERBAUER / EINZINGER, aaO (Anm. 319), S. 24.

Relation der SGG-Verurteilungen (d.h. nur jene, bei denen ein Suchtgiftdelikt „führend" war) zu allen anderen Verurteilungen herangezogen.[712] – Der Verfahrensaufwand für die Unzahl an Beschaffungsdelikten oder auch die besondere personelle Belastung der Anklagebehörden im Rahmen diversioneller Erledigungen fielen gleich ganz „unter den Tisch". Wir können daher davon absehen, die schon vom Ansatz her verfehlte Berechnung weiter zu verfolgen.

c) Indirekte Deliktsschäden

Abgesehen von den oben skizzierten Einwänden gegen den Versuch, die anteiligen „Betriebskosten" von Exekutive und Justiz für die Drogenrepression abzuschätzen, gilt es Folgendes zu beachten: Der gesamtwirtschaftliche Nachteil aus der Belastung aller Strafverfolgungsbehörden durch Drogen- und Beschaffungsdelikte liegt gewiss nicht – jedenfalls nicht allein – in diesen „Betriebskosten". Es wäre nicht zu erwarten, dass Polizei und Justiz ohne Drogenkriminalität – alles in allem – weniger Personal- und Sachaufwand hätten. Sie könnten sich allerdings mit anderen wichtigen Kriminalitätsbereichen ungleich intensiver befassen.

Demnach müssen sehr hohe (wenn auch bloß mittelbare) Schäden aus dem Umstand resultieren, dass bis zu einem Drittel der gesamten kriminalpolizeilichen Kapazität durch Delikte gebunden wird, die direkt oder indirekt mit Drogenmissbrauch zusammenhängen. Dieses Drittel der polizeilichen Aufklärungskapazität steht daher für andere Bereiche der Strafverfolgung nicht mehr zur Verfügung, wobei folgende Randbedingungen zu beachten sind:

Die polizeiliche Kriminalstatistik verzeichnete 1970[713] insgesamt 285.507 bekannt gewordene gerichtlich strafbare Taten.[714] Laut Kriminalstatistik waren dies 2002 schon 591.584.[715] Deren Anzahl

---

712 Vgl. BRUCKNER / ZEDERBAUER / EINZINGER, aaO (Anm. 319), S. 25 f.

713 Das ist das letzte Jahr vor Inkrafttreten der Novelle des Suchtgiftgesetzes, mit der das Prinzip „Helfen statt Strafen" erstmals in den österreichischen Rechtsbestand eingeführt wurde.

714 Für die Übermittlung dieser (nicht veröffentlichten) Zahl sei der Abteilung Büro 4.3 des Bundeskriminalamtes in Wien bestens gedankt!

715 Kriminalitätsbericht 2002, aaO (Anm. 170), S. B 10. – Unter „bekannt gewordener strafbarer Handlung" ist laut Kriminalitätsbericht 2002 „jeder Sachverhalt" zu verstehen, „bei dessen Bearbeitung sich der Verdacht einer nicht bloß auf Verlangen des Verletzten zu verfolgenden strafbaren Handlung nach dem Strafgesetzbuch (StGB) oder nach strafrechtlichen Nebengesetzen ergeben hat.": Vgl. Kriminalitätsbericht 2002, aaO (Anm. 170), S. A 4.

hat sich in diesen 32 Jahren mehr als verdoppelt. Demgegenüber betrug etwa 1973 die Anzahl aller Exekutivorgane 22.467. Sie ist mittlerweile bis zum Jahr 2002 zwar auf 26.290 erhöht worden, wobei allerdings etwa 1.600 auf den „Schengen-Bereich" entfallen, der damals noch lange nicht existierte.[716] Demnach ist der für uns relevante Personalstand nur auf 24.690 angestiegen. Dies entspricht in 29 Jahren einem Zuwachs von nicht einmal 10 %. Überdies wird man auch anzunehmen haben, dass in den letzten drei Jahrzehnten sowohl die zu bearbeitenden Fälle als auch die dabei anzuwendenden Rechtsvorschriften um einiges komplizierter (und der Zeitaufwand pro Fall daher entsprechend größer) geworden sind. – Unter Berücksichtigung dieses Umstandes kann man also – grosso modo – davon ausgehen, dass der Personalkapazität des Jahres 2002 ein mittlerweile doppelt so großer Anfall an Delikten gegenübersteht.

Ähnliches gilt für die Auslastung personeller Kapazitäten durch die Gesamtdelinquenz im Bereich der Justiz. Dem Bundesfinanzgesetz für 1971[717] kann man entnehmen, dass für dieses Jahr (einschließlich OGH und Generalprokuratur) insgesamt 1.655 Planstellen für Richter und Staatsanwälte systemisiert waren. Bis 2002 ist diese Zahl auf ganze 1.898[718] angestiegen. Dies entspricht einem Personalzuwachs (Straf- und Zivilrichter, Staatsanwälte) in 32 Jahren von knapp 14,7 %.

Polizei und Justiz stehen mit dieser völlig unzureichenden personellen Kapazität u.a. folgenden Herausforderungen gegenüber:

So hat beispielsweise bei der Herbsttagung 2002 des Bundeskriminalamtes in Wiesbaden dessen damaliger Präsident ausgeführt, dass die dortige Wirtschaftskriminalität allein schon nach der polizeilichen Kriminalstatistik 2001 einen Schaden von 13,2 Milliarden DM (ca. 6,83 Milliarden €) verursacht hat. Unter diese Delinquenz fallen insbesondere Kreditvermittlungs- und Subventionsschwindel, Korruption, Beteiligungs- und Anlagebetrug, Insolvenzdelikte u.a.m. Dies bedeutet, dass dort durch 1,7 % der polizeilich registrierten Straftaten ganze 60 % aller Deliktsschäden zu

716 Für die Übermittlung dieser Daten sei der Personalabteilung des Bundesministeriums für Inneres bestens gedankt! Noch ältere Zahlen waren dort leider nicht mehr verfügbar.

717 BGBl 1971/1, Anlage III zum Bundesfinanzgesetz für das Jahr 1971. Dienstpostenplan für das Jahr 1971, S. 250 f.

718 Für diese Auskunft wird der Personalabteilung des Bundesministeriums für Justiz auch an dieser Stelle bestens gedankt!

verzeichnen waren.[719] Dabei ist zu beachten, dass in diesem Bereich das Dunkelfeld nach Expertenschätzung von Korruptionsfahndern mindestens (!) 95 % beträgt.

Der tatsächliche Gesamtschaden aus der Wirtschaftskriminalität dürfte in Deutschland also schon 2001 wenigstens 136,6 Milliarden € betragen haben. 2005 hat die Wirtschaftskriminalität 1,4 % von insgesamt 6,4 Millionen Straftaten betroffen. Die damit verbundenen Schadenssummen haben allerdings 50 % der von der Polizeilichen Kriminalstatistik insgesamt erfassten Schadenssummen ausgemacht.[720] 2005 hat der Leiter des Referats Wirtschaftsdelikte im österreichischen Bundeskriminalamt geschätzt, dass der Anteil dieser Delinquenz an der Gesamtkriminalität nur 1 bis 2 % beträgt, am Schaden jedoch bis zu 60 % – und das bei „nicht abschätzbarer Dunkelziffer“.[721]

Aus den Schadensschätzungen für Deutschland muss allerdings geschlossen werden, dass in Österreich durch vergleichbare Wirtschaftsdelikte pro Jahr ein tatsächlicher Gesamtschaden von mindestens 10 bis 12 Milliarden € entstehen dürfte. In der einschlägigen deutschen Spezialliteratur wird daher sehr zu Recht hervorgehoben, dass „organisierte Wirtschaftskriminalität die ‚Kriminalität der Zukunft‘ darstellt und ein ungleich größeres Risikopotential für moderne Gesellschaften enthält“ als die herkömmliche Delinquenz.[722]

Neben diesen Globalschätzungen für alle Wirtschaftsdelikte liegen auch schon etliche Partialschätzungen über das tatsächliche Schadensausmaß für einige Teilbereiche vor:

So geht etwa die Antikorruptions-Organisation Transparency International (allein schon) beim Abrechnungsbetrug im Gesundheitsbereich (Ärzte, Apotheker, Optiker etc.) für Deutschland von einem Jahresgewinn von mehr als 5 Milliarden €

719 KERSTEN Ulrich, Wirtschaftskriminalität als Strukturkriminalität, in: Bundeskriminalamt (Hrsg.), Wirtschaftskriminalität und Korruption. Vorträge anlässlich der Herbsttagung des Bundeskriminalamts vom 19. bis 21. November 2002, Polizei und Forschung, Band 22, hrsg. vom Bundeskriminalamt. Kriminalistisches Institut, München-Unterschleißheim 2003, S. 33 f.; RISCH Hedwig, Wirtschaftskriminalität und Korruption. Ein Bericht über die BKA-Herbsttagung 2002, in: Kriminalistik, 1/03, S. 5.

720 Bundesministerium des Inneren / Bundesministerium der Justiz, Zweiter Periodischer Sicherheitsbericht, 1. Auflage, Berlin 2006, S. 222 f. mwN.

721 Öffentliche Sicherheit, 9-10/05, S. 42.

722 ALBRECHT, aaO (Anm. 232), S. 43 mwN.

aus.[723] Im November 2004 hat diese Organisation den Schaden durch Korruption im Gesundheitswesen für Deutschland mit 6 bis 20 Milliarden € pro Jahr geschätzt.[724] Auch Praktiker in der Strafjustiz setzen diesen Schaden für das Gesundheitswesen in „zweistelliger Milliardenhöhe" an.[725]

Dies wären demnach 3 bis 10 % des deutschen Gesundheitsbudgets. In diesem Zusammenhang wurde festgestellt, dass eine erfolgreiche Bekämpfung der einschlägigen Kriminalität jede Gesundheitsreform zur Kostensenkung überflüssig machen würde. Demgegenüber stoßen die Strafverfolgungsbehörden selbst bei einem vermuteten Betrugsvolumen in dreistelliger Millionenhöhe rasch an ihre Grenzen: „Polizei und Staatsanwälte haben nicht genügend Personal, um die Aktenberge, die sie nach polizeilichen Durchsuchungen in Arztpraxen sicherstellen, zeitnah und zugleich sorgfältig auszuwerten."[726]

Allein durch Fiskalbetrug mittels sog. „Umsatzsteuerkartelle" entgehen dem deutschen Staat pro Jahr bis zu 3,6 Milliarden €;[727] nach Schätzungen des Münchner IFO-Instituts sogar an die 5 Milliarden €.[728] Der bekannte deutsche Antikorruptions-Experte SCHAUPENSTEINER hat 2004 angenommen, dass die materiellen Schäden z.B. durch kartellwidrige Absprachen im Bereich des öffentlichen Bauwesens bis zu 5 Milliarden € pro Jahr betragen dürften.[729]

---

723 Vgl. die Meldung „Blindes Vertrauen. In Duisburg beginnt in dieser Woche der „Globudent"-Prozess um einen Millionenbetrug mit Zahnprothesen. Tatsächlich aber geht es um mehr: um ein krankes Gesundheitssystem, das Abzocker geradezu einlädt, weil die Kontrollen viel zu schwach sind. Und um einen Mann, der dagegenhält", in: Der Spiegel, 37/2004, S. 88.

724 Vgl. den Bericht „Korruption im Gesundheitswesen. Durch Betrug und Korruption versickern jährlich bis zu zehn Prozent der Gesundheitsbudgets in Europa in dunkle Kanäle", in: Öffentliche Sicherheit, 1-2/06, S. 29 f.

725 KONDZIELA Andreas, Abrechnungsbetrug im Gesundheitswesen, in: Kriminalistik, 6/2004, S. 377.

726 Öffentliche Sicherheit, aaO (Anm. 724), S. 30.

727 Der Spiegel, 38/2005, S. 77.

728 Vgl. den Bericht „Kriminalität. Champagner und schwere Autos. An die fünf Milliarden Euro zahlen Finanzämter jedes Jahr an Betrüger aus, die sogenannte Umsatzsteuerkarusselle anschieben. Finanzminister beklagen die gigantische Dimension des Verbrechens und wollen in dieser Woche ein komplett neues Steuersystem empfehlen", in: Der Spiegel, 42/2005, S. 56.

729 SCHAUPENSTEINER Wolfgang, Korruption in Deutschland. Lagebild, Maßnahmen und Gefahren, in: SCHILLING Akatshi / DOLATA Uwe (Hrsg.), Korruption im Wirtschaftssystem Deutschland. Jeder Mensch hat seinen Preis..., 3. Auflage, Murnau a. Staffelsee 2004, S. 136.

Eine Studie der Universität Lüneburg schätzt allein den Schaden durch „unfreundlichen Informationsabfluss“ (= Wirtschaftsspionage) für die deutsche Wirtschaft mit 50 Milliarden € pro Jahr ein; demnach dürfte die analoge Schadenssumme in Österreich bei etwa 5 Milliarden € pro Jahr liegen.[730]

Die deutsche Steuer-Gewerkschaft warnt „seit Jahren“, dass dem Staat durch „Personalausdünnung“ (und immer komplizierter werdendes Steuerrecht) pro Jahr Einnahmeausfälle von mehr als 70 Milliarden € entstünden. Bei einer Stichprobe von 350 hessischen Steuerakten (= von Großverdienern) hätten etwa 100 einen genauen Check erfordert, der jedoch infolge Personalmangels entfallen musste.[731]

Für Österreich hat 2004 ein Nachrichtenmagazin unter Berufung auf Schätzungen von Experten den jährlichen Schaden allein durch Anlagebetrug (!) mit 3 bis 5 Milliarden € (bei Steigerungsraten von mehr als 10 % pro Jahr) angegeben.[732] Und durch Korruption im Gesundheitswesen sollen nach EU-Schätzungen – umgelegt auf Österreich – zwischen 0,5 und 1,7 Milliarden € verloren gehen.[733] Der Linzer Volkswirt Friedrich SCHNEIDER hat die Höhe der „Schmiergelder“ allein in Österreichs Bauwesen mit etwa 500 Millionen € pro Jahr geschätzt. Den Schaden für die heimische Volkswirtschaft beziffert er mit 7 Milliarden €.[734]

Anfang 2006 gelangte eine niederländische Studie zum Ergebnis, dass Österreich bei der Geldwäsche einen „Weltmarktanteil“ von 1,7 % aufweist. Den ca. 48 Milliarden $, die hier pro Jahr „gewaschen“ werden, stehen knapp 28 Millionen € gegenüber, die (z.B. 2004) „eingefroren“ werden konnten.[735] Das sind knapp sechs Zehntausendstel. (Dabei bleibt

730 Öffentliche Sicherheit, 3-4/06, S. 30.

731 Vgl. den Bericht „Steuern. Einfach glauben. Ausgerechnet bei Großverdienern schauen Finanzämter oft nicht genau genug hin. Angeblich sind die Beamten überlastet“, in: Der Spiegel, 32/2006, S. 84.

732 Vgl. den Bericht „Kapital-Verbrechen. Anlagebetrug. Immer öfter prellen Betrüger gutgläubige Anleger mit fingierten Dokumenten und erfundenen Geschäftsmodellen. Die gängigsten Methoden der Abzocker und wie man sich schützt“, in: Profil extra, Jänner 2004, S. 74 ff.

733 Salzburger Nachrichten, 6. 10. 2005, S. 2.

734 Neues Volksblatt, Nr. 169, 23. 7. 2005, S. 19; Salzburger Nachrichten, 25. 7. 2005, S. 13.

735 Vgl. den Bericht „Geldwäsche-Paradies Österreich“, in: Die Presse, 14. 4. 2006, S. 1; zur Situation in Österreich vgl auch SISKA Josef, Die Geldwäsche

noch offen, welcher Anteil der „eingefrorenen" Gelder tatsächlich für verfallen erklärt werden konnte).

Diese Aufzählung ist begreiflicherweise alles eher als vollständig.

Daher ist unschwer vorstellbar, welche gewaltigen volkswirtschaftlichen (und anderen gefährlichen) Zusatzschäden allein schon daraus resultieren müssen, dass Exekutive und Justiz dieser Delinquenz infolge ihrer unverhältnismäßigen Auslastung mit Drogenstraftaten gleichsam nur mehr mit etwa zwei Drittel ihrer personellen Kapazität entgegen treten können. Eine exakte Quantifizierung dieser – indirekten – Folgekosten des Drogenmissbrauchs ist selbstverständlich nicht möglich. Es erscheint aber vertretbar, diesen – mittelbaren – Schaden (allein bezüglich aller Korruptionsdelikte) zumindest mit einer Milliarde € pro Jahr anzusetzen.

Dasselbe gilt sinngemäß natürlich auch für eine Vielzahl anderer schadensträchtiger Verbrechensbereiche. Man denke nur an alle jene Anteile der organisierten Kriminalität, die nicht mit Drogenhandel oder Wirtschaftskriminalität (z.B. Korruption) zusammenhängen. Auch für diese gefährliche Delinquenz kann man – bei vorsichtigster Schätzung – davon ausgehen, dass uns eine schlagkräftigere Exekutive zusammen mit der Justiz eine weitere Milliarde € an diversen volkswirtschaftlichen Nachteilen ersparen könnte.

Gemessen an den real zu erwartenden Verbrechensschäden aus diesen Delinquenzzweigen wird man unsere Schätzung zweifellos als extrem vorsichtig ansehen müssen.

Wie oben näher ausgeführt, müssen derzeit nur etwa zwei Drittel des einschlägigen Fachpersonals der Exekutive mit dieser Art von Kriminalität fertig werden. Der Rest beschäftigt sich mit Drogen- und Beschaffungsdelikten. Fielen diese weg, käme das einer personellen Verstärkung der anderen zwei Drittel um ganze 50 % gleich.

Dabei wäre die Drogenwelle großteils zu verhindern gewesen: Hätte man die Zügel seit 1971 nicht von Anfang an mehr und mehr schleifen lassen, wäre genug Personal vorhanden geblieben, sich (u.v.a.m.) einem systematischen Jugendschutz (Alkohol, Nikotin) zu widmen. Dies hätte die Repression illegaler Drogen schon im

und ihre Bekämpfung in Österreich, Deutschland, der Schweiz und Liechtenstein, 2. Auflage, Wien 2007, S. 16 f, 49 f.

Vorfeld deutlich entlastet. Stattdessen hat man bei der Drogenbekämpfung primär auf einen positiven Effekt der Diversion vertraut.

Wie wir schon 2000 näher ausgeführt haben[736], wäre der Grundgedanke der Diversion – „Helfen statt Strafen" – an sich zwar durchaus tragfähig. Ein solches Vorgehen kann aber nur dann zum Ziel führen, wenn der Erfolg irgendwelcher Therapie- oder auch bloßer Überwachungsmaßnahmen genau überprüft wird und wenn im Hintergrund eine ernstzunehmende Strafdrohung – gleichsam als „Rute im Fenster" – erhalten bleibt. Dieses Prinzip hat sich z.B. beim Alkohol im Straßenverkehr (Nachschulung, ansonsten Führerscheinentzug etc.) durchaus bewährt. Beispielsweise haben erst kürzlich wieder Fachärzte aus einer Spezialklinik für Alkoholkranke und Drogenabhängige dafür plädiert, dass Firmenchefs Alkoholiker in ihrer Belegschaft „notfalls mit Entlassung" zu einer Therapie motivieren sollten.[737] Gewiss wird eine solche Strategie nicht immer indiziert (und auch nicht immer erfolgreich) sein. – Umgekehrt wird aber wohl auch zu gelten haben, dass sich Suchtverhalten ganz ohne jeden (sozialen, gesundheitlichen oder sonstigen) Druck in aller Regel als sehr schwer beeinflussbar erweist.

Exakt an diesen Voraussetzungen fehlt es im Bereich der illegalen Drogen aber noch immer. Diversion „zum Nulltarif" hat (abgesehen von Ausnahmefällen) bislang aber noch nirgends zum Erfolg geführt.

Dabei versteht es sich von selbst, dass sich Drogenpolitik nicht auf polizeiliche und justizielle Repression beschränken darf. Längst vorher sind z.B. Eltern, Schule und Erzieher gefordert – durch ihr eigenes Vorbild[738] und darüber hinaus aber auch durch eine konsequente Antidrogen-Erziehung. In diesem Zusammenhang reicht es allerdings bei weitem nicht aus, (nur) „Haschisch" (und andere illegale Substanzen) von Kindern und Jugendlichen fern zu halten. Nicht minder bedeutsam sind hier nach dem oben Ausgeführten auch die „legalen" Drogen geworden. Ihnen wurde – und wird nach wie vor – weitaus zu wenig Beachtung geschenkt:

---

736 HAUPTMANN, aaO (Anm. 35), S. 94 ff.

737 Vgl. Salzburger Nachrichten, 7. 2. 2004, S. 6; Meldung des Landesstudios Oberösterreich „Druck auf alkoholkranke Arbeitnehmer", in: ooe ORF.at, 6. 2. 2004; ausgedruckt aus dem Internet: http://oesterreich.orf.at.

738 Vgl. dazu statt vieler die grundlegenden Ausführungen über „Die Familie als primäre Sozialisationsinstanz", in: SCHWIND, aaO (Anm. 217), S. 187 ff. mit zahlreichen weiteren Nachweisen; zur Rolle der Schule *derselbe*, aaO (Anm. 217), S. 223 f. mwN.

Der bekannte deutsche Jugendforscher HURRELMANN[739] berichtete 2003, das Einstiegsalter in den Zigaretten- und Alkoholkonsum bei Kindern sei in den letzten 10 Jahren immer weiter gesunken. 2 % von ihnen haben nach eigenen Angaben schon vor dem 10. Lebensjahr regelmäßige Alkoholerfahrungen. Im Alter von 10 bis 11 Jahren wächst der Anteil von Einsteigern um jeweils 7 % an. Bis zum Alter von 11 Jahren sind schon 16 % und bis zum 12. Geburtstag 36 % der Kinder regelmäßige oder gelegentliche Alkoholkonsumenten. Ganz ähnliche Trends zeigten sich auch bei Zigarettenkonsum, der altersmäßig noch früher (!) einsetzt als der Alkoholkonsum. Mit einem frühen Einstieg ist auch die Wahrscheinlichkeit verbunden, das Konsummuster über den ganzen weiteren Lebensweg aufrechtzuerhalten. Schon Anfang 2002 wurde berichtet, dass das durchschnittliche Einstiegsalter deutscher Raucher bei 13,6 Jahren liegt.[740] Wie Mitte 2006 berichtet wurde, ist dieser Wert in der Zwischenzeit auf 11,6 Jahre gesunken.[741] Rund 27 % der 15-jährigen Deutschen rauchen täglich.[742]

Leider scheinen die einschlägigen Kinder- und Jugendschutzbestimmungen auch in Österreich zu weithin „totem Recht“ verkommen zu sein:

> Lungenspezialisten präsentierten etwa schon anlässlich des Weltnichtrauchertages 2002 bedenkliche Daten: 21 % der elfjährigen Österreicher hatten schon zumindest ein Mal geraucht. 10 % der 12- bis 13-Jährigen und bereits 30 % der 14- bis 15-Jährigen rauchten regelmäßig.[743] Damit erreichten sie ziemlich genau den Schnitt von erwachsenen Rauchern, der damals ebenfalls bei 30 % lag. Ein Drittel der 15- bis 16-Jährigen raucht sogar täglich.[744] Das Einstiegsalter bewegt

739 HURRELMANN Klaus / BRÜNDEL Heidrun, Neue Herausforderungen für die Gesundheitsförderung. Fehlernährung und Bewegungsmangel als Schlüsselprobleme, in: Frühe Kindheit 6/2003, S. 12.

740 Vgl. den Bericht „Jugend. Legal rein. Das Familienministerium will Jugendlichen schon ab 14 Jahren erlauben, allein in die Disco zu gehen. Konservative protestieren, die Wirte freuen sich“, in: Der Spiegel, 8/2002, S. 73.

741 Vgl. den Bericht „Das Ende der Toleranz. Fast alle Industrieländer kämpfen mit Rauchverboten gegen die Zigarettenplage. Nur die sonst so gesundheits- und umweltbewussten Deutschen lassen sich weiter vollqualmen. Die falsche Rücksicht auf Raucher und Tabakindustrie kostet Tausende Passivraucher das Leben“, in: Der Spiegel, 24/2006, S. 66 f.

742 Vgl. Der Spiegel, aaO (Anm. 40), S. 71.

743 Vgl. Salzburger Nachrichten, 29. 5. 2002, S. 6.

744 Vgl. die Meldung „Süchtige in Österreich immer jünger. Abhängigkeiten gegenüber Alkohol, Nikotin, Drogen stark gestiegen“, in: derStandard.at, 26. 1. 2007; ausgedruckt aus dem Internet http://derstandard.at/.

sich mittlerweile schon in Richtung 10 Jahre.[745] Namhafte Fachmediziner weisen immer wieder – bislang offensichtlich ungehört – auf die besonders hohen (späteren) Gesundheitsrisiken eines derart frühen Einstiegs hin (Herzinfarkt, Schlaganfall, Krebs und andere Krankheiten).[746]

Die bereits wiederholt erwähnte Grazer Studie mit 505 Befragten zwischen 12 und 25 Jahren ergab „nennenswerte Häufigkeiten" von Nikotinmissbrauch sogar schon bei Achtjährigen, in Einzelfällen auch schon früher. Als Lebenszeitprävalenz wurden 81,4 % erhoben, als Zwölfmonats-Prävalenz immerhin noch ganze 63,2 %.[747] Anfang 2004 berichtete die Initiative „Ärzte gegen Raucherschäden" bei einer Pressekonferenz, dass mittlerweile z.B. 36 % aller 15-jährigen Mädchen (gelegentlich) rauchen, 26 % sogar regelmäßig.[748]

Wie bedenklich diese Entwicklung ist, kann man auch den Materialien des Bundesministeriums für Gesundheit und Frauen zum Begutachtungsentwurf für eine Tabakgesetznovelle 2004 entnehmen: Die weltweite Zunahme des Tabakkonsums unter Kindern und Jugendlichen wird dort als „stark besorgniserregend" bezeichnet. Überdies belege Österreich in diesen Belangen „einen traurigen europäischen Spitzenplatz". Dies alles ist vor dem Hintergrund der Tatsache zu sehen, dass (schon 2004) rund 2,3 Millionen ÖsterreicherInnen rauchten; ein Drittel davon – also fast 800.000 Menschen – seien „stark nikotinabhängig".

745 Vgl. den Bericht „Schall & Rauch. Rauchen. Mit drastischen Todesformeln versucht die EU, den Rauchern den Tabakgenuss zu vermiesen und die damit verbundenen volkswirtschaftlichen Kosten zu senken. Wie gefährlich ist Rauchen wirklich?", in: Profil, Nr. 48, 24. 11. 2003, S. 118 f.

746 Vgl. statt vieler die wiederholt veröffentlichten Warnungen aus der Abt. für Präventivmedizin des Instituts für Umwelthygiene der Medizinuniversität Wien, wie z.B. NEUBERGER Manfred, Zur Prävention der Nikotinsucht, Abstract des gleichnamigen Vortrags anlässlich der Veranstaltung „Adolescence and Addiction – European Perspectives" („Adoleszenz und Sucht – Europäische Perspektiven") in Wien, 22. – 23. 2. 2001; ausgedruckt aus dem Internet: http://www.aerzteinitiative.at/REFREAabstr.html und http://www.aezteinitiative.at/_Kinder_1.htm über den link „Österreich". – Herrn Univ.-Prof. Dr. Manfred NEUBERGER sei auch an dieser Stelle für die wiederholte Übermittlung einschlägiger Unterlagen bestens gedankt!

747 X-SAMPLE, aaO (Anm. 378), S. 47.

748 Vgl. Meldung „Rauchen: Österreich negatives Beispiel", in: ooe ORF.at, 22. 1. 2004; ausgedruckt aus dem Internet: http://oesterreich.orf.at.

Gleichwohl konnte sich der Gesetzgeber auch bei dieser Gelegenheit noch immer nicht dazu aufraffen, die zum Nichtraucherschutz erlassenen Verbote endlich wirksam durchzusetzen. Mit guten Gründen wurde von der „Initiative Ärzte gegen Raucherschäden" kritisiert, dass das Tabakgesetz z.B. in öffentlichen Gebäuden (i.w.S.) lediglich die Anbringung von Rauchverbotstafeln vorschreibt. Eine Missachtung dieses Verbotes bleibt hingegen nach wie vor sanktionslos![749] – In der erwähnten Initiative sind neben der österreichischen Gesellschaft für Pneumologie, der Wiener Universitätsinstitute für Umwelthygiene und für Sozialmedizin auch die österreichische Krebshilfe und die österreichische Ärztekammer vertreten.

Noch um einiges beunruhigendere Resultate erbrachte die schon oben erwähnte Befragung unter insgesamt 395 ObermittelschülerInnen (9. und 12. Schulstufe) aus dem Salzburger Pongau: Frühester erhobener Nikotinkonsum mit 5 Jahren; Durchschnittsalter des Erstkonsums 11,33 Jahre (Buben), 12,43 Jahre (Mädchen); Lebenszeitprävalenz über 85 %![750]

Die soeben skizzierten Daten zum Nikotinmissbrauch durch Kinder sowie Jugendliche unter 16 Jahren erscheinen nicht nur „stark besorgniserregend", sondern geradezu katastrophal, wenn man allein Folgendes bedenkt: Eine ganze Reihe von US-Staaten hat mittlerweile die Schutzaltersgrenze (wohl nicht ohne gesundheitspolitische Begründung?!) von 18 auf 19 Jahre hinaufgesetzt. Portugal erwägt eine Anhebung von 16 auf 18 Jahre. In Großbritannien existieren sogar Pläne, das gesetzliche „Rauchalter" mit 21 Jahren zu bestimmen. Maßgebend dafür sei die Überlegung, dass jemand, der bis dahin nicht raucht, damit später wahrscheinlich nicht mehr beginnt.[751] – Demgegenüber lässt man es bei uns nach wie vor geschehen, dass selbst 11-Jährige in der Öffentlichkeit rauchen.

749 Zum bisherigen vgl. Begutachtungsentwurf für eine Tabakgesetznovelle 2004, aaO (Anm. 172), S. 5 ff. Zum Tabakgesetz als „lex imperfecta" vgl. zuletzt die Meldung „Tabakgesetz" vom 11. 7. 2007; ausgedruckt aus dem Internet http://www.aerzteinitiative.at/Tabakgesetz04.html.

750 PFEFFERKORN-TSCHALER, aaO (Anm. 192), S. 174 f.

751 Vgl. den Bericht „Die Strippenzieher. Interne Protokolle dokumentieren den Feldzug der Tabakindustrie gegen Rauchverbote in Deutschland. Mit Hilfe von Wissenschaftlern manipulierte sie die Gesundheitspolitik", in: Der Spiegel, 24/2006, S. 76. Zur jüngsten Entwicklung im Ausland vgl auch die Meldung „Tabakgesetz" vom 11. 7. 2007; ausgedruckt aus dem Internet http://www.aerzteinitiative.at/Tabakgesetz04.html.

Zu den sozialen Kosten des Tabakkonsums sei hier nur Folgendes angemerkt: Anfang 2007 wurden erste Daten aus einer Untersuchung an der Universität Hamburg bekannt, die – in Anlehnung an eine US-Studie – dessen Langzeitkosten für Deutschland zu ermitteln versuchte. Demnach müsste eine Schachtel Zigaretten rund 34 € kosten, um alle mit dem Rauchen verbundenen Schäden abzudecken.

Die Gesamtkosten für einen heute 24-jährigen Raucher – bezogen auf dessen Lebenszeit – wurden mit durchschnittlich 144.318 € angegeben (Ausgaben für Zigaretten, Einbußen durch die Behandlung typischer Raucherkrankheiten, körperliche Behinderungen und vorzeitigen Tod).

Bezogen auf jeden einzelnen (deutschen) Geburtsjahrgang summieren sich diese Schäden auf 55 Milliarden €, selbst wenn man den „Gewinn" aus Tabaksteuern und vorzeitigem Tod (Rentenersparnis) berücksichtigt.

In diesem Zusammenhang verweist die „Initiative Ärzte gegen Raucherschäden" auf das positive Beispiel des US-Staates Massachusetts: In diesem Kleinstaat mit ca. 6,43 Millionen Einwohnern konnten im Jahr 2000 Gesundheitskosten von 85 Millionen Dollar eingespart werden, das ist doppelt soviel, als sein Tabakkontrollprogramm gekostet hat. Der Zigarettenverbrauch sank dort seit 1992 um rund 40 %. Die Raucherrate bei Erwachsenen verminderte sich von 1993 bis 1999 um 18 %, bei Jugendlichen innerhalb von 6 Jahren um 27 %. Rauchen in der Schwangerschaft nahm von 1990 bis 1999 um ganze 58 % ab. Rauchen (und damit natürlich auch das „Passivrauchen") an Arbeitsplätzen (einschließlich Gastgewerbe) wurde überhaupt eingestellt. [752]

Nichts anderes gilt grundsätzlich auch für den Alkoholmissbrauch. Selbst Kinder, die bewusstlos alkoholisiert ins Krankenhaus eingeliefert werden müssen, kommen Rettung und Polizei immer wieder unter.[753] Beispielsweise ergab eine oberösterreichi-

752 Zu Deutschland vgl. die Meldung „Gesundheit. Teurer Qualm", in: Der Spiegel, 3/2007, S. 18. Zur Entwicklung in Massachusetts vgl. die Meldung „Welche Fortschritte machte Österreich bei der Bekämpfung der Tabakepidemie?" vom 25. 6. 2007; ausgedruckt aus dem Internet: http://www.aerzteinitiative.at/10JahreTabakpol.html.

753 Vgl. z.B. die Meldung „Negative Bilanz. Erschütternde Jugendschutz-Razzia in Linz", in: ooe ORF.at, 15. 2. 2003; ausgedruckt aus dem Internet: http://ooe.orf.at.

sche Studie vom Oktober 2003 für Kinder und Jugendliche unter „Alkoholdiagnosen" folgende Daten zum „Akuten Alkoholmissbrauch" (= zumeist akute Alkoholvergiftung mit Spitalseinlieferung):

> In der Altersklasse bis 14 fanden sich unter 100.000 Einwohnern 26,7 solcher Alkoholdiagnosen. Zwischen 15 und 19 Jahren waren es gar schon 418,8 „Kampftrinker". Dies bedeutet, dass es 2002 in Oberösterreich annähernd 370 Kinder mit einer derartigen Diagnose gegeben hat. Das wären – hochgerechnet auf ganz Österreich – nicht weniger als 2.150. Bei den Jugendlichen zwischen 15 und 19 sind es für Oberösterreich ca. 5.770 solcher Alkoholdiagnosen.[754] Bezogen auf ganz Österreich wären dies etwa 33.720.

Ebenfalls für ganz Österreich wurde im September 2004 festgestellt, dass der Durchschnitts-Alkoholkonsum zwar schon seit vielen Jahren rückläufig ist. Sehr wohl „alarmierend" sei aber „die Zunahme exzessiven Alkoholkonsums, der sich in zunehmenden Aufnahmen von Kindern und Jugendlichen in Krankenanstalten wegen Alkoholvergiftungen manifestiert." Hier sei im Zeitraum zwischen 1992 und 2000 „gesamtösterreichisch ein Anstieg um rund 100 % bei 15-19-jährigen Burschen und von rund 200 % bei 15-19-jährigen Mädchen" zu beobachten.[755] 46 % der männlichen 15-jährigen österreichischen Jugendlichen berichteten über „wiederholte Alkoholräusche", bei den weiblichen 15-Jährigen seien es 30 %. Damit liege Österreich im „europäischen Spitzenfeld".[756]

Ähnliches ergab auch eine 2006 erfolgte bundesweite Befragung von 510 Kindern, Jugendlichen und jungen Erwachsenen im Alter von 11 bis 19 Jahren. 77 % dieser Subpopulation hatten bereits Kontakt mit Alkohol (393 Personen). 64 % unter ihnen haben angegeben, zumindest einmal „stark betrunken" gewesen zu sein. Und 91 % der betroffenen Burschen (76 % der Mädchen) räumten ein, innerhalb des letzten Vierteljahrs „heftig betrunken" gewesen zu sein. 31 % der

754 SEYER Seifried, Drogenmonitoring in OÖ. LKF Daten 2002, hrsg. vom Institut für Suchtprävention, Linz, 1. 10. 2003, S. 4, 14 f.

755 KOBRNA Ulrike, Alkoholkonsum und Missbrauch. Daten, Fakten und Trends, in: Symposium Alkoholprävention, Universitätszentrum UZA II, Nahrungsmittel Alkohol? Von Alcopops über Bier, Wein zum Schnaps, Summary, 10. September 2004, o. O., S. 9.

756 REISP Livia, Die Problematik des Alkoholkonsums von Kindern und Jugendlichen unter besonderer Berücksichtigung der aktuellen Situation in Salzburg und die möglichen Auswirkungen auf eine geschlechtsspezifisch unterschiedliche Alkoholprävention, Diplomarbeit, unveröffentlicht, Innsbruck 2004, S. 100.

Befragten (Burschen und Mädchen), die Erfahrung mit Betrunkenheit hatten, pflegten manchmal sogar mit Freunden oder Bekannten um die Wette zu trinken (Binge-Drinking oder Kampftrinken mit dem Ziel herauszufinden, wer am meisten verträgt).[757]

Bei den Aufnahmen wegen Alkoholvergiftung in Krankenhäuser der Stadt Salzburg, bezogen auf die Altersklasse von 13 bis 16, überträfen die Mädchen die Burschen sogar um knapp 10 %. Alkoholintoxikationen würden bei Burschen und Mädchen annähernd gleich oft festgestellt, „schädlicher Gebrauch" von Alkohol werde allerdings bei Mädchen nahezu drei Mal öfter diagnostiziert. Die meisten Burschen würden zwischen 18 und 24 Uhr ins Krankenhaus eingeliefert, die meisten Mädchen zwischen 0 und 5 Uhr früh.[758] Nicht weniger bedenkliche Fakten und Zusammenhänge ergaben sich auch aus einer Untersuchung, in der 1.007 Krankengeschichten ausgewertet wurden, die zwischen 1999 und 2004 in 8 Krankenhäusern im Bundesland Salzburg angefallen sind. Sie betreffen Kinder und Jugendliche, die mit mehr als 1,5 Promille Blutalkoholgehalt eingeliefert werden mussten.[759] In dieser Population überwogen zwar die Burschen. Beim Durchschnittsalter musste allerdings ein „signifikanter Unterschied" festgestellt werden: Mädchen waren im Schnitt jünger als Burschen.[760] Der Durchschnitt des bei der Einlieferung festgestellten Blutalkoholgehalts betrug in einem Bezirk (Pinzgau) sogar 2,08 Promille.[761] Landesweit wurde im Schnitt der Wert von mehr als 2 Promille bei einem Viertel aller Eingelieferten erreicht. 60 % der Betroffenen waren Burschen, 40 % Mädchen, die allerdings einen signifikant größeren „multiplen Gebrauch" aufwiesen.[762]

Allein die Kosten für einen sog. „Notarzteinsatz" werden mit ca. 1.500 € geschätzt, Krankentransporte ohne Notarzt mit ca. 200 €. Für eine an die Spitalseinlieferung anschließende stationäre Behandlung über zwei bis drei Tage seien – je nach Therapiebedarf – weitere 1.000 bis 2.000 € anzusetzen. Bis auf einen – minimalen – Selbstbehalt für das Krankenhaus werden alle diese Kosten – je-

757 Institut für Strategische Markt-& Meinungsforschung (ISMA) / Fonds Gesundes Österreich, Jugend und Alkohol, Wien 2006, Vorbemerkung, S. 1, 11 f.

758 REISP, aaO (Anm. 756), S. 109, 192 ff.

759 REISP Livia, Die geschlechtsspezifische und regional unterschiedliche Problematik des Alkoholkonsums von Kindern und Jugendlichen im Bundesland Salzburg, Dissertation, unveröffentlicht, Innsbruck 2006, S. 10, 14, 105, 109.

760 REISP, aaO (Anm. 759), S. 12, 109.

761 REISP, aaO (Anm. 759), S. 14, 106.

762 REISP, aaO (Anm. 759), S. 13, 93, 282.

denfalls derzeit – noch von der Gemeinschaft aller Versicherten getragen.[763]

Der Salzburger Landesrettungskommandant schilderte 2006 die Lage wie folgt: „Jeden Freitag und Samstag bringen wir allein in der Stadt Salzburg zwischen fünf und zehn Kinder in die Notaufnahmen der Krankenhäuser." Die besinnungslosen Patienten sind oft erst 12 Jahre alt. – Und von ärztlicher Seite aus wird ergänzt: „Es fällt auf, dass die sehr jungen Patienten Hochprozentiges in großen Mengen in sich hineinschütten. Das heißt dann ‚Festplatte löschen'. Ab zwei Promille – die sind mit Schnaps schnell erreicht – ist bei Kindern absolute Lebensgefahr gegeben." 2005 gab es allein in der Christian-Doppler Klinik in Salzburg 300 alkoholbedingte Aufnahmen von Kindern.[764]

Laut der österreichweiten Repräsentativuntersuchung 2004 werden 5 % aller über 14-jährigen ÖsterreicherInnen als chronische Alkoholiker (= Alkoholkranke) eingestuft. Das sind rund 340.000 Personen.[765] Schon 15-jährige Alkoholabhängige müssen stationär zur Entziehung aufgenommen werden.[766]

Die Exekutive sieht sich personell kaum noch in der Lage, gegen solche Missbrauchsfälle durch Kinder oder Jugendliche einzuschreiten, auch wenn solche Exzesse gleichsam „öffentlich" geschehen. Und wenn ja, findet sie statt Unterstützung leider nicht selten blankes Unverständnis bei den Erziehungsberechtigten. Die zunehmende Ohnmacht staatlicher Organe, dieser bedenklichen Entwicklung wirksam entgegenzutreten, soll mit einigen Beispielen aus dem Bundesland Salzburg illustriert werden:

2000 sah sich eine Gemeinde im Lungau gezwungen, gegen örtliche Missstände durch betrunkene, randalierende oder gar vandalisierende Jugendliche eine ortspolizeiliche Verordnung zu erlassen. Sie wurde von der örtlichen Exekutive vollzogen und lief auf ein Verbot des Alkoholkonsums auf öffentlichen Plätzen hinaus. Die Maßnahme hatte laut Auskunft

763 Vgl. Bericht „Komatrinker kommen teuer. Rücken Rettungsdienste wegen Komatrinkern aus, muss die Allgemeinheit dafür zahlen: Selbstbehalte für die bis zu 1500 Euro teuren Notarzteinsätze gibt es nicht", in: Salzburger Nachrichten, 16. 5. 2007, S. 5.

764 Vgl. den Bericht „Kinder auf der Alkoholstation", in: Salzburger Nachrichten. Aus Stadt und Land, 25. 4. 2006, S. 4 f.

765 Vgl. UHL / SPRINGER / KOBRNA / GNAMBS / PFARRHOFER, aaO (Anm. 354).

766 Vgl. Meldung „Alkohol: Suchtkranke immer jünger", in: ORF ON Salzburg, 30. 5. 2005; ausgedruckt aus dem Internet: http://orf.at.

des Strafreferenten der zuständigen Bezirkshauptmannschaft einen beachtlichen Erfolg. Schon die glaubhafte Ankündigung der neuen Sanktionen (an sich eher kleine Geldstrafen) hatte zur Folge, dass solche Exzesse für lange Zeit überhaupt ausgeblieben sind, sodass die angedrohten Sanktionen gar nicht zum Tragen kommen mussten.

Nach etwa einem Jahr kam es nach und nach – sehr vereinzelt – zu einigen einschlägigen Vorfällen. Dieses Modell wurde wegen seines Erfolges von vier weiteren Salzburger Kommunen (und sogar von einer südsteirischen Stadt) übernommen.[767] Mit Stand vom März 2005 gab es bereits 15 Salzburger Gemeinden, die sich aus den skizzierten Gründen veranlasst gesehen haben, ein Alkoholverbot auf öffentlichen Plätzen zu verordnen.[768]

2003 gab es ähnliche – und teilweise noch weit ärgere – Vorfälle mit Jugendlichen in insgesamt 7 Kommunen landesweit, darunter auch in der Stadt Salzburg: Pöbeleien und Körperverletzungen, Sachbeschädigungen, Vandalismus (parkendes Auto auf das Dach gedreht), Ruhestörungen u.a.m. Es kam zu Saufgelagen vor Nachtlokalen mit z.T. intolerablen Begleiterscheinungen. Ein Anrainer dazu wörtlich: „Die Leute erbrechen in den Brunnen, urinieren in die Eingänge und schreien die ganze Nacht herum". Feriengäste zogen um drei Uhr früh aus ihrem Hotel aus und suchten sich wegen der extremen Lärmbelästigung ein anderes Quartier. Andere Gäste sind überhaupt abgereist. Eine Pension musste vorübergehend sogar schließen.

767 Vgl. Meldung „Alkohol-Verbot. Zell am See folgt Tamsweger Vorbild", in: ORF ON Salzburg, 4. 3. 2001; ausgedruckt aus dem Internet: http://salzburg.orf.at; vgl. die Berichte, „Alk-Verbot ausgeweitet. Seit Sommer 2000 herrscht auf öffentlichen Plätzen im Tamsweger Zentrum Alkoholverbot. Nun soll die alkoholfreie Zone ausgeweitet werden", in: Salzburger Nachrichten. Aus Stadt und Land, 5. 3. 2001, S. 9; „Trinkverbot auf Dorfplätzen. Betrunkene und randalierende Jugendliche sorgen in vielen Salzburger Gemeinden für Probleme. Alkoholverbote sollen das Problem lösen", in: Salzburger Nachrichten. Aus Stadt und Land, 19. 4. 2001, S. 3; Salzburger Nachrichten, 25. 4. 2001, S. 5; Meldung „Alkoholverbot. Kuchl: Kein Alkohol auf öffentlichen Plätzen", in: ORF ON Salzburg, 27. 5. 2001; ausgedruckt aus dem Internet: http://salzburg.orf.at.

768 Vgl. den Bericht „Kein Prost auf dem Dorfplatz. Schluss mit Trinkgelagen: Mattsee verordnet auf den öffentlichen Plätzen ein Alkoholverbot. Andere Gemeinden konnten damit Vandalismus eindämmen", in: Salzburger Nachrichten. Aus Stadt und Land, 24. 3. 2005, S. 3.

Alle diese Vorfälle erregten natürlich auch erhebliches mediales Interesse. Gleichwohl sind viele der Betroffenen diesmal ohne (ausreichende) Hilfe der Exekutive geblieben. Der (damalige) Salzburger Landesgendarmeriekommandant hat diese objektiv unhaltbare Situation – durchaus glaubhaft und nachvollziehbar – wie folgt kommentiert: „Ärger mit betrunkenen Jugendlichen haben wir überall." Allerdings: „Woher soll ich Beamte nehmen?"

Unter diesen Umständen haben sich 6 Salzburger Kommunen sogar veranlasst gesehen, zu Lasten ihres eigenen Budgets Streifen durch private Wachdienste (meist mit Hunden) in Auftrag zu geben, um die örtlichen Verhältnisse einigermaßen wieder ins Lot zu bekommen.[769]

Im August 2005 ist berichtet worden, dass auch die von vielen niederösterreichischen Gemeinden verordneten Alkoholverbote auf öffentlichen Plätzen im Kampf gegen Sachbeschädigungen, Vandalismus und Lärmbelästigung nicht mehr ausreichen. Die Stadt Horn lässt daher im Stadtzentrum einen Mitarbeiter des Österreichischen Wachdienstes von 22 bis 5 Uhr mit einem Hund auf Streife gehen.[770] Ähnliche Einsätze privater Security-Männer gegen nächtliche Randalierer waren zuletzt im Februar 2006 auch in der Tiroler Gemeinde Westendorf notwendig geworden.[771]

769 Vgl. den Bericht „Saufgelage vor Nachtlokalen. Betrunkene Jugendliche stören in St. Johann den Schlaf von Anrainern. Die Gendarmerie ist machtlos, weil sie zu wenig Personal hat. Ruf nach Wachdienst", in: Salzburger Nachrichten, Aus Stadt und Land, 2. 7. 2003, S. 5; Salzburger Nachrichten. Aus Stadt und Land, 5. 7. 2003, S. 6; Meldung „Pongau. Hundestreifen gegen randalierende Jugendliche", in: salzburg ORF.at, 5. 7. 2003; ausgedruckt aus dem Internet: http://oesterreich.orf.at; Salzburger Nachrichten. Aus Stadt und Land, 10. 7. 2003, S. 3; Salzburger Nachrichten. Aus Stadt und Land, 15. 7. 2003, S. 1; Bericht „Dilemma im Morgengrauen. Salzburger Gemeinden im Dilemma: Was tun wegen nächtlicher Randale? Wie lässt man gleichzeitig ein Nachtleben zu? Die Sperrstunden wackeln", in: Salzburger Nachrichten. Aus Stadt und Land, 30. 7. 2003, S. 3; Meldung „Radstadt. Gute Erfahrungen mit Privat-Polizisten", in: salzburg ORF.at, 7. 8. 2003; ausgedruckt aus dem Internet: http://salzburg.orf.at; Meldung „Vandalismus. Seekirchen will privaten Wachdienst engagieren", in: salzburg ORF.at, 22. 8. 2003; ausgedruckt aus dem Internet: http://salzurg.orf.at; Salzburger Nachrichten. Aus Stadt und Land, 23. 8. 2003, S. 3; Meldung „Gemeinden. Pro und Contra für private Wachdienste", in: salzburg ORF.at, 11. 10. 2003; ausgedruckt aus dem Internet: http://oesterreich.orf.at.

770 Salzburger Nachrichten, 2. 8. 2005, S. 4.

771 Vgl. Meldung „Westendorf. Privater Wachdienst sorgt für Ruhe", in: tirol ORF.at, 13. 2. 2006; ausgedruckt aus dem Internet: http://tirol.orf.at/stories/89206/.

Angesichts der sich in solchen kommunalen Aktivitäten manifestierenden personellen Schwäche der staatlichen Exekutive kann es nicht verwundern, dass der sicherheitsbehördliche Jugendschutz an sich und damit natürlich auch die damit verbundene Prävention des Missbrauchs legaler wie illegaler Rauschdrogen im Argen liegen.

Die aus Personalmangel resultierende gravierende Lücke im Jugendschutz erscheint auch in drogenpolitischer Hinsicht umso bedenklicher, wenn man den bekannten Umstand berücksichtigt, dass als wichtigste „Schrittmacher" für einen späteren Missbrauch illegaler Substanzen Alkohol und Nikotin anzusehen sind. An dieser „Einstiegsfunktion" kann mittlerweile nicht mehr gezweifelt werden.[772]

Nach Expertenmeinung ist die Wahrscheinlichkeit eines späteren Cannabis-Missbrauchs bei denjenigen Jugendlichen, die diese „legalen" Drogen konsumieren, etwa 14-mal höher als bei völlig abstinenten Gleichaltrigen. Bei Cannabis-Konsumenten wiederum besteht – gegenüber Konsumenten „legaler" Drogen – eine etwa 6-mal größere Wahrscheinlichkeit, dass sie mit „härteren" Drogen zu experimentieren beginnen.[773]

Demnach sind Jugendliche eher bereit, eine (weitere) Rauschdroge zu probieren, wenn sie vorher bereits Erfahrungen mit einer anderen Substanz sammeln konnten: „Das Rauchen erhöht die Wahrscheinlichkeit für intensives Alkoholtrinken, dieses wiederum erhöht die Wahrscheinlichkeit für Cannabiskonsum. Schließlich kann Cannabiskonsum zum Gebrauch anderer illegaler Drogen, wie Ecstasy, Amphetamine, LSD, Kokain oder Heroin, führen."[774]

772 Vgl. statt vieler WILMS Yvonne, Drogenabhängigkeit und Kriminalität. Eine kritische Analyse des § 64 StGB unter kriminalwissenschaftlichen und verfassungsrechtlichen Aspekten, in: VORMBAUM Thomas (Hrsg.), Beiträge zur Strafrechtswissenschaft, Band 11, Münster 2005, S. 32 mwN.

773 Vgl. KINDERMANN Walter, Drogengeschichten. Faszination und Elend, Freiburg im Breisgau 2001, S. 106 ff.; für Österreich dazu auch HAAS / BUSCH / HORVATH / TÜRSCHERL / WEIGL 2002, aaO (Anm. 340), S. 71; etwas weniger differenziert – in der Tendenz aber durchaus vergleichbar – hat eine US-Drogenstrategie unter der Präsidentschaft CLINTON's schon Mitte der Neunigerjahre des vorigen Jahrhunderts festgestellt: Bei Jugendlichen, die „gateway drugs" (Alkohol, Nikotin und Marihuana) konsumieren, ist die Wahrscheinlichkeit eines späteren Kokainmissbrauchs 266 Mal größer als bei solchen Jugendlichen, die mit den angesprochenen „Einstiegsdrogen" nichts zu tun hatten: Vgl. National Drug Control Strategy. Strengthening Communities' Response to Drugs and Crime, Washington D.C. 1995, p. 23; vgl. dazu auch PATZAK / GOLDHAUSEN / MARCUS, aaO (Anm. 405), S. 108; *dieselben*, Cannabis – wirklich eine harmlose Droge?, in: NStZ 2006, S. 265.

774 THOMASIUS, aaO (Anm. 407), S. 112 f. mwN.

Zuletzt verwies auch HALLER 2007 darauf, dass früher Tabakkonsum die Gefahr für späteren Alkohol- und Drogenmissbrauch „ganz entscheidend" erhöht:

> „Bei einer Untersuchung des Konsumverhaltens jugendlicher Raucher stellte sich heraus, dass 74 Prozent der Raucher, aber lediglich 24 Prozent der Nichtraucher zusätzlich Alkohol konsumierten. 47 Prozent der Raucher hatten Erfahrungen mit Cannabis, neun Prozent mit Opiaten, während dieser Prozentsatz bei Nichtrauchern bei sechs beziehungsweise 0,4 Prozent lag."[775]

Es gibt Hinweise darauf, dass diese Erfahrungszusammenhänge durch neuere neurophysiologische Erkenntnisse näher erklärt und bestätigt werden können.[776]

Erwartungsgemäß versucht natürlich auch die Sozialarbeit, Pläne zu entwickeln, wie man den geschilderten Verhältnissen – jedenfalls punkto Alkoholmissbrauch – entgegenwirken könnte. Bei einem dieser Projekte sollten z.B. 120 junge Leute als Berater ausgebildet werden. In einer kritischen Tageszeitungskolumne unter dem Titel „Trink-Beratung" wird dazu folgender Kommentar abgegeben:

> (Diese Berater) ... „sollen bei Zeltfesten und Parties den Gleichaltrigen gut zureden und sie vor zu viel Alkohol bewahren. Viel Geld kostet das natürlich. 400.000 Euro sind für die Trink-Beratung reserviert. Die EU steuert brav ihr Scherflein bei. Fragt sich nur, warum nicht einfach bei Wirten und Zeltfesten der Jugendschutz viel stärker kontrolliert wird. Dann hätte das Saufen bald ein Ende – und viel billiger wäre das auch."[777]

In einer weiteren Kolumne dieser Tageszeitung wird die zu erwartende Schwierigkeit (und Erfolgsarmut) solcher Beratungsarbeit karikiert, z.B. den „Disco- und Zeltfest-Kindern zu(zu)reden, dass sie brav nüchtern heimfahren" und dazu Folgendes ausgeführt:

---

775 HALLER, aaO (Anm. 479), S. 135; vgl. dazu auch S. 192.

776 THOMASIUS, aaO (Anm. 407), S. 112 mwN; vgl. dazu auch ELLGREN Maria / SPANO Sabrina M. / HURD Yasmin L., Adolescent Cannabis Exposure Alters Opiate Intake and Opioid Limbic Neuronal Populations in Adult Rats, Original Article, Neuropsychopharmacology advance online publication 5 July 2006; ausgedruckt aus dem Internet http://www.nature.com/npp/journal/vaop/ncurrent/abs/1301127a.html.

777 Kronen Zeitung, 27. 3. 2006, S. 11.

„Eine Alternative wäre: Alkotest auf jedem Disco- und Zeltfest-Parkplatz. Jede Nacht, jedes Auto. Schlüssel weg, Führerschein weg, fette Geldstrafe. Disco-Kids lieben ihre Autos und ihre Führerscheine fast so sehr wie den Gin. Jede Wette, die würden sich sehr schnell sehr fest zusammenreißen. (Disco-)Unfall als Todesursache Nr. I bei Jugendlichen – diese Sprache kapieren die betrunkenen Jungraser nicht."[778]

Es gibt für die Kriminalpolitik gewiss keinen vernünftigen Grund, solche Zurufe aus der Tagespresse gleichsam 1 : 1 umzusetzen. Umgekehrt fragt sich allerdings auch, ob in derartigen Ratschlägen nicht wenigstens ein Körnchen Wahrheit steckt: Der Staat kann im Rahmen der strafrechtlichen Sozialkontrolle nicht nur zu viel, sondern auch zu wenig des Guten tun. Es sollte immerhin zu denken geben, dass sogar schon die Jugend selber für mehr Kontrolle plädiert:

In einer Befragung von 1.800 Jugendlichen, Eltern sowie Gewerbetreibenden in Oberösterreich wünschten sich nicht nur 76 % der Eltern, sondern auch eine satte Mehrheit von 62 % der befragten Jugendlichen „mehr Polizeikontrollen" im Rahmen des Jugendschutzgesetzes.[779]

Diese Jugendlichen befinden sich gleichsam „in bester Gesellschaft": Schließlich geht sogar die EBDD in ihrem Jahresbericht 2006 davon aus, „dass auf den Einzelnen abzielende Drogenpräventionsmaßnahmen unter Umständen wirksamer sind, wenn sie von Regulierungsmaßnahmen für legale Suchtmittel unterstützt werden, die geeignet sind, den Zugang Jugendlicher zu diesen Substanzen einzuschränken und deren gesellschaftliche Akzeptanz zu schwächen".[780]

3) Mortalität

Die deutschen Ökonomen HARTWIG und PIES[781] haben in ihrer Monographie eine relativ komplizierte Formel zur Errechnung des „kapitalisierten Wertschöpfungsverlustes" pro Drogentodesfall vorgestellt. Sie kommen dabei unter der Annahme eines Ein-

---

778 Kronen Zeitung, 2. 6. 2006, S. 18.

779 Salzburger Nachrichten, 20. 5. 2006, S. 4.

780 Jahresbericht 2006 der Europäischen Beobachtungsstelle für Drogen und Drogensucht, aaO (Anm. 264), S. 27; vgl. dazu insbesondere auch THOMASIUS, aaO (Anm. 407), S. 124 f. mwN.

781 HARTWIG / PIES, aaO (Anm. 239), S. 29 f.

kommensverlustes für etwa 35 Jahre Erwerbsleben (unter Berücksichtigung eines langsamen Produktivitätsanstieges, der nach dem Ende einer 10-jährigen Drogenkarriere zuletzt doch noch 90 % der Leistung eines Gesunden erreicht) zu einem (kapitalisierten) Einkommensverlust von durchschnittlich 1,67 Millionen DM (Basis 1992).

Eine Umrechnung dieser Werte auf österreichische Verhältnisse erscheint wenig sinnvoll. Die Autoren nehmen offensichtlich an, die Drogentoten hätten als Süchtige weiter gearbeitet, wenn sie nicht verstorben wären. Diese Annahme wird allerdings wohl nur in – seltenen – Ausnahmefällen zutreffen. In aller Regel wird man gerade bei jenen Personen, die später den Drogentod sterben, zu Lebzeiten kein (nennenswertes) eigenes Einkommen erwarten können; dies auch dann nicht, wenn sie nicht vorzeitig umgekommen wären.

Unseres Erachtens kann der volkswirtschaftliche Verlust, den der Drogentod mit sich bringt, auf andere Weise besser abgeschätzt werden: Drogentote waren 2002 – im Schnitt – 32 Jahre alt.[782] Bis dahin musste die Gemeinschaft sehr bedeutende Mittel für sie aufwenden. Diese können gleichsam als „Investition in die Zukunft"[783] angesehen werden. Man denke etwa an den Aufwand für Unterhalt, Familienbeihilfe, Kindergärten, Schule u.v.a.m. Dies alles geschieht – jedenfalls auch – in der stillschweigenden Erwartung, dass sich Kinder und Jugendliche später an der Schaffung des gesamten Sozialprodukts in irgendeiner Weise aktiv beteiligen werden. Durch den Drogentod kann sich diese Erwartung nicht mehr erfüllen.

Nicht abhängige BürgerInnen sind üblicherweise bis zum 60. Lebensjahr erwerbstätig. Drogentote können zu Lebzeiten – jedenfalls in aller Regel – keinen (nennenswerten) eigenen Beitrag zum Bruttosozialprodukt leisten. Die von ihnen zu Lebzeiten verursachten Schäden (durch Drogendelikte, Ansteckung anderer) werden an anderer Stelle berücksichtigt und haben hier daher außer Betracht zu bleiben. Man könnte also, rein wirtschaftlich betrachtet,

---

782 Vgl. HAAS / BUSCH / HORVATH / WEIGL / TÜRSCHERL 2003, aaO (Anm. 8), S. 29.

783 GUGER Alois, Hauptergebnisse – Executive Summary, in: GUGER Alois / BUCHEGGER Reiner / LUTZ Hedwig / MAYRHUBER Christine / WÜGER Michael, Schätzung der direkten und indirekten Kinderkosten. Studie des Österreichischen Instituts für Wirtschaftsforschung im Auftrag des Bundesministeriums für Soziale Sicherheit und Generationen, hrsg. vom Österreichischen Institut für Wirtschaftsforschung (WIFO), Wien, März 2003, S. 1 f.

davon ausgehen, dass die Gemeinschaft in jeden (späteren) Drogentoten einen – im Folgenden zu ermittelnden – Durchschnittsbetrag gleichsam „investiert“ hat.

Laut „Bericht zur Drogensituation 2003“ des ÖBIG waren im Jahr 2002 insgesamt 179 (direkt oder indirekt) suchtgiftbezogene Todesfälle zu verzeichnen.[784]

Der gesamte volkswirtschaftliche Nachteil im Zusammenhang mit jedem einzelnen Drogentod kann nach dem oben skizzierten Ansatz etwa wie folgt ermittelt werden:

a) Unterhalt

Einer Schätzung der direkten und indirekten Kinderkosten vom März 2003 – erstellt in Zusammenarbeit des Österreichischen Institutes für Wirtschaftsforschung (WIFO) mit der Universität Linz[785] – ist dazu Folgendes zu entnehmen:

Die direkten Kinderkosten (Nahrung, Wohnung, Kleidung etc.) sind für ihre Eltern im Schnitt mit 500 € pro Monat anzusetzen. Daraus errechnen sich bis zur Vollendung der Pflichtschulbildung (hier nur 8 Schuljahre berücksichtigt) Unterhaltskosten von 84.000 €.

Bei berufstätigen Müttern erwachsen zusätzlich indirekte Kosten durch Einkommensminderungen. Diese Mütter verdienen im Vergleich zu kinderlosen Frauen mit ähnlicher Qualifikation und Erwerbskarriere im Schnitt (ein Kind, mehrere Kinder ...) pro Monat um 650 € weniger. Bis zum Ende der Schulpflicht errechnen sich daraus für berufstätige Mütter indirekte Kinderkosten von 109.200 €. Nach einer Erhebung der Statistik Austria[786] sind 70,3 % aller Mütter erwerbstätig. Eine „Durchschnittsmutter“ ist demnach durch diese Einkommensverluste infolge Teilzeitarbeit mit 76.768 € belastet.

Die Summe von direkten und indirekten Kinderkosten bis zum 14. Lebensjahr beträgt demnach ca. 160.770 €.

---

784 HAAS / BUSCH / HORVATH / WEIGL / TÜRSCHERL 2003, aaO (Anm. 8), S. 110.

785 GUGER, aaO (Anm. 783), S. 1. – Herrn Mag. Alois GUGER vom WIFO Wien sei auch an dieser Stelle für die Übermittlung mehrerer Studien und vor allem auch für seine wiederholten telefonischen Auskünfte bestens gedankt!

786 Für die Übermittlung entsprechenden Datenmaterials sei Herrn Mag. Gerald HAMMER von der Statistik Austria bestens gedankt!

b) Familienbezogene Transferleistungen

Die Familienförderung (Geburtenbeihilfe, Mutter-Kind-Pass, Karenzgeld, Familienbeihilfe, Schülerfreifahrten u.a.m.) trägt zum Unterhalt im Schnitt gut 10 % des Haushaltseinkommens bei.[787] Ihre Höhe beträgt durchschnittlich ca. 300 € pro Monat.[788] Pro Kind werden demnach in 14 Jahren insgesamt etwa 50.400 € an diversen familienbezogenen öffentlichen Leistungen erbracht.

c) Gesundheitsausgaben

Die Gesundheitskosten pro Person und Jahr bis zum 20. Lebensjahr betrugen 1994 im Schnitt 6.500 ATS.[789] Nach den Angaben des WIFO (= 7 % Kostensteigerung im Gesundheitsbereich pro Jahr), hochgerechnet auf das Jahr 2002, wären dies ca. 13.680 ATS (= ca. 994 €) pro Jahr und damit bis zum 14. Lebensjahr insgesamt etwa 13.900 €. Diese Kosten sind – je nach Betrachtung – von den Erhaltern der Kinder (über deren Krankenversicherungsprämien?), eher aber wohl von der übrigen Solidargemeinschaft aufzubringen.

d) Kindergartenkosten

Mangels verfügbarer österreichweiter Daten werden hier beispielhaft die Zahlen für das Bundesland Salzburg für das Jahr 1998[790] herangezogen und auf das Jahr 2002 hochgerechnet.

Demnach entfallen pro Kindergartenkind zwischen 3 und 6 (Krabbelstuben, altersgemischte Gruppen oder Betreuung durch Tageseltern nicht berücksichtigt) auf die öffentliche Hand (Ge-

---

787 GUGER, aaO (Anm. 783), S. 1; vgl. auch GUGER Alois, Umverteilung durch den Staat in Österreich, in: Monatsberichte des Österreichischen Instituts für Wirtschaftsforschung (WIFO), Heft 10/1996, S. 646, 650.

788 GUGER, aaO (Anm. 783), S. 1.

789 GUGER, aaO (Anm. 787), S. 648.

790 Vgl. RAOS Josef / EDER Franz, Kinderbetreuungseinrichtungen im Land Salzburg. Kosten der Betreuung, hrsg. vom Amt der Salzburger Landesregierung, Landesamtsdirektion, Referat 0/03: Landesstatistischer Dienst, Salzburg, September 2002, S. 1 f., 8; RAOS Josef / FILIPP Gernot, Kinderbetreuungseinrichtungen im Land Salzburg 2002/2003. Angebot und zukünftiger Bedarf, hrsg. vom Amt der Salzburger Landesregierung, Landesamtsdirektion, Referat 0/03: Landesstatistischer Dienst, Salzburg, Juli 2003, S. 1 f. – Für die Übermittlung dieser Untersuchungen sowie für wertvolle andere Literaturhinweise sei dem Leiter des Salzburger Landesstatistischen Dienstes, Mag. Josef RAOS, bestens gedankt!

meinden, Land) Jahreskosten für Errichtung oder Miete, laufenden Betrieb und Personal von ca. 4.552 €, für alle drei Jahre also 13.600 €. Da aber – im Schnitt – nur jedes zweite Kind einen Kindergarten besucht, reduzieren sich diese Kosten pro „Durchschnittskind" auf ca. 6.800 €.

e) Schulkosten

Laut Auskunft der Salzburger Landesregierung sowie des Schulamts der Stadt Salzburg betragen die Jahreskosten für die Gehälter der Pflichtschullehrer einschließlich der Kosten der Gemeinden als Schulerhalter für Bau, Erhaltung, Reparaturen, Betriebskosten und Sachaufwand (auf Vollkostenbasis berechnet) ca. 6.000 € pro Kind und Jahr. Ähnliche Werte werden für ganz Österreich anzunehmen sein. Demnach kann man die Schulkosten für die gesamte Pflichtschulzeit mit ca. 48.000 € ansetzen.[791]

f) Restlicher Unterhaltsbedarf – entfallene Erwerbsarbeit[792]

Wir gehen hier von der – eher optimistischen – Annahme aus, dass sich jeder Drogentote zu Lebzeiten in den 18 Jahren ab Verlassen der Pflichtschule bis zur Vollendung des 32. Lebensjahres (= durchschnittl. Sterbezeitpunkt) insgesamt neun Jahre mit eigener legaler Erwerbsarbeit durchschlagen kann. Für weitere neun Jahre bedarf er hingegen irgendeiner Dotierung (von Angehörigen, etc.). Wenn man dafür auch nur 500 € pro Monat (= durchschnittl. Kindesunterhalt) einberechnet, sind für diese Unterhaltskosten 54.000 € anzusetzen.

Ein nicht drogenabhängiger Bürger im Alter von 32 Jahren hätte zu diesem Zeitpunkt noch etwa 28 Erwerbsjahre vor sich. Eine im Mai 2003 veröffentlichte Studie[793] enthält eine Auflistung des – altersabhängigen – Brutto-Jahreseinkommens von unselbständig Erwerbstätigen für das Jahr 2001. Nimmt man vereinfachend an, dass diese Werte auch für 2002 herangezogen werden können, so errechnet sich für diese 28 Erwerbsjahre ein Gesamt-Brutto-

---

791 Für die Übermittlung entsprechenden Datenmaterials sei Herrn Hofrat Dr. BERGHAMMER sowie Herrn FREINEK bestens gedankt!

792 Zur Berechnung des Produktionsverlusts aus drogenbezogenen Todesfällen nach dem „Humankapital"- und dem „demographischen" Ansatz vgl. auch COLLINS / LAPSLEY 1996, aaO (Anm. 272), p. 4 f.; KOPP, aaO (Anm. 246), p. 18, 105.

793 Vgl. BAUER / LAMEI, aaO (Anm. 662), S. 366.

Einkommen von ca. 820.068 €. Da Drogenabhängige meist schlechtere Berufschancen haben (in aller Regel keine oder abgebrochene Ausbildung etc.), wäre ihre Produktivität auch ohne die Sucht um ca. 30% niedriger als bei voll Qualifizierten. Daher reduziert sich der Einkommensausfall auf einen Betrag von rund 574.000 €.[794] Von diesem Einkommen wären selbstverständlich auch öffentliche Abgaben (Lohnsteuer, Krankenversicherungsbeitrag etc.) zu leisten gewesen.

Dieses entfallene Erwerbsentgelt von 574.000 €, vermehrt um die Unterhaltskosten für insgesamt neun Lebensjahre von 54.000 €, ergibt einen Gesamtbetrag von 628.000 €.

g) Gesamtkosten

Bei der Ermittlung aller gesamtwirtschaftlichen Nachteile durch den Drogentod wäre an sich für jedes einzelne Jahr eine eigene „Bilanz" zu ziehen. Dies würde u.a. bedeuten, dass man für das betreffende Jahr etwa auch die jeweils aktuellen Schulkosten jener Kinder einbeziehen müsste, die später (!) als Drogentote enden. Ebenso hätte man aber auch die Erwerbsausfälle für alle bisherigen (!) Drogentoten für dieses eine Jahr aufzusummieren, die im betreffenden Zeitraum noch nicht im Pensionsalter wären. Es versteht sich von selbst, dass eine derartige Ermittlung z.T. glatt unmöglich, z.T. aber höchst unpraktikabel sein müsste.

Daher gehen wir hier der Einfachheit halber davon aus, dass sich der gesamte volkswirtschaftliche Nachteil im jeweiligen Sterbejahr aktualisiert.[795] So kann erreicht werden, dass diese Folgen für die Volkswirtschaft für jeden Drogentoten nur einmal „verbucht" werden, obwohl ein Teil (z.B. Kindergartenkosten) schon lange vorher getragen wurde und andere Anteile wiederum (wie z.B. der Einkommensausfall knapp vor dem Pensionsalter) erst viel später anfallen können. Ebenso konnten alle diese Posten (z.B. „alte" Kindergartenkosten oder erst weit in der Zukunft liegende fiktive Erwerbseinkommen) hier nur auf der Basis des Jahres 2002 kalkuliert werden.

Nach dieser Annahme ermittelt, fallen im Durchschnitt für jeden Drogentoten folgende Aufwendungen an: Unterhalt einschließlich

794 Vgl. dazu HARTWIG /PIES, aaO (Anm. 239), S. 28 ff.

795 Einen analogen Ansatz verfolgte zuletzt auch eine Schweizer Kostenstudie aus dem Jahr 2005: JEANRENAUD / WIDMER / PELLEGRINI, aaO (Anm. 259), S. VII.

indirekter Kinderkosten 160.770 €, staatliche Transferleistungen 50.400 €, Gesundheitskosten 13.900 €, Kindergarten 6.800 €, Schulkosten 48.000 €. Alle diese „Investitionen in die Zukunft“[796] in der Höhe von insgesamt etwa 279.870 € gehen mit dem Tod – rein wirtschaftlich betrachtet – für die Solidargemeinschaft gleichsam verloren.

Zugleich kann sich auch die Hoffnung (und Erwartung) nie mehr erfüllen, das betreffende Glied der Gemeinschaft würde bis zu seinem Pensionsalter mit etwa 574.000 € zum gesamten Sozialprodukt beitragen. Dazu kommen auch noch ca. 54.000 € für einen Teil des Unterhalts zwischen dem 14. und dem 32. Lebensjahr. Zusammen ergibt dies einen Schadensbetrag von 907.870 €.

Dem steht gegenüber, dass sich die staatliche Solidargemeinschaft im Falle eines Drogentodes einen Teil der ansonsten später fällig werdenden Pensionszahlungen „erspart“. Die Durchschnittspension der unselbständig Erwerbstätigen (ohne Beamte) beträgt (im günstigsten Falle) etwa 12.600 € pro Jahr. Ca. 85 % „spart“ der Erwerbstätige bis zu seiner Pension selber an. Lediglich die restlichen 15 % werden durch einen Bundeszuschuss abgedeckt. Dieser Zuschuss kann demnach pro Pensionsjahr mit etwa 1.900 € angesetzt werden.[797]

Die Durchschnittslebensdauer (Männer und Frauen) beträgt 78,8 Jahre. Dies bedeutet, dass jeder Drogentote nach dem 60. Geburtstag (= Pensionsantritt) noch für 18,8 Jahre je ca. 1.900 €, insgesamt daher 35.720 €, an Pensionszuschüssen des Bundes bezogen hätte. Dieser Betrag ist natürlich vom Gesamtverlust von etwa 907.870 € abzuziehen.

Alles in allem bedeutet jeder einzelne Drogentod für die Volkswirtschaft einen Netto-Verlust von etwa 872.150 €[798], einerlei ob nun Teile dieser Summe im Todesjahr, schon früher oder erst später anfallen mögen. Für alle 179 Drogentoten im Jahr 2002 wäre demnach ein Betrag von ca. 156.114.850 €[799] anzusetzen.

---

796 Vgl. GUGER, aaO (Anm. 783), S. 1 f.

797 Für die Beistellung entsprechenden Datenmaterials als Basis für diese Schätzungen sei dem Kundendienst der Pensionsversicherungsanstalt – Hauptstelle sowie der Abt. für Sozialversicherung der Arbeiterkammer in Wien bestens gedankt!

798 ≈ 12 Millionen ATS.

799 ≈ 2.148,19 Millionen ATS.

4) Morbidität – Einkommensminderung

Wie schon oben ausgeführt, kann ein Großteil der Schwerstabhängigen so gut wie keiner legalen Erwerbstätigkeit nachgehen.[800] Daher sind wir davon ausgegangen, dass etwa 67.500 unter ihnen kein eigenes Einkommen mehr erzielen können.

Analoges haben wir für 217.125 (stärker abhängige) Durchschnittskonsumenten festgestellt, sodass insgesamt 284.625 Drogenabhängige als erwerbsunfähig zu behandeln sind.[801] Zu berücksichtigen ist allerdings, dass sich auch diese Gruppe der nicht mehr arbeitsfähigen Süchtigen zu ca. 50 % aus Personen zusammensetzt, die auch ohne Sucht kein eigenes Einkommen erzielen könnten: Schüler, Studenten, Arbeitslose, z.T. auch Lehrlinge etc. Der tatsächliche Einkommensausfall bezieht sich demnach auf ca. 142.312 Drogenabhängige.[802]

Wenn wir weiter annehmen, dass das volle eigene Erwerbsleben (in insoweit vergleichbaren Personengruppen) mit spätestens 20 beginnt, ein Großteil der schwer Süchtigen aber entweder noch unter 30 oder aber zwischen 30 und 40 Jahre alt ist, so erscheint es gerechtfertigt, den Verdienstausfall dieses Personenkreises mit dem Durchschnittseinkommen zwischen 20 und 40 zu bestimmen.

Nach den Tabellen der Brutto-Jahreseinkommen unselbständig Erwerbstätiger in der schon vorne erwähnten Studie[803] lässt sich das für diese Altersgruppe relevante Einkommen mit 20.181 € bestimmen. Zieht man davon 30 % (wegen des meist niedrigeren Bildungs- und Qualifikationsniveaus in der betreffenden Subpopulation) ab, so wären dies noch ca. 14.127 €.

Dies bedeutet, dass der (volle) Erwerbsausfall des oben umschriebenen Personenkreises von ca. 142.312 (schwerer bis schwerst) Drogenabhängigen für das Jahr 2002 volkswirtschaftlich mit ca. 2.010,44 Millionen € zu Buche schlägt.

800 Vgl. oben S. 184 f., 195.
801 Vgl. oben S. 196.
802 Vgl. oben S. 197.
803 BAUER / LAMEI, aaO (Anm. 662), S. 366.

5) Kinder von Süchtigen

Die Forschung hat erst verhältnismäßig spät begonnen, sich mit Problemen zu beschäftigen, die mit der Elternschaft von Drogenabhängigen (beiderlei Geschlechts) zusammenhängen. Einer der ersten Befunde stammt aus England. 1999 wurde berichtet, dass in Südlondon jede 6. von 807 untersuchten Schwangeren in den ersten Monaten ihrer Gravidität illegale Drogen konsumiert hat.[804] Eine spätere englische Untersuchung hat ergeben, dass insgesamt etwa 2 bis 3 % aller Kinder unter 16 von Eltern stammten, von denen ein Teil oder sogar beide ernste Drogenprobleme hatten. 5 % dieser Kinder standen unter Obhut der Fürsorge.[805]

Anfang der Neunzigerjahre wurde auch eine französische Schätzung veröffentlicht, der zufolge dort mindestens 20 % der Drogensüchtigen Eltern sind.[806]

Für die USA wurde hingegen noch für den Zeitraum von 1992 bis 1998 (allerdings auf Grund kleiner Stichprobengrößen) angenommen, dass nur 2,3 % bis 3,2 % aller Mütter während der Schwangerschaft illegale Drogen konsumiert haben.[807] 1994 wurde zusätzlich berichtet, dass sich die Wahrscheinlichkeit von Vernachlässigung und/oder Kindesmissbrauch bei diesen Kindern (gegenüber anderen mit Eltern, die keine Drogen missbrauchten) vervierfacht.[808] Eine weitere amerikanische Untersuchung, die 1998 publiziert wurde, kam zum Ergebnis, dass 5 Prozent der Schwangeren illegale Drogen konsumiert haben. Der Drogenmissbrauch durch Mütter führe u.a. zu einer um ca. 50 Prozent erhöhten Kleinkind-

804 SHERWOOD R. A. / KEATING J. / KAVVADIA V. / GREENOUGH A. / PETERS T. J., Substance misuse in early pregnancy and relationship to fetal outcome, in: European Journal of Pediatrics, Volume 158, Number 6; ausgedruckt aus dem Internet: http://www.springerlink.com/app/home/contribution.asp?wasp=b0b95e6d6b904e55a4.

805 Hidden Harm. Responding to the needs of children of problem drug users. The report of an Inquiry by the Advisory Council on the Misuse of Drugs, edited by the Home Office, London 2003, (nicht paginiert).

806 ESQUIVEL Térésa, Les enfants de parents toxicomanes, p. 1 mwN; ausgedruckt aus dem Internet: http://www.drogues.gouv.fr/fr/pdf/professionnels/ressources/dossier_enfants.pdf.

807 The Economic Costs of Drug Abuse in the United States. 1992 – 1998, aaO (Anm. 296), p. 28.

808 Testimony of Barry R. McCAFFREY, Director, Office of National Drug Control Policy, before the House Government Reform and Oversight Committee, Subcommittee on Criminal Justice, Drug Policy, and Human Resources, The Drug Legalization Movement in America, June 16, 1999, p. 9 mwN; ausgedruckt aus dem Internet: http://www.drugwatch.org/McCaffrey%20Testimony%20on%20Drug%20Legalizatio.

sterblichkeitsrate; Fälle von plötzlichem Kindestod waren zweieinhalb Mal so hoch wie üblich.[809]

Mittlerweile geht allerdings auch die amerikanische Drogenbehörde NIDA davon aus, dass 15 % aller Frauen im gebärfähigen Alter (15 bis 44) laufend illegale Drogen missbrauchen. Eine Studie aus 1998 hat weiters ergeben, dass unter den Schwangeren durchschnittlich 11 % Heroin, Methadon, Amphetamine, PCP, Cannabis, am häufigsten aber Kokain zu konsumieren pflegten.[810]

Eine kanadische Studie aus 1999 nimmt an, dass dort in manchen Landesteilen bis zu 10 % aller Babys von Müttern mit problematischem Drogenkonsum geboren werden. Dies erscheint nicht unplausibel, wenn man bedenkt, dass schon im Zeitraum 1992/1993 11 % der Frauen ab 15 Jahren illegale Drogen missbraucht haben.[811]

2000 wurde in Deutschland ein Buchbeitrag publiziert, der sich zwar eingehend mit den typischen Risikofaktoren bei Kindern von süchtigen Eltern auseinandersetzt, aber keinerlei Prävalenzangaben bezüglich des Drogenkonsums von Schwangeren enthält.[812] 2002 hat auch die Drogenbeauftragte der deutschen Bundesregierung versucht aufzuzählen, was ein Kind süchtiger Eltern(teile) möglicherweise bewältigen muss: Chaotischer Alltag, Vernachlässigung, soziale Isolation, emotionale Verunsicherung/Instabilität, Angst vor dem Verlust der Eltern, Übernahme von nicht kindgerechter Verantwortung, Gefühl des „selbstverschuldeten Einzelschicksals" (u.a.m.).[813]

2005 erschien eine weitere deutsche Publikation über „Kinder aus suchtbelasteten Familien", die sich jedoch ausschließlich mit den ca. 2,65 Millionen Kindern und Jugendlichen aus alkoholbelasteten Familien befasst. Auch diesem

809 DIXON Patrick, The Truth about Drugs – book on drug addiction, o.O., 1998, p. 6 f., abstract ausgedruckt aus dem Internet: http://www.globalchange.com/drugs/TAD-Chapter%202.htm.

810 Drug Abuse and Pregnancy, Fast and Convenient Continuing Education for Medical Professionals, Information provided by the NIH & NIDA, p. 1 f.; ausgedruckt aus dem Internet: http://www.medceu.com/course-no-test.cfm?CID=753.

811 Gouvernement de Québec / Ministère de la Santé et des Services sociaux / Comité permanent de lutte à la toxicomanie, Avis sur Les mères toxicomanes, CPLT, Dépôt légal, Bibliothèque nationale du Canada, Québec 1999, p. 2 f.

812 STEINHAUSEN Hans-Christoph, Kinder suchtmittelabhängiger Eltern, in: UCHTENHAGEN / ZIEGLGÄNSBERGER, aaO (Anm. 1), S. 478 ff.

813 Die Drogenbeauftragte der Bundesregierung, Drogen- und Suchtbericht, o. O., 2002, S. 67.

Beitrag lassen sich keinerlei Zahlenangaben über betroffene Kinder und Jugendliche entnehmen, deren Eltern von anderen Rauschmitteln (außer Alkohol) abhängig sind.[814]

2002 wies TUNNARD[815] besonders auf das bedrückende soziale Umfeld der betroffenen Kinder hin: Leben in Substandard-Wohnungen in Gebieten mit hoher Kriminalität, niedriges Einkommensniveau der Eltern: Drei Viertel der Familien berichteten, dass sie von einem Monatseinkommen von weniger als 300 (schottischen) Pfund (= ca. 486 €) leben sollten. Dabei müssten aber auch noch bis zu 50 (schottische) Pfund (= ca. 81 €) und manchmal mehr pro Tag (!) für die Versorgung mit Heroin aufgetrieben werden.

Ebenfalls 2002[816] ergab eine schottische Untersuchung, dass dort vermutlich zwischen 40.000 und 60.000 Kinder durch Drogenmissbrauch ihrer Eltern negativ betroffen sein dürften. Hervorgehoben wurde in diesem Zusammenhang vor allem die große Gefahr von Misshandlung, von emotionaler oder körperlicher Vernachlässigung. Außerdem erfahren diese Kinder soziale Isolierung und Stigmata, was die Wahrscheinlichkeit von Verhaltensproblemen weiter erhöhen dürfte. Laut einer australischen Studie aus 2007 sind schätzungsweise bei 50 % aller bestätigten Fälle von Kindesmissbrauch und -vernachlässigung Alkohol- und/oder andere Drogenprobleme bei den Eltern vorgefunden worden.[817] Unter Einbeziehung des – großen – Dunkelfeldes ergäbe sich wohl ein noch bedenklicherer Befund.

Die Resultate der erwähnten schottischen Untersuchung umgelegt auf die Bevölkerungszahl von Österreich hätten zu bedeuten, dass hier zwischen 63.000 und 95.000 Kinder ein ähnliches Schicksal tragen müssten.

---

814 KLEIN Michael, Kinder aus suchtbelasteten Familien, in: THOMASIUS Rainer / KÜSTNER Udo J. (Hrsg.), unter Mitarbeit von BILKE et al, Familie und Sucht. Grundlagen – Therapiepraxis – Prävention, Stuttgart 2005, S. 52 ff.

815 TUNNARD Jo, Parental drug misuse – a review of impact and intervention studies, research in practice, 2002, p. 18 f. mwN; ausgedruckt aus dem Internet: http://www.rip.org.uk.

816 Scottish Executive (editor), Action in Partnership, Tackling Drugs in Scotland. Good Practice Guidance for working with Children and Families affected by Substance Misuse. Getting our Priorities Right, p. 12, 14, jeweils mwN; ausgedruckt aus dem Internet: http://www.scotland.gov.uk.

817 Submission to the House of Representatives Standing Committee on Family and Human Services, Inquiry into the impact of illicit drug use on families, Families Australia, March 2007, p. 10.

2003 hat der Beirat für Fragen des Drogenmissbrauchs des britischen Innenministeriums eine sehr ausführliche Untersuchung veröffentlicht.[818] Sie kommt zum Ergebnis, dass in Großbritannien zwischen 250.000 und 350.000 Kinder von problematischen Drogenmissbrauchern leben dürften. Die einschlägigen Schätzungen stützen sich auf die Anzahl der FrequentantInnen von Behandlungseinrichtungen für Drogenabhängige. Daher ist mit einem beträchtlichen Dunkelfeld zu rechnen, zumal es sehr viele süchtige Eltern gibt, die sich keinerlei Therapie unterziehen. Nach einer anderen australischen Studie aus 2007 leben ca. 2,4 % aller Kinder unter 12 Jahren in Haushalten, in denen wenigstens ein Elternteil täglich Cannabis konsumiert. Und bei weiteren ca. 5,5 % ist dies zumindest wöchentlich der Fall.[819]

Die vielfältigen und gravierenden prä-, peri- und postnatalen gesundheitlichen und sozialen Schädigungen dieser Kinder werden eindrucksvoll beschrieben. Nur knapp zwei Drittel der Betroffenen können noch bei der Mutter leben, ein erheblicher Teil bei Verwandten oder Freunden der Eltern. Die Quote der Kinder, die in Heimen der Fürsorge untergebracht werden mussten, schwankte zwischen 5 % und 9 %. – Die britische Regierung hat so gut wie alle relevanten Befunde dieser Studie 2005 ausdrücklich anerkannt und entsprechende Abhilfen zugesagt.[820]

Für Österreich findet sich im „Bericht zur Drogensituation 2004“ des ÖBIG erstmals ein knapper Hinweis, wonach 2002 22 % der 1.208 Betreuten der Wiener Drogenhilfe ein Kind hatten.[821] 2005 hat das ÖBIG[822] ergänzend ausgeführt, dass 2003 insgesamt 3.477 KlientInnen in einer von 24 Einrichtungen der Drogenhilfe in Wien betreut wurden. 24 % dieser Klientel hatten zumindest ein Kind. Der „Bericht zur Drogensituation 2006“ des ÖBIG weist die-

818 Hidden Harm, aaO (Anm. 805).

819 DAWE Sharon / FRYE Sally / BEST David / MOSS Derran / ATKINSON Judy / EVANS Chris / LYNCH Mark / HARNETT Paul, Drug use in the family. Impacts and implications for children. A report prepared for the Australian National Council on Drugs, ANCD research paper Nr. 13, Canberra 2007, p. VII, 15; ausgedruckt aus dem Internet: http://www.ancd.org.au/publications/pdf/rp13_drug_use_in_family.pdf.

820 Government Response to Hidden Harm: the Report of an Inquiry by the Advisory Council on the Misuse of Drugs, department for education and skills, Nottingham 2005.

821 HAAS / BUSCH / HORVATH / TÜRSCHERL / WEIGL 2004, aaO (Anm. 98), S. 21.

822 HAAS / BUSCH / HORVATH / TÜRSCHERL / WEIGL / ABRAHAM 2005, aaO (Anm. 68), S. 23 mwN.

sen Anteil mit 26 % aus.[823] – Diese Quoten dürften in etwa auch für die übrige Population der schwerer bis schwerst Drogenabhängigen gelten: Gerade bei diesem Personenkreis werden im Fall einer Elternschaft aber die oben skizzierten Probleme für deren Kinder besonders häufig (und intensiv) zu erwarten sein.

Geht man davon aus, dass ca. 20 % der insgesamt 284.625 (nicht mehr als erwerbsfähig zu behandelnden) Süchtigen für ein Kind zu sorgen haben, beträfe dies etwa 57.000 Kinder. Nimmt man weiter an, dass in 95 % aller dieser Fälle andere (nicht drogenabhängige Partner, Großeltern dieser Kinder u.a.) für annähernd angemessene Verhältnisse (Unterhalt, Erziehung) sorgen, so bleiben 5 % übrig, bei denen irgendeine Form von öffentlicher Hand für Unterhalt und/oder Erziehung aufkommen muss. Sind die Mütter süchtig, ist sehr oft damit zu rechnen, dass ihre Nachkommen schon als Neugeborene beeinträchtigt sind: Bis zu 63 % dieser Babies leiden unter einem „Neonatalen Abstinenzsyndrom“ und müssen mit Morphintropfen behandelt werden.[824] Andere Kinder kommen schon mit einer Hepatitisinfektion auf die Welt, zumal z.B. bis zu 80 % dieser Mütter mit Hepatitis C infiziert sind.[825] Für ihre Kinder bedeutet dies u.U. das Erfordernis einer lebenslangen therapeutischen Begleitung.

Nach internationalen Erfahrungen wird das Risiko einer späteren Abhängigkeit dieser Babys mit etwa 50 % eingeschätzt.[826] Sie werden als „Hochrisikogruppe“ angesehen, „die eines engmaschigen Betreuungsangebotes von hoher fachlicher Kompetenz und multidisziplinärer Struktur bedarf.“[827] Neuerdings wird in Deutschland die Wahrscheinlichkeit, dass Kinder von Süchtigen dem Drogenschicksal anheimfallen, sogar als sechs Mal höher angegeben als in einer Normalfamilie.[828]

---

823 HAAS / BUSCH / HORVATH / TÜRSCHERL / WEIGL / WIRL / AUSTALLER 2006, aaO (Anm. 97), S. 24 f. Eine Verbesserung der national, wie auch international insgesamt noch unbefriedigenden Informationslage ist – jedenfalls mittelfristig – durch das ENCARE (European Network for Children Affected by Risky Environments within the family) zu erwarten (www.encare.info).

824 DE CORDOBA Ursula / PRESSLICH Otto / FISCHER Gabriele, Therapie opioidabhängiger Schwangerer – spezielle Aspekte, in: BROSCH / MADER, aaO (Anm. 371), S. 248; vgl. zur Behandlung des „neonatalen Entzugssyndroms“ auch BERGER Ernst / ELSTNER Thomas / FIALA-PREINSPERGER Sabine, Entwicklung von Kindern substanzabhängiger Mütter, in: BEUBLER / HALTMAYER / SPRINGER, aaO (Anm. 89), S. 261.

825 DE CORDOBA / PRESSLICH / FISCHER, aaO (Anm. 824), S. 248.

826 BERGER / ELSTNER / FIALA-PREINSPERGER, aaO (Anm. 824), S. 259.

827 BERGER / ELSTNER / FIALA-PREINSPERGER, aaO (Anm. 824), S. 267.

828 Vgl. den Bericht „Drogen. Kinder der Sucht. Die Methadonsubstitution hat zu einem Babyboom bei drogenabhängigen Frauen geführt. Doch die meisten

Bei diesen höchst bedauernswerten ca. 2.850 Kindern ist damit zu rechnen, dass sie unverhältnismäßig oft in Kinderheimen untergebracht werden müssen. Deren Unterbringungskosten betragen ein Vielfaches der Beträge, die in einer „normalen" Familie anfallen. Man kann also pro Kind bis zum 14. Lebensjahr im Durchschnitt einen Mehrbedarf von 160.000 € an Unterhalts- und/oder sonstigen Betreuungskosten annehmen. Ebenso entstehen durch – typischerweise erhöhte – Gesundheitsaufwendungen für diese Subpopulation beträchtliche Mehrkosten gegenüber anderen Kindern. Geht man davon aus, dass für jedes Kind dieser Gruppe im Schnitt auch nur (etwas mehr als) 100 stationäre Behandlungstage aufzuwenden sind, wären dafür weitere 57.860 € anzusetzen.

Jedes von diesen Kindern erfordert im Schnitt also bis zum 14. Lebensjahr einen Mehraufwand von 217.860 €. Bezogen auf ein Jahr (= 2002) wären dies also ca. 15.561 €. Daraus errechnet sich für insgesamt 2.850 Kinder dieser Gruppe ein gesamtwirtschaftlich relevanter Mehraufwand von etwa 44,35 Millionen €.[829]

> Wie vorsichtig unsere Schätzung sein muss, erhellten allein schon neuere deutsche Daten: In manchen Städten landen bis zu 50 % dieser Kinder früher oder später in Heimen oder Pflegefamilien. Nach einer Untersuchung lebt nur ca. ein Drittel der Kinder drogenabhängiger Mütter noch bei zumindest einem Elternteil. Ein weiteres Drittel war kurz nach der Geburt zu Pflegeeltern gekommen oder adoptiert worden. – Und das letzte Drittel hatte „eine Odyssee mit bis zu fünf Betreuungswechseln hinter sich bringen müssen."[830]

6) Drogen im Straßenverkehr

Einer Studie des Gesamtverbandes der Deutschen Versicherungswirtschaft zufolge setzten sich dort schon 2001 – beispielsweise – mehr als 90 % der 18- bis 25-Jährigen in der Techno-Szene unter Drogeneinfluss ans Steuer.[831] 2005 wurde diese Quote

sind mit ihrem Nachwuchs überfordert – viele Kids werden verhaltensauffällig, selber süchtig, landen im Heim oder in einer Pflegefamilie. Der Staat ignoriert das Problem weitgehend", in: Der Spiegel, 15/2007, S. 40.

829 ≈ 610 Millionen ATS.

830 Der Spiegel, 15/2007, aaO (Anm. 828), S. 39.

831 Vgl. Pressemitteilung „Immer mehr junge Fahrer mit Drogen am Steuer" der Pressestelle des Innenministeriums Baden-Württemberg vom 23. 8. 2001, S. 1 f. sowie dpa-Meldung vom 17. 8. 2001; ausgedruckt aus dem Internet: http://www.polizei-bw.de, Presseinfo.

mit 94 % angegeben.[832] Im Schnitt kommen diese Fahrer auf fast vier Drogenfahrten pro Monat. Eine „deutliche Steigerung der Unfallgefahr" ergebe sich dabei aus der häufig praktizierten Mischung von Ecstasy mit anderen Drogen wie Haschisch.[833]

Zwecks Feststellung des Verbreitungsgrades von Drogenlenkern in Österreich haben wir zunächst die einschlägigen Erfahrungen im Bereich der Institute für Gerichtsmedizin an den Universitäten Salzburg und Innsbruck erhoben. Deren Angaben mussten jedoch lückenhaft bleiben, zumal sie auf die – sehr selektive – Zulieferung von Proben durch die Exekutive angewiesen waren. Erfahrene Gerichtsmediziner schätzen, dass 2003 österreichweit kaum 1.000 Blutabnahmen wegen Verdachts auf Drogenmissbrauch veranlasst wurden. Bis Ende August 2003 gab es beispielsweise in Wien insgesamt 430 solcher Untersuchungen. Es spricht Bände, dass davon alle (!) positiv waren. Dazu kamen aber noch 60 Testverweigerer.[834]

Während es jedem Exekutivbeamten leicht fällt, den Verdacht einer Alkoholisierung eines Verkehrsteilnehmers selber festzustellen, liegt die Situation bei einer Beeinträchtigung durch den Einfluss von Rauschdrogen i.e.S. wesentlich anders. Die Verdachtsgewinnung ist hier (immer noch) durch mangelnde Schulung und Erfahrung wie auch durch weitgehendes Fehlen geeigneten Testmaterials ungleich schwieriger. Daher muss davon ausgegangen werden, dass ein unter Drogen stehender Lenker der Exekutive wesentlich seltener auffällt als ein alkoholisierter.

Diese Verzerrung bei der Aufhellung des Dunkelfeldes lässt sich nur durch „Planquadrate" ausgleichen, bei denen die untersuchten Verkehrsteilnehmer – verdachtsunabhängig – flächendeckend und systematisch nach beiden Substanzen (Alkohol und Drogen) untersucht werden. Solche Untersuchungen hat der Chefarzt der Wiener Polizei schon vor mehreren Jahren vorgenommen. Sie ergaben damals, dass auf je 10 alkoholisierte Lenker etwa vier unter Drogeneinfluss stehende entfielen. Mittlerweile wird von Exekutivbeamten im Wiener Bereich geschätzt, dass das Verhältnis nunmehr etwa 1 : 1 betragen dürfte.[835]

---

832 UHLE Axel, § 4 Die Begutachtung drogenauffälliger Kraftfahrer, in: HETTENBACH Michael / KALUS Volker / MÖLLER Manfred R. / UHLE Axel, Drogen und Straßenverkehr, Bonn 2005, Rz 23 zu § 4 mwN.

833 Vgl. Pressemitteilung, aaO (Anm. 831), S. 1 f. sowie dpa-Meldung, aaO (Anm. 831).

834 Vgl. Salzburger Nachrichten, 12. 12. 2003, S. 4.

835 Persönliche Mitteilung von Herrn Hofrat Dr. Reinhard FOUS.

Bei Eventkontrollen (= Kontrollen in Discos, bei Rave- und Techno-Parties) liegt das Verhältnis bereits bei bis zu 1 : 12.[836] – Soweit die Betroffenen am Heimweg von solchen Veranstaltungen ein Fahrzeug lenken, dürften sich demnach gut 10 Mal mehr „Drogenlenker" als Alkoholisierte unter ihnen befinden.

Auch ein Expertenpapier der Österreichischen Gesellschaft für Psychiatrie und Psychotherapie (ÖGPP) zum Thema „Cannabis" aus 2004 nimmt an, dass „nahezu gleich viel Personen beim Lenken eines KFZ unter Cannabiseinwirkung stehen wie unter höheren Alkoholkonzentrationen." Zudem würden Drogenkonsumenten auf eine strikte Trennung zwischen dem Konsum psychotroper Substanzen und der Inbetriebnahme eines Fahrzeuges „wesentlich weniger" achten als Alkoholkonsumenten. Studien konnten nachweisen, dass Drogen, darunter auch Cannabis, subjektiv als „wesentlich weniger verkehrsgefährdend" beurteilt werden und dass auch die Entdeckungswahrscheinlichkeit durch die Polizei als „außerordentlich gering" eingeschätzt wird.[837]

Eine europaweite Untersuchung hat u.a. ergeben, dass mehr als zwei Drittel aller Kraftfahrer, die Cannabis konsumieren, auch unter dem Einfluss dieser Droge ein Kraftfahrzeug zu lenken pflegen.[838] Eine französische Studie kam 2005 zum Ergebnis, dass bei ca. 40 Prozent aller zwischen 2003 und 2004 tödlich verunfallten PKW-Lenker unter 30 Jahren Cannabiseinfluss nachgewiesen werden konnte.[839] Einer australischen Untersuchung zufolge ist das Risiko für einen cannabisintoxikierten Fahrer (positiver Nachweis von mehr als 5 ng/ml THC im Blut), tödlich zu verunfallen, gegenüber drogenfreien Fahrern statistisch um das 6,6-fache erhöht. (Dies betrifft allerdings nur Unfälle, bei denen außer Cannabis weder Alkohol noch sonstige psychoaktive Substanzen im Spiel waren!)[840]

836 Diese Information verdanken wir einer persönlichen Mitteilung vom Juli 2007 durch Herrn ao. Univ.-Prof. Dr. Thomas KELLER, Forensischer Toxikologe am Interfakultären Fachbereich Gerichtsmedizin und Forensische Neuropsychiatrie der Universität Salzburg.

837 HALLER / DITTRICH / FLEISCHHACKER, aaO (Anm. 212), S. 14 f. mwN.

838 RAES Elke / VERSTRAETE Alain G., Cannabis et conduite automobile: la situation en Europe, o.O., o.J., p. 2.

839 Vgl. Meldung „40 % des jeunes morts au volant avaient fumé du cannabis", creé le 30 novembre 2005, ausgedruckt aus dem Internet: http://tf1.lci.fr/src/scripts/imprimer.php.

840 THOMASIUS, aaO (Anm. 407), S. 120 f. mwN.

KELLER et al.[841] haben 2003 und 2004 insgesamt 474 Blutproben (u.a.) auf Drogen analysiert, die in den Bundesländern Salzburg und Oberösterreich im Rahmen der polizeilichen Verkehrsüberwachung angefallen sind. Davon entfielen 363 Proben (= 76,6 %) auf Routinekontrollen, die restlichen 111 (= 23,4 %) wurden Lenkern nach Unfällen abgenommen.

Im gesamten Probenmaterial konnten folgende Substanzen (= jeweils allein oder zusammen mit anderen) nachgewiesen werden:

1) Cannabis 258 Mal (54,5 %),

2) Kokain 78 Mal (16,5 %),

3) Opiate 78 Mal (16,5 %),

4) Amphetamine 72 Mal (15,2 %),

5) Alkohol 118 Mal (24,9 %).

Insgesamt fanden sich in den 474 Blutproben 604 „Treffer" bezüglich einer der oben aufgezählten Substanzen. Diese Trefferanzahl übersteigt die Gesamtzahl der Proben um 27,4 %, woraus sich schließen lässt, dass bei einem beträchtlichen Anteil dieser Kraftfahrer zumindest zwei oder sogar noch mehr solcher Substanzen im Blut nachweisbar waren.

Die Gefährlichkeit derartiger Kombinationen lässt sich besonders deutlich mit dem Datenmaterial aus 2003 illustrieren: In 36 Fällen (= 67 %!) der verunfallten Fahrzeuglenker konnte neben Alkohol auch eines der oben erwähnten Suchtmittel (und/oder zentral wirksame Medikamentenwirkstoffe) nachgewiesen werden.

Das hier referierte Datenmaterial ist mit Sicherheit nicht repräsentativ für ganz Österreich. Umgekehrt spricht allerdings auch nichts für die Annahme, dass die einschlägigen Verhältnisse in anderen Teilen des Bundesgebietes (vielleicht mit der Ausnahme Wiens) grundsätzlich anders sein sollten. Die für Salzburg und Oberösterreich erhobenen Befunde zeigen (einmal mehr) in aller Deutlichkeit auf, dass die Gefahren durch Drogeneinfluss bei Ver-

841 KELLER Th. / KELLER A. / MONTICELLI F. / TUTSCH-BAUER E., Novellierung des § 5 StVO in Österreich – 2 Jahre danach, in: Kongressbericht 2005 der Deutschen Gesellschaft für Verkehrsmedizin e.V., Berichte der Bundesanstalt für Straßenwesen, Mensch und Sicherheit, Heft M 171, S. 158 ff.

kehrsteilnehmern gegenüber der seit langem bekannten Alkoholwirkung sehr stark unterschätzt wurden (und immer noch werden).

Jedenfalls aus der oben ausführlich beschriebenen Stichprobe ergibt sich demgegenüber, dass Alkohol in knapp 25 % der relevanten Proben nachgewiesen werden konnte; in gut 75 % war es hingegen eine der oben angeführten illegalen Drogen. Allein Cannabis (54,5 %) ist mehr als doppelt so häufig vertreten wie Alkohol (24,9 %). – Daher kann man davon ausgehen, dass auf einen betrunkenen Kraftfahrer (mindestens!) einer entfällt, der unter Drogeneinfluss am Verkehr teilnimmt.

> Eine durchaus ähnliche Tendenz lassen auch ausländische Studien erkennen. Beispielsweise ergab eine Untersuchung aus 2005 an verletzen Unfallbeteiligten, dass zum Zeitpunkt des Unfalls 15 % alkoholisiert waren, 35 % unter dem Einfluss mindestens einer Droge standen und weitere 16 % beides (Alkohol und Drogen) konsumiert hatten.[842] – Demnach standen 31 %, die (insgesamt) Alkohol getrunken hatten, 51 % gegenüber, die (insgesamt) unter Drogeneinfluss standen.

Im Jahr 2005 wurden in Österreich insgesamt über 200.000 Alko-Tests durchgeführt. Dabei mussten etwa 40.000 Lenker wegen Beeinträchtigung der Fahrtauglichkeit durch Alkohol, darunter auch alle Fälle mit minderer Beeinträchtigung (mehr als 0,5 Promille), angezeigt werden. Hingegen kam es wegen der eingangs skizzierten Nachweisschwierigkeiten lediglich in 913 Fällen zu Anzeigen wegen Beeinträchtigung der Fahrtauglichkeit durch Suchtgift. Der Cheftoxikologe der Gerichtsmedizin an der Universität Salzburg schließt daraus, dass viel zu wenige Verdächtige erkannt und zu Blutproben verhalten werden konnten. – Demgegenüber vermeint das ÖBIG in seinem „Bericht zur Drogensituation 2006“ aus diesen Daten den – grob verharmlosenden – Schluss ziehen zu dürfen, „dass Drogen derzeit eine wesentlich geringere Rolle im Straßenverkehr spielen als Alkohol“.[843]

842 KÖRNER Yvonne / SCHNABEL Eva / KRÜGER Hans-Peter, Drogen und Opiate im Straßenverkehr, in: BEUBLER / HALTMAYER / SPRINGER, aaO (Anm. 89), S. 270 f. mwN.

843 HAAS / BUSCH / HORVATH / TÜRSCHERL / WEIGL / WIRL / AUSTALLER 2006, aaO (Anm. 97), S. VI (= Kurzfassung), 81; vgl. auch den Bericht „Gesetz sieht Bluttests bei verdächtigen Fahrern vor – doch in der Praxis mangelt es an den nötigen Blitzdiagnose-Geräten. Drogen-Lenker werden viel zu selten kontrolliert“, in: Kronen Zeitung, 9. 12. 2006, S. 12 f.

Die gesamten Unfallfolgekosten im Straßenverkehr betrugen 1993 knapp 3,38 Milliarden €. Damals entfielen (noch) 6,3 % davon auf („nur") alkoholisierte Teilnehmer.[844] Unter Berücksichtigung der gestiegenen Unfallzahlen einerseits sowie des inflationsbedingten Preisanstieges zwischen 1993 und 2002 andererseits können diese Gesamtkosten für das Jahr 2002 mit ca. 4,7 Milliarden € hochgerechnet werden. Wenn man – aus Vorsichtsgründen – annimmt, dass von diesem Schaden nicht mehr 6,3 % allein auf alkoholisierte, sondern „nur" zu 8 % auf die (nunmehr um einiges größer gewordene) Gesamtgruppe der alkoholisierten und/oder unter anderen Rauschmitteln stehenden Verkehrsteilnehmer entfällt, so errechnet sich daraus ein Schadensanteil von 376 Millionen € für diese Gesamtgruppe. Unserer Annahme zufolge ist je die Hälfte dieser Summe (schwerpunktmäßig) den „Alkohollenkern" einerseits und den „Drogenlenkern" andererseits zuzuschreiben. Auf letztere Gruppe entfallen 2002 demnach – bei steigender Tendenz – 188 Millionen €.

7) Drogen am Arbeitsplatz

a) Arbeitsunfälle

Im Jahr 2002 mussten insgesamt 113.822 Arbeitsunfälle (einschl. Wegunfälle) registriert werden, die (u.a.) etwa 1,8 Millionen Krankenstandstage nach sich zogen. Die Allgemeine Unfallversicherungsanstalt (AUVA) hat den daraus resultierenden Gesamtschaden für die Volkswirtschaft (Heilung, Rehabilitation, Krankengeld, Produktionsverluste u.a.m.) mit ca. 23.386,811 Millionen ATS (1.699,586 Millionen €) errechnet.[845]

Etwa 5 % aller ÖsterreicherInnen zwischen 16 und 99 Jahren werden als „chronische Alkoholiker", 13,3 % als „problematische Alkoholkonsumenten" („Alkoholmissbraucher") bezeichnet. Weitere 21,4 % weisen „mittleren Alkoholkonsum" und 37 % „geringen Alkoholkonsum" auf.[846] Daten über die Beteiligung dieses Personenkreises am Unfallgeschehen am Arbeitsplatz werden weder von der AUVA noch von anderen Stellen erhoben.

844 Vgl. Unfallstatistik 2002, Reihe Verkehr in Österreich, Heft 33, hrsg. vom Kuratorium für Verkehrssicherheit in Zusammenarbeit mit dem Bundesministerium für Inneres, Wien 2003, S. 11, 68, 72, 98.

845 Für die Übermittlung dieses Zahlenmaterials sei Frau Mag. MAYER von der Abteilung für Statistik der AUVA in Wien bestens gedankt!

846 UHL / KOPF / SPRINGER / EISENBACH-STANGL / KOBRNA / BACHMAYER / BEIGLBÖCK / PREINSPERGER / MADER, aaO (Anm. 173), S. 94, 97 mwN.

Ein Experte aus den Präventionszentren der AUVA in Wien geht davon aus, dass (auch) 5 % aller betrieblichen Mitarbeiter (sc. sogar) alkoholkrank seien. Die Arbeitsunfall-Häufigkeit von Abhängigen sei 3,5 Mal größer als bei anderen. 25 % aller Arbeitsunfälle seien durch Alkohol verursacht oder mitverursacht.[847] Andere Autoren, die sich ebenfalls auf Angaben der AUVA berufen, nehmen an, dass Alkoholeinfluss sogar bei knapp einem Drittel aller Arbeitsunfälle an deren Entstehung zumindest mitbeteiligt ist.[848] HALLER geht sogar davon aus, dass nahezu die Hälfte aller Arbeitsunfälle auf Alkohol zurückzuführen sei.[849]

Nach dem oben Ausgeführten zum Alkohol- und Drogenmissbrauch unter Verkehrsteilnehmern[850] ist zu vermuten, dass die Verhältnisse am Arbeitsplatz jedenfalls nicht grundlegend davon abweichen werden. Im Gegenteil: Jedermann weiß und muss damit rechnen, dass die Polizei Kraftfahrern unter (vermutetem) Alkohol- und/oder Drogeneinfluss mit sehr einschneidenden und folgenreichen Zwangs- und Sanktionsbefugnissen entgegentreten kann. Dieser besondere soziale Druck ist am Arbeitsplatz in aller Regel nicht gegeben. Es kann demnach kaum verfehlt sein, auch für den Bereich der Arbeitsunfälle anzunehmen, dass auf jeden alkoholbedingten Unfall einer kommt, der mit anderweitigem Drogenmissbrauch zusammenhängt.

Wir gehen weiter – vorsichtshalber – davon aus, dass (sogar) die <u>Gesamt</u>gruppe aller alkohol- und/oder drogenbedingten Unfälle nur 30 % aller Arbeitsunfälle betrifft. Ebenso nehmen wir auch hier an, dass je 15 % davon mit einer der beiden tangierten Substanzen zusammenhängen.[851] Der aus Drogenmissbrauch resultie-

847 MARUNA Harald, Ein Diskussionsbeitrag aus der Sicht der Allgemeinen Unfallversicherungsanstalt, in: BROSCH Renate / MADER Rudolf (Hrsg.), Alkohol am Arbeitsplatz, Wien 2001, S. 136; vgl. dazu auch HALLMAIER Roland, Alkohol im Betrieb, in: SINGER M. V. / TEYSSEN S. (Hrsg.), Alkohol und Alkoholfolgekrankheiten. Grundlagen – Diagnostik – Therapie, Berlin-Heidelberg 1999, S. 497.

848 BEIGLBÖCK Wolfgang / FESELMAYER Senta, „Sucht im Betrieb“. Betriebliche Suchtprävention in Österreich, in: BROSCH / MADER, aaO (Anm. 371), S. 424; vgl. dazu auch HALLMAIER, aaO (Anm. 847), S. 497.

849 HALLER, aaO (Anm. 479), S. 82.

850 Vgl. oben S. 244 ff.

851 Diese Schätzung wird – jedenfalls was den Einfluss von Alkohol betrifft – auch von namhaften Unfallchirurgen als eher vorsichtig beurteilt. Nach internationalen Erfahrungen (auch in der Literatur) werden zwischen 10 % und 30 % aller Arbeitsunfälle mit Alkoholeinfluss in Zusammenhang gebracht. – Herrn Univ.-Prof. Dr. Harald HERTZ, Ärztlicher Leiter des Unfallkrankenhauses Lorenz-Böhler in Wien und Frau Mag. Marina PREE vom Unfallverhütungs-

rende Anteil am Gesamtschaden durch Arbeitsunfälle ist daher mit 254,94 Millionen € einzuschätzen.

b) Weitere drogenbedingte Ausfälle

Neben den Unfallschäden fallen auch noch andere wirtschaftliche Nachteile aus dem Drogenmissbrauch ins Gewicht. So entstehen den Betrieben – wie bei Alkoholikern – insbesondere Mehrkosten durch vermehrte und verlängerte Krankenstände. Es sinken Qualität und Quantität der Arbeitsleistung. Nachteile entstehen etwa auch durch Belastungen des Betriebsklimas oder durch vorzeitiges Ausscheiden von Mitarbeitern (Personalsuche, Einschulungen etc.).[852]

So verzeichnete eine deutsche Studie aus dem Jahr 1998 bei alkoholkranken Mitarbeitern (in einer Verwaltungsbehörde) jährlich ca. 11.500 DM an Kosten für alkoholbedingte Fehlzeiten pro Betroffenem.[853] In Deutschland hat man ermittelt, dass alkoholkranke Mitarbeiter 2,5mal häufiger krank werden. Und sie bleiben insgesamt 16-mal häufiger vom Arbeitsplatz fern als andere (entschuldigte und unentschuldigte) Abwesenheiten wegen Rauschzuständen oder wegen Arbeitsunfähigkeit infolge alkoholbedingter Erkrankungen.[854] Für Österreich wurde festgestellt, dass Alkoholabhängige doppelt so viele Krankenstandstage aufweisen wie ihre nicht abhängigen Kollegen.[855]

Wenn man die in Deutschland 1998 erhobenen Jahresmehrkosten von ca. 11.500 DM (nur) inflationsbedingt bereinigt, so ergibt sich daraus ein jährlicher Schadensbetrag von (umgerechnet) ca. 6.360 €.

Der vom Drogenmissbrauch primär betroffene österreichische Bevölkerungsanteil zwischen 15 und 40 umfasste 2002 2,833 Millionen Personen.[856] Wie soeben ausgeführt, sind 18,3 % aller Einwohner Österreichs als „problematische Alkoholkonsumenten" (=

dienst im Unfallkrankenhaus Linz sei auch an dieser Stelle bestens für ihre facheinschlägigen Auskünfte gedankt!

852 UHL / KOPF / SPRINGER / EISENBACH-STANGL / KOBRNA / BACHMAYER / BEIGLBÖCK / PREINSPERGER / MADER, aaO (Anm. 173), S. 178 f.

853 UHL / KOPF / SPRINGER / EISENBACH-STANGL / KOBRNA / BACHMAYER / BEIGLBÖCK / PREINSPERGER / MADER, aaO (Anm. 173), S. 179 mwN.

854 HALLMAIER, aaO (Anm. 847), S. 497.

855 MARUNA, aaO (Anm. 847), S. 136.

856 Zu den demographischen Daten vgl. HAAS / BUSCH / HORVATH /WEIGL / TÜRSCHERL 2003, aaO (Anm. 8), S. 121.

Alkoholmissbraucher oder gar chronische Alkoholiker) anzusehen. Dies entspräche mindestens 518.400 „Problemkonsumenten“ von Alkohol in dieser – besonders belasteten – Bevölkerungsschicht. Nimmt man an, dass nur jeder dritte unter ihnen am Arbeitsplatz durch vermehrte Krankenstände etc. „auffällt“, so wären dies immer noch 172.800 solcher Problemfälle durch Alkohol.

Berücksichtigt man weiters, dass – jedenfalls in dieser Bevölkerungsschicht – Drogenmissbrauch am Arbeitsplatz annähernd gleich häufig auftritt wie Alkoholmissbrauch, so wären dies – wie soeben für den Alkoholbereich ermittelt – wiederum ca. 172.800 analoge Problemfälle durch Drogen am Arbeitsplatz.

Diese Zahl mit dem Schadensbetrag pro Jahr von 6.360 € multipliziert, ergibt für 2002 1.099,008 Millionen € an (weiteren) drogenbedingten Schäden am Arbeitsplatz.

Zusammen mit den Schäden durch Arbeitsunfälle unter Drogeneinfluss in der Höhe von 254,94 Millionen € errechnet sich für das Problemfeld „Drogen am Arbeitsplatz“ ein Gesamtbetrag von 1.353,948 Millionen €.

8) Andere drogenbedingte Unfälle (Heim, Freizeit, Sport)

Das Institut „Sicher Leben“ hat in der Unfallstatistik 2002 die Unfallfolgekosten für die Bereiche Heim, Freizeit und Sport bezogen auf das Jahr mit 3,18 Milliarden € ausgewiesen.[857] Diese Folgekosten setzen sich aus medizinischer Behandlung, medizinischer Rehabilitation, Lohnfortzahlungen, Versicherungsleistungen, Arbeitsunfall-Renten, Unfall-Invaliditäts-Pensionen und Verwaltungskosten zusammen.[858]

Auf die bezüglich Drogenmissbrauch am ehesten in Frage kommende Altersschicht zwischen 15 und 40 entfielen anteilig etwa 35 % aller dieser Unfälle und demnach auch 35 % der mit ihnen zusammenhängenden Schäden. Dies wären demnach 1.113 Millionen €.

857 Vgl. Unfallstatistik 2002. Verletzte nach Heim-, Freizeit- und Sportunfällen in Österreich, hrsg. vom Institut „Sicher Leben“ des Kuratoriums für Schutz und Sicherheit, Wien 2003. – Herrn Dr. Robert BAUER vom Institut „Sicher Leben“ sei auch an dieser Stelle für ergänzende Auskünfte bestens gedankt!

858 Presseaussendung des Instituts „Sicher Leben“ in Wien vom 20. 9. 2005 „390.000 Euro pro Stunde für Unfallfolgekosten“, S. 2.

Wir haben oben bei den Unfällen am Arbeitsplatz eine Alkohol- und Drogenbeteiligung von je 15 % angenommen. Der soziale Konformitätsdruck in Richtung Alkohol- oder Drogenabstinenz ist im Heim- und Freizeitbereich gewiss nicht größer einzuschätzen als am Arbeitsplatz. Daher kann es kaum verfehlt sein, auch für die Unfälle im Bereich Heim, Freizeit und Sport den drogenbedingten Anteil (wenigstens) gleich hoch anzunehmen wie für den Bereich Arbeitsplatz, demnach also mit 15 %.

Dies bedeutet, dass 2002 etwa 166,95 Millionen € an einschlägigen Unfallfolgen zu verzeichnen waren, für deren Zustandekommen irgendein Drogeneinfluss zumindest mitkausal war.

9) Übersicht

Der ganze Schadensbetrag (ausgeworfen in Millionen €) aus allen bisherigen Ermittlungen setzt sich wie folgt zusammen:

a) Drogenkosten	4.056,584
b) Beschaffungsschäden	2.612,508
c) Drogenbezogene Nachfragereduktion	154,890
d) Kinder von Süchtigen	44,350
e) Indirekte Schäden	2.000,000
f) Mortalität	156,115
g) Morbidität	2.010,440
h) (Restlicher) Aufwand für Sozialhilfe (etc.)	1.963,912
i) Drogen im Verkehr	188,000
j) Drogen am Arbeitsplatz	1.353,948
k) Sonstige Unfälle unter Drogen (Heim, Freizeit, Sport)	166,950
Summe	**14.707,697**

Demnach hat im Jahr 2002 die Summe aller gesamtwirtschaftlichen Nachteile aus dem Drogenmissbrauch insgesamt nicht unter 14,70 Milliarden €[859] betragen.

859 ≈ 181,9 Milliarden ATS.

Abkürzungsverzeichnis

aaO	am angegebenen Ort
AB	Ausschussbericht
Abs	Absatz
Anm.	Anmerkung
AUVA	Allgemeine Unfallversicherungsanstalt
BGBl	Bundesgesetzblatt
BIP	Bruttoinlandsprodukt
BKA	(deutsches oder österreichisches) Bundeskriminalamt
BlgNR	Beilagennummer
BtMG	(deutsches) Betäubungsmittelgesetz
ca.	zirka
CICAD	Interamerikanische Drogenmissbrauchs-Kontrollkommission
DBDD	Deutsche Referenzstelle für die Europäische Beobachtungsstelle für Drogen und Drogensucht
DEA	amerikanische Anti-Drogen-Behörde
d.h.	das heißt
durchschnittl.	durchschnittlich
EBDD	Europäische Beobachtungsstelle für Drogen und Drogensucht in Lissabon
EMCDDA	European Monitoring Centre for Drugs and Drug Addiction
etc.	et cetera
et al.	und andere
EUCPN	European Crime Prevention Network
f., ff.	fortfolgende
FGÖ	Fonds Gesundes Österreich
GP	Gesetzgebungsperiode
GZ	Geschäftszahl
Hrsg., hrsg.	Herausgeber, herausgegeben von
IBMP	Institut für Biomedizinische und Pharmazeutische Forschung
i.e.S.	im engeren Sinn
IFT	Institut für Therapieforschung
INCANT	International Cannabis Need of Treatment
i.S.v.	im Sinn von
i.w.S.	im weiteren Sinn
JRP	Journal für Rechtspolitik
Lj.	Lebensjahr

mwN	mit weiteren Nachweisen
Nr./No.	Nummer
OAS	Organisation Amerikanischer Staaten
ÖBIG	Österreichisches Bundesinstitut für Gesundheitswesen; österreichische Referenzstelle für die Europäische Beobachtungsstelle für Drogen und Drogensucht
ÖGPP	Österreichische Gesellschaft für Psychiatrie und Psychotherapie
o.O.	ohne Ort
o.J.	ohne Jahr
p.	page
PKS	(deutsche) Polizeiliche Kriminalstatistik
RV	Regierungsvorlage
Rz	Randziffer
S.	Seite
SMG	Suchtmittelgesetz
sog.	sogenannt(e)
SZK	Schweizerische Zeitschrift für Kriminologie
u.a.	unter anderem
u.a.m.	und anderes mehr
u.E.	unseres Erachtens
UN	Vereinte Nationen
u.U.	unter Umständen
u.v.a.m.	und vieles anderes mehr
vgl.	vergleiche
WIFO	Österreichisches Institut für Wirtschaftsforschung
Z	Ziffer
z.B.	zum Beispiel
Zl.	Zahl
z.T.	zum Teil

Literaturverzeichnis

AHLF Ernst-Heinrich, Einführung in die Veranstaltung, in: Bundeskriminalamt. Kriminalistisches Institut (Hrsg.), Kokainkonsum – Wege zu einem verborgenen Phänomen. Gemeinsamer Workshop des Bundesministeriums für Gesundheit und des Bundeskriminalamts am 30. November und 1. Dezember 2000 in Wiesbaden, Bundeskriminalamt Wiesbaden 2001, S. 13 bis 16.

AKYÜREK Metin, Gesundheitsbezogene Maßnahmen bei Suchtgiftmissbrauch, in: HINTERHOFER Hubert / ROSBAUD Christian (Hrsg.), Kommentar zum Suchtmittelgesetz, Wien-New York 2006, S. 133 bis 206.

ALBRECHT Hans-Jörg, Forschungen zur Wirtschaftskriminalität in Europa: Konzepte und empirische Befunde, in: ALBRECHT Hans-Jörg / ENTORF Horst (Hrsg.), Kriminalität, Ökonomie und Europäischer Sozialstaat, Heidelberg 2003, S. 37 bis 69.

ALLEN Laurence / TRACE Mike / KLEIN Axel, Decriminalisation of drugs in Portugal: a current overview, edited by The Beckley Foundation, Number Six, A DrugScope Briefing Paper for the Beckley Foundation Drug Policy Programme, o.O., 2004.

Arbeitsmarktservice Österreich (Hrsg.), Geschäftsbericht 2003.

AUST Rebecca / CONDON Joanne, Geographical Variations in Drug Use. Key findings from the 2001/02 British Crime Survey. England and Wales, 15/03, 4 December 2003, p. i to 65.

BAUER Martin / LAMEI Nadja, Altersprofile der Einkommen von unselbständig Erwerbstätigen und Pensionisten, in: Statistische Nachrichten, 5/2003, S. 365 bis 374.

BEHRENS Doris A. / CAULKINS Jonathan P. / TRAGLER Gernot / HAUNSCHMIED Josef L. / FEICHTINGER Gustav, A dynamic model of drug initiation: implications for treatment and drug control, in: Mathematical Biosciences 159 (1999), p. 1 to 20.

BEHRENS Doris A. / CAULKINS Jonathan P. / TRAGLER Gernot / FEICHTINGER Gustav, Optimal Control of Drug Epidemics: Prevent and Treat – But Not at the Same Time ?, in: Management Science/Vol.46, No. 3, March 2000, p. 333 to 347.

BEIGLBÖCK Wolfgang / FESELMAYER Senta, „Sucht im Betrieb". Betriebliche Suchtprävention in Österreich, in: BROSCH Renate / MADER Rudolf (Hrsg.), Sucht und Suchtbehandlung. Problematik und Therapie in Österreich, Wien 2004, S. 421 bis 430.

BERGER Ernst / ELSTNER Thomas / FIALA-PREINSBERGER Sabine, Entwicklung von Kindern substanzabhängiger Mütter, in: BEUBLER Eckhard / HALTMAYER Hans / SPRINGER Alfred (Hrsg.), Opiatabhängigkeit. Interdisziplinäre Aspekte für die Praxis, 2. Auflage, Wien-New York 2007, S. 259 bis 268.

BERGHAUS Günter, Gutachtliche Äußerung zu den Fragen des Fragenkatalogs. – 1 BvR 2062, 1 BvR 1143/98, S. 1 bis 16; ausgedruckt aus dem Internet: http://www.medizin.uni.koeln.de/institute/rechtsmedizin/ga_bvg.html.

Bericht des Kontrollamts der Stadt Wien, „Fonds ‚Soziales Wien', Feststellungen anlässlich der Prüfung der Jahresabschlüsse 2001, 2002 und 2003", S. 13; ausgedruckt aus dem Internet: http://www.kontrollamt.wien.at/berichte/2004/lang/3-10-KA-II-Fsw-3-4.pdf

BERR Wolfgang / KRAUSE Martin / SACHS Hans, Drogen im Straßenverkehrsrecht, Heidelberg 2007.

BIRKLBAUER Alois / HAUER Andreas / KEPLINGER Rudolf, Suchtmittelgesetz, Engerwitzdorf 2006.

BOCK Michael, Abgründe der Drogenpolitik. Ein Beitrag zur Interdisziplinarität des Nichtwissens, in: ALBRECHT Hans-Jörg et al (Hrsg.), Internationale Perspektiven in Kriminologie und Strafrecht. Festschrift für Günther Kaiser zum 70. Geburtstag, 1. Halbband, Berlin 1998, S. 699 bis 715.

BOCK Michael, Kriminologie. Für Studium und Praxis, 2. Auflage, München 2000.

BOVENS Michael G. / HANSJAKOB Thomas, Rechtliche Neuregelung von halluzinogenen Pilzen. Konsequenzen für die Forensische Analytik, in: Kriminalistik 7/02, S. 471 ff.

BOYUM David / KLEIMAN Mark A. R., Breaking the drug, Archived Issue, Summer 2003, ausgedruckt aus dem Internet: http://www.thepublicinterest.com/archives/2003summer/article2.html, S. 1 bis 10.

BROSCH Renate, Zum Thema Sucht. Betroffene und deren Angehörige, hrsg. vom Bundesministerium für Gesundheit und Frauen, aktualisierter Nachdruck, Wien 2004.

BRUCKNER Johann / ZEDERBAUER Susanne, unter Mitarbeit von EINZINGER Michael, Vergleich und Analyse des Problems illegaler Drogen in Österreich unter ökonomischen Gesichtspunkten. Überblick über die Aufwendungen und Leistungen der Drogeneinrichtungen im Jahr 1997, (unveröffentlichte) Erhebung, Linz 2000.

BÜHRINGER Gerhard, Drogenkriminalität und Drogenprävention in Europa, in: ALBRECHT Hans-Jörg / ENTORF Horst (Hrsg.), Kriminalität, Ökonomie und Europäischer Sozialstaat, Heidelberg 2003, S. 71 bis 96.

Bund deutscher Kriminalbeamter, Landesverband Nordrhein-Westfalen (Hrsg.), Dokumentation Landesverband NW, Juni/Juli 1985, Dokumentation Verbrechensbekämpfung. Niederlande – Stop Drogen. Stop Drogen – Niederlande, Sonderdruck.

Bundeskriminalamt Wiesbaden (Hrsg.), Drogenabhängigkeit und Kontrolle. Kriminologische Untersuchung über Phänomenologie des Heroinkonsums und polizeiliche Drogenkontrolle, Band 14 der BKA-Forschungsreihe, praxisbezogene Auswertung von Hans-Jürgen EYRICH, Wiesbaden, o. J.

Bundeskriminalamt Wiesbaden (Hrsg.), Polizeiliche Kriminalstatistik (PKS) für das Berichtsjahr 2002.

Bundesministerium des Inneren / Bundesministerium der Justiz, Zweiter Periodischer Sicherheitsbericht, 1. Auflage, Berlin 2006.

Bundesministerium für Inneres (Hrsg.), Polizeiliche Kriminalstatistik 1989.

Bundesministerium für Inneres (Hrsg.), Kriminalitätsbericht. Statistik und Analyse 2002, in: Sicherheitsbericht 2002. Bericht der Bundesregierung über die innere Sicherheit in Österreich, hrsg. von Bundesministerium für Inneres und Bundesministerium für Justiz, Wien 2002.

Bundesministerium für Inneres / Bundeskriminalamt, Büro 3.5. (Hrsg.), Suchtmittelkriminalität, Jahresbericht 2002, Wien 2003.

Bundesministerium für Inneres / Bundeskriminalamt, Büro 3.5 (Hrsg.), Suchtmittelkriminalität. Jahresbericht 2004, Wien 2005.

Bundesministerium für Inneres / Bundeskriminalamt, Büro 3.5 (Hrsg.), Suchtmittelkriminalität. Jahresbericht 2006, Wien 2007.

BURGHARD Waldemar, Ideen statt Ideologien, in: Kriminalistik 4/97, S. 235.

BUSCH Martin / HAAS Sabine, Illegale Drogen in Österreich: Epidemiologische Situation und aktuelle Trends, in: BROSCH Renate / MADER Rudolf (Hrsg.), Sucht und Suchtbehandlung. Problematik und Therapie in Österreich, Wien 2004, S. 75 bis 102.

CARTWRIGHT William S. / KAPLE James M., Introduction and Summary, in: CARTWRIGHT William S. / KAPLE James M. (Editors), Economic Costs, Cost-Effectiveness, Financing, and Community-Based Drug Treatment, National Institute on Drug Abuse, Research Monograph Series 113, Rockville 1991, p. 1 to 9.

CHOI Bernard CK / ROBSON Lynda / SINGLE Eric, Estimating the Economic Costs of the Abuse of Tobacco, Alcohol and Illicit Drugs: A Review of Methodologies and Canadian Data Sources, in: Chronic Diseases in Canada, Volume 18, Nr. 4-1997, p. 1 to 29;ausgedruckt aus dem Internet: http://www.hc-sc.gc.ca/pphb-dgspsp/publicat/cdic-mcc/18-4/b_e.html.

COLLINS David J. / LAPSLEY Helen M., The social costs of drug abuse in Australia in 1988 and 1992. Report prepared for the Commonwealth Department of Human Services and Health, National Drug Strategy, Monograph Series, Nr. 30, Sydney 1996.

COLLINS D. / LAPSLEY H. / LECAVALIER J. / SINGLE E., Introduction: Improving economic data to inform decisions in drug control, in: United Nations International Drug Control Programme Vienna (editor), Bulletin on Narcotics. Volume LII, Nos. 1 and 2, 2000. Economic and social costs of substance abuse, United Nations, New York 2001, p. 1 to 20.

COLLINS David J. / LAPSLEY Helen M., Counting the cost: estimates of the social costs of drug abuse in Australia in 1998-9, Monograph Series No. 49, edited by the Commonwealth of Australia, Canberra 2002.

CZERNY Margarete / KRATENA Kurt / KÖPPL Angela / WEINGÄRTLER Michael, Makroökonomische Wirkungen energiesparender Sanierungsinvestitionen im Wohnbau. Studie des Österreichischen Instituts für Wirtschaftsforschung im Auftrag der Gemeinschaft Dämmstoff Industrie (GDI), hrsg. vom Österreichischen Institut für Wirtschaftsforschung (WIFO), Wien 2002.

CZERNY Margarete / WEINGÄRTLER Michael, Gesamtwirtschaftliche Auswirkungen der Ökologisierung der öffentlichen Wohnbauförderung in Niederösterreich. Studie des Österreichischen Instituts für Wirtschaftsforschung im Auftrag des Amtes der Niederösterreichischen Landesregierung, hrsg. vom Österreichischen Institut für Wirtschaftsforschung (WIFO), Wien 2005.

CZERNY Margarete / WEINGÄRTLER Michael, Wohnbau und Wohnhaussanierung als Konjunkturmotor. Studie des Österreichischen Instituts für Wirtschaftsforschung im Auftrag des Bundesministeriums für Wirtschaft und Arbeit, hrsg. vom Österreichischen Institut für Wirtschaftsforschung (WIFO), Wien 2007.

DAWE Sharon / FRYE Sally / BEST David / MOSS Derran / ATKINSON Judy / EVANS Chris / LYNCH Mark / HARNETT Paul, Drug use in the family. Impacts and implications for children. A report prepared for the Australian National Council on Drugs, ANCD research paper Nr. 13, Canberra 2007, ausgedruckt aus dem Internet: http://www.ancd.org.au/publications/pdf/rp13_drug_use_in_family.pdf.

DE CORDOBA Ursula / BREZA Alexandra / NIEDERMAYER Irene, Psychosoziale Grundlagen bei Substanzmissbrauch und Substanzabhängigkeit, in: FISCHER Gabriele (Hrsg.), Therapie mit Opioiden. Vademecum für Praktische ÄrztInnen und verwandte Gesundheitsberufe, Wien 2002, S. 155 bis 175.

DE CORDOBA Ursula / PRESSLICH Otto / FISCHER Gabriele, Therapie opioidabhängiger Schwangerer – spezielle Aspekte, in: BROSCH Renate / MADER

Rudolf (Hrsg.), Sucht und Suchtbehandlung. Problematik und Therapie in Österreich, Wien 2004, S. 245 bis 254.

DE RUYVER B. / PELC I. / CASSELMAN J., La politique des drogues en chiffres: étude des acteurs concernés, des dépenses publiques et des populations atteintes, o.O., 2004.

DHAVAL Dave, The Effects of Cocaine and Heroin Prices on Drug-Related Emergency Department Visits, NBER Working Paper No. 10619, Issued in July 2004, NBER Program(s): HE, Abstract; ausgedruckt aus dem Internet: http://papers.nber.org/papers/w10619>.

Die Drogenbeauftragte der Bundesregierung, Drogen- und Suchtbericht, o.O., 2002.

DIXON Patrick, The Truth about Drugs – book on drug addiction, o.O., 1998, p. 6 f., abstract ausgedruckt aus dem Internet:
http://www.globalchange.com/drugs/TAD-Chapter%202.htm.

DORN Nicholas / JAMIESON Alison, Room for Manoeuvre. Overview of comparative legal research into national drug laws of France, Germany, Italy, Spain, the Netherlands and Sweden and their relation to three international drugs conventions. Based on research by an international team Yann BISIOU (France), Tom BLOM (the Netherlans), Lorenz BÖLLINGER (Germany), Maria Luisa CESONI (Italy), José Luis de la CUESTA and Isidoro BLANCO (Spain) and Josef ZILA (Sweden), A Study of DrugScope, London, For the Independent Inquiry on The Misuse of Drugs Act 1971, London 2000, p. i to 24.

DOYLE Chris / SMITH Jennifer C., The Economics of Crime and Drugs, Department of Economics, University of Warwick, January 2002, p. 1 to 30.

Drug Abuse and Pregnancy, Fast and Convenient Continuing Education for Medical Professionals, Information provided by the NIH & NIDA, p. 1 to 4; ausgedruckt aus dem Internet: http://www.medceu.com/course-no-test.cfm?CID=753.

Editors of Executive Intelligence Review, Dope, Inc. The Book that drove Henry Kissinger crazy, Washington D.C. 1992.

EGG Rudolf / RAUTENBERG Marcus, Drogenmißbrauch und Kriminalität. Ergebnisse einer vergleichenden Literaturanalyse, in: EGG Rudolf (Hrsg.), Drogenmißbrauch und Delinquenz. – Kriminologische Perspektiven und praktische Konsequenzen –, Wiesbaden 1999, S. 139 bis 151.

EISENBACH-STANGL Irmgard / MÄKELÄ Klaus / SCHMIDT-SEMISCH Henning, Gesellschaftliche Reaktionen auf Drogenkonsum und Drogenprobleme, in: UCHTENHAGEN Ambros / ZIEGLGÄNSBERGER Walter (Hrsg.), Suchtmedizin. Konzepte, Strategien und therapeutisches Management, 1. Auflage, München-Jena 2000, S. 150 bis 161.

EISENBACH-STANGL Irmgard, Drogen und Un-Sicherheit, in: STANGL Wolfgang / HANAK Gerhard (Hrsg.), Innere Sicherheiten, in: Jahrbuch für Rechts- und Kriminalsoziologie 2002, hrsg. von LEIRER Herbert / PILGRAM Arno / STANGL Wolfgang / STEINERT Heinz, 1. Auflage 2003, Baden-Baden 2003, S. 207 bis 226.

EISENBACH-STANGL Irmgard, Zum Gebrauch psychotroper Substanzen und zur Verbreitung substanzbezogener Probleme in Österreich. Ein Überblick anhand ausgewählter Daten, in: BROSCH Renate / MADER Rudolf (Hrsg.), Sucht und Suchtbehandlung. Problematik und Therapie in Österreich, Wien 2004, S. 103 bis 118.

EISENBACH-STANGL Irmgard, Die Drogen, die Fremden und die Polizei: Polizeiliche Proaktivität und Anzeigenentwicklung, in: Phänomen Strafanzeige, Jahrbuch für Rechts- und Kriminalsoziologie, hrsg. von CREMER-SCHÄFER

Helga / PILGRAM Arno / STANGL Wolfgang / STEINERT Heinz, 1. Auflage 2004, Baden-Baden 2004, S. 67 bis 86.

ELLGREN Maria / SPANO Sabrina M. / HURD Yasmin L., Adolescent Cannabis Exposure Alters Opiate Intake and Opioid Limbic Neuronal Populations in Adult Rats, Original Article, Neuropsychopharmacology advance online publication 5 July 2006; ausgedruckt aus dem Internet http://www.nature.com/npp/journal/vaop/ncurrent/abs/1301127a.html.

EMCDDA – 'Strategies and Impact' Programme, Public expenditure on drugs in the European Union 2000-2004, o.O., 2004.

ENTORF Horst / WINKLER Peter, Illegale Drogen und Kriminalität: Wie ausgeprägt ist der Zusammenhang ?, in: ALBRECHT Hans-Jörg / ENTORF Horst (Hrsg.), Kriminalität, Ökonomie und Europäischer Sozialstaat, Heidelberg 2003, S. 97 bis 132.

ERHARDT Elmar, Zur Beschaffungskriminalität von Drogenabhängigen. Ein Forschungsbericht, in: ERHARDT Elmar / LEINEWEBER Heinz (Hrsg.), Drogen und Kriminalität. Beiträge, Forschungsberichte und Materialien aus dem Kriminalistischen Institut, Sonderband der BKA-Forschungsreihe, Bundeskriminalamt Wiesbaden 1993, S. 29 bis 65.

ESQUIVEL Térésa, Les enfants de parents toxicomanes, p. 1 mwN; ausgedruckt aus dem Internet: http://www.drogues.gouv.fr/fr/pdf/professionnels/ressources/dossier_enfants.pdf.

ESTERMANN Josef, Die Verfolgung von Drogendelikten, in: ESTERMANN Josef (Hrsg.), Auswirkungen der Drogenrepression. Illegale Drogen: Konsum, Handel, Markt und Prohibition, Studien zur qualitativen Drogenforschung und akzeptierenden Drogenarbeit, Band 15, hrsg. vom Institut zur Förderung qualitativer Drogenforschung, akzeptierender Drogenarbeit und rationaler Drogenpolitik, INDRO e.V., Studien zur Gesundheitsforschung, Band 1, hrsg. von ORLUX, Wirtschafts-, Sozial- und Gesundheitsforschung, Luzern, Berlin 1997, S. 75 bis 82.

Europäische Beobachtungsstelle für Drogen und Drogensucht, Stand der Drogenproblematik in der Europäischen Union und in Norwegen. Jahresbericht 2003, Luxemburg 2003.

Europäische Beobachtungsstelle für Drogen und Drogensucht, Stand der Drogenproblematik in der Europäischen Union und in Norwegen. Jahresbericht 2004, Luxemburg 2004.

Europäische Beobachtungsstelle für Drogen und Drogensucht, Stand der Drogenproblematik in Europa. Jahresbericht 2005, Luxemburg 2005.

Europäische Beobachtungsstelle für Drogen und Drogensucht, Stand der Drogenproblematik in Europa. Jahresbericht 2006, Luxemburg 2006.

Europäische Beobachtungsstelle für Drogen und Drogensucht, Stand der Drogenproblematik in Europa. Jahresbericht 2007, Luxemburg 2007.

European Monitoring Centre for Drugs and Drug Addiction, EMCDDA Scientific report, Public spending on drugs in the European Union during the 1990s. Retrospective research, This report was prepared by: Professor Pierre KOPP and Professor Philippe FENOGLIO, Lisboa, Portugal, EMCDDA 2003.

European Crime Prevention Network. EUCPN, Second work programme. Setting priorities and objectives for the period January 2003 – December 2004.

FEICHTINGER Gustav / TRAGLER Gernot, Ein dynamischer Kosten-Nutzen-Ansatz zur Drogenabhängigkeit, in: TRETTER Felix / ERBAS Beate / SONNTAG Gert, (Hrsg.), Ökonomie der Sucht und Suchttherapie, Lengerich-Berlin-Bremen-Miami-Riga-Viernheim-Wien-Zagreb 2004, S. 373 bis 394.

FELLÖCKER Kurt, Lebensweltorientierte Sekundärprävention im ländlichen Raum, in: FELLÖCKER Kurt / FRANKE Silvia (Hrsg.), Suchtvorbeugung in Österreich, Wien-New York 2000, S. 199 bis 214.

FELLÖCKER Kurt / FRANKE Silvia, Suchtprävention – eine Einführung, in: FELLÖCKER Kurt / FRANKE Silvia (Hrsg.), Suchtvorbeugung in Österreich, Wien-New York 2000, S. 1 bis 11.

FERENCI Peter, Hepatitis und Drogensucht (Komorbidität bei Substanzabhängigkeit. Somatische Komorbidität bei Therapie der Opiatabhängigkeit), in: FISCHER Gabriele (Hrsg.), Therapie mit Opioiden. Vademecum für Praktische ÄrztInnen und verwandte Gesundheitsberufe, Wien 2002, S. 119 bis 129.

FISCHER Gabriele / KASPAR Siegfried (Hrsg.) unter Mitarbeit von PETERNELL Alexandra / RÖSSLER Bettina / HERBACEK Angela / NIEDERMAYER Irene, Therapiestandards der Opiatabhängigkeit, Wien, o. J.

FOISSNER Max, Suchtvorbeugung und Jugendarbeit – Chancen und Grenzen einer Kooperation, in: FELLÖCKER Kurt / FRANKE Silvia (Hrsg.), Suchtvorbeugung in Österreich, Wien-New York 2000, S. 157 bis 168.

FOREGGER Egmont / LITZKA Gerhard / MATZKA Michael (Hrsg.), Suchtmittelgesetz. Kurzkommentar samt einschlägigen Bestimmungen in EG-Recht, internationalen Verträgen, Verordnungen und Erlässen, Wien 1998.

FRENCH Michael T. / McCOLLISTER Kathryn E. / CHITWOOD Dale D. / McCOY Clyde B., Re-examining the social cost of drug-related crime: chronic drug users as victims and perpetrators, Abstract #7555, 13. 11. 2000, ausgedruckt aus dem Internet: http://apha.confex.com/apha/128am/techprogram/paper_7555.htm.

GARCÍA-ALTÉS Anna / MA OLLÉ Josep / ANTOÑANZAS Fernando / COLOM Joan, The social cost of illegal drug consumption in Spain, in: Addiction, Volume 97, Issue 9, September 2002, p. 1145.

GEBHART Christoph, Drogenpolitik, in: KREUZER Arthur (Hrsg.), Handbuch des Betäubungsmittelstrafrechts, München 1998, S. 583 bis 650.

GEORGE Gregory, Unveröffentlichtes Redemanuskript zum Thema „Im Visier der Mafia/BGV. Das globale Dope. Inc: Eine aktuelle Bestandsaufnahme“, Sühlendorf 16/17 Aug. 1996, S. 1 bis 13.

GÖBL Markus / NOCK Brigitte / LARCHER Hermann / HATZL Werner, Cannabis: Vom Mythos zum Mainstream. Die Cannabis-KlientInnen der Drogenberatungsstellen im Z6, MDA basecamp, Z6 Drogenberatung, Innsbruck 20. 5. 2003, unveröffentlicht, o.S.

GÖPPINGER Hans, Kriminologie, bearbeitet von BOCK Michael / BÖHM Alexander, unter Mitarbeit von KRÖBER Hans-Ludwig / MASCHKE Werner, 5. Auflage, München 1997.

Gouvernement de Québec / Ministère de la Santé et des Services sociaux / Comité permanent de lutte à la toxicomanie, Avis sur Les mères toxicomanes, CPLT, Dépôt légal, Bibliothèque nationale du Canada, Québec 1999.

Government Response to Hidden Harm: The Report of an Inquiry by the Advisory Council on the Misuse of Drugs, department for education and skills, Nottingham 2005.

GUGER Alois, Umverteilung durch den Staat in Österreich, in: Monatsberichte des Österreichischen Instituts für Wirtschaftsforschung (WIFO), Jg.69, Heft 10/1996, S. 635 bis 652.

GUGER Alois, Hauptergebnisse – Executive Summary, in: GUGER Alois / BUCHEGGER Reiner / LUTZ Hedwig / MAYRHUBER Christine / WÜGER Michael, Schätzung der direkten und indirekten Kinderkosten. Studie des Österreichischen Instituts für Wirtschaftsforschung im Auftrag des Bundesministeriums für Soziale Sicherheit und Generationen, hrsg. vom Österreichischen Institut für Wirtschaftsforschung (WIFO), Wien, März 2003, S. 1 bis 10.

HAAS Sabine, Reitox Focal Point Österreich. Bericht zur Drogensituation 1996, hrsg. vom Österreichischen Bundesinstitut für Gesundheitswesen, Wien 1996.

HAAS Sabine, Bericht zur Drogensituation 1997, hrsg. vom Österreichischen Bundesinstitut für Gesundheitswesen, Wien 1997.

HAAS Sabine / GUZEI Klarissa / TÜRSCHERL Elisabeth, Bericht zur Drogensituation 1998, hrsg. vom Österreichischen Bundesinstitut für Gesundheitswesen, Wien 1998.

HAAS Sabine / BUSCH Martin / TÜRSCHERL Elisabeth, unter Mitarbeit von GUZEI Klarissa, Bericht zur Drogensituation 2000, hrsg. vom Österreichischen Bundesinstitut für Gesundheitswesen, Wien 2000.

HAAS Sabine, Suchtprävention im europäischen Vergleich, in: FELLÖCKER Kurt / FRANKE Silvia (Hrsg.), Suchtvorbeugung in Österreich, Wien-New York 2000, S. 45 bis 56.

HAAS Sabine / BUSCH Martin / GUZEI Klarissa / TÜRSCHERL Elisabeth / WEIGL Marion, Bericht zur Drogensituation 2001, hrsg. vom Österreichischen Bundesinstitut für Gesundheitswesen, Wien 2001.

HAAS Sabine / BUSCH Martin / HORVATH Ilonka / TÜRSCHERL Elisabeth / WEIGL Marion, Bericht zur Drogensituation 2002, hrsg. vom Österreichischen Bundesinstitut für Gesundheitswesen, Wien 2002.

HAAS Sabine / BUSCH Martin / HORVATH Ilonka / WEIGL Marion, unter Mitarbeit von TÜRSCHERL Elisabeth, Bericht zur Drogensituation 2003, hrsg. vom Österreichischen Bundesinstitut für Gesundheitswesen, Wien 2003.

HAAS Sabine / BUSCH Martin / HORVATH Ilonka / TÜRSCHERL Elisabeth / WEIGL Marion, Bericht zur Drogensituation 2004, hrsg. vom Österreichischen Bundesinstitut für Gesundheitswesen, Wien 2004.

HAAS Sabine / BUSCH Martin / HORVATH Ilonka / TÜRSCHERL Elisabeth / WEIGL Marion / ABRAHAM Tina, Bericht zur Drogensituation 2005, hrsg. vom Österreichischen Bundesinstitut für Gesundheitswesen, Wien 2005.

HAAS Sabine / BUSCH Martin / HORVATH Ilonka / TÜRSCHERL Elisabeth / WEIGL Marion / WIRL Charlotte, unter Mitarbeit von AUSTALLER Judith, Bericht zur Drogensituation 2006, hrsg. von Gesundheit Österreich GmbH, Geschäftsbereich ÖBIG, Wien 2006.

HABERSACK Helmut / MOSER Andrea (Hrsg.), Plattform Hochwasser. Ereignisdokumentation. Hochwasser August 2002, ZENAR – Zentrum für Naturgefahren und Risikomanagement, Universität für Bodenkultur in Zusammenarbeit mit dem Bundesministerium für Land- und Forstwirtschaft, Umwelt und Wasserwirtschaft, Wien 2003, S. 143 bis 150 (= Kurzfassung, Schlussfolgerungen und Ausblick).

HABL Claudia / SCHNABEL Eva / VOGLER Sabine / ROSIAN-SCHIKUTA Ingrid / TAKACS Adam, Öffentliche Ausgaben für Prävention und Gesundheitsförderung in Österreich 2001, hrsg. vom Bundesministerium für Gesundheit und Frauen, Wien 2004.

HALLER Reinhard, (Un)Glück der Sucht. Wie Sie Ihre Abhängigkeiten besiegen, Salzburg 2007.

HALLMAIER Roland, Alkohol im Betrieb, in: SINGER M. V. / TEYSSEN S. (Hrsg.), Alkohol und Alkoholfolgekrankheiten. Grundlagen – Diagnostik – Therapie, Berlin-Heidelberg 1999, S. 496 bis 506.

HARNISCHMACHER Robert F. J., Eine rechtliche, kriminologische und betriebswirtschaftliche Analyse. Internationale Geldwäsche am Beispiel von Off-Shore-Zentren. Motive – Formen – Abwehr, in: Deutsches Polizeijahrbuch, hrsg. von EUGEFIS e.V. (Europäische Gesellschaft für Innere Sicherheit) und PolizeiInfoForum, Sonderdruck 2003, o. O., S. 49 bis 81 (Druckfassung eines am 19. 3. 2003 im Fortbildungsinstitut der Bayerischen Polizei in Ainring/Deutschland gehaltenen Vortrags anlässlich des Seminars Geldwäscheermittlungen K – 21/1).

HARNISCHMACHER Robert F. J., Manuskript zur Vorlesung: Organisierte Kriminalität/Kriminologie, Teil 3. Internationale Geldwäsche am Beispiel von Off – Shore – Zentren. Motive – Forme – Abwehr. Eine rechtliche, kriminologische und betriebswirtschaftliche Analyse, Ruhr – Universität Bochum, Juristische Fakultät, Lehrstuhl Kriminologie, Kriminalpolitik und Polizeiwissenschaften im Sommersemester 2005, unveröffentlicht.

HARNISCHMACHER Robert F. J., Hawala Transaktionen – Illegales Banking in der Organisierten Kriminalität; ausgedruckt aus dem Internet: http://www.eurolaw-service.de-Rechts-/Themengebiete-Organisierte Kriminalität.

HARTWIG Karl-Hans / PIES Ingo, Rationale Drogenpolitik in der Demokratie. Wirtschaftswissenschaftliche und wirtschaftsethische Perspektiven einer Heroinvergabe, Tübingen 1995.

HARWOOD Henrick J., Analytical Principles and Issues in making cost of illness estimates for substance abuse. For the International Symposium on the Economic and Social Costs of Substance Abuse Banff, Alberta, Canada, May 11-13, 1994, p. 1 to 11; ausgedruckt aus dem Internet: http://www.ccsa.ca/costs/harwood.htm.

HASLER Rolf, Kokainsituation mit Bezug zu Deutschland aus polizeilicher Sicht, in: Bundeskriminalamt. Kriminalistisches Institut (Hrsg.), Kokainkonsum – Wege zu einem verborgenen Phänomen. Gemeinsamer Workshop des Bundesministeriums für Gesundheit und des Bundeskriminalamts am 30. November und 1. Dezember 2000 in Wiesbaden, Bundeskriminalamt Wiesbaden 2001, S. 17 bis 18.

HAUPTMANN Walter, Möglichkeiten und Grenzen einer modernen Kriminalpolitik, in: Strafrechtliche Probleme der Gegenwart. Strafrechtliches Seminar Ottenstein 1975, hrsg. vom Bundesministerium für Justiz, Wien 1976, S. 91 bis 112.

HAUPTMANN Walter, Strafrechtliche Sozialkontrolle: (K)ein auslaufendes Modell ?, in: Österreichische Richterzeitung, 9/1998, S. 182 bis 190.

HAUPTMANN Walter, unter Mitarbeit von HÜBNER Eleonora / BRAUHART Peter, Drogenpolitik ohne Strafrecht ?, Juristische Schriftenreihe, Band 170, Wien 2000.

HAUPTMANN Walter, Jugend und Sucht. Unzureichender Schutz auch konventionswidrig ?, in: MORSAK Louis C. (Hrsg.), Festgabe für Kurt Ebert zum 60. Geburtstag, Innsbruck 2002, S. 27 bis 66.

HEBLER Stefan, Drogenfreigabe, in: Magazin der Polizei, Nr. 218/1994, S. 4 bis 10.

HURRELMANN Klaus / BRÜNDEL Heidrun, Neue Herausforderungen für die Gesundheitsförderung. Fehlernährung und Bewegungsmangel als Schlüsselprobleme, in: Frühe Kindheit 6/2003, S. 8 bis 14.

IMAS-report. Umfrageberichte von IMAS-International, Justiz im öffentlichen Bewusstsein, Bevölkerung für härteres Vorgehen gegen Straftaten, Auszug aus einer IMAS-Studie für die Universität Linz, Nr. 2, Februar 2003.

Institut „Sicher Leben“ des Kuratoriums für Schutz und Sicherheit (Hrsg.), Unfallstatistik 2002. Verletzte nach Heim-, Freizeit- und Sportunfällen in Österreich, Wien 2003.

Institut für Strategische Markt-& Meinungsforschung (ISMA) / Fonds Gesundes Österreich, Jugend und Alkohol, Wien 2006.

JEANRENAUD Claude / SCHWAB CHRISTE Nathalie, Bewertung der sozialen Kosten des Suchtmittelkonsums, in: UCHTENHAGEN Ambros / ZIEGLGÄNSBERGER Walter (Hrsg.), Suchtmedizin. Konzepte, Strategien und therapeutisches Management, 1. Auflage, München-Jena 2000, S. 162 bis 173.

JEANRENAUD Claude / WIDMER Gaëlle / PELLEGRINI Sonia, Le coût social de la consommation de drogues illégales en Suisse. Rapport final, editée par la Université de Neuchâtel, Institut de recherches économique et régionales, Neuchâtel 2005.

KAISER Günther, Kriminologie. Ein Lehrbuch, 3. Auflage, Heidelberg 1996.

KALKE Jens / RASCHKE Peter / KERN Walter / LAGEMANN Christoph / FRAHM Hinnerk, Einleitung, in: KALKE Jens / RASCHKE Peter / KERN Walter / LAGEMANN Christoph / FRAHM Hinnerk (Hrsg.), Handbuch der Suchtprävention. Programme, Projekte und Maßnahmen aus Deutschland, Österreich und der Schweiz, Freiburg im Breisgau 2004, S. 9 bis 20.

KELLER Th. / KELLER A. / MONTICELLI F. / TUTSCH TUTSCH-BAUER E., Novellierung des § 5 StVO in Österreich – 2 Jahre danach, in: Kongressbericht 2005 der Deutschen Gesellschaft für Verkehrsmedizin e.V., Berichte der Bundesanstalt für Straßenwesen, Mensch und Sicherheit, Heft M 171, S. 158 bis 160.

KEMMESIES Uwe, Schülerbefragung – Freizeit und Drogenkonsum, in: KEMMESIES Uwe E. / WERSE Bernd, unter Mitwirkung von MÜLLER Oliver (Hrsg.), – Jahresbericht – MoSyD (Monitoring-System Drogentrends). Drogentrends in Frankfurt am Main 2002, Johann Wolfgang Goethe-Universität, Centre For Drug Research, im Auftrag des Drogenreferats der Stadt Frankfurt am Main, Frankfurt am Main 2003, S. 37 bis 117.

KERSTEN Ulrich, Wirtschaftskriminalität als Strukturkriminalität, in: Bundeskriminalamt (Hrsg.), Wirtschaftskriminalität und Korruption. Vorträge anlässlich der Herbsttagung des Bundeskriminalamts vom 19. bis 21. November 2002, Polizei und Forschung, Band 22, hrsg. vom Bundeskriminalamt. Kriminalistisches Institut, München-Unterschleißheim 2003, S. 31 bis 42.

KIENAPFEL Diethelm / HÖPFEL Frank, Grundriß des österreichischen Strafrechts. Allgemeiner Teil, 9., überarbeitete und erweiterte Auflage, Wien 2001.

KILLIAS Martin, Buchbesprechung über König Jens Martin, Der Beitrag der Methadonsubstitution zur kommunalen Kriminalprävention. Eine Delinquenzmessung bei Methadonpatienten in Bonn, Forum Verlag Godesberg, Mönchengladbach 2002, in: Monatsschrift für Kriminologie und Strafrechtsreform, 5/2004, S. 410 bis 411.

KINDERMANN Walter, Drogengeschichten. Faszination und Elend, Freiburg im Breisgau 2001.

KLEIBER Dieter, Kokainkonsum – Wege zu einem verborgenen Phänomen. Zusammenfassung und Perspektiven, in: Bundeskriminalamt. Kriminalistisches Institut (Hrsg.), Kokainkonsum – Wege zu einem verborgenen Phänomen. Gemeinsamer Workshop des Bundesministeriums für Gesundheit und des Bundeskriminalamts am 30. November und 1. Dezember 2000 in Wiesbaden, Bundeskriminalamt Wiesbaden 2001, S. 97 bis 99.

KLEIN Michael, Kinder aus suchtbelasteten Familien, in: THOMASIUS Rainer / KÜSTNER Udo J. (Hrsg.), unter Mitarbeit von BILKE et al, Familie und

Sucht. Grundlagen – Therapiepraxis – Prävention, Stuttgart 2005, S. 52 bis 59.

KLINGEMANN Harald, Spontanverläufe unbehandelter Suchtkrankheit, in: UCHTENHAGEN Ambros / ZIEGLGÄNSBERGER Walter (Hrsg.), Suchtmedizin. Konzepte, Strategien und therapeutisches Management, 1. Auflage, München-Jena 2000, S. 406 bis 410.

KNECHT Thomas, Metamphetamin – eine neu lancierte Aktivdroge als kriminogener Faktor. Kriminologische und forensisch-psychiatrische Aspekte eines gefährlichen Stimulans, in: Schweizerische Zeitschrift für Kriminologie (SZK), Heft 1/03, S. 3 bis 12.

KOBRNA Ulrike, Alkoholkonsum und Missbrauch. Daten, Fakten und Trends, in: Symposium Alkoholprävention, Universitätszentrum UZA II, Nahrungsmittel Alkohol ? Von Alcopops über Bier, Wein zum Schnaps, Summary, 10. September 2004, o. O., S. 6 bis 11.

KOCH Michael G. / L'AGESTEHR Johanna / GONZÁLEZ José J. / DÖRNER Dietrich, Die Epidemiologie von Aids. Die Immunschwächekrankheit Aids breitet sich mit beunruhigender Geschwindigkeit aus. Hinzu kommt noch, dass die Besonderheiten dieser Epidemie zu Fehldeutungen verleiten und Prognosen erschweren, in: Spektrum der Wissenschaft, Sonderdruck 1/1988.

KOCH Michael G., Drogenbekämpfung – Internationale Erfahrungen, in: BURKHARDT-KOLLER Hildegard (Hrsg), Drogen: warum nicht ?. Eine Publikation der Organisation BALD „Luzerner Bürgeraktion Leben ohne Drogen" mit aktuellen Beiträgen zu brisanten Fragen der Drogenproblematik, 3. Auflage, Lauerz 1997, S. 89 bis 142.

KÖRNER Yvonne / SCHNABEL Eva / KRÜGER Hans-Peter, Drogen und Opiate im Straßenverkehr, in: BEUBLER Eckhard / HALTMAYER Hans / SPRINGER Alfred (Hrsg.), Opiatabhängigkeit. Interdisziplinäre Aspekte für die Praxis, 2. Auflage, Wien-New York 2007, S. 269 bis 280.

KOHRS Doris Maria, Wohnen & Hilfe, in: Der Kriminalbeamte, 9/2001, S. 34 f.

KOHRS Doris Maria, Reise ins Ungewisse. Sie werden geschnüffelt, geraucht, gekaut, geschluckt, inhaliert oder auf die Haut geschmiert. Legale Drogen aus Mutter Natur gelten vor allem bei Jugendlichen als „geil". Die Kids holen sich die Tipps aus dem Internet. Den Stoff gibt's wohlfeil in eigenen Shops. Die Wirkung der „smart drugs" ist unberechenbar, in: Der Kriminalbeamte, 11/2002, S. 16 ff.

KONDZIELA Andreas, Abrechnungsbetrug im Gesundheitswesen, in: Kriminalistik, 6/2004, S. 377 bis 385.

KÖNIG Jens Martin, Am runden Tisch gegen die Delinquenz Drogenabhängiger ?, in: Forum Kriminalprävention 4/2003, S. 5 bis 7.

KOPP Pierre / PALLE Christophe, Vers l'analyse du coût des drogues illegales. Un essai de mesure du coût de la politique publique de la drogue et quelques réflexions sur la mesure des autres coûts, Paris 1998.

KOPP Pierre / FENOGLIO Philippe, Le coût social des drogues licites (alcool et tabac) et illicites en France, Observatoire français des drogues et des toxicomanies (editeur), Étude Nr. 22, Paris 2000.

KOPP Pierre, Calculating of the Social Cost of Illicit Drugs, Pompidou Group, Council Of Europe Publishing, o.O., 2002; ausgedruckt aus dem Internet: http://www.emcdda.europa.eu/index.cfm?fuseaction=public.AttachmentDown load&nNodeID=1985&sLanguageISO=EN.

KOPP Pierre / FENOGLIO Philippe, Coûts et bénéfices économiques des drogues, edité par l'Observatoire Français des drogues et des toxicomanies, o.O., 2004.

KRAJEWSKI Krzysztof, Drogenpolitik zwischen Kriminalisierung und Legalisierung, in: ALBRECHT Hans-Jörg et al (Hrsg.), Internationale Perspektiven in Kriminologie und Strafrecht. Festschrift für Günther Kaiser zum 70. Geburtstag, 1. Halbband, Berlin 1998, S. 829 bis 845.

KREUZER Arthur / RÖMER-KLEES Ruth / SCHNEIDER Hans, Beschaffungskriminalität Drogenabhängiger, BKA-Forschungsreihe, Band 24, Bundeskriminalamt Wiesbaden, Wiesbaden 1991.

KREUZER Arthur, § 3 Verhältnis von Drogen und Kriminalität, in: KREUZER Arthur (Hrsg.), Handbuch des Betäubungsmittelstrafrechts, München 1998, S. 97 bis 183.

KREUZER Arthur, § 4 Erscheinungsformen von Drogenkriminalität und verwandtem abweichendem Verhalten, in: KREUZER Arthur (Hrsg.), Handbuch des Betäubungsmittelstrafrechts, München 1998, S. 185 bis 332.

KREUZER Arthur, Delinquenzbelastung von Drogenkonsumenten, in: EGG Rudolf (Hrsg.), Drogenmißbrauch und Delinquenz. – Kriminologische Perspektiven und praktische Konsequenzen –, Wiesbaden 1999, S. 37 bis 55.

Kriminalpolizeiliche Zentralstellen / Bundesamt für Polizei (Hrsg.), Drogen. Falschgeld. Menschenhandel. Organisierte Kriminalität. Szene Schweiz. Lagebericht 1999.

KRUMDIEK Nicole, Die national- und internationalrechtliche Grundlage der Cannabisprohibition in Deutschland. Eine Untersuchung unter Einbeziehung des aktuellen Forschungsstandes hinsichtlich der gesundheitlichen und sozialen Auswirkungen des Konsums von Cannabis, Bremer Forschungen zur Kriminalpolitik, Band 7, Berlin 2006.

Kuratorium für Verkehrssicherheit in Zusammenarbeit mit dem Bundesministerium für Inneres (Hrsg.), Unfallstatistik 2002, Reihe Verkehr in Österreich, Heft 33, Wien 2003.

LACHMANN Josef, Empirische Daten zur Verfolgung von Suchtgifttätern seit 1975, in: Öffentliche Sicherheit, 11/1986, S. 7 bis 11.

LEINEWEBER Heinz / ERHARDT Elmar, Der Mißbrauch von Kokain. Bericht über eine Untersuchung der Konsum-, Handels- und Beschaffungsmuster von Kokain in der Bundesrepublik Deutschland, in: ERHARDT Elmar / LEINEWEBER Heinz (Hrsg.), Drogen und Kriminalität. Beiträge, Forschungsberichte und Materialien aus dem Kriminalistischen Institut, Sonderband der BKA-Forschungsreihe, Bundeskriminalamt Wiesbaden 1993, S. 67 bis 82.

LENZ Gerhard / FREIDL Marion / KAUP-EDER Barbara / WEISS Maria, Psychiatrische Komorbidität bei Substanzabhängigkeit (Komorbidität bei Substanzabhängigkeit), in: FISCHER Gabriele (Hrsg.), Therapie mit Opioiden. Vademecum für Praktische ÄrztInnen und verwandte Gesundheitsberufe, Wien 2002, S. 129 bis 142.

MARUNA Harald, Ein Diskussionsbeitrag aus der Sicht der Allgemeinen Unfallversicherungsanstalt, in: BROSCH Renate / MADER Rudolf (Hrsg.), Alkohol am Arbeitsplatz, Wien 2001, S. 135 bis 139.

MELLENTHIN Klaus, Rauschgift, in: KUBE Edwin / STÖRZER Hans Udo / TIMM Klaus Jürgen (Hrsg), Kriminalistik. Handbuch für Praxis und Wissenschaft, Band 2, Stuttgart-München-Hannover-Berlin-Weimar-Dresden 1994, S. 381 bis 406.

MIRON Jeffrey A., A Critique of Estimates of the Economic Costs of Drug Abuse, Boston 2003.

National Centre for Social Research / National Foundation for Educational Research, Drug use, smoking and drinking among young people in England in 2003. Headline Figures, o. O., o. J.

National Drug Control Strategy, Strengthening Communities' Response to Drugs and Crime, Washington D.C. 1995.

NEUBERGER Manfred, Zur Prävention der Nikotinsucht, Abstract des gleichnamigen Vortrags anlässlich der Veranstaltung „Adolescence and Addiction – European Perspectives" („Adoleszenz und Sucht – Europäische Perspektiven") in Wien, 22. – 23. 2. 2001; ausgedruckt aus dem Internet: http://www.aerzteinitiative.at/REFREAabstr.html und http://www.aezteinitiative.at/_Kinder_1.htm über den link „Österreich".

Observatoire français des drogues et des toxicomanies (OFDT), Drogues et dépendances. Indicateurs et tendances 2002, Paris 2002.

OLIN Nelly / PLASAIT Bernard, Drogue: l'autre cancer, Rapport D'Information 321 – Tome I (2002-2003) – commission d'enquête, (2. Le lien entre usage de drogues et délinquance, p. 1), N° 321. Sénat. Session Ordinaire de 2002-2003, Rapport remis à Monsieur le Président du Sénat le 28 mai 2003, Dépôt publié au Journal officiel du 29 mai 2003, Annexe au procès-verbal de la séance du 3 juin 2003, Rapport de la commission d'enquête (1) sur la politique nationale de lutte contre les drogues illicites, crée en vertu d'une résolution adoptée par le Sénat le 12 décembre 2002; ausgedruckt aus dem Internet: http://www.senat.fr/rap/r02-321-1/r02-321-116.html.

ORIGER Alain, Le coût économique direct de la politique et des interventions publiques en matière d'usage illicite de drogues au Grand-Duché de Luxembourg, Séries de recherche n°4. Focal Point OEDT Luxembourg – CRP-Santé. Luxembourg 2002.

PATZAK Jörn / GOLDHAUSEN Sabine / MARCUS Alexander, Cannabis – längst keine „weiche Droge" mehr !, in: der kriminalist, 03/2006, S. 100 bis 109.

PATZAK Jörn / MARCUS Alexander / GOLDHAUSEN Sabine, Cannabis – wirklich eine harmlose Droge ?, in: NStZ 2006, S. 259 bis 266.

PAUL Bettina, Drogentests in Deutschland oder die Institutionalisierung von Misstrauen, in: Kriminologisches Journal 1/2007, S. 55 bis 67.

PEREZ Augusto / WILSON Ernesto / VALENCIA Juan E., Program to estimate the human, social, and economic costs of drugs in the Americas-Research manual, edited by Inter-American Observatory on Drugs (OID), the Organization of American States (OAS) and Inter-American Drug Abuse Control Commission (CICAD), the University of medicine and dentistry of New Jersey, Robert Wood Johnson Medical School, New Jersey 2003.

PETUTSCHNIG Mario, Die Kriminalität nach dem Suchtgiftgesetz Angezeigter, Dissertation, unveröffentlicht, Wien 1999.

PFEFFERKORN-TSCHALER Sonja, Drogenkonsum Jugendlicher als Risikoverhaltensweise zwischen Genuss, Missbrauch und Sucht, Dissertation, unveröffentlicht, Salzburg 2005.

PRATSCHER Kurt, Sozial(hilfe)leistungen der Bundesländer 2002, in: Statistische Nachrichten, 8/2004, hrsg. von der Statistik Austria, S. 762 bis 769.

PRATSCHER Kurt, Sozial(hilfe)leistungen der Bundesländer 2003 und im Jahrzehnt 1994-2003, in: Statistische Nachrichten, 4/2005, S. 336 bis 348.

PREISZLER Wolfgang, Ausländische Tätergruppen in der offenen Suchtgiftszene. Eine Bestandsaufnahme in Wien und Österreich ab 1945. Wissenschaftliche Arbeit für die Dienstprüfung, Sicherheitsakademie Traiskirchen 2002, unveröffentlicht.

PREUTE Michael, Drogenmarkt Schule. Drogen. Dealer. Konsumenten, 1. Auflage, München 1991.

PRINZ Aloys, Rauschgift aus dem Supermarkt ? Eine ökonomische Analyse der Drogenpolitik, in: Zeitschrift für Wirtschafts- und Sozialwissenschaften (ZWS) 1994, Heft 114, S. 547 bis 571.

PUWEIN Wilfried / SCHEIBLECKER Marcus / SINABELL Franz / SMERAL Egon, Volkswirtschaftliche Stellungnahme zu den Schäden des Hochwassers vom August 2002, Stellungnahme des Österreichischen Instituts für Wirtschaftsforschung (WIFO) im Auftrag des Bundeskanzleramtes vom Oktober 2002, unveröffentlicht.

QUENSEL Stephan, Das Elend der Suchtprävention. Analyse – Kritik – Alternative, 1. Auflage, Wiesbaden 2004.

QUENSEL Stephan, Moderne Gladiatoren. Ein Cannabis-Disput, in: Monatsschrift für Kriminologie und Strafrechtsreform, Heft 4/2006, S. 291 bis 313.

QUENSEL Stephan, Staatsforschung: Wie „Be Smart – Don't Start" sich selber evaluiert. Auch falsches Wissen ist Macht, in: Kriminologisches Journal, 1/2007, S. 68 bis 79.

RAES Elke / VERSTRAETE Alain G., Cannabis et conduite automobile: la situation en Europe, o.O., o.J., p. 2.

RAOS Josef / EDER Franz, Kinderbetreuungseinrichtungen im Land Salzburg. Kosten der Betreuung, hrsg. vom Amt der Salzburger Landesregierung, Landesamtsdirektion, Referat 0/03: Landesstatistischer Dienst, Salzburg, September 2002.

RAOS Josef / FILIPP Gernot, Kinderbetreuungseinrichtungen im Land Salzburg 2002/2003. Angebot und zukünftiger Bedarf, hrsg. vom Amt der Salzburger Landesregierung, Landesamtsdirektion, Referat 0/03: Landesstatistischer Dienst, Salzburg, Juli 2003.

RAPPERSBERGER Klemens, Dermatologische Erkrankungen bei Therapie der Opiatabhängigkeit (Komorbidität bei Substanzabhängigkeit. Somatische Komorbidität bei Therapie der Opiatabhängigkeit), in: FISCHER Gabriele (Hrsg.), Therapie mit Opioiden. Vademecum für Praktische ÄrztInnen und verwandte Gesundheitsberufe, Wien 2002, S. 78 bis 87.

RASCH Wilfried / KONRAD Norbert, Forensische Psychiatrie, 3., überarbeitete und erweiterte Auflage, Stuttgart 2004.

RAUTENBERG Marcus, Zusammenhänge zwischen Devianzbereitschaft, kriminellem Verhalten und Drogenmißbrauch. Eine Expertise der Kriminologischen Zentralstelle e.V., Wiesbaden, im Auftrag des Bundesministeriums für Gesundheit, November 1997, Schriftenreihe des Bundesministeriums für Gesundheit, Band 103, Baden-Baden 1998.

REHM Jürgen, Ökonomische Aspekte des Substanzmissbrauchs, in: GASTPAR Markus (Hrsg.), Lehrbuch der Suchterkrankungen, Stuttgart 1999, S. 118 bis 127.

REISP Livia, Die Problematik des Alkoholkonsums von Kindern und Jugendlichen unter besonderer Berücksichtigung der aktuellen Situation in Salzburg und die möglichen Auswirkungen auf eine geschlechtsspezifisch unterschiedliche Alkoholprävention, Diplomarbeit, unveröffentlicht, Innsbruck 2004.

REISP Livia, Die geschlechtsspezifische und regional unterschiedliche Problematik des Alkoholkonsums von Kindern und Jugendlichen im Bundesland Salzburg, Dissertation, unveröffentlicht, Innsbruck 2006.

REUTER Peter, Are calculations of the economic costs of drug abuse either possible or useful ?, Addiction, 94, 5, p. 635 to 638.

RHODES William / LAYNE Mary / JOHNSTON Patrick / HOZIK Lynne, What America's Users Spend on Illegal Drugs 1988-1998, prepared for Office of National Drug Control Policy, Office of Programs, Budget, Research and Evaluations under HHS contract no. 282-98-0006, edited by the Executive Office of the President of the United States, o. O., 2000, Appendix B. Estimating Typical Expenditures on Drug Consumption, p. B-1 to B-28.

RISCH Hedwig, Wirtschaftskriminalität und Korruption. Ein Bericht über die BKA-Herbsttagung 2002, in: Kriminalistik, 1/03, S. 2 bis 8.

RISSER Daniele U. / HÖNIGSCHNABL Selma, Tödlicher Suchtmittelmissbrauch in Wien – Erfahrungen aus gerichtsmedizinischer Sicht, in: FISCHER Gabriele (Hrsg.), Therapie mit Opioiden. Vademecum für Praktische ÄrztInnen und verwandte Gesundheitsberufe, Wien 2002, S. 216 bis 222.

ROE Stephen / MAN Louise, Drug Misuse declared: Findings from the 2005/06 British Crime Survey. England and Wales, Home Office Statistical Bulletin, o.O., 2006; ausgedruckt aus dem Internet http://www.homeoffice.gov.uk/rds/index.htm.

ROGGE Jan-Uwe, Kinder brauchen Grenzen, Reinbek bei Hamburg 1998.

ROSBAUD Christian, Weitere strafrechtliche Bestimmungen, in: HINTERHOFER Hubert / ROSBAUD Christian (Hrsg.), Kommentar zum Suchtmittelgesetz, Wien-New York 2006, S. 451 bis 564.

RYCHLIK Reinhard, unter Mitarbeit von BRUCHHAUSEN Y. / HANSEN N. / KILBURG A. / KIRCHHOFF D. / KREMER B. / PFEIL T. / RAPPENHÖNER B. / SIEDENTOP H., Gesundheitsökonomie. Grundlagen und Praxis, Stuttgart 1999.

SALIZE Hans Joachim / STAMM Klaus / MANN Karl, Probleme empirischer gesundheitsökonomischer Suchtforschung, in: TRETTER Felix / ERBAS Beate / SONNTAG Gert, (Hrsg.), Ökonomie der Sucht und Suchttherapie, Lengerich-Berlin-Bremen-Miami-Riga-Viernheim-Wien-Zagreb 2004, S. 270 bis 286.

SCHÄFER Carsten / PAOLI Letizia, unter Mitarbeit von GRUNDIES Volker, Drogenkonsum und Strafverfolgungspraxis. Eine Untersuchung zur Rechtswirklichkeit der Anwendung des § 31 a BtMG und anderer Opportunitätsvorschriften auf Drogenkonsumentendelikte, Schriftenreihe des Max-Planck-Instituts für ausländisches und internationales Strafrecht. Kriminologische Forschungsberichte, hrsg. von ALBRECHT Hans-Jörg / KAISER Günther, Band K 130, Berlin 2006.

SCHAUPENSTEINER Wolfgang, Korruption in Deutschland. Lagebild, Maßnahmen und Gefahren, in: SCHILLING Akatshi / DOLATA Uwe (Hrsg.), Korruption im Wirtschaftssystem Deutschland. Jeder Mensch hat seinen Preis..., 3. Auflage, Murnau a. Staffelsee 2004, S. 117 bis 136.

SCHMIDT-SEMISCH Henning, Rezension zu SCHNEIDER Wolfgang / GERLACH Ralf (Hrsg.): DrogenLeben. Bilanz und Zukunftsvisionen akzeptanzorientierter Drogenhilfe und Drogenpolitik, Berlin 2004, in: Kriminologisches Journal, 37. Jg. 2005, H. 1, S. 76 bis 78.

SCHMIED Brigitte, Antiretrovirale Kombinationstherapie bei HIV-positiven PatientInnen (Komorbidität bei Substanzabhängigkeit. Somatische Komorbidität bei Therapie der Opiatabhängigkeit), in: FISCHER Gabriele (Hrsg.), Therapie mit Opioiden. Vademecum für Praktische ÄrztInnen und verwandte Gesundheitsberufe, Wien 2002, S. 87 bis 107.

SCHMID Rainer, Drogentests: Möglichkeiten und Grenzen, in: BEUBLER Eckhard / HALTMAYER Hans / SPRINGER Alfred (Hrsg.), Opiatabhängigkeit. Interdisziplinäre Aspekte für die Praxis, 2. Auflage, Wien-New York 2007, S. 281 bis 295.

SCHNEIDER Friedrich, Schattenwirtschaft und illegale Beschäftigung in Deutschland, Österreich und der Schweiz: Fluch oder Segen ?, November 2002, Universität Linz, unveröffentlicht.

SCHNEIDER Friedrich, Der Umfang der Schattenwirtschaft des Jahres 2003 in Deutschland, Österreich und der Schweiz – Weiteres Anwachsen der Schattenwirtschaft, Jänner 2003, Universität Linz, unveröffentlicht.

SCHWAIGHOFER Klaus, Die Zukunft der österreichischen Drogenpolitik. Zwischen internationalen Verpflichtungen und Forderungen nach Liberalisierung und Verschärfung, in: Journal für Rechtspolitik (JRP) 1999, S. 155 bis 160.

SCHWIND Hans-Dieter, Kriminologie. Eine praxisorientierte Einführung mit Beispielen, 15., völlig neubearbeitete und erweiterte Auflage, Heidelberg 2005.

SCHWIND Hans-Dieter, Kriminologie. Eine praxisorientierte Einführung mit Beispielen, 17., neubearbeitete und erweiterte Auflage, Heidelberg 2007.

Scottish Executive (editor), Action in Partnership, Tackling Drugs in Scotland. Good Practice Guidance for working with Children and Families affected by Substance Misuse. Getting our Priorities Right; ausgedruckt aus dem Internet: http://www.scotland.gov.uk.

SEYER Seifried, Drogenmonitoring in OÖ. LKF Daten 2002, hrsg. vom Institut für Suchtprävention, Linz, 1. 10. 2003.

SEYER Seifried, Von illegalen Substanzen, in: SEYER Seifried / GSCHWANDTNER Franz / PAULIK Richard / SCHMIDBAUER Rainer (Hrsg.), Vom Gebrauch der Drogen. Drogenmonitoring zu illegalen Substanzen, Alkohol und Nikotin in Oberösterreich, hrsg. vom Institut Suchtprävention Linz und Pro Mente OÖ, Linz 2005, S. 45 bis 146.

SHERWOOD R. A. / KEATING J. / KAVVADIA V. / GREENOUGH A. / PETERS T. J., Substance misuse in early pregnancy and relationship to fetal outcome, in: European Journal of Pediatrics, Volume 158, Number 6; ausgedruckt aus dem Internet: http://www.springerlink.com/app/home/contribution.asp?wasp=b0b95e6d6b904e55a4...

SIMON Roland, Epidemiologie des Kokaingebrauchs in der Bundesrepublik Deutschland, in: Bundeskriminalamt. Kriminalistisches Institut (Hrsg.), Kokainkonsum – Wege zu einem verborgenen Phänomen. Gemeinsamer Workshop des Bundesministeriums für Gesundheit und des Bundeskriminalamts am 30. November und 1. Dezember 2000 in Wiesbaden, Bundeskriminalamt Wiesbaden 2001, S. 19 bis 20.

SINGLE Eric, International Guidelines for Estimating the Economic Costs of Substance Abuse. Paper presented at the 2nd Window of Opportunity National Congress, Brisbane, Australia, July 1995, p. 1 to 9; ausgedruckt aus dem Internet: http://www.ccsa.ca/docs/oz952a.htm.

SINGLE Eric / ROBSON Lynda / XIE Xiaodi / REHM Jürgen, in collaboration with MOORE Rachel / CHOI Bernard / DESJARDINS Sylvie / ANDERSON Jim, The Costs of Substance Abuse in Canada. Highlights of a major study of the health, social and economic costs associated with the use of alcohol, tobacco and illicit drugs. A cost estimation study by 1996, p. 1 to 15; ausgedruckt aus dem Internet: http://www.ccsa.ca/docs/costhigh.htm.

SINGLE Eric / COLLINS David / EASTON Brian / HARWOOD Henrick / LAPSLEY Helen / KOPP Pierre / WILSON Ernesto, International Guidelines for Estimating the Costs of Substance Abuse-2001 Edition, p. 1 to 96; ausgedruckt aus dem Internet: http://www.emcdda.eu.int/index.cfm?fuseaction=public.AttachmentDownload&nNodeID=1981&slanguageISO=EN.

SISKA Josef, Die Geldwäscherei und ihre Bekämpfung in Österreich, Deutschland und der Schweiz, Wien 1999.

SISKA Josef, Die Geldwäsche und ihre Bekämpfung in Österreich, Deutschland, der Schweiz und Liechtenstein, 2. Auflage, Wien 2007.

Social and Economic Costs of Illicit Drugs, in: United Nations Chronicle Online Edition, Volume XXXV, Number 2/1998, Department of Public Information, p. 1 to 2; ausgedruckt aus dem Internet: http://www.un.org/Pubs/chronicle/1998/issue2/0298p7.html.

SPEGEL Hedwig / SIMON Roland / HÜLLINGHORST Rolf / DAVID-SPICKERMANN Marion, Bericht des Nationalen Reitox Knotenpunkts Deutschland an die EBDD. Drogensituation 2002. Reitox, hrsg. von der Deutschen Referenzstelle für die Europäische Beobachtungsstelle für Drogen und Drogensucht (DBDD), Stand: 29. 10. 2003, München-Köln-Hamm.

SPRINGER Alfred, Drogenpolitik und Suchtprävention in Österreich, in: FELLÖCKER Kurt / FRANKE Silvia (Hrsg.), Suchtvorbeugung in Österreich, Wien-New York 2000, S. 25 bis 43.

SPRINGER A., Ansätze der Primärprävention in Europa – Die aktuelle Situation und kritische Anmerkungen für die zukünftige Orientierung, in: Wiener Zeitschrift für Suchtforschung, 2000, Nr. 1, S. 19 bis 26.

Staatsschuldenausschuss (Hrsg.), Bericht über die öffentlichen Finanzen 2002, verfasst vom Staatsschuldenausschuss und dessen Arbeitsausschuss und vorgelegt auf Grund des Beschlusses vom 2. Juli 2003 an den Bundesminister für Finanzen, Wien 2003.

Statistik Austria (Hrsg.), 08 Soziale Sicherheit. Social Security, in: Statistisches Jahrbuch 2005, S. 202 (= Tabelle 8.03: Sozialausgaben nach Funktionen und Leistungen 1990 bis 2002 [Schluss]).

Statistik Austria (Hrsg.), Der Außenhandel Österreichs, Serie 2 – Spezialhandel nach SITC-revised 3, Gesamtjahr 2002, Wien 2003.

Statistik Austria (Hrsg.), Volkswirtschaftliche Gesamtrechnung, in: Statistisches Jahrbuch 2004.

Statistik Austria (Hrsg.), Tabelle 14.6 Haushalte und Wohnungen, in: Statistische Übersichten. Kapitel 14: Bevölkerung, (Mikrozensus, Wohnbaustatistik) 2000 – 2004; ausgedruckt aus dem Internet: http://www.statistik.at/statistische_uebersichten/deutsch/pdf/k14t_6.pdf.

Statistik Austria (Hrsg.), Tabelle Haushalte, Familien 1998 – 2003, in: Mikrozensus, Jahresdurchschnitt; ausgedruckt aus dem Internet: http://www.statistik.at/fachbereich_03/haushalt_tab.shtml.

Statistik Austria (Hrsg.), Statistische Übersichten. Kapitel 14: Bevölkerung Tabelle 14.6 Haushalte und Wohnungen, (Mikrozensus, Wohnbaustatistik); ausgedruckt aus dem Internet: http://www.statistik.at/statistische_uebersichten/deutsch/pdf/k14t_6.pdf.

STEIER Alice / KRANVOGEL-ZELLERMAYER Edith / POCHOBRADSKY Elisabeth / ROSIAN Ingrid, Öffentliche Ausgaben für Prävention und Gesundheitsförderung in Österreich. Bericht, hrsg. vom Bundesministerium für soziale Sicherheit und Generationen, Wien 2000.

STEINHAUSEN Hans-Christoph, Kinder suchtmittelabhängiger Eltern, in: UCHTENHAGEN Ambros / ZIEGLGÄNSBERGER Walter (Hrsg.), Suchtmedizin. Konzepte, Strategien und therapeutisches Management, 1. Auflage, München-Jena 2000, S. 478 bis 481.

Submission to the House of Representatives Standing Committee on Family and Human Services, Inquiry into the impact of illicit drug use on families, Families Australia, March 2007.

TÄSCHNER Karl-Ludwig, Cannabisbezogene Störungen: Ein zentrales Thema der nächsten Jahre ?, in: Sucht, 2004, 50 (5), S. 288 bis 289.

Tätigkeitsbericht des Rechnungshofes, Verwaltungsjahr 2001, Zl 860.017/002-E1/02.

TENER Carolin / RING Tina, Auf dem Strich. Mädchenprostitution in Wien. Eine Dokumentation, Wien 2006.

Testimony of Barry R. McCAFFREY, Director, Office of National Drug Control Policy, before the House Government Reform and Oversight Committee, Subcommittee on Criminal Justice, Drug Policy, and Human Resources, The Drug Legalization Movement in America, June 16, 1999, p. 9 mwN; ausgedruckt aus dem Internet: http://www.drugwatch.org/McCaffrey%20 Testimony%20on%20Drug%20Legalizatio.

THAMM Berndt Georg, Drogenfreigabe – Kapitulation oder Ausweg ? Pro und Contra zur Liberalisierung von Rauschgiften als Maßnahme zur Kriminalitätsprophylaxe, Hilden/Rhld. 1989.

The Council of Europe (editor), Social consequences of and responses to drug misuse in member states, Parliamentary Assembly, Doc. 8989, 28 February 2001, Report. Social, Health and Family Affairs Committee, Rapporteur: Mr Paul FLYNN, United Kingdom, p. 1 to 30; ausgedruckt aus dem Internet: http://assembly.coe.int/Documents/WorkingDocs/Doc01/edoc8989.htm.

The Executive Office of the President / Office of National Drug Control Policy (editors), The Economic Costs of Drug Abuse in the United States. 1992 – 1998, Washington D.C. 2001.

The Home Office (editor), Hidden Harm. Responding to the needs of children of problem drug users. The report of an Inquiry by the Advisory Council on the Misuse of Drugs, London 2003, (nicht paginiert).

The National Centre for Social Research / National Foundation for Educational Research (editors), Drug use, smoking and drinking among young people in England in 2003. Headline Figures, o. O., o. J.

The White House (editor), National Drug Control Strategy. FY 2005. Budget Summary, Washington, D.c., March 2004, p. i to 115.

THOMASIUS Rainer (Hrsg.), Ecstasy. Eine Studie zu gesundheitlichen und psychosozialen Folgen des Missbrauchs, Stuttgart 2000.

THOMASIUS Rainer, Cannabiskonsum und -missbrauch: Deutschlands Suchtproblem Nr. 3 bei Jugendlichen und jungen Erwachsenen. Mit Prävention und frühen Hilfen der Suchtgefahr entgegenwirken, in: Monatsschrift für Kriminologie, 2/2006, S. 107 bis 130.

TRETTER Felix, Volkswirtschaftslehre – Makroökonomik und Mikroökonomik, in: TRETTER Felix / ERBAS Beate / SONNTAG Gert (Hrsg.), Ökonomie der Sucht und Suchttherapie, Lengerich-Berlin-Bremen-Miami-Riga-Viernheim-Wien-Zagreb 2004, S. 78 bis 96.

TRETTER Felix / ERBAS Beate / SONNTAG Gert, Einführung – Hintergrund und Überblick, in: TRETTER Felix / ERBAS Beate / SONNTAG Gert (Hrsg.), Ökonomie der Sucht und Suchttherapie, Lengerich-Berlin-Bremen-Miami-Riga-Viernheim-Wien-Zagreb 2004, S. 11 bis 13.

TUNNARD Jo, Parental drug misuse – a review of impact and intervention studies, research in practice, 2002, p. 1 to 69; ausgedruckt aus dem Internet: http://www.rip.org.uk.

UCHTENHAGEN Ambros, Auswertung und Resultate therapeutischer Interventionen, in: UCHTENHAGEN Ambros / ZIEGLGÄNSBERGER Walter (Hrsg.), Suchtmedizin. Konzepte, Strategien und therapeutisches Management, 1. Auflage, München-Jena 2000, S. 423 bis 433.

UCHTENHAGEN Ambros / WICKI Werner, Evaluation im Bereich der Primärprävention, in: UCHTENHAGEN Ambros / ZIEGLGÄNSBERGER Walter

(Hrsg.), Suchtmedizin. Konzepte, Strategien und therapeutisches Management, 1. Auflage, München-Jena 2000, S. 254 bis 258.

UHL Alfred / KOPF Nikolaus / SPRINGER Alfred / EISENBACH-STANGL Irmgard / BEIGLBÖCK Wolfgang / PREINSPERGER Wolfgang / MADER Rudolf, Handbuch Alkohol – Österreich. Zahlen. Daten. Fakten. Trends, hrsg. vom Ludwig-Boltzmann-Institut für Suchtforschung und Anton-Proksch-Institut, im Auftrag des Bundesministeriums für Arbeit, Gesundheit und Soziales mit Unterstützung des österreichischen statistischen Zentralamts, Wien 1999.

UHL Alfred / SPRINGER Alfred, Leitbild der österreichischen Fachstellen für Suchtvorbeugung, in: FELLÖCKER Kurt / FRANKE Silvia (Hrsg.), Suchtvorbeugung in Österreich, Wien-New York 2000, S. 65 bis 83.

UHL Alfred / KOPF Nikolaus / SPRINGER Alfred / EISENBACH-STANGL Irmgard / KOBRNA Ulrike / BACHMAYER Sonja / BEIGLBÖCK Wolfgang / PREINSPERGER Wolfgang / MADER Rudolf, Handbuch Alkohol – Österreich. Zahlen. Daten. Fakten. Trends, hrsg. vom Ludwig-Boltzmann-Institut für Suchtforschung, AlkoholKoordinationsstelle und Anton-Proksch-Institut, im Auftrag des Bundesministeriums für soziale Sicherheit und Generationen, mit Unterstützung von Statistik Austria, Wien 2001.

UHL Alfred / SPRINGER Alfred, Professionelle Suchtprävention in Österreich: Leitbildentwicklung der Österreichischen Fachstellen für Suchtprävention, hrsg. vom Bundesministerium für soziale Sicherheit und Generationen, Wien 2002.

UHL Alfred, Probleme bei der Evaluation von Präventionsmaßnahmen im Suchtbereich, in: Wiener Zeitschrift für Suchtforschung 1997, Nr. 3/4, S. 93 bis 109.

UHL Alfred, Wie sinnvoll sind Angaben über die sozialen Kosten des Substanzmissbrauchs ?, in: Sucht 2003, Jg. 49, Heft 4, S. 209 bis 211.

UHL Alfred, Kritische Betrachtungen zur Ökonomie der Sucht, in: TRETTER Felix / ERBAS Beate / SONNTAG Gert (Hrsg.), Ökonomie der Sucht und Suchttherapie, Lengerich-Berlin-Bremen-Miami-Riga-Viernheim-Wien-Zagreb 2004, S. 174 bis 203.

UHL A. / SPRINGER A. / KOBRNA U. / GNAMBS T. / PFARRHOFER D., Österreichweite Repräsentativerhebung zu Substanzgebrauch, Erhebung 2004, Bundesministerium für Gesundheit und Frauen, Wien 2005.

UHLE Axel, § 4 Die Begutachtung drogenauffälliger Kraftfahrer, in: HETTENBACH Michael / KALUS Volker / MÖLLER Manfred R. / UHLE Axel, Drogen und Straßenverkehr, Bonn 2005, Rz 1 bis 237 zu § 4.

United Nations. Office on Drugs and Crime, 2004. World Drug Report, Volume 1: Analysis, Wien 2004; ausgedruckt aus dem Internet: www.unodc.org/pdf/WDR_2004/volume_1.pdf.

United Nations. Office on Drugs and Crime, 2006. World Drug Report, Volume 1: Analysis, Wien 2006; ausgedruckt aus dem Internet: www.unodc.org/pdf/WDR_2006/wdr2006_volume1.pdf.

United Nations. Office on Drugs and Crime, 2007. World Drud Report, Wien 2007.

WEBER Klaus, Betäubungsmittelgesetz. Verordnungen zum BtMG. Kommentar, 2., neu bearbeitete Auflage, München 2003.

WIESSING Lucas / KRAUS Ludwig / ROSSI Carla, Drogensituation. Prävalenzschätzung: Spitzenarbeit erfodert weitere Investitionen, in: Drugnet Europe. Newsletter der Europäischen Beobachtungsstelle für Drogen und Drogensucht, Januar-März 2004, S. 2.

WILMS Yvonne, Drogenabhängigkeit und Kriminalität. Eine kritische Analyse des § 64 StGB unter kriminalwissenschaftlichen und verfassungsrechtlichen Aspekten, in: VORMBAUM Thomas (Hrsg.), Beiträge zur Strafrechtswissenschaft, Band 11, Münster 2005.

WINKLER Karl-Rudolf, Drogendelinquenz und Beschaffungskriminalität, in: FRANK C. / HARRER G. (Hrsg.), Drogendelinquenz. Jugendstrafrechtsreform, Berlin-Heidelberg-NewYork-London-Paris-Tokyo-Hong Kong-Barcelona-Budapest 1991, Forensia-Jahrbuch, Band 2, S. 101 bis 111.

X-SAMPLE (= Hutsteiner & Waschnig OEG) (Hrsg.), Die Drogensituation unter Grazer Jugendlichen und jungen Erwachsenen. Ein Monitoring, Studie durchgeführt von X-SAMPLE, Juli 2002.

ZÄUNER Günther, Drogenreport Österreich. H, Koks, Ecstasy, Gras – Falsche Träume, Wien 2007.

ZIMMERMANN Petra / MÜHLIG Stephan / SONNTAG Dilek / BÜHRINGER Gerhard / WITTCHEN Hans-Ulrich, Review on psychotherapeutic interventions for cannabis disorders, in: Sucht, 2004, 50 (5), S. 334 bis 342.

Gesetze und Gesetzesmaterialien, Durchführungsbestimmungen

assemblee-nationale.fr, Première séance du jeudi 14 avril 2005. 205e séance de la session ordinaire 2004-2005, p. 1 to 53 ; ausgedruckt aus dem Internet: http ://recherche.assemblee-natioanle.fr/visualiser.asp ?k2dockey=http% 3A%2F%2Fw.

Beantwortung der Anfrage der Abg. Dr. Schnell, Blattl und Essl an Herrn Landesrat Dr. Erwin Buchinger (Nr. 453 der Beilagen) betreffend den Vollzug des Suchtmittelgesetzes, Nr. 700 der Beilagen zum stenographischen Protokoll des Salzburger Landtages (2. Session der XIII. Gesetzgebungsperiode).

Begutachtungsentwurf für eine Tabakgesetznovelle 2004 des Bundesministeriums für Gesundheit und Frauen zur GZ BMGF-22181/0005-III/B/9/2004 vom 20. 10. 2004, 227/ME XXII. GP, S. 1 bis 13.

Bericht des Ausschusses für Gesundheit und Umweltschutz über den Antrag der Abgeordneten Doktor Wiesinger und Genossen betreffend ein Bundesgesetz, mit dem das Suchtgiftgesetz 1951 geändert wird (Suchtgiftgesetznovelle 1980) (40/A), über den Antrag der Abgeordneten Grabher-Meyer und Genossen betreffend ein Bundesgesetz, mit dem das Suchtgiftgesetz 1951 geändert wird (Suchtgiftgesetz-Novelle 1979) (24/A) und über die Regierungsvorlage (311 der Beilagen): Bundesgesetz, mit dem das Suchtgiftgesetz geändert wird (Suchtgiftgesetznovelle 1980), AB 420 BlgNR XV. GP.

Bericht der Salzburger Landesregierung an den Landtag am 20. 6. 2005 vorgelegt mit Schreiben zur Zahl 20001-946/165-2005.

Bundesfinanzgesetz BGBl 1971/1, Anlage III zum Bundesfinanzgesetz für das Jahr 1971, Dienstpostenplan für das Jahr 1971.

Bundesgesetz, mit dem Regelungen über Suchtgifte, psychotrope Stoffe und Vorläuferstoffe getroffen sowie das AIDS-Gesetz 1993, das Arzneimittelgesetz, das Arzneiwareneinfuhrgesetz, das Chemikaliengesetz, das Hebammengesetz, das Rezeptpflichtgesetz, das Sicherheitspolizeigesetz, das Strafgesetzbuch und die Strafprozessordnung 1975 geändert werden (Suchtmittelgesetz – SMG), BGBl I 1997/112 idgF.

Bundesgesetz, mit dem das Suchtmittelgesetz (SMG) geändert wird (SMG-Novelle 2007), BGBl I 2007/110.

Entschließung des Salzburger Landtages, Nr. 369 der Beilagen zum stenographischen Protokoll des Salzburger Landtages. (2. Session der XIII. Gesetzgebungsperiode).

Nr. 700 der Beilagen zum stenographischen Protokoll des Salzburger Landtages (2. Session der XIII. Gesetzgebungsperiode). Beantwortung der Anfrage der Abg. Dr. Schnell, Blattl und Essl an Herrn Landesrat Dr. Erwin Buchinger (Nr. 453 der Beilagen) betreffend den Vollzug des Suchtmittelgesetzes.

Regierungsvorlage zum Bundesgesetz vom XXX, mit dem das Suchtgiftgesetz 1951 geändert wird (Suchtgiftgesetznovelle 1971), RV 423 BlgNR XII. GP.

Regierungsvorlage zum Bundesgesetz, mit dem das Suchtmittelgesetz (SMG), das Strafgesetzbuch, die Strafprozessordnung 1975 und das Gesundheits- und Ernährungssicherheitsgesetz geändert werden (SMG-Novelle 2007), RV 301 BlgNR XXIII. GP.

Richtlinien für eine landesweit einheitliche Vollziehung des Suchtmittelgesetzes durch die Bezirksverwaltungsbehörden als Gesundheitsbehörden im Zusammenhang mit gesundheitsbezogenen Maßnahmen der Landessanitätsdirektion für Salzburg, Zl. 9/11-61.360.

Suchtgiftgesetz- Novelle 1971, BGBl 1971/271.

Übereinkommen über die Rechte des Kindes samt Vorbehalten und Erklärungen, BGBl 1993/7.

Verordnung der Bundesministerin für Gesundheit und Frauen über die Weiterbildung zum/zur mit Fragen des Suchtgiftmissbrauchs hinreichend vertrauten Arzt/Ärztin für den Bereich der oralen Substitutionsbehandlung von opioidabhängigen Suchtkranken (Weiterbildungsverordnung orale Substitution), BGBl II 2006/449.

Verordnung der Bundesministerin für Gesundheit und Frauen, mit der die Suchtgiftverordnung geändert wird, BGBl II 2006/451.

Victorian Parliamentary Hansard, Whole Speech, Drugs: Education And Prevention Strategies, Assembly from 21 March 2001, p. 410 f.; ausgedruckt aus dem Internet: http://tex.parliament.vic.gov.au/bin/texhtmlt?form=VicHansard.dumpall&db=hansard...

Pressemitteilungen

dpa-Meldung vom 17. 8. 2001 sowie Pressemitteilung „Immer mehr junge Fahrer mit Drogen am Steuer“ der Pressestelle des Innenministeriums Baden-Württemberg vom 23. 8. 2001, S. 1 bis 2. ausgedruckt aus dem Internet: www.polizei-bw.de, Presseinfo.

HALLER Reinhard / DITTRICH Isabel / FLEISCHHACKER Wolfgang W., Expertenpapier der Österreichischen Gesellschaft für Psychiatrie und Psychotherapie (ÖGPP) zum Thema: „Cannabis“, präsentiert anlässlich einer Pressekonferenz am 27. 9. 2004 in Wien, S. 1 bis 33.

Presseaussendung des Bundeskanzleramtes vom 2. 2. 2004 „Bundeskanzler Schüssel: Steuerreform ‚größte Entlastung der Zweiten Republik‘“; ausgedruckt aus dem Internet: http://www.austria.gv.at/Desktop Default.aspx?TabID=3397&Alias=BKA&infodate=02.02.2004#id3227

Presseaussendung des Instituts „Sicher Leben“ in Wien vom 20. 9. 2005 „390.000 Euro pro Stunde für Unfallfolgekosten“.

STÖGER Silvia / LAGEMANN Christoph / SEYER Seifried, Das unterschätzte Rauschmittel: Wie Oberösterreicher zum Alkohol stehen. Ergebnisse einer repräsentativen Studie des Institutes für Suchtprävention mit mehr als 1.000 Befragten, Unterlage für Pressekonferenz am 12. 1. 2004 in Linz.

Abbildungsverzeichnis

Stichwortverzeichnis